ein Ullstein Buch

Ullstein Buch Nr. 3466
im Verlag Ullstein GmbH
Frankfurt/M – Berlin – Wien
Titel der englischen Originalausgabe:
»The last Secret – Forcible Repatriation
to Russia 1944–7«
Übersetzt von Otto Wilck und
Hubert Gaethe

Ungekürzte Ausgabe

Gesamtherstellung: Ebner, Ulm
Printed in Germany 1978
ISBN 3 548 03466 7

CIP-Kurztitelaufnahme
der Deutschen Bibliothek

Bethell, Nicholas

Das letzte Geheimnis: d. Auslieferung
russ. Flüchtlinge an d. Sowjets
durch d. Alliierten 1944 – 47.
– Ungekürzte Ausg. –
Frankfurt/M, Berlin, Wien:
Ullstein, 1978.
([Ullstein-Bücher] Ullstein-Buch;
Nr. 3466)
Einheitssacht.:
The last secret <dt.>
ISBN 3-548-03466-7

INHALT

Vorwort von Hugh Trevor-Roper 7
1 Die Entscheidung zur Anwendung von Zwang 15
2 Die ersten Unannehmlichkeiten 59
3 Tod am Kai 87
4 Kroaten und Kosaken 115
5 Die Konferenz, die niemals stattfand 159
6 Massendeportation aus dem Drautal 187
7 Die Politik im Kreuzfeuer 243
8 Die letzten Operationen:
Dachau, Plattling, Keelhaul, Eastwind 273

Danksagung 305
Anmerkungen 307
Personenregister 313

VORWORT

Ein Krieg hat seine Prioritäten, die die längere Perspektive des Friedens mitunter schmerzhaft derangieren. Im Krieg hat das eine große Ziel klaren Vorrang vor anderen und läßt die in seinem Zuge getroffenen kleineren Entscheidungen unter den Umständen durchaus triftig erscheinen. Bei späterem Nachdenken darüber kommen wir vielleicht zur gegenteiligen Meinung. Doch wer vermag zwischen beiden Urteilen zu richten? Des Historikers Weisheit im bequemen Nachhinein ist ein Luxus: Da er keine Verantwortung zu tragen hat, darf er sich irren. Er kann lediglich die Fakten konstatieren und gleich dem Tragödiendichter moralische Dilemmata darstellen, aber nicht aus der Welt schaffen.

Dieses Buch ist eine solche Tragödie. Es beschreibt die Folgen einer Kriegspriorität, die seinerzeit absolut schien. Heute erschüttern uns diese Folgen. Damals taten sie das nicht. Vielen waren sie überhaupt unbekannt. Jene, die von ihnen wußten, sahen sie als notwendig an. Im Zusammenhang der Zeit waren sie das vielleicht tatsächlich. Und da man sie für notwendig hielt, hielt man sie auch für moralisch gerechtfertigt. Denn mit der Notwendigkeit gibt sich der Mensch nicht zufrieden – er muß sie mit Moral begründen können. Manchmal mit einer falschen Moral, die die echte Notwendigkeit überdauern mag.

In unserem Fall war die echte Notwendigkeit die Allianz zwischen Sowjetrußland und dem Westen, denn nach den in den dreißiger Jahren von beiden Partnern begangenen Fehlern konnte allein sie Deutschland besiegen und den Faschismus vernichten.

Dieses Bündnis war reiner Notwehr entsprungen. Für beide Parteien stellte es das einzige Mittel zum Überleben dar. Abgesehen von dieser beiderseitigen Zwangslage bestand keinerlei Gemeinschaft der Interessen und Ziele. Dennoch mußte im Westen, wo die öffentliche Meinung mächtig war, das Bündnis der Notwendigkeit als wirkliche Eintracht, als Harmonie zwischen Nationen mit ähnlichen Idealen hingestellt werden. 1944 befleißigte sich die britische Propaganda schon drei Jahre lang, die Leiden des russischen Volkes aufzuzeigen und seinen Heroismus zu preisen. Den wahren Charakter der Sowjetregierung dagegen verschleierte sie, tat vielmehr so, als wären deren Ziele denen des Westens ähnlich. So erzeugte sie allmählich eine öffentliche Haltung gegenüber diesem Regime, die mehr als einmal großen Verrat möglich und sogar annehmbar machte.

Zum Beispiel den an Polen. Die Politiker können sagen, er sei unvermeidlich gewesen: Der deutsche Einfall in die Sowjetunion, der Sieg der Roten Armee in Osteuropa, die harten Tatsachen der Geographie, all das habe eine andere Lösung verhindert. Moralisch annehmbar war das im Westen aber erst auf Grund der öffentlichen Illusion über das Wesen von Stalins Rußland, die man so geflissentlich verbreitet hatte. Denn war die UdSSR nicht ein verbündetes Land, eine virtuelle antifaschistische Demokratie genauso wie England und die USA? Hatte Stalin nicht freie und ehrliche Wahlen in Polen versprochen, und war er nicht ein Mann von Wort?

Ein weiterer solcher Verrat war der an den antisowjetischen Russen, den dieses Buch schildert. Auch er läßt sich politisch durch die Zeitumstände rechtfertigen. Auch er wurde durch Propaganda moralisch vertretbar gemacht – Propaganda gegen jene Russen, die sich aus Haß gegen Stalin oder aus bloßer physischer Not mit den Deutschen eingelassen hatten, Propaganda für Stalins angebliche Milde. Zudem ließ man diesen Verrat so gut wie gar nicht publik werden. Seine wahre Geschichte wurde siebenundzwanzig Jahre lang geheimgehalten.

Natürlich waren viele der Fakten schon seinerzeit bekannt. Es wußten davon die Regierungsvertreter, die die Verhandlungen führten, dann die Soldaten, die die Überläufer in Empfang nahmen und sie in Lager für »Displaced Persons« steckten, und schließlich die Journalisten, die diese Camps besuchten. Aber diese Fakten drangen selten an die Öffentlichkeit. Die Sowjetregierung wünschte nicht zuzugeben, daß Russen gegen den Kommunismus gekämpft hatten oder nicht zurückgehen wollten in »ein Land, wo der Mensch keine Rechte hat«. Mit Rücksicht darauf ließ man über die Vereinbarung, in der sich die britische und die amerikanische Regierung verpflichtet hatten, auch repatriierungsunwillige Sowjetbürger an die UdSSR auszuliefern, nichts verlauten. Und ebensowenig etwas über ihre Einhaltung. Einer der wenigen Schriftsteller, die in gedruckter Form erklärten, russische Kriegsgefangene und Zivilverschleppte würden »gegen ihren Willen repatriiert«, war George Orwell. Er mußte sich dafür heftigste Kritik gefallen lassen.*

Die Realität der Zwangsrepatriierungen nach Rußland im Jahre 1945 ist uns im vergangenen Jahr durch ein großes literarisches Werk eindringlich vor Augen geführt worden, nämlich durch Alexander Solschenizyns *Der Archipel Gulag*. Solschenizyn lernte diese Realität in den Straflagern Rußlands kennen, in denen die Repatriierten dahinsiechten. Aus solchen Quellen konnte er zwar individuelle Schicksale aufdecken, nicht aber deren komplexe Ursachen, und die Hintergründe hat er unbillig vereinfacht. Er sieht in Churchill und Roosevelt Kriegsverbrecher, die Millionen russischer politischer Flüchtlinge an die Sowjetunion auslieferten, damit sie bestraft und beseitigt werden konnten. Das aber heißt, die politischen Zusammenhänge und das geistige Klima jener Zeit ignorieren. Es heißt, die Gegebenheiten des Krieges vergessen, den Druck von Emotion und Propaganda. Solschenizyn betrachtet die Repatrianten schlimmstenfalls als »Abweichler«, gleich ihm selbst, zurückgeschickt aus jenen Ländern, wo sie um Asyl nachgesucht

* Orwell hatte sich zu diesem Komplex geäußert in seinem Aufsatz *The Prevention of Literature* (in *Polemic*, 2, Januar 1946; deutsch: *Die Verhinderung der Literatur*, in *Europa heute. Poesie und Prosa seit 1945,* hrsg. von Hermann Kesten, München 1963, Bd. I). Er wurde daraufhin von dem kommunistischen Publizisten Randall Swingler angegriffen und rechtfertigte sich dann in Form von Marginalien zu Swinglers Artikel.

hatten. Er sieht das Problem nicht mit den Augen westlicher Staatsmänner und Regierungsbeamter, die in einen langen und totalen Krieg verwickelt waren. Um die Dinge aber im richtigen Kontext zu sehen, muß man in die Archive der Westalliierten gehen. Die waren Solschenizyn unzugänglich. Und bis 1972 waren sie das für alle Historiker. Jetzt sind sie von Lord Bethell benutzt worden, und sie bilden die solide Dokumentengrundlage seines Buches.

In der Geschichte, die er anhand von offiziellen Akten, persönlichen Interviews und anderen Quellen erzählt, geht es im Frühjahr und Sommer 1945 zwar am heftigsten zu, insgesamt aber zieht sie sich über drei Jahre hin. Für die Westmächte begann sie im Juni 1944, als ihren Truppen nach der Landung in Frankreich in zunehmendem Maße russische Soldaten in deutscher Uniform in die Hand fielen und somit ein diplomatisch wie juristisch diffiziles Problem schufen: Waren diese Leute auf Grund ihrer Uniform nun deutsche Kombattanten, und hatten sie als solche Anspruch auf die üblichen Kriegsgefangenenrechte, oder waren sie russische Landesverräter, die der sowjetischen Justiz überantwortet werden mußten? Die Frage wurde nicht einfacher durch das widersprüchliche Verhalten der UdSSR-Regierung, die öffentlich abstritt, daß es solche »Volksverräter« überhaupt gäbe, gleichzeitig aber ihre Auslieferung verlangte. Außerdem wurde bald offenbar, daß es sich bei der Mehrheit dieser Gefangenen nicht um Landesverräter im gewöhnlichen Sinn handelte, sondern entweder um politische Flüchtlinge, die das traditionelle Asylrecht suchten, oder aber um Opfer schrecklicher Umstände, die in einem zivilisierten Land auf eine Amnestie rechnen durften, in Stalins Rußland hingegen zweifellos schon wegen ihres Westaufenthalts würden büßen müssen. Es ist interessant, den Dialog innerhalb der britischen Regierung zu verfolgen und zu beobachten, wie das Gebot der Menschlichkeit erst von dem der Notwendigkeit und dann von dem der Politik bedrängt und schließlich an die Wand gedrückt wurde und wie man beide peu à peu ins schickliche Gewand der Moral hüllte – einer Moral, die ein Propagandaerzeugnis war.

Das Argument der Notwendigkeit war stark. So wie die Westalliierten in Frankreich Russen gefangennahmen, die direkt oder indirekt den deutschen Streitkräften angehörten, so würden den Russen in Polen und Ostdeutschland bald englische und amerikanische Soldaten in die Hände fallen, die in deutschen Kriegsgefangenenlagern saßen. Verweigerten die Sowjets die Repatriierung westlicher Gefangener aus dem Osten oder im Austausch gegen russische Gefangene aus dem Westen – was bliebe dem Westen da anderes übrig, als sich zu fügen? Freilich mochte ein Unterschied bestehen zwischen westlichen Gefangenen, die sich nach der Rückkehr in die Heimat sehnten, und russischen Gefangenen, die sich nicht minder leidenschaftlich gegen eine Rückführung sträubten; aber welche westliche Regierung konnte ihre eigenen Soldaten zugunsten derer opfern, die gegen sie gekämpft hatten? Bei dieser Alternative gab es nur eine Entscheidung: Das traditionelle Asylrecht mußte einer überwältigenden menschlichen Notwendigkeit dargebracht werden.

Bekräftigt wurde das Opfer durch die im Februar 1945 in Jalta unterzeichnete Vereinbarung und damit unlösbar verkettet mit den anderen Beschlüssen jener Konferenz – Beschlüssen nicht unbedingter Notwendigkeit, sondern staatspolitischen Kalküls. So sehen wir im Verlauf der detaillierten Aufblätterung der Zusammenhänge, wie sich die Politik der Zwangsrepatriierung allmählich auf Kategorien ausweitete, die sich kaum hatten vorausahnen lassen, und wie der menschliche Aspekt zugunsten einer rein pragmatischen Rechtfertigung immer mehr zurücktrat. Hielt der Westen die Jalta-Beschlüsse in diesem kleineren Punkt nicht ein, würden die Sowjets daraus nicht womöglich für sich das Recht ableiten, sie in einem größeren Punkt zu mißachten, beispielsweise in bezug auf freie Wahlen in Polen? Tatsächlich taten sie das ohnehin: Freie Wahlen ließen sie weder in Polen noch anderswo in Osteuropa zu – aber inzwischen waren die repatriierungsunwilligen Sowjetbürger längst ausgeliefert.

Und nicht nur Sowjetbürger. Eine der erschütterndsten Episoden, die dieses Buch berichtet, ist die Geschichte von der Auslieferung jener 50000 Kosaken, die sich in Südösterreich den Engländern ergeben hatten. Gewiß, sie hatten für die Deutschen gekämpft, nicht aber ihre Frauen und Kinder, und viele von ihnen waren überhaupt keine sowjetischen Staatsangehörigen, sondern schon seit einer Generation Emigranten und hatten die Autorität des Sowjetstaates niemals anerkannt. Selbst nach den Bestimmungen der Vereinbarung von Jalta fielen solche Personen nicht unter die Repatriierung. In prosowjetischem Übereifer repatriierten die britischen Behörden sie dennoch. Geködert von den falschen Beteuerungen ihrer vermeintlichen Beschützer, wurden sie unter Gewaltanwendung den Sowjets übergeben. Die Hälfte von ihnen kam später in russischen Arbeitslagern um. Von den sechs führenden Offizieren, deren Exekution öffentlich bekanntgegeben wurde, war gemäß Jalta-Vereinbarung nur ein einziger repatriierungspflichtig. Die anderen hätten unstreitig im Gewahrsam der Westmächte verbleiben und schließlich politisches Asyl erhalten müssen.

Das Dilemma war, daß die Westalliierten unter allen Umständen vermeiden wollten, Stalin zu verärgern, und Stalin wiederum wollte unbedingt, so wie schon während der Säuberungswelle in den dreißiger Jahren, all jener Russen habhaft werden, die ihm bislang durch die Finger geglitten waren. Ihn zu befriedigen, opferten die Westmächte nicht nur die Kosaken, sondern auch die strikte Einhaltung der Vereinbarung von Jalta und die Unterscheidung zwischen Landesverrat und politischer Dissidenz. »Wir sind der Meinung«, schrieb der britische Außenminister Ernest Bevin, »daß es in praxi schwierig wäre, eine Grenze zu ziehen zwischen Landesverrätern und politischen Flüchtlingen.« Und fügte einigermaßen inkonsequent hinzu: »Die Kosaken sind bewiesenermaßen Verräter.« Sie waren das in dem gleichen Sinn, in dem die Hugenotten, die für Wilhelm von Oranien fochten, Verräter an Ludwig XIV. waren.

Während die Diplomaten die Dinge allein von ihrer abstrakten Staatsräson her zu betrachten vermochten, konnten die Soldaten sie nur aus der Sicht ihrer persönlichen Kontakte sehen, und die ging in die entgegengesetzte Richtung. Mit den Mysterien der Staatspolitik waren sie nicht vertraut, doch ihre russischen Prisoners of War (POWs), die kannten sie, und sie empfanden bald Mitleid mit ihnen und ihrer unglücklichen Lage. Es widerstrebte ihnen, Befehle zu befolgen, die darauf hinausliefen, diese Menschen, die ihnen vertrauten, zu betrügen und kaltblütig ins Verderben zu schicken. Sie erlebten die schrecklichen Szenen mit, die Quälereien, die Selbstmorde, die jeden Abtransport begleiteten. Nur natürlich, daß sie das Ganze haßten, und sie waren es, die dagegen protestierten – ja am Ende nahezu meuterten. Der stärkste Vertreter jener, die sich der Politik der zwangsweisen Repatriierung widersetzten, war ein Soldat: Feldmarschall Lord Alexander. Er umging eindeutig die ausdrücklichen Befehle seiner Regierung. Offiziere in weniger hoher Position konnten sich das kaum erlauben. Sie fügten sich widerwillig. Für manche, durch den Krieg verhärtet, war es lediglich »ein Auftrag, der ausgeführt werden mußte«. Andere sagten sich, wenn sie nicht die Befehle ausführten, würde man sie einfach durch Leute ersetzen, die leichter gehorchten. Oder sie besänftigten ihr Gewissen damit, daß es Soldatenpflicht sei, Befehle auszuführen, ohne nach dem Warum zu fragen. Wir haben all diese Argumente von deutschen Soldaten vernommen; vielleicht ist es heilsam, sie auch von unseren eigenen englischen Landsleuten zu hören – es macht das Dilemma noch deutlicher.

Für mich liegt der große Wert dieses Buches, abgesehen von seinem dokumentierten und dramatischen Geschichtsbericht, in der Darlegung eben dieses Dilemmas – eines Dilemmas, das seinerzeit auf brutale Weise gelöst wurde und sich nicht retrospektiv mittels irgendeiner Patentformel neu lösen läßt. Deshalb habe ich das Buch auch eine Tragödie genannt. Lord Bethell verleiht ihm diese tragische Qualität dadurch, daß er sich vorschneller Urteile enthält und detailgetreu den besonderen Kontext jener Jahre neu entstehen läßt, der eine humanere Lösung verhinderte – jedoch mitnichten die Willfährigkeit gegenüber unangemessenen Forderungen der Sowjets rechtfertigte.

Wie einfach das Problem damals vielen schien: den von ihrer Doktrin gefesselten Doktrinären, den von ihren Ämtern eingeengten Amtsinhabern, der von gefälliger Propaganda eingelullten

Öffentlichkeit! Die russischen Deserteure, erklärte John Strachey, der fünf Jahre später englischer Kriegsminister wurde, seien Quislinge »und was ihnen bevorstehe, das würden sie auch verdienen«. Strachey war Marxist und »hatte für alles, was die Sowjetrussen taten, eine Rechtfertigung«. Im englischen Auswärtigen Amt sah man in den russischen »Verrätern« ein unbequemes »Element«, das die eigenen schwachen, aber wichtigen diplomatischen Gebäude gefährdete. Die Allgemeinheit hörte wie immer nur diese öffentlichen Stimmen. Jetzt, da die Fakten enthüllt sind und die Umstände sich geändert haben, werden wir sicher zu hören bekommen, das Problem sei in der Tat einfach gewesen, nur hätte es genau andersherum gelöst werden müssen. Darauf können wir bloß erwidern, daß dies Argument unhistorisch ist. Es ist besser, das Unglück zuzugeben, durch die tragischen Folgen gestraft zu sein und jenen Achtung zu zollen, die sich damals über die herrschende Propaganda und politische Orthodoxie hinwegsetzten. Für mich sind die Helden dieses Buches die Quäkerin Ethel Christie, die ganz allein die britische Regierung zwang, ein russisches Ehepaar vor der Auslieferung zu retten, und jener namenlose englische Offizier, der bei der Betrachtung von russischen Kriegsgefangenen in deutschen Uniformen fand, »daß es mehr als vermessen wäre, sich als Außenstehender zum Richter aufzuspielen über das, was sie während des Krieges getan haben«. Und auch dieses Buch fordert nicht zum Richten auf, sondern – gleich allen guten Büchern – zum Nachdenken.

Hugh Trevor-Roper

1 DIE ENTSCHEIDUNG ZUR ANWENDUNG VON ZWANG

Ende Mai 1944, ein paar Tage vor dem Beginn der Invasion der Normandie, gingen bei General Eisenhowers Stab Meldungen der Abwehr ein, am Atlantikwall, dem unmittelbaren Angriffsziel der Westalliierten, würden beträchtliche Kontingente von unter deutschen Kommandos kämpfenden Russen eingesetzt. Diese Berichte lösten in England wie in den Vereinigten Staaten große Beunruhigung aus. Man wußte, daß seit Hitlers Einfall in die Sowjetunion am 22. Juni 1941 Millionen Russen Kriegsgefangene der Nazis geworden waren. Unter ihnen gab es nicht wenige, die so tödlicher Haß gegen Stalin, den Bolschewismus und das Sowjetsystem erfüllte, daß sie nur zu gern auf deutscher Seite die Waffen ergriffen. Hatten sie sich dazu aber einmal bereit erklärt, konnten sie, obwohl sie gegen Großbritannien oder die USA keinerlei Feindschaft hegten, genauso an der Westfront eingesetzt werden wie im Osten. Wenn auch einzig und allein deshalb den deutschen Streitkräften beigetreten, um gegen Stalin zu kämpfen, so waren sie jetzt Soldaten, und Soldaten können sich nicht aussuchen, wo oder gegen wen sie in die Schlacht geschickt werden.

Neben jenen, die aus freien Stücken für die Nazis fochten, gab es eine weit größere Zahl von sowjetischen Staatsangehörigen, die Hunger, zu schwere Arbeit oder drohender Tod dazu getrieben hatten, ihren Kriegsgefangenenstatus aufzugeben und die deutsche Uniform anzuziehen. Die Sowjetunion gehörte nicht der Genfer Konvention an. Russische Gefangene in Deutschland erhielten keine Pakete über das Internationale Rote Kreuz. Sie wurden von den Nazis als Untermenschen betrachtet und entsprechend behandelt. Ein Russe mußte schon überaus standhaft und ein glühender Patriot sein, um unter diesen Umständen ein Angebot zum Eintritt in ein deutsches Arbeitsbataillon abzulehnen, wo die Verpflegung und die Lebensbedingungen etwas besser waren.

Die Arbeit, die von ihm verlangt wurde, sah zunächst durchaus nicht nach Vaterlandsverrat aus. Er mußte etwa bei der Ernte, beim Straßenbau oder, falls es sich um einen weiblichen Gefangenen handelte, im Haushalt eines deutschen Offiziers helfen. Doch hatte er einmal eingewilligt, dem Feind in irgendeiner Form zu dienen, befand er sich auf glattem Abhang, und war es nur eine Frage der Zeit, bis man ihn zu Dienstleistungen heranzog, die in direkterem Zusammenhang mit den deutschen Kriegsanstrengungen standen. Viele Russen wurden in Munitionsfabriken gesteckt, vornehmlich zu gefährlichen Tätigkeiten wie beispielsweise Arbeit unter gesundheitsschädlichen Dämpfen oder mit giftigen Chemikalien. Von dort war es dann bloß noch ein kleiner Schritt bis zum regelrechten Dienst in der Wehrmacht.

Auch hier wurde mit besseren Lebensbedingungen gelockt, und wenn das nicht zog, griff man zu kruderen Rekrutierungsmethoden. Es gab zahlreiche Fälle, wo der Russe schlicht vor die Wahl gestellt wurde, sich entweder anwerben zu lassen oder auf der Stelle erschossen zu werden. 1944, als die Wehrmacht so unter Druck stand, daß sie zu solchen Mitteln Zuflucht nehmen mußte, war der Großteil der russischen Kriegsgefangenen schon jahrelang in deutscher Hand, und so sehr sie auch ihr Land liebten und die ausländischen Eindringlinge haßten, verspürten sie dennoch wenig Lust, sich für Stalins Kommunismus zu Märtyrern zu machen.

Am 20. Mai 1944 schrieb der englische Botschafter in Moskau, Archibald Clark Kerr, an den sowjetischen Volkskommissar für auswärtige Angelegenheiten: »Sehr geehrter Mr. Molotow – wie ich aus London erfahre, ist den Vereinigten Amerikanischen und Britischen Stabschefs das Vorhandensein eines großen Elements von Russen gemeldet worden, die man zum Dienst in den deutschen Streitkräften im Westen gezwungen hat. Das Oberste Hauptquartier der Alliierten Expeditionsstreitkräfte würde eine Erklärung sehr begrüßen, die diesen Russen Straffreiheit oder gnädige Behandlung verspricht, sofern sie bei der ersten sich bietenden Gelegenheit zu den Alliierten überlaufen. Selbstredend soll dies nur für Zwangsrekrutierte gelten, nicht jedoch für Freiwillige, für Angehörige der Waffen-SS oder für Personen, die erwiesenermaßen vorsätzlicher landesverräterischer Handlungen schuldig sind. Eine Erklärung dieses Inhalts hätte den Effekt, die Russen zum Desertieren aus den deutschen Streitkräften zu bewegen und die Deutschen gegenüber den Russen in ihren Reihen mißtrauisch zu machen.«

Und sie wäre, wie der Botschafter abschließend bemerkte, von besonders großem Wert, wenn sie im Namen von Stalin selbst erginge.

Daß solch ein Brief überhaupt geschrieben wurde, zeigt, wie wenig die Westalliierten das wahre Wesen Rußlands unter Stalin begriffen. Die Sowjetregierung konnte keinem ihrer Bürger verzeihen, der in irgendeiner Form mit den Hitlerdeutschen kollaboriert oder gar mit der Waffe für sie gekämpft hatte. Kein Grad von Zwang, Drohung oder Unbill vermochte eine solche Tat in sowjetischen Augen zu entschuldigen. Wer sie begangen hatte, war nicht nur ein Volksverräter, der als abschreckendes Exempel bestraft werden mußte, sondern stellte auch ein Sicherheitsrisiko dar: Schließlich hatte er eine Zeitlang außerhalb der Kontrolle des totalen Staates verbracht und mochte folglich regierungsfeindliche Tendenzen entwickelt haben; er hatte die Außenwelt gesehen, und man konnte ihn nicht in Rußland herumlaufen und von dem vergleichsweisen Wohlstand erzählen lassen, dessen sich die Deutschen selbst im Kriege erfreuten. Die Sowjetunion war seit über einem Jahrzehnt ein hermetisch abgeriegeltes Land, frei von nichtkommunistischen Einflüssen und gesäubert von Andersdenkenden. Allein die Tatsache, daß so viele gewöhnliche Bürger schon jahrelang im Ausland lebten, bereitete den Scheuklappen tragenden, allein auf die Staatssicherheit fixierten Männern, die das Land regierten, schlaflose Nächte. In ihrer Sbirrenmentalität dünkten ihnen alle gefährlich, einer wie der andere – selbst jene, die den Verlockungen oder Drohungen der Nazis widerstanden und bei Hungerrationen in den Gefangenenlagern blieben. Stalin war entschlossen, sie samt und sonders von der Gesellschaft zu isolieren, die Unschuldigen wie die Schuldigen, die Vaterlandstreuen wie die Vaterlandsverräter.

Seine Sicherheitsorgane würden sowieso nie und nimmer exakt ermitteln können, wer ein Kollaborateur war und wer nicht. Bei denen, die aktiv für die Deutschen kämpften, ließ sich diese Frage natürlich eindeutig beantworten, aber wie war das bei den anderen, die standhaft als Kriegsgefangene ausharrten? Konnten die Deutschen nicht einige der Verräter in den Lagern belassen haben, damit sie ihre Kameraden bespitzelten? Dazu mochten Tausende angeworben worden sein. Alle Fälle einzeln zu untersuchen und jeden ehemaligen Kriegsgefangenen reinzuwaschen, würde Jahrzehnte dauern. Außerdem wurde der bloße Tatbestand, daß jemand in Kriegsgefangenschaft geraten war, als Beweis einer lauen Einstellung zur Sowjetunion angesehen. Warum hatte er nicht bis zum letzten Atemzug gekämpft? Vielleicht weil er sich gefangennehmen lassen *wollte*? Zwar könnten die Genossen vom Volkskommissariat für Staatssicherheit das jeweils im Detail prüfen und Beweisaufnahmen, Verhöre und Gerichtsverfahren anstellen; in geschickter Kleinarbeit ließen sich so die Wölfe von den Schafen scheiden. Aber wenn ihnen dabei nun ein Fehler unterlief und ein ausländischer Agent durch die Finger glitt? Stalin und seine Leute kamen zu dem Schluß, daß sich das Problem einfacher und sicherer lösen lasse – indem man einfach alle en bloc hinter Gitter oder Stacheldraht steckte.

Der Brief des englischen Botschafters zeugte von noch einem weiteren Fehlverständnis. Zwar entsprach es ohne Zweifel der Wahrheit, daß »ein großes Element von Russen« den deutschen Streitkräften im Westen half, doch konnte der Kreml das unmöglich zugeben. Jedes derartige Eingeständnis würde die Sowjetunion in der Wertschätzung ihrer Verbündeten herabsetzen und ihre kommunistische Regierung gegenüber dem eigenen Volk in peinliche Verlegenheit bringen. Schließlich kämpften so gut wie keine amerikanischen oder englischen Soldaten auf deutscher Seite – warum denn gerade Russen? Woran lag es, daß die Deutschen nur in den Lagern der *sowjetischen* Kriegsgefangenen so viele Verräter gewonnen hatten? Die Situation war für Stalin demütigend, und er gedachte, ihr auf klassische Diktatorenmanier zu begegnen, nämlich so zu tun, als existiere sie gar nicht.

Molotow antwortete Clark Kerr am 31. Mai: »Laut den sowjetischen Behörden vorliegenden Informationen ist die Zahl solcher Personen in den deutschen Streitkräften gänzlich unbedeutend, und wäre ein spezieller Appell an sie nicht von politischem Nutzen. Unter diesen Umständen sieht die sowjetische Regierung keinen besonderen Grund, die in Ihrem Schreiben vorgeschlagene Erklärung im Namen von J. W. Stalin oder der Sowjetregierung ergehen zu lassen.«[1]

Die amerikanischen und englischen Truppen, die eine Woche später, am 6. Juni, in Frankreich landeten, stießen jedoch auf eine alles andere als »gänzlich unbedeutende« Zahl von Russen in deutscher Uniform. Laut einem vom 17. Juni datierten britischen Abwehrbericht betrug ihr Anteil an den gefangengenommenen und nach England gebrachten Feindsoldaten nahezu zehn Prozent. Gemeinsam mit anderen Nichtdeutschen waren diese Russen zu Sonderbataillonen unter deutschen Offizieren zusammengestellt und zur Verstärkung bestehender Einheiten eingesetzt worden, und zwar nicht in Konzentration auf bestimmte Frontabschnitte, sondern die ganze Küste entlang verteilt, von Holland bis zu den Pyrenäen. Das OKW hielt die Ausländerformationen für wenig verläßlich und fürchtete, sie würden rebellieren, wenn sie in Stärke zusammenkämen.

Die Russen waren eher bereit, sich zu ergeben als die Deutschen. In einem englischen Bericht heißt es, daß sie, als die Alliierten den Strand unter Feuer zu nehmen begannen, »nur dasaßen und warteten«. In Verhören durch Amerikaner oder Engländer gaben sie dann übereinstimmende tragische Schilderungen, wie sie dazu gekommen seien, für den Feind ihres Landes zu kämpfen. Eine gleich in den ersten Stunden der Invasion in Gefangenschaft geratene Einheit verfügte über keinerlei motorisierte Fahrzeuge oder MGs. Ihre einzigen Waffen waren Karabiner und ihre einzigen Transportmittel zwanzig Pferde pro Kompanie. Sie zögerten nicht, ihre traurige Geschichte zu erzählen: »Nachdem sie als Kriegsgefangene viele Monate in Rußland im Straßen- und Stellungsbau gearbeitet hatten, waren sie in Schüben von 50 bis 150 Mann nach Frankreich geschickt worden, wo sie die gleiche Arbeit verrichteten. Man hatte sie nicht gefragt, ob sie der Wehrmacht beitreten wollten, sondern sie einfach in deutsche Uniformen gesteckt und ihnen Gewehre in die Hand gedrückt . . . Die Russen hatten sich nie als etwas anderes denn Kriegsgefangene betrachtet. Da sie nur Russisch sprachen, waren sie von der Außenwelt völlig abgeschnitten gewesen. Andererseits aber reagierten die meisten von ihnen auf die Frage, ob sie gern wieder nach Rußland zurückgingen, mit bloßem Achselzucken oder gar mit Nein. Allem Anschein nach hatte keiner von ihnen irgendwelche politischen Überzeugungen; die meisten waren dazu zu ungebildet. Wohl aber schienen viele zu glauben, daß sie, nachdem sie – wenn auch unter Zwang – in der Wehrmacht gedient hatten, von den Russen als Verräter behandelt und möglicherweise erschossen würden.«

Die Russen in Frankreich befanden sich zwischen Scylla und Charybdis. Um ihr Leben zu retten, hatten sie deutsche Uniform angezogen, sich damit jedoch ein für allemal bei ihrer sowjetischen Regierung kompromittiert und ebenso auch – obwohl ihnen das noch nicht klar war – bei Amerikanern und Briten. Und die Faschisten säumten nicht, den Umstand zu nutzen: Sie versicherten ihnen, wenn sie in die Hände der Alliierten fielen, würden sie mit Sicherheit liquidiert; ihre einzige Chance sei also, wie Berserker auf deutscher Seite zu kämpfen. Außerdem ließ sich die Lage propagandistisch ausschlachten, denn die Tatsache, daß sowjetische Staatsangehörige in der Wehrmacht fochten, war ein Beweis von Uneinigkeit bei den Alliierten. Das kam jetzt sehr gelegen, weil die Realisten unter den Deutschen wußten, daß sie den Krieg immer rascher verloren und als Hoffnung nur noch der Zusammenbruch der Großen Allianz blieb.

Die Westalliierten erkannten das Heikle der Situation; und wenn auch verärgert darüber, gegen sowjetische Soldaten kämpfen und sie nach ihrer Gefangennahme auch noch durchfüttern zu müssen, wollten sie doch alles vermeiden, was die Sowjetunion, die an der Ostfront ja die Hauptlast des Krieges trug, vor den Kopf stoßen könnte. So schaffte man zahlreiche Kriegsgefangene aus Frankreich über den Kanal, und da England keine Unterbringungsmöglichkeiten für alle hatte, wurde ein großer Teil weiter nach Kanada und den USA verschifft. Man rechnete damit, daß der Kreml Einwendungen gegen ein Zusammenhalten von Sowjetbürgern und Deutschen in ein und denselben Lagern erheben und wahrscheinlich Zugang zu diesen verirrten Schafen verlangen würde, und war bereit, Stalin hier entgegenzukommen. Bereits am 24. Juni schrieb Patrick Dean, Rechtsberater im Londoner Auswärtigen Amt, es sei wichtig, die sowjetischen Staatsangehörigen nach Lagern von den deutschen Kriegsgefangenen zu trennen. Er wies darauf hin, daß keine rechtliche Grundlage bestehe, solche Personen in Großbritannien gefangenzuhalten. Es handle sich schließlich um Bürger eines verbündeten Landes, und sofern sie keine direkten Straftaten begangen hätten, seien sie als Freunde zu behandeln. Man werde die sowjetische Botschaft und Militärmission auffordern, bei der Verwaltung der Lager und bei den Vorkehrungen zum Rücktransport in die UdSSR mitzuhelfen, sobald Schiffsraum verfügbar sei. Inzwischen könnten die Leute in England in der Kriegswirtschaft arbeiten.

Anders allerdings, so führte Dean aus, lägen die Dinge bei jenen, die den Deutschen als Arbeiter oder als Soldaten geholfen hatten. Seiner Auffassung nach seien sie »möglicherweise nach sowjetischem Recht strafbarer Handlungen schuldig, z. B. Landesverrates, sofern sie den sowjetischen Behörden nicht glaubwürdig beweisen können, daß sie unter starker Nötigung und somit nicht strafwürdig handelten«.[2] Grund zur Besorgnis sah Dean in der Reaktion Deutschlands, wenn diese Menschen an die UdSSR ausgeliefert und bestraft würden. Immerhin seien sie in deutscher Uniform gefangengenommen worden, und nach Meinung vieler Juristen bestimme nun einmal die Uniform, wem ein Soldat loyalitätspflichtig ist. Deutschland könne auf seine Schutzgewalt pochen, wenn es erfahre, daß Großbritannien und die USA Angehörige seiner Streitkräfte der fast sicheren Exekution auslieferten. Man müsse damit rechnen, daß es Vergeltungsmaßnahmen gegen britische und amerikanische Kriegsgefangene ergreife.

Dem Auswärtigen Amt war an der Feststellung gelegen, daß es die Russen zwar im Augenblick noch nicht auszuliefern gedenke, aber keineswegs die Absicht habe, sie unter Schutz zu nehmen. Es wolle lediglich noch ein wenig warten, schrieb Dean, »wobei den sowjetischen Behörden mitnichten das Recht vorenthalten werden soll, ihren Staatsangehörigen zu gegebener Zeit den Prozeß zu machen und sie zu bestrafen, sondern es einzig darum geht, ein Ergreifen solcher Schritte so lange aufzuhalten, bis keine Repressalien mehr gegen englische und amerikanische Kriegsgefangene zu befürchten stehen«. Lapidar steckte er den Standpunkt des Auswärtigen Amtes ab: »Dies ist allein Sache der sowjetischen Behörden und nicht der Regierung Seiner Majestät. Wenn es soweit ist, müssen alle, die sich die sowjetischen Behörden vorzunehmen wünschen, denselben übergeben werden; daß ihrer vielleicht die Erschießung oder eine sonstwie strengere Behandlung harrt, als nach englischem Recht der Fall wäre, geht uns nichts an.«[3]

So wurde – bereits achtzehn Tage nach dem Invasionsbeginn und dem ersten Auftauchen des Problems – der Leitsatz fixiert, daß die Sowjetregierung das Recht habe, mit ihren Bürgern nach eigenem Gutdünken zu verfahren, und daß die Regierungen Großbritanniens und der USA ihrem Verbündeten die Möglichkeit zur Strafverfolgung nicht verwehren dürften. Es war noch zu früh, um absehen zu können, was diese Politik nach sich ziehen mochte, was geschehen würde, wenn sich Russen gegen die Repatriierung sperrten und das in England und Amerika den politisch Unterdrückten herkömmlicherweise gewährte Asyl verlangten. In den westalliierten Regierungen machte man sich nicht klar, wie viele Sowjetbürger sich der Rückführung widersetzen würden, manche durch physische Gegenwehr, einige sogar durch Selbstmord.

Am 20. Juli 1944 schrieb der englische Außenminister, Anthony Eden, an den sowjetischen Botschafter in London, daß in Frankreich Tausende von Sowjetbürgern gefangengenommen worden seien, die jetzt in England einträfen. Er fragte, was mit ihnen geschehen solle, und fuhr dann fort: »Sicher liegt der Regierung der UdSSR daran, Einzelheiten in Erfahrung zu bringen über die Umstände, wie diese sowjetischen Staatsangehörigen dazu gekommen sind, in militärischen oder paramilitärischen Feindformationen zu dienen, und ebenso über die Verhältnisse ihres gegenwärtigen Gewahrsams. Zwecks dessen ist die Regierung Seiner Majestät zur Einigung auf einen Modus bereit, wie die sowjetischen Dienststellen im Vereinigten Königreich mit diesen sowjetischen Staatsangehörigen in direkten Kontakt treten können.«

Er wies darauf hin, daß alle Kriegsgefangenen aus Frankreich nach Amerika weitergeschickt würden, und riet dem Botschafter, sich für ein möglichst rasches Zustandekommen einer Übereinkunft einzusetzen. Denn je weiter weg diese sowjetischen Bürger gebracht würden, um so länger dauere es natürlich, bis sie repatriiert werden könnten.

Am 17. Juni einigte sich das britische Kriegskabinett auf die Grundsatzentscheidung, daß die Gefangenen auszuliefern seien, sofern die Regierung der UdSSR das wünsche: Man diskutierte das Problem weder im Detail noch im Hinblick darauf, was werden solle, wenn ein Großteil sich weigerte, in die Heimat zurückzukehren. Und damit wäre die Entscheidung vielleicht ruhen geblieben, hätte sich Lord Selborne hier nicht aufs energischste engagiert. Selborne führte offiziell den Titel Minister für ökonomische Kriegsführung, war aber hauptsächlich mit dem als Special Operations Executive (SOE) bekannten geheimen Spionage- und Sabotagedienst befaßt. Am 21. Juli schrieb er Eden einen bemerkenswerten Brief:

»Lieber Anthony, die Entscheidung des Kabinetts, alle russischen Staatsangehörigen, die uns auf den Schlachtfeldern Europas in die Hände fallen, nach Rußland zurückzuschicken, bewegt mich sehr. Ich werde in dieser Angelegenheit dem Premier schreiben, doch möchte ich meine Einwandsgründe zuvor Dir mitteilen, in der Hoffnung, daß sich unsere Ansichten hier decken.

Wie Du vielleicht weißt, führt einer meiner Offiziere schon ein paar Wochen lang Befragungen zahlreicher russischer Kriegsgefangener durch. Ihre Geschichte ist im wesentlichen immer die gleiche. Zunächst einmal waren sie nach ihrer Gefangennahme [durch die Deutschen] unsäglicher Unbill und übelster Behandlung ausgesetzt. Nicht selten mußten sie tagelang marschieren, ohne daß sie etwas zu essen bekamen. Sie wurden in Konzentrationslager gesteckt, wo die sanitären Verhältnisse empörend waren und man sie unmenschlich hungern ließ. Sie wurden von Ungeziefer und ekelerregenden Krankheiten befallen, und der ständige Hunger führte dazu, daß Kannibalismus nicht selten war. In mehr als einem Fall haben die Deutschen kannibalistische Eßszenen für Propagandazwecke gefilmt.

Nach etlichen Wochen solchen reinen Vegetierens und nach völliger Zerstörung ihrer Moral ließ man sie antreten, und ein deutscher Offizier hielt ihnen eine Ansprache. Er bot ihnen an, sich zu einem deutschen Arbeitsbataillon zu melden, wo sie anständige Verpflegung, Kleidung und Behandlung erhalten würden. Dann wurden sie einzeln gefragt, ob sie annähmen oder nicht. Der erste Mann lehnte ab. Er wurde auf der Stelle erschossen. Ebenso erging es dem zweiten, dem dritten und so fort, bis schließlich einer ja sagte, und da erklärten sich die übrigen dann ebenfalls bereit, weil das zweifellos die einzige Möglichkeit war, ihr Leben zu retten . . .«[4]

Der mit den Befragungen betraute SOE-Offizier war Major L.H. Manderstam, ein naturalisierter Engländer, der seine Jugend in Riga verbracht hatte und später viel in Rußland herumgekommen war. Die Gefangenen berichteten ihm, wie sie nach ein paar Tagen in dem Arbeitsbataillon Gewehre in die Hand gedrückt und gesagt bekommen hätten, sie seien jetzt Wehrmachtsangehörige – und ihre einzige Hoffnung bestehe darin, wie besessen auf deutscher Seite zu kämpfen, denn wenn sie den Amerikanern oder Engländern in die Hände fielen, würden sie an die Sowjets ausgeliefert, und bei denen erwarte sie todsicher die Liquidierung. Einige hätten das zwar geglaubt und tatsächlich verbissen gekämpft, die anderen aber wären bei der ersten Gelegenheit übergelaufen.

Die Gefangenen erzählten Manderstam auch, daß sie wegen ihrer Familien in Sorge seien. Schon den ganzen Krieg hindurch behandelte die Sowjetunion ihre in Feindhände geratenen Soldaten so, als lebten sie nicht mehr. Stalin soll erklärt haben, Rußland kenne keine Kriegsgefangenen, sondern nur Gefallene oder Verräter. Nahmen die Sowjetbehörden auch kein Interesse an ihren in Kriegsgefangenschaft befindlichen Staatsbürgern, so behandelten sie deren Angehörige jedoch achtungsvoll als Hinterbliebene von auf dem Felde der Ehre gebliebenen Vaterlandsverteidigern. Die russischen Kriegsgefangenen fürchteten nun, sobald einmal bekannt werde, daß sie sich hatten gefangennehmen lassen, wäre es mit ihrem Heldentum vorbei und würde man das ihre Frauen und Kinder büßen lassen.

Aus Manderstams Befragungsprotokollen zitierend, führte Selborne in seinem Brief einen weiteren guten Grund an, warum eine Auslieferung an Rußland nicht in Frage kommen könne: »Im Falle unserer Heimkehr brächten wir unsere Regierung in böse Verlegenheit. Uns ist ständig vorerzählt worden, in keinem Land der Welt ginge es dem Arbeiter so gut wie in der Sowjetunion. Seit wir in Gefangenschaft sind, wissen wir jedoch, daß in Frankreich, in Belgien, in Norwegen die Arbeiter einen höheren Lebensstandard haben als in Rußland . . . Stalin könnte uns nie und nimmer zurückgewinnen . . . Unser Leben wird man uns vielleicht lassen, uns aber für immer als Verräter brandmarken.«

Selborne hatte das Problem in London mit Emmanuel d'Astier besprochen, einem der Führer der Freien Franzosen und engen Freund de Gaulles. D'Astier sagte ihm, unter Umständen könne für Repatriierungsunwillige Platz gefunden werden in Madagaskar und anderen unterbevölkerten französischen Kolonien oder auch in der Fremdenlegion. Selborne erklärte Eden, er glaube, viele Russen würden aus der Wehrmacht desertieren und sich der Résistance anschließen, wenn sie sicher sein könnten, daß man sie nicht der sowjetischen Justiz ausliefere. Jede dieser Lösungen sei der

Zwangsrepatriierung vorzuziehen. Das Bekanntwerden einer solchen Praktik würde »hierzulande sowie auch in Amerika laute Entrüstungsschreie hervorrufen«. Hinsichtlich des moralischen Aspekts der Frage vertrat Selborne fest seinen Standpunkt: »Daß viele tausend Menschen ausgeliefert werden sollen, um den Tod zu finden, sei es durch Exekution oder in Sibirien, muß jeden Engländer mit Empörung erfüllen.«

Edens erste Reaktion auf den Brief war eine Notiz an seine unmittelbaren Mitarbeiter im Auswärtigen Amt: »Was halten Sie von alldem? Der wesentliche Punkt ist außer acht gelassen: Wohin mit diesen Leuten, wenn sie nicht nach Rußland zurückgehen? Hier wollen wir sie jedenfalls nicht haben.«

Das Auswärtige Amt begann dann, Selbornes Brief zu analysieren und ihn scharfer Kritik zu unterziehen. Die Anzeichen gingen doch dahin, so erklärte man, daß ein großer Teil der Gefangenen überhaupt nicht daran dächte, Asyl in Großbritannien zu verlangen; im Gegenteil, sie bäten darum, mit Sowjetvertretern zusammengebracht und in ihr Heimatland zurückgeführt zu werden. Das stimmte zwar, war aber auch nur die halbe Wahrheit. Von den vielen, die ihre Loyalität zur UdSSR beteuerten, taten das nicht alle aus ehrlicher Überzeugung, sondern lediglich, weil sie glaubten, ohnehin ausgeliefert zu werden, und hofften, auf diese Weise bei ihrer Regierung Gnade zu finden. Widersprüchlich waren die Aussagen aber auf jeden Fall: Manche der Gefangenen versicherten hoch und heilig, sie liebten die Sowjetunion über alles, andere aber beteuerten nicht minder inbrünstig, sie seien von unauslöschlichem Haß auf sie erfüllt.

»Ich kenne diesen Offizier – er ist Balte«, bemerkte Patrick Dean in einem langen Schreiben, worin er den Wahrheitsgehalt der Angaben anzweifelte, die Manderstam Selborne gemacht hatte, und auf eine rasche Entscheidung in der Angelegenheit drängte. Christopher Warner, Chef der sowjetischen Abteilung und späterer britischer Botschafter in Brüssel, äußerte sich noch vernichtender: »Ich stelle in Zweifel, ob er der richtige Mann ist, eine objektive Befragung durchzuführen. Er ist Balte und macht nicht den Eindruck, daß er die für das Auswerten von Angaben nötigen Erfordernisse mitbringt.« Wie lächerlich dieses Argument war, erwies sich im Laufe der Zeit. Obwohl in England noch relativ neu, gelang es Manderstam immerhin, in den folgenden drei Jahrzehnten ein chemotechnisches Unternehmen aufzuziehen, das Millionen Pfund wert ist und Zweigstellen in einem Dutzend Ländern besitzt. Während dieser Jahre hat er wohl bewiesen, daß er Informationsmaterial sehr genau und gründlich auszuwerten versteht.

Manderstam hatte Warner in seinem Büro aufgesucht, und es war zu einer heftigen Auseinandersetzung gekommen. »Er erklärte mir, mein Bericht strotze von Unwahrheiten«, erzählt Manderstam. »Mit der Faust auf den Tisch schlagend, sagte er, was ich geschrieben hätte, sei nicht objektiv. Dabei war es nur zu objektiv!« Das Gespräch endete damit, daß Warner den Major aus seinem Zimmer warf und später eine offizielle Beschwerde gegen ihn einreichte, ja sogar Manderstams Entfernung aus der SOE forderte. Deren Chef, Colin Gubbins, hielt jedoch zu seinem Mann und verhinderte jede Schikanierung.

Zu Selbornes humanitärem Appell fand Warner ebenfalls nur einen scharfen Kommentar: »Diese Leute haben in den deutschen Streitkräften gedient, und daß sie das gegen ihren Willen taten, darüber haben wir kein anderes Zeugnis als ihr eigenes. Ich finde, wir sollten uns davor hüten, ihretwegen in Gefühlsduselei zu verfallen.« Er wage zu bezweifeln, »ob wir eine beträchtliche Zahl dieser Personen hier für immer auf dem Halse haben wollen«. Außerdem befürchte er, daß »wir Ärger mit den Russen bekommen, denn sie könnten argwöhnen, wir würden die Leute deshalb aufnehmen wollen, weil sie antisowjetisch sind«. Und abschließend führte er jenes Argument an, das später alle anderen übertrumpfen und die Hauptrechtfertigung dieser Politik werden sollte: Wenn England bei der Auslieferung dieser Personen Schwierigkeiten mache, habe das sicher »Rückwirkungen auf das sowjetische Wohlverhalten bezüglich der von den Russen befreiten britischen Kriegsgefangenen«.

Auf dem üblichen Dienstweg gelangten diese Schriftstücke zu

Alexander Cadogan, dem Ständigen Unterstaatssekretär für auswärtige Angelegenheiten. Er schrieb: »Widerstrebend sehe ich mich zu der Schlußfolgerung getrieben, daß wir diese Personen den Sowjets werden ausliefern müssen, wenn letztere es verlangen.« Eden gab am 26. Juli sein Einverständnis und bat seine Beamten, ihm ein Schreiben an Lord Selborne aufzusetzen, »dem doch wohl geantwortet werden müsse«.

Am selben Tag befaßte sich auch Premierminister Churchill mit der Angelegenheit. Er hatte ebenfalls einen Brief von Selborne bekommen, ganz ähnlichen Inhalts wie der an Eden, nur kürzer gefaßt. Churchill fand Selbornes Gründe nicht unplausibel, und an jenem 26. August schrieb er sogleich an Eden: »Ich glaube, wir haben das im Kabinett doch zu summarisch abgehandelt, und der Aspekt, den der Minister für ökonomische Kriegsführung vorbringt, sollte durchaus mit in Betracht gezogen werden. Selbst wenn wir uns ein wenig kompromittieren [bei der Sowjetunion], dürfte Verzögerungstaktik angebracht sein. Ich finde, die Widerstandskraft dieser Menschen ist überfordert worden.«

Eden aber war fest entschlossen, die Einwilligung des Kabinetts zur Zwangsrepatriierung zu erlangen. Anfang August führte er in seiner Antwort an Selborne »eine Reihe von schwerwiegenden Gründen« für ein Beibehalten der ursprünglichen Entscheidung an. »Ich bin mir bewußt«, schrieb er, »daß viele von ihnen schrecklich gelitten haben müssen, während sie sich bei den Deutschen befanden, aber das ändert nichts an der Tatsache, daß die Präsenz solcher Russen in den deutschen Streitkräften zumindest dazu beiträgt, unsere eigenen Truppen aufzuhalten . . . Ich bin der Meinung, diese Leute müssen ihr Mitkämpfen bei den Deutschen ihren eigenen Behörden erklären, und wir können unseren Verbündeten nicht das Recht verweigern, mit ihren Staatsangehörigen auf eigene Weise zu verfahren.«

Der Gedanke, ein Russe könnte der sowjetischen Polizei unter Stalin »erklären«, warum er deutsche Uniform getragen habe, ist natürlich geradezu grotesk, und man kann nur annehmen, daß Eden sein Wissen über das wahre Wesen jenes Regimes und seiner

Staatssicherheitsorgane bewußt verdrängte. Seinem Brief an Selborne legte er die Kopie einer langen Denkschrift an den Premierminister vom 2. August bei – der offiziellen Antwort auf Churchills kurzes Schreiben.

Er habe sich, heißt es darin, »diese schwierige Frage des öfteren durch den Kopf gehen lassen«, und er sei zu der Überzeugung gekommen, daß man unbedingt bei der erstgefaßten Entscheidung bleiben müsse, nämlich die Russen heimzuschicken, ob sie wollten oder nicht, notfalls mit Gewalt. Anders als Selborne und Churchill, die zu erkennen schienen, was die Russen durchgemacht hatten und welcher Druck sie dazu gebracht hatte, für Hitlerdeutschland zu arbeiten oder zu kämpfen, empfand Eden kein Mitleid mit ihnen: »Sie wurden gefangengenommen, während sie in deutschen militärischen oder paramilitärischen Einheiten dienten, die sich in Frankreich oft abscheulich benommen haben«, so daß »wir uns hier keine Sentimentalitäten leisten können.«

Und außerdem »wollen wir mit diesen Leuten doch nicht für immer belastet sein«. Ihre Auslieferung zu verweigern könnte Ärger mit der sowjetischen Regierung bringen: »Wir haben keinerlei Recht dazu, und sie würde unsere humanitären Motive nie und nimmer verstehen, sondern nur sehen, daß wir sie in dieser Frage nicht genauso behandeln wie die anderen alliierten Regierungen, und das ließe sie in höchstem Maße mißtrauisch werden.« Großbritannien befände sich in unhaltbarer Position, wollte es der UdSSR Vorschriften über die Bestrafung von Landesverrätern machen, denn »was für Maßregeln alliierte Regierungen, einschließlich der Sowjetunion, gegenüber ihren eigenen Staatsangehörigen ergreifen, das geht uns nichts an«.

Edens abschließendes Argument war triftiger und zwingender. Er wies darauf hin, daß sich eine große Zahl englischer und amerikanischer Kriegsgefangener in Lagern in Ostdeutschland und Polen befinde. Die Rote Armee rücke immer rascher auf diese Gebiete vor, und wahrscheinlich werde die baldige Befreiung durch sie erfolgen. Das sei eine Situation, die viele im Westen besorgniserregend fänden. Eden schrieb: »Es ist von größter Wichtigkeit, daß gut für sie gesorgt wird und daß sie so bald als möglich heimgeschickt werden. Dabei sind wir weitgehend auf das Wohlverhalten der sowjetischen Regierung angewiesen, und wenn wir bei der Repatriierung ihrer Staatsbürger Schwierigkeiten machen, wird sich das, dessen bin ich sicher, nachteilig auf ihre Bereitschaft zur Mithilfe bei der Rückführung unserer eigenen Kriegsgefangenen auswirken.«[5]

Churchill entschied dennoch, die Frage abermals vors Kabinett zu bringen. Unterdessen erhielt das Auswärtige Amt von Sowjetbotschafter M. Gussew einen Brief: Ja, seine Regierung wolle die Gefangenen zurückhaben, und die Briten möchten für den Rücktransport doch baldmöglichst Schiffe zur Verfügung stellen. Diese zweite Bitte stieß bei den Engländern nicht gerade auf offene Ohren, denn ihre Frachtflotte hatte zur Zeit vollauf damit zu tun, Menschen und Material über Atlantik und Kanal zu befördern. Einen Tag später ergab sich dann eine neue Schwierigkeit. Ein weiteres Kabinettsmitglied, Kriegsminister P. J. Grigg, meldete Besorgnis wegen dieser Angelegenheit an. Er schrieb an Eden: »Wir befinden uns hier in einer eindeutigen Zwickmühle. Tun wir, was die Russen verlangen, und liefern wir ihnen all diese Gefangenen aus, ohne Rücksicht darauf, ob sie nach Rußland zurückzukehren wünschen oder nicht, schicken wir sie, wie Selbornes Schreiben vom 25. Juli darlegt, in den Tod. Wenn wir uns auch, wie Sie sagen, im Krieg keine Sentimentalitäten leisten können, muß ich gestehen, daß ich die Perspektive sehr abstoßend finde, und ich bin überzeugt, die Öffentlichkeit wird da genauso denken. Liefern wir die Russen aus, besteht außerdem die Gefahr, daß an unseren in deutscher Hand befindlichen Leuten Repressalien verübt werden. Doch glaube ich, daß sich dieses Risiko mehr und mehr verringert, weil die Deutschen genug am Halse haben, um auch noch darauf zu achten, was Russen geschieht, die sie in ihre Streitkräfte gepreßt haben.

Willfahren wir den Russen jedoch nicht, kann das negative Auswirkungen haben auf ihre Bereitschaft zur Zusammenarbeit bei der unverzüglichen Rückführung der englischen und sonstigen alliierten Kriegsgefangenen, die ihnen auf ihrem Vormarsch in die Hände fallen. Ohne Zweifel würde unsere öffentliche Meinung mit berechtigtem Unmut reagieren, wenn es beim Heimholen unserer Soldaten zu irgendwelchen Verzögerungen kommt oder sie unnötigen Beschwernissen ausgesetzt werden, und falls wir zwischen Unbill für unsere Männer und Tod für die Russen entscheiden müssen, bedarf unsere Wahl keiner Frage. Doch ich gestehe, ich bin überzeugt, daß sich die Russen, was wir auch tun, sowieso kein Bein ausreißen werden, um unsere Kriegsgefangenen auf schnellstem Wege gen Westen zu schicken oder ihnen eine Sonderbehandlung angedeihen zu lassen. Auf jeden Fall ist das Problem so vertrackt, daß ich für meinen Teil gern eine Kabinettsentscheidung hätte, wie es gelöst werden soll. Wenn wir die russischen Gefangenen dem Tode ausliefern, werden die militärischen Stellen das auf meine Anweisung hin tun müssen, und ich habe ein Recht darauf, in dieser höchst unangenehmen Sache die wohlerwogene Meinung der Regierung hinter mir zu wissen.«[6]

Eden wurde gebeten, ein Kabinettspapier vorzubereiten, und dieses lag dann am 3. September vor.[7] Die Anzahl der russischen Kriegsgefangenen in Großbritannien, schrieb er, betrage derzeit 3750, und eine Entscheidung über ihre Zukunft sei dringend notwendig. Die von Grigg und Selborne geäußerte Besorgnis, »daß wir, wenn wir der sowjetischen Regierung nachkommen und all diese Gefangenen an sie ausliefern, ohne Rücksicht darauf, ob sie wollen oder nicht, einige von ihnen in den Tod schicken«, erkenne er durchaus an, doch ändere das nichts an seiner Meinung, daß ein solcher Schritt unumgänglich sei.

Den humanitären Aspekt des Falles erwähnte er nur nebenbei. Viele dieser Leute, räumte er ein, hätten sich den deutschen Streitkräften lediglich »unter starkem Zwang« angeschlossen, und möglicherweise werde man »in Rußland nicht gerade sanft mit ihnen verfahren«. Doch nahm er dieses Mitgefühl gleich wieder zurück, indem er seine Erklärung wiederholte, sie seien gefangengenommen worden, während sie in deutschen Einheiten dienten, die »sich oft abscheulich benommen haben«.

Was Eden hier sagte, entsprach nicht ganz den Tatsachen. Manche hatten überhaupt keinen militärischen Formationen angehört. Vornehmlich die Russinnen, die in zunehmender Zahl nach England gebracht wurden – sie hatten nichts weiter getan, als in Feldküchen oder als Dienstpersonal zu arbeiten. Und wenn der Vorwurf abscheulicher Handlungen bei einigen Russen auch zu Recht erhoben werden konnte, so war es ebenso Tatsache, daß andere sich gut und anständig betragen hatten. Eden versuchte, die Russen kollektiv verantwortlich zu machen; für die Brutalitäten, die ein paar von ihnen begangen hatten, und zwar jeweils unter Befehlen und Drohungen, sollten alle zahlen.

Eden wiederholte auch seine Befürchtung, »daß wir zu unserem großen Leidwesen womöglich für immer mit ihnen belastet wären«. Und als Belastung erwiesen sie sich jetzt schon. Sie aßen englische Lebensmittel, die knapp und rationiert waren. Sie brauchten englische Grundstücke zu ihrer Unterbringung und englische Soldaten zu ihrer Bewachung. Wenn sie in Mengen blieben, würde Großbritannien entweder ein Land finden, das sie nach dem Krieg als Flüchtlinge aufnahm, ober aber ihnen selbst Asyl gewähren müssen. Es war nicht von der Hand zu weisen, daß dies beträchtliche Ungelegenheiten verursachen würde und es viel einfacher wäre, sie alle an Stalin auszuliefern.

Desgleichen traf zu, daß eine Weigerung Englands, sich den sowjetischen Wünschen zu fügen, sehr gefährliche Auswirkungen haben konnte. Dem Kreml mußte jeder Versuch, »Volksverräter« vor der sowjetischen Justiz zu schützen, suspekt erscheinen. Seit dem russischen Bürgerkrieg, als Großbritannien mehr als jedes andere Land antibolschewistische Truppen unterstützt hatte, hegten die Sowjetführer eine besondere Abneigung gegen die englischen »Interventen«. Nur zu leicht könnten sie argwöhnen, England wolle deshalb Feinde der UdSSR beherbergen, weil es plane, einen Kader von Kollaborateuren mit dem Faschismus, von antisowjetischen Fanatikern aufzubauen, der dann eines Tages, mit englischen oder amerikanischen Waffen ausgerüstet, gegen das Mutterland losgelassen werden solle. Setzten sich Gedanken dieser Art in

1. Ein Transport kriegsgefangener Sowjetsoldaten.

2. Im Sammellager. Den Gefangenen, die in unübersehbaren Massen in deutschen Lagern zusammengepfercht werden, bleiben nur zwei Möglichkeiten: verhungern oder kollaborieren.

3. und 4. Austeilung der mageren Essensrationen und Betteln um Brot. Der Wunsch, den unerträglichen Bedingungen im Lager zu entrinnen, ist in den meisten Fällen die Ursache der Kollaboration. Ob sie sich zur Wehrmacht oder zum Arbeitsdienst melden – schlimmer als im Lager kann es für die Gefangenen nicht mehr werden.

ihren Köpfen fest, stünde die Große Allianz unter schwerster Belastung. Als erster Schritt könnte der Roten Armee befohlen werden, ihren Vormarsch an der Ostfront zu bremsen, und dies zu einer Zeit, da die Engländer und Amerikaner den stetigen Druck ihres Verbündeten als Hilfestellung beim Errichten ihrer Brückenköpfe in Frankreich und zur Stärkung ihrer Invasion brauchten.

Diese Unwilligkeit, zwischen der Sowjetunion und den anderen Alliierten einen Unterschied zu machen, gehörte zur Atmosphäre der Zeit. Für England und die USA war es fast schon Gewohnheit geworden, die unangenehmen Züge der Sowjetregierung, ihre Ungerechtigkeiten und massiven Unterdrückungen, zu bagatellisieren oder ganz darüber hinwegzusehen. Die Diskussionen nach der Entdeckung des Massakers von Katyn im April 1943 hatten gezeigt, daß bei all solchen strittigen Angelegenheiten die Westalliierten unweigerlich die Partei der Sowjets ergreifen würden. Es war dies weniger eine Frage der Gerechtigkeit als der militärischen Realität. Im Herbst 1944, ebenso wie schon im Frühjahr 1943, trug die Rote Armee die Hauptlast des Krieges. Undenkbar also, die Sowjetregierung durch den Vorwurf der Unmenschlichkeit zu brüskieren.

Dieser Tatbestand war es, der Eden zu der Erklärung bewog, Großbritannien habe »weder ein juristisches noch ein moralisches Recht«, sich darin einzumischen, wie Stalin die Leute behandelte, die gegen ihn in den Kampf gezogen waren. Er forderte die Regierung auf, mit der britischen Tradition der Asylgewährung für politisch Unterdrückte und Verfolgte zu brechen und Tausende Menschen einer Strafverfolgung auszuliefern, die, wie er offen zugab, auf ein pauschales Todesurteil hinauslaufen konnte. Er muß auch gewußt haben, denn er hatte ja viele sachkundige Berater, was für eine Art von Gerechtigkeit in Rußland unter Stalin herrschte und daß die Gerichtsverfahren die reinsten Farcen seien und die Unschuldigen ebenso wie die Schuldigen entweder zum Tode oder zu langen Jahren mörderischer Lagerhaft verurteilt würden. Für eben solche Situationen hatten ja zivilisierte Länder die Idee des politischen Asyls konzipiert.

1973 auf diese Angelegenheit angesprochen, erklärte Eden, er könne sich an die Einzelheiten »wirklich nicht mehr erinnern«. Fragen zu beantworten lehnte er ebenso ab wie die Bitte, sich zu seinem Kabinettspapier zu äußern, als ihm davon eine Kopie geschickt wurde. Doch es kann kein Zweifel daran bestehen, daß 1944 er es war, der in der britischen Regierung trotz Selbornes starken Protests und Churchills anfänglichen Zögerns das Prinzip der zwangsweisen Repatriierung durchpeitschte. Am 4. September billigte ein siebenköpfiges Kriegskabinett »nach kurzer Diskussion« Edens Vorschläge.

Die Entscheidung kam keinen Augenblick zu früh für jene, die mit der Beaufsichtigung der Gefangenen betraut waren. Ein paar Tage zuvor hatte man 550 in Frankreich in Zivilkleidung aufgegriffene Russen ins Lager Butterwick in Yorkshire eingeliefert, wo sich bereits 2400 Russen befanden, die in deutscher Uniform gefangengenommen worden waren. Diese 550 Mann hatten den Deutschen wahrscheinlich auf die eine oder andere Weise geholfen, sich aber nicht der Wehrmacht angeschlossen, und sie waren empört darüber, daß man sie mit Leuten in einen Topf warf, die das getan hatten. Erst nach Erhalt ihrer POW-Uniformen war ihnen die Tragweite voll aufgegangen: daß diese Kleider für sie den Tod bedeuten konnten.

Also zogen sie ihre Hosen aus. Die erstaunten englischen Wachmannschaften neigten anfangs dazu, darin einen Ausdruck allgemeinen Protests zu sehen, eine müßige Geste. Dolmetscher hatte man nur wenige, und die Feinheiten des sowjetischen inneren Sicherheitssystems zu erkennen, war für Engländer in Yorkshire nicht leicht. Allmählich dämmerten die wahren Gründe dann doch auf, und man meldete dem Kriegsgefangeneninspekteur, daß »die Streikenden fürchten, in ihren POW-Uniformen mit anderen Gefangenen verwechselt zu werden, deren Treue zur Sowjetunion in möglichem Zweifel steht«.

Am 30. August richteten sie ein Schreiben an den Lagerkommandanten, worin sie die Rückgabe ihrer Zivilkleider »forderten« und erklärten, nie und nimmer mehr würden sie diese

»beleidigenden« Uniformen anziehen: »Wird unserem berechtigten Begehren nicht bis zum 1. September dieses Jahres stattgegeben, werden wir uns legitimiert sehen, uns mit allen uns geeignet erscheinenden Mitteln vor der Kälte zu schützen.«[8]

Konsterniert von dieser Haltung, befahl der Kommandant ihnen dann am 1. September, in voller Uniform zum Appell anzutreten. Als dem nur 100 Mann nachkamen, verhängte er über die übrigen 450 eine Gemeinschaftsstrafe von 28 Tagen Arrest. Er erklärte das Lager zum Haftquartier, ließ die Zelte abbrechen und die Gefangenen auf Wasser und Brot setzen.

In der Nacht setzte starker Regen ein, und als der Abschnittskommandeur am nächsten Tag dem Kriegsministerium schriftlich Meldung machte, goß es noch immer in Strömen. Trotz des Wetters, schrieb der General, zeigten die russischen Gefangenen keinerlei Anzeichen von Nachgeben. Er sei voller Sorge, denn er sehe keinen Weg, die Situation zu meistern. Das Lager verfüge nur über die Stammwachen, und mit so wenigen Leuten könne er größerer Unruhen nicht Herr werden. Die Streikenden verlangten, daß jemand von der sowjetischen Botschaft sie besuche, und wollten sich nur mit einer von dort kommenden Antwort zufriedengeben. »Sie werden jetzt«, fuhr er fort, »so streng angefaßt wie unter den Umständen möglich, und dabei wird es vorerst auch bleiben. Doch sind sie von den Konzentrationslagern auf dem Kontinent her an so harte Behandlung gewöhnt, daß es fraglich ist, ob sie aufgeben werden.«

Diese Männer kleinzukriegen, dazu gehörte mehr als Wasser und Brot und ein paar Nächte im Regen. Sie hatten nicht nur Jahre ärgsten Leidens unter den Nazis hinter sich, sondern waren auch voller Angst vor dem, was sie in Rußland erwartete, wenn sie sich für eventuell begangene Kollaborationsakte verantworten mußten. Im Vergleich dazu waren alle Strafmaßnahmen, die die Engländer verhängen mochten, bloß Nadelstiche. Aus britischer Sicht aber war die Situation mehr als unglücklich. Zwei Monate nach der Invasion hatte man Wichtigeres zu tun, als sich mit den inneren Problemen der Sowjetunion zu befassen. Die russischen Gefangenen banden nicht nur knappe und wertvolle Mannschaften, sondern kosteten auch die Zeit von schwer beschäftigten Militärs und Ministern.

Außerdem stellten sie eine potentielle Quelle anglo-sowjetischer Mißhelligkeit dar, und diese Gefahr nahm noch zu, als einige der Streikenden infolge des Aufenthalts im Freien krank wurden. Viscount Bridgeman, Stellvertretender Generaladjutant, schrieb am 3. September: »Sie sind noch immer ohne Zelte, und es muß mit weiteren ernst zu nehmenden Erkrankungen gerechnet werden.« In seinem abschließenden Satz schwang schon ein wenig Panik mit: »Ich glaube nicht, daß wir noch lange so weitermachen können, ohne daß jemand diese Leute besuchen kommt.« Vom Standpunkt des Militärs war das die naheliegende Lösung. Das Problem und die Gefangenen müßten der Sowjetunion übergeben werden. Dorthin gehörten beide. Die Gefangenen wollten jemanden von der Botschaft sprechen. Die Botschaft verlangte Zugang zu den Gefangenen. Alles, was dieser so erwünschten Begegnung im Wege stand, waren die politischen Bedenken des Kabinetts. Als dieses dann – einen Tag nach Bridgemans Schreiben – die Entscheidung fällte, daß alle Gefangenen ohne Rücksicht auf ihr Einverständnis zu repatriieren seien, stießen die führenden Offiziere des Kommandos Nord Neufzer der Erleichterung aus.

Es gab nämlich noch eine andere Sorte von Streikenden. In einem Lager bei Cooden in Sussex rebellierten 42 Gefangene aus Gründen, die jenen der Streikenden in Butterwick genau entgegengesetzt waren. Sie zeigten sich antisowjetisch und wollten unter den Schutz der britischen Regierung gestellt werden. George Youmatoff, ein dem Kriegsministerium attachierter kanadischer Offizier russischer Abstammung, wurde geschickt, sie anzuhören. Sie sagten ihm: »Ob leben oder sterben, das ist uns gleich, auf jeden Fall aber werden wir das eine wie das andere gemeinsam tun und unbesudelt von den anderen Lagerinsassen.« Sie hatten sich von den loyalen sowjetischen Gefangenen abgesondert und erklärt, jeder Vertreter der Sowjetregierung, der in ihre Nähe komme, tue das auf eigene Gefahr.

Diese 42 Mann erzählten Youmatoff, sie hätten sich geschlossen zur Wehrmacht gemeldet, um gegen die Kommunisten zu Felde zu ziehen, sich nach ihrer Versetzung an die Westfront aber sogleich ergeben. Ihr Kampf richte sich gegen das derzeitige Regime in Rußland, nicht gegen Engländer oder Amerikaner. Youmatoff riet ihnen, ihre Zungen im Zaum zu halten; durch solche Äußerungen »würden sie sich in nur noch schwärzere Ankreidung bringen«. Doch sie fuhren im selben Ton fort: »Sie seien bereit, für uns zu arbeiten oder sich sonstwie einsetzen zu lassen, sowjetische Regierungsstellen aber würden sie auf keinen Fall anerkennen, und sollten sich deren Vertreter ihnen nähern, täten sie das auf eigene Gefahr. Sie haben erklärt, da sie ihr Leben damit zugebracht hätten, die kommunistischen ›Bestien‹ zu bekämpfen, würden sie für die Möglichkeit, ein paar von ihnen den Garaus zu machen, gern den Tod auf sich nehmen.«[9]

Als dieser Bericht in der sowjetischen Abteilung des Auswärtigen Amtes eintraf, löste er Bestürzung aus. Christopher Warner wies darauf hin, daß die Streikenden sich freiwillig dem Feind zum Kampf gegen Englands Verbündete angeschlossen hätten und es für ihr sofortiges Überlaufen im Westen keine Beweise gebe. (Gegenteilige Beweise gab es natürlich genausowenig.) Die Bitte dieser Menschen, in England bleiben zu dürfen, müsse selbstverständlich abgeschlagen werden. Sie seien sowjetische Staatsbürger und müßten folglich in die Sowjetunion zurückgeschickt werden, ob sie wollten oder nicht. Was sie in Rußland erwarte, könne man sich zwar denken, aber das sei nicht Englands Sache. Der diesbezügliche offizielle Brief des Auswärtigen Amtes an das Kriegsministerium, unterzeichnet von John Galsworthy, enthielt den harten Satz: »Mitfühlendes Verständnis scheinen sie uns nicht zu verdienen, und wir meinen, unsere erste Sorge sollte hier sein, zu verhindern, daß sie Ärger zwischen uns und den in unserem Lande befindlichen sowjetischen Stellen verursachen.«

Man hatte wohl angenommen, die Sowjetregierung wäre froh, eine solche Konzession, ein so wesentliches Abgehen von der Tradition, gemacht zu bekommen, doch dem sollte keineswegs so sein. Am 11. September sprach Sowjetbotschafter Gussew beim englischen Außenminister vor, und die beiden hatten, nach Edens Worten, einen »einigermaßen scharfen Disput«. Gussew war von einer Gruppe russischer Gefangener ein Protestschreiben zugegangen: »Wir sind hier in einem Kriegsgefangenenlager zusammen mit Deutschen, Angehörigen der ›Russischen Befreiungsarmee‹ und anderen üblen Feinden und Verrätern interniert. Man hat uns unsere Zivilkleidung gewaltsam weggenommen und uns in entwürdigende Uniformen gesteckt, die auf dem Jackenrücken und an den Hosen rautenförmige Zeichen tragen. Wir werden unfreundlicher behandelt als die Deutschen und wie Verbrecher unter schwerer Bewachung gehalten. Unsere Lage verschlechtert sich zusehends. Die Verpflegung ist nicht gut, und Tabak bekommen wir überhaupt nicht. Man hört uns nicht an, wir werden nicht mit Nachrichten über den Krieg versorgt. Wir bitten Sie, Genosse Botschafter, unsere Situation zu klären und unsere baldige Heimführung in die Sowjetunion zu veranlassen.«[10]

Laut Major A. G. Burrows, dem Lagerkommandanten von Butterwick, mochte »die Agitation für die Rückkehr nach Rußland wohl mehr der Furcht vor dem entspringen, was sie vielleicht erwartete, wenn sie ihren Standpunkt nicht proklamatorisch verkündeten«. Das entsprach wahrscheinlich den Tatsachen, obwohl sich sicher nicht wenige unter ihnen befanden, die ehrlich zurück wollten und der Sowjetunion völlig ergeben waren. Was der Botschafter nicht eingestehen wollte, war, daß es auch viele Gefangene gab, die meinten, sie schuldeten der Regierung ihres Landes keinerlei Loyalität, und entschlossen waren, nie wieder ihren Fuß auf sowjetischen Boden zu setzen, es sei denn als Angehörige einer Invasionsarmee.

Eden hatte daher für Gussews Forderungen, Großbritannien solle gefangengenommene Russen nicht länger als Kriegsgefangene behandeln, wenig Verständnis. Er erklärte ihm, »daß uns diese Russen, allerdings auch andere Ausländer, die ergriffen wurden, während sie in den Reihen der deutschen Streitkräfte gegen unsere Soldaten kämpften, nicht geringe Probleme bereiten ... Die sowjetische Regierung täte besser daran, uns bei deren Lösung zu helfen, statt mit Beschwerden zu kommen, wir würden die Leute nicht gut behandeln.«[11]

Gussew erwiderte darauf – und diese Klage sollte in den nächsten Monaten noch oft erhoben werden –, die Russen in englischen Lagern würden antisowjetischer Propaganda ausgesetzt. Wenn es unter den Gefangenen Unruhe gebe, dann deswegen, weil die Engländer zuließen, daß diese geschürt werde. Einigen Russen habe »das, was ihnen vorerzählt worden ist, anscheinend Angst eingeflößt«. Eden schreibt: »Mit Mühe hielt ich die Antwort zurück, Angst hätten sie wohl mehr vor dem, was ihnen in Rußland blüht. Statt dessen sagte ich, wir seien an nichts weiter interessiert, als diese Personen sobald wie möglich der sowjetischen Regierung zu übergeben. Daß man sie in den Reihen unserer Feinde kämpfend angetroffen habe, sei nicht unsere Schuld, und folglich können und dürfen keine Vorwürfe gegen uns erhoben werden. Unser Abschied war ausgesprochen frostig.«

Aber wenigstens war das Problem jetzt ein gemeinsames, und erleichtert arrangierte die britische Armee für zur Londoner Botschaft gehörende Offiziere der Roten Armee Besuche in Russenlagern. Im POW-Camp Kempton Park in Surrey hielt Oberst Gorsky den Gefangenen eine Ansprache, die die Briten durchaus annehmbar fanden: »Solange ihr in England seid, müßt ihr selbstverständlich tun, was die englischen Behörden euch heißen. Ihr befindet euch in ihrem Lande, und ihr schuldet ihnen Dank für eure Befreiung aus den Händen der Deutschen.« Er gab ihnen einen Überblick über die Kriegslage, die er als allgemein optimistisch bezeichnete, und zollte auch den amerikanischen und englischen Siegen im Westen Respekt. Außerdem versprach er neue Kleidung, in Braun und ohne das anstößige »Karo-As« der POWs. »Ungeachtet der Tatsache, daß ihr zwangsweise in den deutschen Streitkräften gedient habt, sehen wir jetzt in euch treue Sowjetbürger«, versicherte er ihnen, bemüht, das schreckliche Los zu verschleiern, das sie in Rußland erwartete. Denn konnte er sie beruhigen, bestand mehr Aussicht, daß sie sich ohne Widerstand repatriieren ließen.

Der Besuch von General Wassiljew, einem Militärattaché an der Londoner Sowjetbotschaft, verlief weniger reibungslos. In Butterwick hatte er mit einer Gruppe ehemaliger Rotarmisten, die er zu besänftigen suchte, einen erregten Wortwechsel. Als er erklärte: »Das sowjetische Vaterland hat für jeden Raum«, gab ein Gefangener zurück: »Was das für ein Raum für uns sein wird, wissen wir!« Der General sagte, sie brauchten sich keine Sorgen zu machen, weil sie unter Zwang auf deutscher Seite gekämpft hätten: »In der Sowjetunion wird niemals über einen Kamm geschoren. Wir werden ermitteln, wer von euch schuldig ist und wer nicht. Und diese deutschen Uniformen, die ihr da anhabt – die werfen wir in den Ofen.« Woraufhin ein Gefangener rief: »Ja, während wir noch darin stecken!«[12]

Der General sprach auch viel von der anglo-sowjetischen Freundschaft, vielleicht um den Gefangenen bewußtzumachen, daß es zwecklos sei, auf die Engländer zu bauen und auf Asylgewährung zu hoffen. Und tatsächlich schien das freundliche Verhältnis zwischen britischen und sowjetischen Offizieren den Russen nicht zu entgehen, denn einige, die sich am ersten Tag des Besuchs aufsässig gegen den General betragen, ihm die Ehrenbezeigung verweigert und ihre Abzeichen der »Russischen Befreiungsarmee« provozierend zur Schau getragen hatten, erschienen am zweiten Tag ohne diese antisowjetischen Embleme und benahmen sich respektvoll.

Im Stadium Camp bei Catterick führte der Kommandant, Colonel Harbord, Wassiljew in den Erholungsraum und zeigte ihm stolz eine Menge russischsprachiger Literatur. Er begriff nicht, warum der General entsetzt aufschrie, und war zutiefst betreten, als er vernahm, daß es sich bei den Büchern samt und sonders um üble antisowjetische Hetzschriften handelte; sie waren aus London zur Erbauung der Gefangenen geschickt worden – von einem russischen Emigrantenpopen. Selbstverständlich wurden sie sofort entfernt. Es gab demütigende Entschuldigungen, und der General erklärte sich bereit, die Sache in seinem Bericht unerwähnt zu lassen.

Im großen ganzen aber waren die Besuche erfolgreich. Den Gefangenen ging auf, daß sie durch fortgesetzte Proteste nichts erreichen würden. Viele sagten sich, am günstigsten für sie wäre, ihre Loyalität zur Sowjetunion zu erklären. Wassiljew hatte ihnen Versprechungen gemacht, und die mochten vielleicht nicht ganz leer sein, da das Land ja für den Wiederaufbau nach dem Kriege arbeitsfähige Leute brauchte. Er hatte ihnen auch gesagt, durch gutes Betragen in England könnten sie sich Heimfahrt und Freiheit verdienen. Nicht wenige waren so optimistisch, ihm zu glauben, und von englischer Warte aus war das gut, denn es bedeutete, daß sie den Protest einstellten und fügsam wurden. Bei jenen Gefangenen aber, die wußten, welches Los sie erwartete, und die entschlossen waren, sich nicht zurückbringen zu lassen, wuchs die Verzweiflung.

Czeslaw Jesman, ein britischer Offizier polnischer Herkunft, der als Dolmetscher in einem der Lager tätig war, berichtete, nach den Besuchen hätten ihm »mehr Soldaten als sonst gesagt, im Falle ihrer Auslieferung an Rußland würden sie sich das Leben nehmen«. Bis dahin hatten die gefangenen Russen eine gewisse Solidarität gegenüber den Engländern gewahrt, deren Sprache und Gewohnheiten nur sehr wenige von ihnen verstanden. Nach den Besuchen wurden sie jedoch mißtrauisch und begannen sich in Gruppen aufzuspalten. Sie erkannten, daß es nur zwei Wege gab, sich zu retten: entweder sich so prosowjetisch zu gebärden, daß ihnen vergeben würde, oder aber einen solchen Haß auf die Sowjetunion zu bekunden, daß die Engländer Mitleid mit ihnen bekämen und sie nicht zur Heimkehr zwängen.

Im September teilte Wassiljew dem Kriegsgefangeneninspekteur, General E.C. Gepp, mit, er wünsche, daß man die Sowjetbürger alle als alliierte Staatsangehörige behandele. So seltsam dieses Ansinnen zunächst auch anmutete, denn sie waren ja zur Mehrheit in Feinduniform gefangengenommen worden, fand es dennoch offene Ohren, denn dies würde England die unangenehme Aufgabe der Gefangenensortierung und beiden Seiten das peinliche Eingeständnis ersparen, daß Tausende von Russen für Deutschland gekämpft hatten. Am 18. September berichtete Gepp auf einer Sitzung, daß sich zur Zeit 12000 sowjetische Bürger in Großbritannien befänden und wöchentlich 2000 weitere einträfen. Wassiljew wolle für sie alle eigene Lager, und zwar unter ihren eigenen Offizieren, wobei er diese Offiziere stellen werde, da die von den Engländern gefangenen kaum geeignet seien.

Auf jener Sitzung kam man überein, das Gesetz von 1940 über die alliierten Streitkräfte um eine Verfügung zu erweitern, die es sowjetischen Offizieren ermöglichte, die Verwaltung dieser Lager zu übernehmen und die Insassen unter sowjetischer Militärdisziplin zu halten. Sie dürften allerdings keine Todesurteile vollstrecken, ohne vorher die Erlaubnis der britischen Behörden eingeholt zu haben, doch sei dies »bei anderen Bestrafungen, sofern sie nach sowjetischem Militärstrafrecht erfolgen, nicht notwendig«. England würde den Sowjetoffizieren Haftquartiere zur Verfügung stellen. Ähnliche Vereinbarungen bestanden bereits für die Verwaltung der polnischen, amerikanischen, tschechischen und französischen Truppen in Großbritannien. Die Russen könnten somit aus dem Kriegsgefangenen-Status entlassen und dennoch weiter in angemessenem Gewahrsam gehalten werden.

Der Haken an dieser scheinbar so glänzenden Lösung war, daß das erwähnte Gesetz nur für jene sowjetischen Bürger in Frage kam, die einmal den sowjetischen Streitkräften angehört hatten. Was sollte aber mit den anderen geschehen, den Frauen und Halbwüchsigen, die von den Deutschen zwangsrekrutiert und in Uniformen gesteckt worden waren, ohne jemals in der Roten Armee gewesen zu sein? Juristisch gab es keine Handhabe, sie anders festzuhalten denn als Kriegsgefangene. Eben damit aber waren die Sowjets nicht einverstanden. Deshalb beschloß man, einfach alle aus Frankreich herübergebrachten Russen als unter das Gesetz über die alliierten Streitkräfte fallend zu betrachten, selbst jene, die niemals Sowjetsoldaten gewesen waren. Man war sich zwar der zweifelhaften Rechtsgrundlage dieses Schrittes bewußt, sah jedoch keinen anderen Weg.

Die Regierung war nach wie vor an einer formelleren und

fundierteren Regelung interessiert. »Der rechtliche Status der sowjetischen Staatsangehörigen in Großbritannien wird immer mehr zu einem bedrohlichen Zankapfel«, heißt es in einem der diesbezüglichen Memoranden.[13] Schätzungen zufolge befanden sich die von Deutschland festgehaltenen englischen und amerikanischen Kriegsgefangenen zu zwei Dritteln in Lagern, wo die Befreiung durch die Rote Armee erfolgen würde. England war in Sorge wegen der Situation, wegen der Gefahren, die sie für seine eigenen Kriegsgefangenen in russischer Hand bedeutete, und auch wegen der Schwierigkeiten, die im Inland durch die Russen zu erwarten standen, wenn sie nicht bald weggeschafft wurden.

Am 25. September erhielt Eden einen Brief von Gussew mit der Beschwerde, daß das Verhalten einiger alliierter Behörden gegenüber befreiten sowjetischen Staatsangehörigen »einen ganzen Katalog von Regelwidrigkeiten« umfasse: Man behandle Bürger der UdSSR als Kriegsgefangene, man verschiffe sie ohne sowjetische Einwilligung massenweise nach Amerika, man betreibe in den Lagern sowjetfeindliche Propaganda und versuche, die Gefangenen für andere ausländische Armeen anzuwerben. All das, schrieb Gussew, stehe »weder mit den Grundsätzen internationalen Rechts noch mit dem Geist der alliierten Abmachungen in Einklang«. Er »erwarte«, daß den britischen Streitkräften Anweisung erteilt werde, »dergleichen Praktiken ein für allemal abzustellen«. Eden bezeichnete dies mit Recht als eine »rüde Note«, und sie war insofern besonders beunruhigend, als er ja zwei Wochen vorher mit Gussew den »scharfen Disput« gehabt hatte.

Dieser geharnischte Ton stand in auffallendem Gegensatz zu einem Telegramm Stalins an Churchill vom 30. September, das Churchills und Edens Plan, im Oktober Moskau zu besuchen, wärmstens begrüßte. Die beiden britischen Regierungsspitzen trafen am 9. Oktober in der sowjetischen Hauptstadt ein, und noch am selben Abend um zehn Uhr wurden sie von Molotow und Stalin im Kreml empfangen. Es war das berühmte Treffen, bei dem Churchill die »Prozentformel« zur Aufteilung des Balkans in jeweilige Einfluß- beziehungsweise Übergewichtssphären der

Sowjetunion und des Westens (zum Beispiel Griechenland 90:10 zugunsten Englands, Rumänien 90:10 und Bulgarien 75:25 zugunsten der UdSSR auf einen Zettel kritzelte. Stalin hakte diesen nur kurz mit seinem Blaustift ab und schob ihn dann Churchill wieder zu. »Die ganze Sache beanspruchte nicht mehr Zeit, als sie zu schildern«, schrieb Churchill in seinen Memoiren. Am 11. Oktober berichtete er Präsident Roosevelt: »Wir haben hier eine ungewöhnlich wohlwollende Atmosphäre angetroffen.« Zur großen Freude der englischen Regierungsvertreter hatte Stalin die Einladung zu einem am selben Tag von der britischen Botschaft gegebenen Diner angenommen. Das Problem der sowjetischen Kriegsgefangenen und Gussews Grobheiten schienen nebensächlich.

Dennoch wollte Eden die Sache zur Sprache bringen. Am 12. Oktober depeschierte er aus Moskau: »Während des gestrigen Diners wandte sich mein Gespräch mit Marschall Stalin für einen Augenblick den russischen Soldaten zu, die wir in England haben. Der Marschall sagte, er wäre äußerst dankbar, wenn für ihre Rückführung gesorgt werden könnte. Ich antwortete ihm, daß wir dabei gern und nach besten Kräften helfen, und ich wisse, daß wir derzeit trotz des beträchtlichen Engpasses an Schiffsraum die diesbezüglichen Möglichkeiten prüften ... Der Marschall wiederholte, er sähe sich zu tiefstem Dank verpflichtet, wenn wir gefälligerweise die Angelegenheit für ihn regelten. Ich erwiderte, er dürfe sicher sein, daß wir tun, was wir können, während ich meinerseits überzeugt sei, daß dafür seine Regierung für die britischen Kriegsgefangenen in Deutschland alles in ihrer Macht Stehende tun werde, wenn die Rote Armee die Lager erreiche, in denen sie sich befinden. Spontan erklärte der Marschall, darauf könne ich mich verlassen. Er wolle sich persönlich darum kümmern, und er gab mir sein Wort, man werde unseren Soldaten alle Fürsorge und Betreuung angedeihen lassen.«

Dieses inoffizielle kurze Gespräch beeindruckte Eden über Gebühr. Er war mehr denn je überzeugt, daß die englischen Kriegsgefangenen weder »erkauft« noch gegen die Russen in England »eingetauscht« zu werden brauchten. Und auf Gussews unfreundliches Schreiben zu antworten erübrigte sich jetzt. Aus dem Tenor von Edens Telegramm darf man folgern, daß er die Angelegenheit nunmehr geregelt und die Kontroverse beendet wähnte. Bei künftigen Verhandlungen mit sowjetischen Regierungsvertretern über die Frage würde es genügen, sie an das zu »erinnern«, was Stalin auf jenem Diner zum englischen Außenminister gesagt hatte. Es kam Eden nicht in den Sinn, daß der Kremlchef ihm vielleicht nur Sand in die Augen streuen wollte, daß er seinen Untergebenen weniger hilfreiche Anweisungen gegeben haben mochte. Er fand, »angesichts von Marschall Stalins beruhigender Versicherung« könne man die Sache getrost auf sich beruhen lassen. Wie Harold Nicolson zwei Monate später in seinem Tagebuch konstatierte, schien Eden »regelrecht Gefallen an Stalin gefunden« zu haben. Bei einem Drink hatte er zu Nicolson gesagt: »Sein einmal gegebenes Wort hat Stalin noch niemals gebrochen.«[14] Dieser Glaube an des sowjetischen Diktators Lauterkeit sollte Eden und andere Führer der Alliierten noch des öfteren zu Fehlern verleiten.

Am 17. Oktober erörterte Eden die Frage erneut, diesmal mit Molotow. Dabei wurde erstmals die Möglichkeit angedeutet, daß von England verlangt werden könnte, die Gefangenen zwangsweise zu repatriieren. Eden schreibt: »Mr. Molotow sagte, insbesondere möchte die sowjetische Regierung wissen, und zwar grundsätzlich, denn bislang habe sie noch keine Andeutung unserer Ansicht dazu erhalten, ob die Regierung Seiner Majestät bereit sei, alle sowjetischen Staatsbürger ohne Ausnahme und so bald als möglich in die Sowjetunion zurückführen zu lassen. Es sei dies, so betonte er, nicht bloß eine Frage des Transports (meine vorherige Versicherung, daß es möglich sein werde, 11 000 Personen in unmittelbarer Zukunft zu repatriieren, hatte er mit Dank quittiert), sondern auch der Zustimmung der Regierung Seiner Majestät zur Rückführung *sämtlicher* Sowjetbürger in die UdSSR, ungeachtet der Wünsche der Betroffenen, die in einigen Fällen sich vielleicht nicht repatriieren lassen wollen, weil sie mit den Deutschen kollaboriert haben. Die sowjetische Regierung verlange das als ihr Recht.«[15]

Eden erklärte Molotow, er sei ganz seiner Meinung, und England »wolle nur, daß diese Personen innerhalb des Bereiches britischen Rechts unter sowjetische Administration und Disziplin gestellt werden, bis sie repatriiert werden können«. Damit gab sich Molotow zufrieden, allerdings, wie er abermals betonte, »nur unter der Voraussetzung, daß die sowjetische Regierung die Rückführung all ihrer Bürger verlangen kann«. Er brachte dann noch ein paar der alten sowjetischen Klagen vor, jedoch höflich, nicht in der scharfen Sprache von Gussews Brief. Eden sagte ihm von neuem, »es sei unser Wunsch, daß die sowjetischen Behörden vorbehaltlich der maßgebenden Erfordernisse britischen Rechts die Überwachung der Verwaltung und Disziplin ihrer Staatsangehörigen ausüben«.

Die Sache wurde dann zur Ausführung an die betreffenden Dienststellen überwiesen. Weder Churchill noch Eden hatten das grundlegende Ungleichgewicht in der Regelung zur Sprache gebracht, nämlich daß England lediglich die sichere Rückgabe seiner Soldaten verlangte, die im Kampf in die Hände des Feindes gefallen waren und in die Heimat zurück wollten, wo sie selbstverständlich ehrenvoll empfangen würden, wogegen von den sowjetischen Gefangenen sich viele gegen die Rückführung in die UdSSR sträubten, weil sie zu Recht fürchteten, dort wegen des »Verbrechens«, in Gefangenschaft geraten zu sein, gedemütigt und schlecht behandelt zu werden. Diesen höchst peinlichen Tatbestand, daß zahlreiche Sowjetbürger im Westen bleiben wollten, entweder weil sie für die Deutschen gekämpft hatten oder einfach weil sie Gegner der Sowjetregierung waren, hatte man aber in allen auf Spitzenebene geführten britisch-sowjetischen Gesprächen über die Kriegsgefangenenfrage ausgeklammert.

Unterdessen kamen die Vorkehrungen zur Einhaltung der Abmachung voran, und wie Eden Molotow bereits angekündigt hatte, wurden am 31. Oktober rund 10000 Gefangene in englischen Häfen nach Murmansk eingeschifft. Dies war der kürzeste Seeweg zwischen England und Rußland, wegen der Gefahr eines Luftangriffs von deutschen Stützpunkten in Norwegen her jedoch eine unbeliebte Route. Der erste Transport bestand aus Männern, die sich nicht heftig gegen ihre Repatriierung wehrten, weil ihre Angst vor Bestrafung nicht groß genug war, sie zu Verzweiflungstaten zu treiben. Viele glaubten den ihnen von sowjetischen Offizieren in England gemachten Versicherungen, daß ihnen kein Leid geschehen werde. Nur zwölf hatten Widerstand geleistet, aber es war nicht schwer gewesen, sie gewaltsam an Bord zu schaffen.

Am 7. November sah Major S. J. Cregeen, ein in Murmansk stationierter britischer Offizier, die Gefangenen unmittelbar nach dem Verlassen ihres Schiffes, der »Scythia«. Ihm fiel auf, daß sie alle englische Felduniformen anhatten und die meisten kleine Kartons mit persönlichem Besitz bei sich trugen. Aber es habe keinen Empfang für sie gegeben, von einem Begrüßungstrunk ganz zu schweigen. Vielmehr hätten sie antreten müssen und seien dann unter bewaffneter Bewachung zu einem außerhalb der Stadt gelegenen Lager in Marsch gesetzt worden. Nach der Schilderung eines amerikanischen Diplomaten namens Melby, der ebenfalls Augenzeuge der Szene war, wurden die Gefangenen »erst mit einer Blaskapelle am Peer empfangen, dann aber unter bewaffneter Bewachung und zu Fuß zu einem unbekannten Ziel abtransportiert.«[16] Cregeen konnte sich die Notwendigkeit einer so strengen Eskorte nicht erklären – für jeweils fünfzehn Gefangene ein Soldat. Gewiß, manche habe man in deutscher Uniform ergriffen, andere aber seien doch trotz unmenschlicher Unbill den ganzen Krieg hindurch der Sowjetunion treu geblieben. Sie hätten eher einen Heldenempfang verdient als eine bewaffnete Wache.

Im Londoner Auswärtigen Amt sah man jedoch nichts Ungewöhnliches in Cregeens Bericht. Geoffrey Wilson, Sachverständiger für russische Fragen, wies darauf hin, daß Begrüßungsempfänge in Rußland ganz unüblich seien. »Und auch die bewaffnete Wache erstaunt nicht im geringsten«, fügte er hinzu.[17] Er wußte vermutlich nicht, daß der Marsch in das nahe gelegene Lager und die anschließenden Aufnahmeformalitäten nur Vorspiele waren für die all diese Heimgeschickten, ob Patrioten oder Kollaborateure, erwartenden Jahre Zwangsarbeit in Lagern, wo Kälte und Hunger das Dasein zu einem nicht endenden Schrecken und das

Überleben zu einer Leistung werden ließen, die nur die körperlich Gesündesten und geistig Wendigsten schaffen konnten.

Bis Ende 1944 bestand das Problem mehr oder weniger nur für Großbritannien, denn dorthin wurden die russischen Gefangenen nach ihrer Festnahme beziehungsweise Befreiung gebracht. Die Amerikaner hatten jedoch eigene Lager für ihre Kriegsgefangenen, und vier Monate nach Invasionsbeginn befanden sich darin bereits 23000 in deutscher Uniform gefangengenommene Russen. Einen Teil davon ließ man in England oder Frankreich, die anderen wurden über den Atlantik gebracht. Als die Sowjets von der Verschickung ihrer Bürger nach den USA erfuhren, setzte sie das in Harnisch, und ihr Botschafter in Washington, Andrej Gromyko, beschwerte sich am 23. September bei US-Außenminister Edward Stettinius in einem Schreiben, das viel Ähnlichkeit mit der »rüden Note« Gussews an Eden hatte.

Den Amerikanern war schon früh angedeutet worden, daß sich das Problem als nicht einfach erweisen würde. Als General Eisenhower seine sowjetischen Verbindungsoffiziere um Rat befragt hatte, was mit sowjetischen Staatsangehörigen geschehen solle, die in deutscher Uniform gefangengenommen werden, war ihm geantwortet worden, »die Frage stelle sich gar nicht, denn es würden ja keine Russen auf die genannte Weise dienen«. So lachhaft diese Erklärung auch war, sie verlangte keine sofortigen Schritte, und etliche Monate hindurch hielten die USA die Gefangenen einfach fest und behandelten sie wie Deutsche.

Die englischen Regierungsführer ließen die Vereinigten Staaten über ihre Gespräche mit Stalin und Molotow nicht uninformiert, sagten aber anscheinend nichts von dem vorherigen Disput im Kabinett und der Grundsatzentscheidung zur Zwangsrepatriierung sowjetischer Bürger. Im Oktober schrieb Bernard Gufler, der im US-Außenministerium mit der Angelegenheit befaßt war, von der »neuen Politik gegenüber sowjetischen Staatsangehörigen«, und ließ durchblicken, daß man der englischen Linie zu folgen gedenke. »Das Einschlagen dieser neuen Politik gegenüber den Sowjets«, bemerkte er, »wird zur Folge haben, daß den sowjetischen Behör-

5. Nach dem Eintritt in die Wehrmacht wird der erste Sold ausgezahlt.

6. und 7. Gefangene beim Umnageln von Gleisanlagen auf deutsche Spurweite und beim Straßenbau.

8. Militärische Ausbildung der Rekruten der Wlassow-Armee in Münsingen.

9. Erst als Hitler in Rußland militärisch in die Defensive gerät, werden die »Ostvölker« in den Kampf einbezogen. Rassenideologe Heinrich Himmler, der eben noch den russischen General Wlassow als »Schwein« und »Untermensch« bezeichnet hatte, muß ihn jetzt empfangen, um mit ihm die Aufstellung einer antisowjetischen ›Russischen Befreiungsarmee‹ zu besprechen.

den Personen ausgeliefert werden, die ihnen bislang vorenthalten wurden, weil sie eine Rückkehr in die Sowjetunion ablehnten.«[18]

Admiral Leahy, Roosevelts Stabschef, schrieb am 2. November an Stettinius: »Da das britische Kriegsministerium mit Einverständnis des Auswärtigen Amtes beschlossen hat, alle sowjetischen Staatsangehörigen ohne Ausnahme an die Sowjetunion auszuliefern, . . . ist es für die Regierung der Vereinigten Staaten nicht ratsam, bezüglich der in diese Kategorie fallenden Personen gegenüber der Sowjetregierung anders zu verfahren.«[19] Am 20. Dezember telegrafierte Stettinius: »Die von den Vereinigten Staaten in diesem Zusammenhang beschlossene Politik geht dahin, alle sich als sowjetische Staatsangehörige ausgebenden Personen ohne Rücksicht auf ihr Einverständnis der Sowjetregierung zuzuliefern.«[20]

Äußerlich betrachtet waren die britische und die amerikanische Politik gleich, im Kern aber bestand ein wesentlicher Unterschied, den jeder Jurist daran erkennen konnte, daß in den amerikanischen Dokumenten von »sich als sowjetische Staatsangehörige ausgebenden Personen« gesprochen wurde. So zum Beispiel in der Korrespondenz zwischen General B. M. Bryan, dem Vizechef der US-Militärpolizei, und Major J. S. Thorp vom britischen Armeestab in Washington.[21] Thorp gab dem für das amerikanische Kriegsministerium handelnden Bryan zu verstehen, England lasse sich »davon leiten, daß Rußland unser Verbündeter ist, und da es sich hier um des Verbündeten Staatsangehörige handelt, müsse diesem auch zugestanden werden, mit ihnen nach eigenem Ermessen zu verfahren«. Er verwies auf das kürzliche Londoner Gespräch zwischen Gepp und Wassiljew und zitierte die Worte des Sowjetgenerals, »daß die UdSSR alle sowjetischen Staatsangehörigen repatriiert haben möchte, ohne Rücksichtnahme darauf, was sie getan oder nicht getan haben . . . Sie seien ausnahmslos an die Sowjetunion auszuliefern«.

Zwischen den Formulierungen »alle sowjetischen Staatsbürger« und »sich als sowjetische Staatsbürger ausgebende Personen« bestand eine offensichtliche Diskrepanz. Der Unterschied lag darin, daß die Amerikaner jeden Soldaten, den sie in deutscher

Uniform gefangennahmen, auch als Deutschen gelten ließen, sofern er sich nicht als Angehöriger einer anderen Nation ausgab. Das war ihre Auslegung der Genfer Konvention. Leute, die offenkundig Russen waren, wurden dennoch nach ihrer Nationalität gefragt; gaben sie »sowjetisch« zur Antwort, so kamen sie in eines der drei Sonderlager in Fort Dix (New Jersey), Winchester (Virginia) und Rupert (Idaho). Somit wurde schon frühzeitig vom Außenministerium, wenn auch noch nicht vom Kriegsministerium eingewilligt, solche »sich als sowjetische Staatsangehörige ausgebende Personen« in die Sowjetunion zurückzuschicken, ob sie wollten oder nicht.

Erklärte ein in deutscher Uniform gefangengenommener Sowjetbürger jedoch, er sei Deutscher, behandelten die Amerikaner ihn auch als solchen und gewährten ihm den Schutz der Genfer Konvention. Es sei seit jeher amerikanischer Grundsatz, so erklärten sie den Engländern, die diese Ansicht nicht teilten, bei der Bestimmung der Nationalität eines Kriegsgefangenen auf nichts anderes als auf die Uniform zu schauen. Die Offiziere in den Lagern fanden es aber seltsam, daß sie Leute als Deutsche behandeln sollten, die einwandfrei aus der Sowjetunion kamen und auch der deutschen Sprache nicht mächtig waren. Sie trugen das General Bryan vor, der ihnen am 21. Dezember jedoch befahl: »Fragen Sie als erstes, ob sie russische Staatsbürger sind. Bejahen sie, werden sie heimgeschickt. Verneinen sie, werden sie nicht heimgeschickt . . . Mit anderen Worten, ist einer clever, wird er sagen: ›Nein, ich bin Deutscher.‹ Und dann ist er eben Deutscher.«

Der Grund für diese merkwürdige Taktik war, daß es in der US-Army viele Soldaten gab, die nicht die amerikanische Staatsbürgerschaft besaßen, und einige davon in deutsche Hände gefallen waren. Die Vereinigten Staaten wollten sie alle als Kriegsgefangene geschützt wissen, die Ausländer ebenso wie die Amerikaner. Der Gedanke, in deutscher Uniform gefangengenommene und sich als Deutsche ausgebende Leute unter Anwendung von Zwang zu repatriieren, machte ihnen Angst, denn wenn sie das taten, ergriff Deutschland vielleicht Sanktionen gegen in amerikanischer Uniform gefangengenommene Nichtamerikaner. Die Engländer aber fanden eine solche Politik nicht nur unlogisch, sondern auch undurchführbar und erklärten Washington in einer offiziellen Note: »Setzte sich diese Auffassung durch, könnten sich alle Verräter der Verantwortung entziehen und verlangen, als Kriegsgefangene behandelt zu werden, indem sie einfach die Feinduniform anziehen und aktiv gegen ihr Land kämpfen.«[22]

Am 8. November antwortete Stettinius auf Gromykos Brief. Er könne nicht sagen, schrieb er, wie viele der von den Amerikanern festgehaltenen Kriegsgefangenen sich als sowjetische Staatsangehörige bezeichneten. Da sich immerhin 300000 POWs in amerikanischen Händen befänden, habe man sie noch nicht alle kategorisieren können. Doch sobald dies geschehen sei, würden sie an einem Hafen der Westküste den sowjetischen Behörden zur Verschiffung nach Rußland übergeben. Inzwischen beschäftige man sie in der Landwirtschaft, und zwar zu einem Tageslohn von 80 Cent. Das Problem jener sowjetischen Staatsbürger, die sich nicht als solche »ausgaben«, wurde zu dieser Zeit noch übergangen.

Welche unangenehmen Komplikationen diese Praxis mit sich bringen konnte, wurde erst am 21. Dezember offenbar, als Vizestabschef General S.G. Henry meldete, im Camp Rupert hätten 150 russische Gefangene erklärt, sie würden unter keinen Umständen in die Sowjetunion zurückkehren, und »falls man sie dazu zwingen wolle, werden sie entweder zu fliehen versuchen oder Selbstmord begehen«. Unter den damals gezählten 50000 Sowjetbürgern in den USA bildeten sie nur eine kleine Gruppe, waren jedoch insofern bemerkenswert, als sie ihre wirkliche Nationalität zugegeben hatten, während die gewitzteren Gefangenen diese verheimlichten und mit den Deutschen zusammenbleiben durften. Das Außenministerium und Bryans Abteilung im Kriegsministerium willigten ein, daß, um diese Gruppe unter Kontrolle zu bringen, zwar keine Feuerwaffen, wohl aber »die zur Verhinderung von Ausbrüchen erforderlichen Beschränkungsmaßnahmen sowie die zur Sicherstellung der Übergabe dieser Personen an die sowjetischen Behörden nötige Gewalt angewendet werden dürfen«. Sie seien von den rund tausend anderen Gefangenen im Camp Rupert zu isolieren und unter Sonderbewachung zu stellen. Eine Woche später begann man mit der Räumung des Lagers und der Verschickung der Insassen nach Rußland. E. Tomlin Bailey vom Dezernat für besondere Kriegsprobleme berichtete: »Von den 1100 zu dem Schiff gebrachten Leuten sind ungefähr 70 Mann gegen ihre Repatriierung gewesen, hatten sich jedoch zuvor, offensichtlich in Unkenntnis der Folgen, als sowjetische Staatsbürger ausgegeben. Drei von ihnen versuchten, sich das Leben zu nehmen – der eine durch Erhängen, der zweite durch Erstechen, und der dritte, indem er seinen Kopf gegen einen Barackenbalken schlug –, zu guter Letzt aber konnten auch sie zum Hafen geschafft werden.«[23] Am 29. Dezember verließen 1179 Russen, darunter auch jene drei am Selbstmord gehinderten Gefangenen, auf der »Ural« San Francisco in Richtung Sowjetunion.

Kriegsminister Henry Stimson äußerte in einem handschriftlichen Memorandum seine Bedenken gegenüber dieser Politik: »Ich bin der Meinung, wir begeben uns unnötig in Gefahr, indem wir deutsche Kriegsgefangene russischer Herkunft den Sowjets ausliefern. Zunächst einmal werden wir verantwortlich sein für massenhafte Exekutionen seitens der Russen. Und das wiederum wird zur Folge haben, daß keine solche Leute mehr zu uns überlaufen. Sollen die Russen doch ihre Gefangenen selber gefangennehmen!«

Stimsons Befürchtungen wurden noch vergrößert durch einen Brief, den er am 5. Januar 1945 von Justizminister Robert H. Jackson erhielt. Dieser schrieb, er habe von den Zwangsrepatriierungen gehört und sei deswegen beunruhigt: »Die Betroffenen werden aus den Vereinigten Staaten ausgewiesen, ohne daß die Anwendungserfordernisse der Deportationsparagraphen in den Einwanderungsgesetzen oder die eines Auslieferungsvertrages erfüllt sind. Ich hege starke Zweifel an der rechtlichen Grundlage respektive Befugnis zur Auslieferung von Menschen gegen deren Willen an Vertreter der sowjetischen Regierung. Darüber hinaus mag sich die Frage erheben, ob die Regierung der Vereinigten

Staaten noch ihre Verpflichtungen gemäß der Genfer Kriegsgefangenenkonvention erfüllt, wenn sie diese Personen einer verbündeten kriegführenden Partei zuliefert, die der Konvention nicht angehört.«

Stimson reichte diesen Brief sofort dem Außenministerium mit der Bemerkung weiter, daß er dazu neige, sich der Auffassung Jacksons anzuschließen. »Bevor wir Leute an die Sowjets übergeben«, schrieb er, »sollten wir uns vergewissern, daß wir sie nicht der Exekution oder Bestrafung ausliefern.« Erstaunlicherweise wußten weder er noch Jackson, beide immerhin Mitglieder von Roosevelts Kabinett, von den diesbezüglichen Absprachen, die die Engländer bereits getroffen und denen sich die Vereinigten Staaten angeschlossen hatten. Stimson erhielt erst aufgrund seines Schreibens vom 5. Januar die Mitteilung, daß »sich als sowjetische Staatsangehörige ausgebende Personen« zwangsrepatriiert würden und am 8. November ein dies bestätigender Brief an den sowjetischen Botschafter gesandt worden sei.

Stimson konnte somit kaum mehr tun, als diese Nachricht an Jackson weiterzugeben. Am 11. Januar informierte er ihn über die Situation und erläuterte das Beharren der Sowjets, daß sowjetische Gefangene auf ähnlicher Basis behandelt würden wie von der Roten Armee in Europa befreite Amerikaner. Auf die Unlogik einer Gleichsetzung der beiden Gruppen seien die Russen hingewiesen worden, schrieb Stimson, doch zeigten sie keinerlei Anzeichen, ihre Haltung zu ändern. Und hinter dieser verberge sich eine Drohung: »Die Weigerung, jene Personen, die sich als sowjetische Staatsangehörige ausgeben, gegen ihren ausdrücklichen Willen an die UdSSR auszuliefern, könnte das Zurückhalten unserer befreiten Kriegsgefangenen in russischem Gewahrsam zur Folge haben.« Das Außenministerium habe ihm versichert, schloß Stimson, daß die Vereinbarung, bevor sie getroffen wurde, »auf alle Fragen des anwendbaren internationalen Rechts sowie auch auf die praktischen Weiterungen hin gründlich geprüft worden sei«.

Obwohl die USA theoretisch lediglich zur Zwangsrepatriierung jener Russen verpflichtet waren, die sich in ihrer Ahnungslosigkeit als sowjetische Staatsangehörige ausgegeben hatten, wurde bald deutlich, daß diese Politik der Sowjetunion nicht genügte, sondern analog, zu jener der Engländer, auf alle UdSSR-Bürger würde erweitert werden müssen. Am 11. November hatte George F. Kennan, der amerikanische Geschäftsträger in Moskau, davon berichtet, daß sich in der sowjetischen Presse und in Regierungskreisen die Forderungen nach sofortiger und ausnahmsloser Repatriierung mehrten. Man scheine zu befürchten, schrieb er, daß diese Gefangenen, wenn sie nicht unverzüglich zurückgebracht würden, zur Quelle von Ärgernissen werden könnten und, was weit wichtiger sei, »das Prestige der Sowjetunion leiden wird, wenn an die breite Öffentlichkeit dringt, daß eine Anzahl von Sowjetbürgern das Repatriierungsangebot nicht begeistert annimmt«.[24] Am 10. Januar 1945 teilte US-Botschafter W. Averell Harriman aus Moskau mit: »Äußerst gereizt reagiert man auf die gerüchtweise verlautete Weigerung vieler dieser Leute, sich repatriieren zu lassen, sowie darauf, daß sie darin angeblich von ausländischen Stellen noch bestärkt werden.«[25] Harriman wußte, daß die sowjetische Presse voll war von Geschichten über Sowjetbürger, die sich in der Fremde nach der Heimat verzehrten, und wie froh und glücklich sie seien, wenn sie dann endlich wieder den Fuß auf den Boden des Vaterlandes setzten. Doch er wußte auch – auf Grund von Berichten über die Ankunft des englischen Schiffes in Murmansk im November –, wieviel davon wahr war. Hinter derartigen Presseartikeln, schrieb Harriman, stecke »die offenkundige Absicht, das Mißtrauen derer zu zerstreuen, die sich noch im Ausland befinden«.

Nichtsdestoweniger schien den amerikanischen Regierungsstellen, so wie schon vorher den britischen, daß sich die Angelegenheit doch nicht anders regeln lasse und man eine formelle Abmachung treffen müsse, die den Russen gewährte, was sie verlangten. Für die Sowjets war das Ganze zu einer Frage der Selbstachtung geworden. Daß Millionen Rotarmisten zu den Deutschen übergelaufen waren und sogar für sie gekämpft hatten, das konnten die Kremlführer unmöglich zugeben. Es hieße allergrößtes Versagen eingestehen, und die Aussichten, daß sie das tun würden, waren nicht realer als die eines Rücktrittes von Stalin. Kurz vor Invasionsbeginn hatte Molotow England kategorisch erklärt, die Zahl der auf Feindseite kämpfenden Russen sei »gänzlich unbedeutend«. Und Eden hatte ein paar Tage später im Auswärtigen Amt an den Rand von Molotows Brief geschrieben: »Ich glaube eher das Gegenteil.« Doch selbst damals schon fühlte er sich zu dem Zusatz bemüßigt: »Ich fände es als ziemlich nutzlos, sich auf eine Gegenantwort einzulassen. Die sowjetische Regierung wird hier doch niemals die Wahrheit zugeben.«[26]

Die britische und amerikanische Regierung sahen sich somit genötigt, und das nicht zum erstenmal in diesem Krieg, etwas als wahr hinzunehmen, das ihnen die sowjetische Regierung erzählt hatte und das – wie alle drei Seiten wußten – die Unwahrheit war. Und doch siegten wieder einmal die Realitäten der Weltpolitik und der militärischen Macht über die Pflicht zur Wahrheit. England stand seit über fünf Jahren im Krieg. Zur Jahreswende 1944/45 war der Sieg zwar schon in Sicht, aber durchaus noch nicht im Griff der Westalliierten. Nach den ersten Erfolgen im Zuge der Invasion hatte es in England und Amerika Optimisten gegeben, die glaubten, Weihnachten sei der Krieg vorbei, doch daraus war nichts geworden. Enttäuschung herrschte vor, und insgeheim wurde man die Furcht nicht los, irgendein teuflisches Wunder könnte Hitler doch noch vor der Niederlage retten.

Am 16. Dezember eskalierten die Sorgen der Alliierten: Rundstedt begann seine Gegenoffensive, den berühmten Ardennendurchbruch. Einen Monat lang wurden Amerikaner und Engländer an einem breiten Frontabschnitt in Südbelgien sogar zum Rückzug gezwungen. Ende Februar war der Angriff dann zwar zurückgeschlagen und man hatte die Deutschen wieder hinter ihre Landesgrenze getrieben, aber die Episode schockte den Westen, denn sie machte deutlich, daß die faschistische Bestie, obwohl in die Enge getrieben, noch immer gefährliche Prankenhiebe austeilen konnte.

Für die Rote Armee dagegen war der Januar ein Monat triumphalen Vorrückens durch Polen und Ostdeutschland. Nachdem sie schließlich das Frische Haff abgeriegelt und am 17. Januar Warschau eingenommen hatten, strömten die Russen durch die unhaltbare polnische Tiefebene. Ende des Monats beherrschten sie ganz Polen und Ostpreußen mit Ausnahme der Festung Königsberg, und es stand außer Frage, daß sie bald die Oder überschreiten würden. Noch nie war in der westlichen Presse begeisterter über Heldenmut und Heldentaten der Roten Armee geschrieben worden, und das machte den Gegensatz zwischen den Fortschritten im Osten und den Rückschlägen im Westen für jedermann deutlich. Die Bewunderung, die man in England und Amerika für Rußlands kämpfende Soldaten hegte, war echt und wohl begründet, konnte sich also nur zu leicht auch zur Bewunderung der Sowjetregierung und Stalins ausweiten. Denn mußten die Männer, die eine so treffliche Streitmacht führten, nicht ebenfalls bewundernswert sein? Von Antikommunisten und Emigranten wurden sie zwar schwer beschuldigt und unmenschlichster Grausamkeit bezichtigt, aber derartige Anwürfe entbehrten sicher jeder Grundlage, waren zumindest übertrieben. Und was jene unglücklichen Gefangenen betraf, so konnte doch wohl keine Rede davon sein, sie in Massen, zu Millionen zu bestrafen? Solch ein Gedanke schien absurd.

Die Dringlichkeit der Angelegenheit wurde abermals unterstrichen in einem Memorandum, das General Eisenhower am 12. Januar aus seinem Obersten Hauptquartier in Versailles an die Vereinigten Stabschefs sandte. Derzeit befänden sich, schrieb er, 21000 Russen in Frankreich in amerikanischem Gewahrsam, die in deutscher Uniform gefangengenommen wurden. Im Schnitt stelle sich jeder fünfte von seinen Truppen gefangengenommene Mann als Russe heraus, und von diesen seien vier Prozent lazarettreif. Weiter heißt es in seinem Schreiben: »Diese Personen bilden hinsichtlich Ernährung, Unterbringung, Verwaltung und Disziplin ein ernstes Problem, da es sich ja um befreite Verbündete handelt. Sie sind eine ständige Quelle von Querelen mit Vertretern der sowjetischen Militärmission, die in bezug auf Fürsorge, Administration und Arbeitsbedingungen anspruchsvolle Forderungen für ihre Staatsangehörigen stellen. Es besteht immer die Möglichkeit von Zwischenfällen, die Zwietracht verursachen können ... Die einzige, alle Gesichtspunkte erfassende Lösung dieses Problems ist die baldige Repatriierung sämtlicher Russen.«[27]

2 DIE ERSTEN UNANNEHMLICHKEITEN

Nachdem sich die drei Großmächte in einer Reihe von Noten und inoffiziellen Gesprächen auf einen Gefangenenaustausch geeinigt hatten, wollten sie dem auch die Form eines schriftlichen Abkommens geben. Dies ließ sich am günstigsten während der Konferenz in Jalta auf der Krim erledigen, die am 5. Februar begann. Am selben Tag schrieb Eden an seinen US-Kollegen Stettinius: ». . . überrennen die sowjetischen Streitkräfte sehr rasch die Stätten der Lager mit britischen und amerikanischen Kriegsgefangenen, und wissen wir, daß sich eine (wenn auch noch nicht genau bekannte) Anzahl britischer Kriegsgefangener bereits in sowjetischer Hand befindet und desgleichen sicher auch etliche amerikanische Kriegsgefangene«.[1] Insgesamt gelte das seinen Informationen nach für neun solcher Lager mit schätzungsweise 50 000 Insassen. Am 9. Februar trug Churchill das in einer privaten Unterhaltung Stalin vor, und beide kamen überein, Experten aus den drei Ländern an den grünen Tisch zu setzen, damit sie einen Text erarbeiteten, den alle unterzeichnen könnten.

Das erste Problem war die Abgrenzung des Anwendungsbereichs der Vereinbarung. Würden die Amerikaner dabei bleiben können, nur »sich als sowjetische Staatsangehörige ausgebende Personen« zu repatriieren? Eden bekam vom Auswärtigen Amt den Rat: »Wir fürchten, daß ein solches Amendment unweigerlich zu längeren Diskussionen mit der Sowjetregierung führen und alle Aussichten auf baldige Einigung zunichte machen wird.«[2] Die Amerikaner akzeptierten dann die englische Formulierung sowie auch den Vorschlag, Zivilverschleppte ebenso mit in die Vereinbarung hineinzunehmen wie Kriegsgefangene. Sobald diese Hürde übersprungen war, kamen die Verhandlungen gut voran. Edward Page, Jr., und John R. Deane für die Amerikaner, Patrick Dean und Henry Phillimore für die Briten und Kyrill Nowikow für die Sowjets verbrachten viele Stunden mit dem Aushandeln von Details wie den Verpflegungssätzen für befreite Alliierte und der Höhe ihrer Entlohnung, während sie für ihre Befreier arbeiteten. Daß Russen in England und den USA zur Arbeit herangezogen werden durften, setzte man voraus, aber als es um die logische Konsequenz hieraus ging – daß englische und amerikanische Gefangene gezwungen werden könnten, für die Russen zu arbeiten –, gab es Komplikationen. Doch ließen diese sich überwinden, und der strittigste Punkt des Agreements, die Repatriierung einer großen Zahl von Russen mittels Zwang, kam kaum zur Sprache.

Er wurde allerdings in einem Gespräch erwähnt, das Stalin und Churchill am 10. Februar in der Villa Jussupow führten und bei dem außerdem nur noch Molotow und Eden sowie die Dolmetscher Wladimir Pawlow und Arthur Birse zugegen waren. Laut Berichtsprotokoll ». . . erwähnte der Premierminister die Schwierigkeiten, welche die große Zahl im Westen befindlicher russischer Gefangener verursache. Sie betrage bei uns rund 100 000. 11 000 Mann seien bereits auf den Heimweg gebracht worden. Weitere 7000 würden noch diesen Monat abgehen. Was habe der Marschall für Wünsche bezüglich der übrigen? Marschall Stalin erwiderte, er hoffe, es lasse sich ermöglichen, sie recht bald nach Rußland zu schicken . . . und mit jenen, die sich bereit erklärt hatten, für die Deutschen zu kämpfen, könne man sich ja befassen, wenn sie sich wieder in Rußland befinden«.[3]

Man darf, ja muß annehmen, daß Churchill und Eden sehr wohl wußten, was Stalin damit meinte, daß er sich mit diesen Leuten »befassen« wolle, aber sie hatten bereits zugesagt, sie ihm auszuliefern, und brachten daher keine Einwände mehr vor. So wurden am nächsten Tag dann zwei bilaterale Vereinbarungen unterzeichnet, die britisch-sowjetische von Eden und Molotow und die amerikanisch-sowjetische von Generalmajor John R. Deane, Militärattaché an der Moskauer US-Botschaft, und Generalleutnant Anatoli Gryslow. Bis auf ein paar Kleinigkeiten waren beide Texte sehr ähnlich. In dem englischen hieß es:

»Alle von den alliierten Streitkräften befreiten sowjetischen Staatsangehörigen werden nach ihrer Befreiung unverzüglich von deutschen Kriegsgefangenen abgesondert ... Diese sowjetischen Staatsangehörigen werden in festgesetzten Depots und Lagern zusammengefaßt, zu denen sowjetischen Repatriierungsvertretern Zugang zu gewähren ist. Zum Zwecke interner Verwaltung und Disziplin sind diese sowjetischen Staatsangehörigen in Formationen und Gruppen zu organisieren, in welchen sowjetische Gesetze zum Tragen kommen ... Befreite sowjetische Staatsangehörige können bis zu ihrer Repatriierung in der Leitung, Instandhaltung und Verwaltung der Lager und Quartiere, in denen sie untergebracht sind, beschäftigt werden ...«[4]

Die größten Unannehmlichkeiten sollte der letzte Artikel der Vereinbarung verursachen:

»Die zuständigen britischen Behörden kooperieren mit den entsprechenden sowjetischen Behörden im Vereinigten Königreich bei der Identifizierung von im Vereinigten Königreich befindlichen beziehungsweise eintreffenden befreiten sowjetischen Staatsangehörigen als solche. Sie sorgen für den Transport selbiger sowjetischer Staatsangehöriger nach zwischen den zuständigen sowjetischen und britischen Behörden zu vereinbarenden Orten, wo ihre Übergabe an die sowjetischen Behörden erfolgt. Soweit möglich leisten die zuständigen britischen Behörden Unterstützung bei der baldigen Verschickung dieser sowjetischen Staatsangehörigen in die Sowjetunion, indem sie unter Heranziehung der ihnen verfügbaren Kapazitäten Transportmittel zur Verfügung stellen.«

Daß sowjetische Staatsangehörige ohne Rücksicht auf ihre eigenen Wünsche und notfalls unter Gewaltanwendung zu repatriieren seien, war zwar weder in der englischen noch in der amerikanischen Vertragsfassung eigens erwähnt, doch sah man dies als die rechtliche Bedeutung der Vereinbarung, vor allem im Hinblick auf das

Oktobertreffen in Moskau und weitere frühere Zusagen. Obwohl die unangenehmen Implikationen in den Texten verschleiert waren, fanden alle drei Parteien es ratsam, die Vereinbarung trotzdem geheimzuhalten. »Da diese Angelegenheit nicht zur Konferenz gehört«, erklärte Stalin, »sei es nicht nötig, sie mit in das Kommuniqué hineinzunehmen«.[5] Das Weiße Haus ließ zwar verlautbaren, daß eine Abmachung getroffen worden war, gab dem jedoch den Anschein, als handle es sich dabei lediglich um Probleme der Kriegsgefangenenbetreuung.[6] Und im Londoner Auswärtigen Amt antwortete Thomas Brimelow von der sowjetischen Abteilung am 19. Februar auf die arglose Anfrage, ob das Abkommen gleich allen anderen veröffentlicht und bei den Vereinten Nationen registriert werden solle, mit dem Vermerk: »Auf *keinen* Fall! Diese Vereinbarung muß geheim bleiben.«[7]

Jüngere Kritik der Jalta-Beschlüsse insgesamt, vor allem der Abmachung über Polen, tendiert zum Vertuschen der Freude, mit der die westliche Welt sie seinerzeit begrüßte. Viele Engländer und Amerikaner hatten den großartigen Vormarsch der Roten Armee im Januar verfolgt und befürchtet, der Westen verhandle aus einer Position der Schwäche heraus. Die bekanntgegebenen Konferenzergebnisse, selbst der Polen betreffende Teil, schienen angesichts der Sachlage aber recht günstig für den Westen. König Georg VI. telegrafierte am 13. Februar an Churchill: »Ihnen und Anthony meinen herzlichsten Glückwunsch zu ihren Erfolgen.« Churchills Freund Brendan Bracken, der damalige Informationsminister, war noch überschwenglicher: »Die gesamte britische Presse zollt den Ergebnissen von Argonaut [Codename für die Jalta-Konferenz] großen Beifall. Die *Times* schlägt in ihrem ersten Leitartikel so begeisterte Töne über Dich an, als hätte ich das geschrieben.« Die amerikanische Presse war ähnlich enthusiastisch; die *Washington Post* zum Beispiel sprach am 1. März von der »jetzt schon herzlichen Reaktion des amerikanischen Volkes auf die Jalta-Beschlüsse«.

Die Führer des Westens waren natürlich bestrebt, eine Front alliierter Einigkeit darzustellen und die Risse der Zwietracht zu kaschieren. »Aus der Hoffnung heraus«, schreibt Churchill in seinen Memoiren, »die Sowjets dadurch zur Loyalität zu verpflichten, glaubte ich, mein Vertrauen in ihren guten Willen proklamieren zu müssen.«[8] Aus den Akten geht allerdings hervor, daß man in den internen Regierungskreisen auch innerlich bereit war, Stalin zu trauen und sich auf sein Wort zu verlassen. Beispielsweise erklärte Churchill am 19. Februar dem britischen Kabinett, »er habe den Eindruck, ja die Überzeugung, daß die Russen an einer harmonischen Zusammenarbeit mit den beiden englischsprechenden Demokratien ehrlich interessiert sind. Marschall Stalin sei eine starke Persönlichkeit, zu der er volles Vertrauen habe.« Am 17. Februar hatte er an den Kremlchef gekabelt: »Ich bete darum, daß es Ihnen noch lange vergönnt sein möge, die Geschicke Ihres Landes zu leiten, das unter Ihrer Führung seine ganze Größe offenbart hat.«[9]

Alexander Cadogan wurde in einem am 11. Februar aus Jalta an seine Frau Thelma geschriebenen Brief direkt schwärmerisch: »Ich habe die Russen noch nie so umgänglich und entgegenkommend erlebt. Vor allem Joe [Stalin] ist ungemein freundlich. Ein wahrhaft großer Mann, und er nimmt sich gegenüber den anderen beiden alternden Staatsmännern sehr imposant aus ... Ich glaube, die Konferenz ist ein voller Erfolg. Wir haben ein Abkommen über Polen getroffen ... und auch vieles andere unter Dach und Fach gebracht, darunter eine wichtige Vereinbarung mit den Russen über die Behandlung unserer Kriegsgefangenen, die von ihnen befreit worden sind bzw. befreit werden.«[10]

Edward Bridges, Sekretär des britischen Kabinetts, notierte am 12. Februar: »Die ausnehmende Freundlichkeit unserer russischen Verbündeten und die offenkundige Aufrichtigkeit ihres Wohlverhaltens sowie ihres Bemühtseins um ein gutes Verhältnis zu uns und um eine Zusammenarbeit nach dem Kriege – ich bin sicher, dies werden die Haupteindrücke sein, die die meisten von uns von der Krim mit heimnehmen.«[11]

Fünf Wochen später sahen die Engländer die Dinge schon weniger euphorisch. Am 21. März telegrafierte Eden an Molotow: »Ich höre mit Befremden, daß die Vereinbarung, die wir in Jalta über unsere Gefangenen getroffen haben, nicht eingehalten wird.« Es würden keine Nachrichten von in Polen durch die Rote Armee befreiten englischen Kriegsgefangenen an britische Behörden freigegeben und keine amerikanischen oder englischen Offiziere nach Polen hineingelassen, um sich um die Gefangenen zu kümmern. »Ich muß Sie bitten, unverzüglich die Erlaubnis zu erteilen für Besuche durch unsere Offiziere (einschließlich Militärärzte) in den westlichen Gebieten Polens«, schrieb Eden – eine naive Bitte, denn in Polen war die Rote Armee gerade eifrig damit beschäftigt, jeden Widerstand gegen kommunistische Autorität zu unterdrücken, und dachte nicht daran, Leute aus dem Westen dabei zuschauen zu lassen.

Nun hatte Stalin aber am 10. Februar in der Villa Jussupow zugesagt, daß englische Verbindungsoffiziere die befreiten Gebiete betreten dürften, und immerhin war das formell vereinbart worden. Daher der ungewöhnlich entschiedene Tenor von Edens Note. Sie schloß mit der Mahnung an Molotow: »Sie werden sich denken können, daß das britische Volk das Schicksal unserer Kriegsgefangenen und die Auswirkungen der Krim-Beschlüsse auf sie aufmerksam verfolgt.«[12]

Am 15. Februar verließen drei englische Schiffe – »Duchess of Richmond«, »Moreton Bay«, und »Highland Princess« – mit insgesamt 7 000 sowjetischen Gefangenen an Bord Liverpool in Richtung Odessa. Charles Rayner, der auf der »Highland Princess« Schiffszimmermann war, erinnert sich: »Die Russen waren ein ganz niedergedrückter Haufen, da sie gezwungenermaßen für die Deutschen gekämpft hatten und sich nicht auf das Ende der Reise freuten.« Immer wenn Land in der Nähe war, hätten ein paar von ihnen versucht, von Bord zu springen.

»Die ganze Fahrt über sind egalweg welche von ihnen ins Meer«, erzählt C. H. Tamplin, damals Colonel im Verbindungsstab bei den Sowjets. In der Mehrzahl der Fälle geschah das während der Durchfahrt durch die Straße von Gibraltar oder in den Dardanellen. In Odessa wurden die Russen ausgeladen, und nachdem sowjetische

Soldaten die Schiffe gründlich durchsucht hatten, damit keinem Mann die Flucht zurück nach England gelang, kamen 1 847 britische Kriegsgefangene aus einem in Stadtnähe gelegenen Auffanglager an Bord. Während der Heimreise hielt man die Aussagen einiger von ihnen fest, und ihre Schilderungen bildeten die Grundlage spezifizierter Beschwerden.

Averell Harriman, zu diesem Zeitpunkt US-Botschafter in Moskau, schreibt: ». . . hielten die Sowjets ihre Zusage nicht ein, Delegationen dorthin zu lassen, wo die Gefangenen in Polen befreit wurden.« In den gerade erst von der Roten Armee besetzten Gebieten herrschte völliges Chaos. An Gebäuden klebten Anschläge in Englisch und Französisch mit der Aufforderung an alliierte Gefangene, sich in diversen Repatriierungszentren zu melden. Einige kamen dem nach und wurden dann, unter vielen Zwischenstationen und Abenteuern, nach Odessa gebracht, wo die Schiffe auf sie warteten. Andere versteckten sich bei Polen und harrten dort auf das Ende der Kämpfe und die Möglichkeit einer Heimkehr über die direkten alliierten Grenzen. Ein paar Mutige versuchten tatsächlich, sich allein nach Moskau durchzuschlagen, dem einzigen erreichbaren Ort, wo es amerikanische und englische Vertreter gab. Daß ein oder zwei tatsächlich dort anlangten, ohne Papiere und ohne ein Wort Russisch zu sprechen, läßt ermessen, welcher Wirrwar längs der Strecke herrschte.

Es zeigte sich jedoch, daß hinter der Art, wie die Sowjets mit westallierten Gefangenen umgingen, keine Böswilligkeit steckte. »Es sind zwar einige Mißhandlungen und Diebstähle vorgefallen«, heißt es in einem englischen Bericht, »doch sind das wohl Ausnahmen; in der Regel scheint die Behandlung durch die sowjetischen Streitkräfte freundlich zu sein.«[13] Es gab Klagen, daß britische Soldaten überfallen und mit vorgehaltener Waffe gezwungen worden seien, ihre Armbanduhren herzugeben. In zwei Fällen war es zu Vergewaltigungen von Engländerinnen gekommen. Untersuchungen ergaben aber, daß diese Dinge passiert waren, als die betreffenden Sowjetsoldaten unter Alkohol standen und Engländer nicht mehr von Deutschen unterscheiden konnten. Man darf nicht vergessen, daß während dieser Wochen sowjetischen Sieges Plündern erlaubt war, ja vom Oberkommando der Roten Armee dazu sogar aufgefordert wurde, ebenso wie zur Notzüchtigung deutscher oder österreichischer Frauen. Ein in Polen befreiter englischer Armeekaplan sagte nach seiner Ankunft in London in einem Bericht an seine Vorgesetzten: »Im besetzten Gebiet war den Russen das Vergewaltigen das, was den Gläubigen die Religion ist.«[14]

Westliche Regierungsstellen klagten über die schlechte Verpflegung und die überaus primitive Unterbringung ihrer Soldaten. »Ihre gesundheitliche Verfassung ist sehr schlecht; die Russen tun nichts für sie«, schrieb Cadogan in einer persönlichen Notiz an Churchill.[15] Doch es stellte sich heraus, daß die Lebensbedingungen nicht schlechter waren als die der Rotarmisten. Im großen ganzen, folgerten die Briten, sei die Behandlung »nach russischen Maßstäben gut, nach englischen mittelmäßig, nach amerikanischen barbarisch«. Hatten die Gefangenen Odessa erreicht, kamen sie in ein Auffang- beziehungsweise Durchgangslager, das sie nicht verlassen durften außer zu organisierten Ausmärschen und gelegentlichen Besuchen von Opern- oder Zirkusvorstellungen. Wie Rayner auffiel, »befanden sich Stadt und Hafen in schrecklichem Zustand, da sie von beiden Seiten bombardiert worden waren«, und es kann wenig Zweifel geben, daß der Mangel an Komfort, den die amerikanischen und englischen Gefangenen ertragen mußten, weniger auf bösen Willen als auf das herrschende Chaos zurückzuführen war.

Der Kreml wies die westlichen Beschwerden natürlich zurück, und Stalin telegrafierte an Churchill: »Was die britischen Kriegsgefangenen betrifft, so sind Ihre Sorgen um deren Wohlergehen unbegründet. Sie leben unter besseren Bedingungen als die sowjetischen Kriegsgefangenen in englischen Lagern, in denen sie in einer Anzahl von Fällen schlecht behandelt und sogar geschlagen wurden.«[16] Und dem amerikanischen Präsidenten erklärte er am 25. März, er persönlich würde ja gern US-Beobachter nach Polen einreisen lassen, doch müsse er »Rücksicht nehmen auf seine Generäle im Feld, und die seien nicht bereit, sich inmitten ihrer dringlichen militärischen Aufgaben auch noch um ausländische Offiziere zu kümmern und die Haftung für sie zu übernehmen«.[17] Eden bekam vom Kriegsministerium den Rat: »Wir richten mehr Schaden als Gutes an, wenn wir bei den Russen zu sehr pochen, solange wir keine definitiveren Beweise dafür haben, daß sie mehr tun könnten als gegenwärtig geschieht.«[18] Ende April waren bereits 3 639 englische Kriegsgefangene über Odessa repatriiert, ebenso mehrere tausend Amerikaner sowie andere Alliierte, und den Anzeichen nach schienen sich die sowjetischen Behörden wirklich Mühe zu geben.

Die russischen Gefangenen in England bereiteten dagegen viele Sorgen. Im Frühjahr 1945 hatten sie allmählich ihre wahre Lage erkannt – daß sie, sobald sie als sowjetische Staatsangehörige erwiesen waren, heimgeschickt würden, ob sie wollten oder nicht. Fürchteten sie eine Bestrafung und wünschten sie deshalb im Westen zu bleiben, so lag ihre einzige Chance also darin, die Engländer zu überzeugen, daß sie gar nicht sowjetischer Nationalität seien. Das war zwar schwierig, doch hatten sie einigen Spielraum zum Manövrieren, denn in der Frage, wer wirklich sowjetischer Staatsbürger sei, bestand zwischen der UdSSR und den anderen ein wesentlicher Auffassungsunterschied. Großbritannien und die USA hatten die 1939 und 1940 durch die Sowjetunion erfolgten Annexionen der Westukraine, des westlichen Teiles von Weißrußland sowie der baltischen Staaten Litauen, Lettland und Estland noch nicht anerkannt, und folglich anerkannten sie aus diesen Gebieten stammende Menschen auch nicht als sowjetische Staatsbürger. Wer nicht zurückgeschickt werden wollte, hatte also Hoffnung, von der Repatriierung ausgenommen zu werden, wenn er – wahrheitsgemäß oder nicht – glaubhaft machen konnte, daß er im Jahre 1939 außerhalb der Sowjetunion gelebt hatte.

Zur Klärung dieser Ansprüche hatte man eine britisch-sowjetische Kommission gründen müssen. Sie stand unter dem gemeinsamen Vorsitz des Chefs der sowjetischen Militärmission in England, General Ratow, und des Verbindungsoffiziers zwischen der Mission und dem Kriegsministerium, Brigadier H. Firebrace. Beide verbrachten viele qualvolle Stunden damit, über strittige Fälle zu richten, das heißt, über Leute, die ihre Staatsbürgerschaft nicht zugeben wollten. Ratow und Firebrace hatten Untergebene, die die Sprachen der in Frage stehenden Gebiete beherrschten, so daß es in der Regel ausreichte, die Gefangenen einer einfachen Sprachprüfung zu unterziehen. Behauptete beispielsweise jemand, er stamme aus der Westukraine, so nutzte ihm das nichts, wenn er nur Russisch sprach. Seine Muttersprache hätte Ukrainisch sein müssen, und einige Polnischkenntnisse durfte man ebenfalls voraussetzen, da diese Region vor dem Krieg zu Polen gehört hatte. Genausowenig konnte sich jemand als Balte ausgeben, sofern er nicht eine der baltischen Sprachen beherrschte, und von diesen verstand Firebrace genug, um zu erkennen, ob der Mann log. Der Test ließ sich sogar bei Altemigranten anwenden, die die Jahre zwischen den Kriegen in Westeuropa verbracht hatten, denn die Sprache hatte sich in den siebenundzwanzig Jahren sowjetischer Herrschaft gewandelt. Ein feines Ohr konnte die Unterschiede zwischen dem Russisch von 1917 und dem von 1945 heraushören.

Am 12. April tagte die Kommission zum ersten Mal. In acht Stunden angestrengter Arbeit behandelten Firebrace und Ratow fünfzig Fälle. Ratow war begleitet von vier weiteren Sowjetoffizieren, UdSSR-Konsul Krotow und einem Stenographen, der jedes Wort mitschrieb, das die Vernommenen sagten. Firebrace hatte nur eine Aufgabe: zu entscheiden, ob der Betreffende im Jahre 1938 sowjetischer Staatsbürger gewesen war oder nicht. Meinte Firebrace ja, so wurde der Mann in das neue sowjetische Lager Newlands Corner bei Guildfort in Surrey verlegt. Meinte Firebrace nein, Ratow aber – wie fast immer – ja, so kam der Mann auf die Liste der »Strittigen« und in ein separates Lager, um dort die endgültige Entscheidung abzuwarten.

Am 14. April beklagte Firebrace in einem Brief an Christopher Warner:

»Sie haben mir eine höchst unangenehme Aufgabe zugeteilt, da bis auf wenige Ausnahmen die Gefangenen, ob sie sich nun als sowjetische oder als polnische Staatsbürger ausgeben, sich heftig gegen ihre Rückschickung in die Sowjetunion oder auch nur in ihre polnische Heimat sträuben. Eine große Zahl von ihnen bestand darauf, die Gründe darzulegen, warum sie nicht heimkehren wollen, und sie berichteten mit großem Detailreichtum von ihren Erfahrungen in der Sowjetunion oder in Polen nach dem Einmarsch der Roten Armee – eine einzige lange Geschichte von Erschießungen, Verhaftungen, Mißhandlungen und Familienverbannungen. Sie erklärten, sie wollten nicht zurück in ein Land, wo solche Dinge zugelassen werden und wo der Mensch keine Rechte hat. Da waren Fälle von Kulakensöhnen, über die eine Strafe nach der anderen verhängt worden war, und ein junger Mann gab an, er sei von seinem zwölften Lebensjahr an immer im Gefängnis gewesen und erst freigelassen worden, als die Rote Armee ihn brauchte. Die meisten von ihnen sagten, sie würden lieber den Tod erleiden als in die Sowjetunion zurückkehren. Einige forderten die Engländer sogar auf, sie doch zu erschießen statt sie auszuliefern. Mein Leben lang habe ich noch nicht soviel menschliches Leid und soviel Verzweiflung gesehen.«[19]

Firebrace fügte seinem Schreiben noch ein paar Einzelheiten aus individuellen Fällen hinzu. Da war ein Mann, der Ratow offen erklärte, er wolle deshalb nicht heim, weil er sich schäme, Sowjetbürger zu sein. Sein Vater war Pope gewesen; die Bolschewisten hatten ihm erst die Zunge herausgeschnitten, damit er nicht mehr predigen konnte, und ihn später erschossen. Er selbst hatte einige Jahre im Gefängnis verbracht, war dann geflohen und lebte monatelang in den Wäldern wie ein gejagtes Tier, bis der Krieg ausbrach und er zu den Deutschen überlief. Es gab Dutzende Geschichten wie diese, die dem Sowjetgeneral und seinen Offizieren wahrscheinlich deshalb so trotzig und verzweifelt ins Gesicht geschleudert wurden, damit es den Engländern moralisch schwerer würde, diese Männer nach Rußland zurückzuschicken.

Ratow hörte sich die Tiraden an und tat nichts, sie abzubrechen, aber man sah ihm an, wie unbehaglich ihm dabei zumute war. »Ihre vor britischen Offizieren gemachten Enthüllungen sowjetischer Methoden schmeckten ihm ganz offensichtlich nicht«, schrieb

Firebrace. Doch jedes Wort sei von dem sowjetischen Stenographen festgehalten worden, und Ratow habe sich mit dem Gedanken trösten können, daß der betreffende Gefangene, war er erst einmal in der Sowjetunion, für seine Schmähreden schwer werde büßen müssen. Firebrace fand es jedesmal »sehr unangenehm und qualvoll«, wenn er nicht anders konnte, als mit Ratow übereinzustimmen, daß der und der Mann zweifelsfrei sowjetischer Staatsbürger und folglich repatriierungspflichtig sei. Wo aber seine Sympathien auch liegen mochten, er hatte eindeutige Anweisungen und war nicht befugt, Leute zu retten, die keinen angemessenen Anspruch auf eine andere als die sowjetische Nationalität geltend machen konnten.

Nur einmal, sagte Firebrace, habe er das Gefühl obsiegen lassen und einen Menschen gerettet. Das war, als ein Gefangener mit anklagendem Finger auf Ratow zeigte und rief: »Ihr habt meinen Vater umgebracht, ihr habt meine Mutter umgebracht, ihr habt meine Brüder umgebracht, und ich bitte den englischen General, mich lieber hier und jetzt zu erschießen, als mich in die Sowjetunion zurückbringen zu lassen!« Firebrace hatte nicht das Herz, diesen Russen nach einem solchen Ausbruch ins Verderben zu schicken. Obgleich keine Beweise vorlagen, sagte er zu Ratow, dieser Mann sei seiner Meinung nach Pole, und setzte ihn auf die Liste der »Strittigen« und somit vorerst außer Gefahr.

Aber das war das einzige Mal, daß Firebrace jemanden durch eine vorsätzliche Lüge rettete. »Ich wünschte, ich hätte mehr Leuten helfen können«, sagt er, »aber das ging nicht, denn mein Befehl war ganz klar.« Er wußte, hielt er sich nicht konsequent an die Vorschriften, würde er nicht nur den Zorn Ratows, sondern auch den seiner Vorgesetzten und vor allem den des Auswärtigen Amtes auf sich ziehen. Freilich, die Gefangenen befanden sich auf britischem Boden und in britischer Gewalt, doch Ratow machte ohne Umschweife klar, was geschehen werde, wenn er seinen Willen nicht durchsetzen könnte und nicht alle unstrittigen sowjetischen Staatsbürger seiner Obhut unterstellt würden. Mache England dabei Schwierigkeiten, erklärte er im Verlauf eines Streits mit

Firebrace, den sie am 11. April beim Lunch im Lager Newlands Corner hatten, sähen sich die sowjetischen Behörden gezwungen, fünfzig britische Kriegsgefangene in Odessa zurückzubehalten. »Wie würde Ihnen das wohl gefallen?« höhnte er. Ruhig gab Firebrace zurück: »Falls Ihre Bemerkung kein dummer Witz sein soll, werde ich sie höheren Orts melden.« Aber so gelassen er sich äußerlich auch gab, innerlich wußte er, daß die Sowjets mit einer solchen Drohung durchaus Ernst machen könnten und man ihm allein die Schuld geben würde, wenn englische Soldaten dann zu leiden hätten.

Firebrace war einer der ersten Offiziere, die in diese beklemmende moralische Situation versetzt wurden; er sollte Dinge tun, gegen die sich alles in ihm auflehnte, die die höhere Politik aber gebot. Man hatte ihm gesagt, es habe seinen guten Grund, daß das in Jalta in dieser Weise abgemacht worden sei und unbedingt eingehalten werden müsse. Ob er die Vereinbarung nun richtig oder falsch fand, es stand ihm nicht zu, sie in Frage zu stellen; jeder derartige Versuch wäre absurd gewesen. Firebrace hatte bei weitem nicht die Informationen wie die Diplomaten, von denen das Abkommen geschlossen worden war. Die großen Zusammenhänge konnte er also nicht sehen, er sah nur, daß die Vereinbarung von Jalta ihn zwang, eine Aufgabe auszuführen, die ihm moralisch zuwider war.

Besonders gut illustriert der Fall von Iwan Sidorow und seiner Frau Natalja das Dilemma und die moralische Bürde, die die Vereinbarung von Jalta Offizieren und Diplomaten auferlegte. Sidorow war 1914 in Südrußland geboren worden und hatte eine Ingenieurschule besucht. Auf Grund seiner familiären Herkunft als politisch suspekt geltend, war er vor Kriegsausbruch mehrmals vom NKWD verhaftet und für kürzere Zeit ins Gefängnis geworfen worden. 1942 nahmen ihn die Deutschen kriegsgefangen und steckten ihn in ein Lager. Sie forderten ihn des öfteren auf, für sie zu arbeiten, doch er lehnte stets ab. Dann kam ein Major von General Wlassows »Russischer Befreiungsarmee« in das Lager und bot ihm an, sich zu einem Arbeitsbataillon zu melden.

In einem Bericht von Sidorows englischem Vernehmungsleiter sind die Gründe dargelegt, warum er schließlich einwilligte: »Es würde ihm gesagt, wenn er ablehne, müsse er im Lager bleiben und verhungern. Ihm war klar, daß man früher oder später von ihm verlangen würde, gegen die Russen zu kämpfen, und deshalb wollte er erst auch nicht. Aber im Lager war die Verpflegung sehr schlecht. In dem Arbeitsbataillon dagegen bekam er leidlich gutes Essen und außerdem noch Lohn.« Er wurde dann in der Südukraine im Straßen- und später im Bahn- und Brückenbau eingesetzt. 1943 heiratete er eine siebzehnjährige Ukrainerin namens Natalja. Im März 1944 wurde er nach dem Westen verlegt, um den Atlantikwall gegen die bevorstehende Invasion verteidigen zu helfen.

Natalja konnte ihn nach Frankreich begleiten. Ein Vierteljahr hub er vor Cherbourg Schützengräben aus, während seine Frau in der Bataillonsküche arbeitete. Nach ein paar Wochen bekamen die Männer Uniformen verpaßt und Karabiner in die Hand gedrückt und waren somit kein Arbeitsbataillon mehr, sondern eine militärische Einheit. Jeder Russe, der sich in diese Änderung nicht schicken wollte, wurde erschossen. Iwan sah sich jetzt also in der Uniform der Feinde seines Landes und als Verteidiger der Küste, die bald von den Verbündeten seines Landes angegriffen werden sollte. Er befand sich plötzlich in einer gefährlichen Lage. Zweifelsohne beging er nach sowjetischem Recht Landesverrat, aber das hätte er nur vermeiden können, wenn er im Kriegsgefangenenlager geblieben und verhungert wäre. Am 26. Juni, zwanzig Tage nach Invasionsbeginn, fiel Iwans Einheit in die Hände der Amerikaner.

Iwan und Natalja wurden getrennt. Zwar kamen beide nach England, aber er in das POW-Lager Kempton Park in Surrey, sie in ein staatliches Hospiz in Retford in Yorkshire. Iwan und seinen Kameraden ging sehr bald auf, daß die britische wie die amerikanische Politik dahin ging, alle sowjetischen Staatsangehörigen ohne Rücksicht auf ihr Einverständnis zu repatriieren. Er war sich klar, daß ihm, setzte er den Fuß auf sowjetischen Boden, wegen Landesverrates der Prozeß gemacht würde und daß seine einzige Hoffnung darin bestand, die Engländer zu überzeugen, daß er kein sowjetischer Staatsbürger sei. Und so gab er vor, Pole zu sein. Damit aber mußte er vor die britisch-sowjetische Repatriierungskommission. Für alle Fälle seiner Art hatten Ratow wie Firebrace polnischkundige Offiziere dabei, und die erkannten sofort, daß Iwans Polnisch recht dürftig, sein Russisch dagegen sehr gut war. Während der Vernehmung ließ er sich zu Beschimpfungen Ratows und seiner Offiziere hinreißen, was zur Folge hatte, daß sein Name notiert wurde und die sowjetische Seite noch nachdrücklicher seine Auslieferung verlangte.

Bis hierhin war Sidorows Geschichte nicht außergewöhnlich. Viele der nach England gebrachten russischen Gefangenen wehrten sich nicht minder heftig gegen die Repatriierung. Und ihre Frau in England hatten ebenfalls nicht wenige. Aber Iwan und Natalja hatten doppelt Glück. Erstens war Natalja bei ihrer Gefangennahme durch die Amerikaner schwanger, das Kind kam im Januar 1945 in Retford zur Welt. Auf Grund seiner Geburt in England war der kleine Sidorow automatisch englischer Staatsbürger. Und als Eltern eines englischen Staatsbürgers hatten Iwan und Natalja jetzt gegenüber den anderen einen stärkeren Anspruch darauf, im Vereinigten Königreich bleiben zu dürfen.

Die zweite goldene Brücke wurde ihnen von Ethel Christie gebaut, einer englischen Quäkerin, die in den zwanziger Jahren in Rußland während der Hungersnot engagiert und couragiert Hilfe geleistet hatte. Sie begann sich für die Sidorows einzusetzen. Ihre Bemühungen machten den Regierungsstellen klar, daß man die Familie nicht einfach still und heimlich abschieben konnte. Eine Auslieferung der Sidorows, ob mit oder ohne das Baby, gäbe unweigerlich einen Skandal.

Ohne ihren Sohn und die Hilfe von Ethel Christie wären Iwan und Natalja sehr bald in das Lager für sowjetische Staatsangehörige in Newlands Corner verlegt worden. Und dort hätten sie nur kurze Zeit zu warten brauchen, bis ein Schiff für den Rücktransport nach Rußland frei wurde. Im Auswärtigen Amt hatten sich inzwischen verschiedene leitende Beamte in Schriftsätzen zuungunsten der Familie ausgesprochen. Es war bei polnischen Gruppen in England nachgefragt worden, aber dort wußte man nichts über Sidorow. Diese Auskunft sowie die Vernehmung durch die britisch-sowjetische Kommission hatten Firebrace zu der Erklärung bewogen, Iwan sei mit neunzigprozentiger Sicherheit Russe. Polen hätten ihm gesagt, sie könnten unmöglich glauben, daß jemand die zwanzig Jahre zwischen den Kriegen im Raum von Tarnopol gelebt haben solle, wie Sidorow das von sich behauptete, ohne mit der Zeit einigermaßen Polnisch zu lernen. Iwans mangelnde Sprachkenntnis schien sein Verderben zu sein.

Geoffrey Wilson vom Auswärtigen Amt empfahl, Sidorow und seine Frau nunmehr den sowjetischen Behörden zuzuliefern. Der Fall liege zwar schwierig, doch dürfe man sich hier nicht von Sentimentalitäten, sondern ausschließlich von den Erfordernissen praktischer Politik und Diplomatie leiten lassen: »Diese Entscheidung«, erklärte er, »sollte gefällt werden ohne Rücksichtnahme auf die Folgen hinsichtlich der Frau, die unstreitig sowjetischer Nationalität ist, oder des Kindes, das sowohl die britische wie die sowjetische bzw. polnische Staatsbürgerschaft besitzt. Wir geraten in heillose Verwirrung und die Arbeit von Brigadier Firebrace wird ganz unmöglich gemacht, wenn wir in Fällen dieser Art nach humanitären Gesichtspunkten, statt nach den uns bekannten Fakten entscheiden.«

Patrick Dean schrieb, Sidorows Nationalitätsangabe könne sehr wohl erlogen sein, »weil er weiß, daß ihm als ehemaligem Angehörigen der Wlassow-Armee gewiß die Exekution droht, wenn er in die Sowjetunion zurückgeschickt wird«. Wahrscheinlich werde man sogar besonders streng mit ihm verfahren, »denn es ist anzunehmen, daß man nicht vergessen wird, was er im Verlauf seiner Vernehmung vor General Ratow über die Sowjetunion gesagt hat«. Von juristischer Warte aus aber sei das alles irrelevant. Bedeutung habe einzig und allein, schrieb Deans Kollege John Galsworthy, Sidorows nahezu zweifelsfreie sowjetische Staatsbürgerschaft; »folglich verfügen wir über keinerlei Handhabe, ihn den Russen vorzuenthalten, denen er gemäß der Vereinbarung von Jalta jetzt zusteht«. Das gleiche gelte für Natalja, die ebenso sowjetischer Nationalität sei wie ihr Ehemann. Galsworthy schloß: »Rein juristisch besteht also kein Hinderungsgrund, beide an die Russen auszuliefern, obwohl es mich sehr wundern würde, wenn sie nicht Selbstmord begingen.«

Schwierig finde er die Sache jedoch bei dem Kind. Es habe eine doppelte, nämlich die britische und die sowjetische Staatsbürgerschaft, aber solange es in Großbritannien weile, dominiere die erstere. Einerseits wäre es sowohl unrecht als auch schwierig, einen Säugling von den Eltern zu trennen. Andererseits aber wäre es ungesetzlich, das Kind mit nach Rußland zu schicken, wenn seine Eltern wünschten, daß es in England bleibe; man könne keinen britischen Staatsangehörigen aus Großbritannien deportieren. Die Sidorows selbst wüßten natürlich nichts von diesen juristischen Spitzfindigkeiten, doch halte er es für riskant, das Baby einfach zusammen mit den Eltern wegzuschicken. Denn »wenn das in Retford auf irgendeine Weise durchsickert (was keineswegs unmöglich ist), führt das sicher zu heftiger Kritik und zu Fragen über unsere generelle Interpretation der Jalta-Vereinbarung«. Selbige sei ja noch geheim, »und je weniger darüber gesprochen wird, um so besser«.

Dieser Aspekt dominierte von da an in den Überlegungen der offiziellen Stellen. Wie ließ sich am besten ein Skandal vermeiden? Welche Entscheidung würde dem Auswärtigen Amt und der Regierung allgemein die wenigsten Unannehmlichkeiten bringen? Komplikationsträchtig waren die möglichen Wege alle beide. So wurde schließlich eine Kompromißlösung in Erwägung gezogen: Konnte man Sidorow nicht allein deportieren und Natalja samt Baby hierbehalten? Im Grunde ginge es den Sowjets doch nur um ihn, und bekämen sie ihn, würden sie sicher kein großes Aufheben mehr wegen der Frau und des Kindes machen. Auf dieser Basis fragte man dann beim Ministerium des Inneren an, der für Einwanderung zuständigen Instanz, ob sich für Natalja und ihren Sohn eine Aufenthaltsgenehmigung erwirken lasse. Das Innenministerium erklärte anfänglich, es wolle »die Frau um keinen Preis hierbehalten . . . Darf sie allein bleiben und wird ihr Mann zurückgeschickt, steht endloser Ärger mit ihr ins Haus, da sie immer wieder mit Anfragen kommen wird.«

Das erste Halbjahr 1945 lebten Iwan und Natalja unter seelischen Qualen, weil sie glaubten, höchstwahrscheinlich hingerichtet, und wenn nicht das, dann so gut wie sicher auf unbestimmte Zeit getrennt zu werden. Für Natalja war das wohl noch schwerer zu ertragen, denn sie war erst neunzehn, stillte ihren fünf Monate alten Säugling und war ohne ihren Mann nur ein halber Mensch. Im Falle einer negativen Entscheidung wollte sie ihr Kind in England zurücklassen – und würde es voraussichtlich nie wiedersehen. Man kann sich kaum größeres Leid vorstellen, als sie in diesen Monaten durchmachte in der Angst vor dem Getrenntwerden von den beiden Menschen, die sie liebte. Einmal suchte sie in Retford ein Abgesandter der sowjetischen Botschaft auf und führte so einschüchternde Reden, daß die hinterher ins Krankenhaus gebracht werden mußte. Sie stand am Rande eines Nervenzusammenbruchs.

Im Juni waren nahezu alle in England befindlichen sowjetischen Gefangenen repatriiert. Bei den noch Verbliebenen handelte es sich um einige wenige strittige Fälle ähnlich Sidorow und um ein paar wegen Krankheit Transportunfähige. Natalja wußte, ihr Baby war keine Garantie dafür, daß sie bleiben dürfe, denn unter den in Frankreich gefangengenommenen Russinnen hatte es noch mehr Schwangere gegeben, und die waren, ob sie ihr Kind geboren hatten oder nicht, sämtlich ausgeliefert worden – nur sie allein war noch hier. Der Unterschied bei ihr lag darin, daß sich Ethel Christie ihres Falles angenommen hatte und man behördlicherseits fürchtete, diese kämpferische Frau werde nicht Ruhe geben, bis eine ordentliche Prüfung erfolgt sei.

Am 19. Juni holte Ethel Christie Natalja zu einer Vorsprache im Auswärtigen Amt aus Retford nach London. »Ich war so verängstigt, daß ich mich kaum noch an etwas von diesem Tag erinnern kann«, sagte Natalja heute. Infolge der monatelangen Ungewißheit seelisch überlastet, kaum einen Wortes Englisch mächtig, ganz ohne Ahnung sowohl von den durch sie in der internationalen Politik verursachten Problemen als auch von der Jalta-Vereinbarung, war sie von den Fluren und Korridoren des Ministeriums völlig eingeschüchtert. Die beiden Frauen wurden in das Dienstzimmer Thomas Brimelows von der sowjetischen Abteilung geführt. Brimelow schreibt: »Sie [Natalja] fiel vor mir auf die Knie, berührte nach traditioneller russischer Weise mit der Stirn den Boden und flehte mich an, sie und ihren Mann vor der Deportation zu retten. Ich antwortete, irgendeine feste Zusicherung könne ich ihr nicht geben, da über ihr und ihres Kindes Schicksal noch nicht entschieden sei.«

Im Auswärtigen Amt ist man solche Szenen nicht gewohnt. »Der arme Mr. Brimelow«, sagt Ethel Christie. »Kniend umklammerte sie seine Beine, so daß er sich nicht rühren konnte und in dieser Haltung stehenbleiben mußte. Sie taten mir alle beide so leid.« Weinend erzählte Natalja ihm, was sie alles auf sich genommen hätte, um mit ihrem Mann zusammenbleiben zu können, wie sie ihm quer durch das von den Nazis besetzte Europa gefolgt und wie unendlich verzweifelt sie gewesen sei über ihr Getrenntsein, während sie sein Kind trug und stillte. Ohne ihn würde sie sterben, und Brimelow konnte sehen, daß sie wohl nicht übertrieb. Sie hatten soviel gemeinsam durchgemacht, und ihre Liebe war außergewöhnlich stark.

Natalja hatte eine an Churchill gerichtete Bittschrift mitgebracht. Ethel Christie erinnert sich, wie es war, nachdem sie das Ministerium verlassen hatten: »Sie wollte ihre Petition abgeben, und so führte ich sie zur Downing Street 10 [dem Amtssitz des Premierministers], gleich neben dem Auswärtigen Amt. Die Straße war voller Touristen, und ich sehe noch vor mir, wie man uns anstarrte, als wir zum Haus Nummer 10 gingen und Natalja, ganz in Tränen aufgelöst, ihre Bittschrift in den Briefschlitz schob.« Ethel Christie brachte Natalja dann nach Retford zurück und riet ihr, sich nach Möglichkeit in Geduld zu fassen, bis die Würfel über ihr Schicksal gefallen seien.

Sowohl der Premierminister wie das Auswärtige Amt erhielten englische Übersetzungen von Nataljas Eingabe. Dieses bemerkenswerte Dokument begann: »Ich flehe Sie an, haben Sie Erbarmen mit einer unglücklichen Frau und einem armen, bedauernswerten Kind. All unsere Hoffnungen richten sich auf Sie. Mein Mann und ich werden unser ganzes Leben lang für die Engländer arbeiten, und mein Sohn, der in England geboren wurde, wird der Regierung und dem gütigen Volk von Großbritannien für die Rettung seiner unglücklichen Eltern ewig zu Dank verpflichtet sein.« Dann folgte eine gedrängte Schilderung alles dessen, was ihnen seit 1941 widerfahren war, bis schließlich »Kälte, Hunger und furchtbare Lebensbedingungen meinen Mann in die Uniform der Deutschen zwangen«. Sie hätten den Krieg hindurch ganz schrecklich gelitten, »aber unsere gegenseitige Liebe hat uns aufrechterhalten«.

All ihre Bitten, schrieb Natalja, ihren Mann im Kempton Park Camp besuchen zu dürfen, seien abgelehnt worden. Er habe seinen Sohn überhaupt noch nicht gesehen. Sie schloß mit den Worten: »Bitte, helfen Sie einer armen, unglücklichen Frau. Eine Rückkehr in unser Land ist sowohl für mich wie für meinen geliebten Mann ausgeschlossen. Dort wird man niemals Verständnis aufbringen für die Leiden, die wir beide ertragen mußten, wird niemals verzeihen, daß er deutsche Uniform angezogen hat. Mein kleiner Junge ist fünf Monate alt. Man wird ihn mir wegnehmen. Das weiß ich nur zu gut. Haben Sie Mitleid mit uns, erbarmen Sie sich meines unglücklichen Mannes, schicken Sie uns, falls möglich, in die entfernteste, unwirtlichste und einsamste Kolonie. Wir werden mit all unserer Kraft zum Wohle der britischen Regierung und für die gütigen, mitfühlenden Engländer arbeiten.«

Inzwischen war Sidorow von Robert Hodgson, einem ehemaligen britischen Geschäftsträger in Moskau, der gut Russisch sprach, vernommen worden. Dieser lieferte einen für Iwan sehr günstigen Bericht: ». . . konnte ich keine Spur unoffener Zurückhaltung oder eine Neigung zu Ausflüchten entdecken. Er machte auf mich einen lauteren und wahrheitsliebenden Eindruck.« Entsetzt habe ihn, Hodgson, als er von Nataljas Einschüchterungen durch einen Sowjetvertreter erfuhr, wodurch sie »unter schweren seelischen Terror gesetzt« worden sei. Derartige Vorfälle »erschweren uns die Einhaltung unserer Abmachungen ungemein . . . und wäre es angesichts der nicht zu duldenden NKWD-Umtriebe durchaus gerechtfertigt, wenn wir Sidorows Auslieferung verweigerten«. Er sei sich der Notwendigkeit freundschaftlicher Beziehungen zur Sowjetunion bewußt, ebenso der Probleme, die entstünden, wenn sich Großbritannien über die in Jalta getroffene Kriegsgefangenenvereinbarung eklatant hinwegsetze, aber es könne »doch wohl nicht von uns verlangt werden, daß wir bei einer schreienden Ungerechtigkeit willentlich mittun«.

Die britischen Diplomaten neigten jedoch weiterhin dazu, den Fall einseitig von der englischen Außenpolitik her zu sehen. Das sowjetische Auslieferungsbegehren abzulehnen und die Sidorows in England zu behalten schien ihnen undenkbar. Es handelte sich bei beiden um sowjetische Staatsbürger, und laut einer von Großbritannien und der UdSSR frei eingegangenen Vereinbarung hatten sie repatriiert zu werden, nötigenfalls unter Nachhilfe von Gewalt. Manchen in der englischen Regierung und ihren Ämtern taten die Sidorows zwar leid, und sie verstanden, was den Mann gezwungen hatte, auf deutscher Seite Waffen zu tragen, aber ihn zu retten zögerten sie, weil das den Bruch eines bindenden Abkommens bedeutete.

Sie waren sich bewußt, daß sie vor sechs Jahren England in den Krieg geführt hatten, damit eben dieses Prinzip, nämlich Achtung vor Abkommen und internationalem Recht, gewahrt bleibe. Millionen hatten ihr Leben gelassen, um allen Hitlers zu demonstrieren, daß Streitigkeiten durch Verhandlungen und nicht durch einseitiges Handeln gelöst werden müssen. Vor vier Monaten erst waren in Jalta zwischen der Sowjetunion und den Westalliierten hochwichtige vertragliche Abmachungen getroffen worden, und die Vereinbarung über die Kriegsgefangenen gehörte mit dazu. Im Sommer 1945 sah es so aus, als hielte sich Stalin an die Krim-Beschlüsse. Er hatte im griechischen Bürgerkrieg nicht auf kommunistischer Seite interveniert und die Polen beherrschenden Kommunisten veranlaßt, auch Nichtkommunisten in ihre Regierung zu nehmen. Mochte der Fall Sidorow im Gesamtkontext auch nur eine Bagatelle sein, juristisch lag er ganz klar, und das Auswärtige Amt schreckte davor zurück, England als ersten der Bündnispartner die Jalta-Vereinbarung mißachten zu lassen, nur um zwei einzelne Menschen zu retten.

Was das Auswärtige Amt bewog, sich so angelegentlich mit dem Fall zu befassen, war nicht Mitleid mit den Sidorows, sondern Angst vor Unannehmlichkeiten und Publizität. Im Juni wurde das Problem Moley Sargent vorgelegt, einem der ranghöchsten Beamten des Ministeriums, und Patrick Dean schrieb: »Allem Anschein nach ist die Auslieferung des Ehepaares nunmehr beschlossene Sache und müssen die beiden zurück in die Sowjetunion.« Diese Entscheidung sei in voller Bewußtheit dessen gefällt worden, »daß ihrer in der Heimat eine sehr strenge Ahndung, ja wahrscheinlich sogar die Verurteilung zum Tode harrt«. Das in England geborene Baby, glaube er, »wird sicher vom Staat erzogen und hat nichts zu befürchten«. Sorgen mache ihm, wie man den Sidorows diese Entscheidung mitteilen und ob man es ihnen überlassen solle, ihr Kind mitzunehmen oder nicht. In vieler Hinsicht wäre es vielleicht besser, die Eltern da gar nicht erst zu fragen. Allerdings fürchte er, »wenn der Mutter nichts über das Baby gesagt wird und sie beide plötzlich zwecks Rücktransportes in die Sowjetunion zu einem Hafen oder Flugplatz gebracht werden, kann es geschehen, daß die Mutter dann eine Szene macht, indem sie versuchen wird, das Baby den Wachen in die Arme zu drücken«. Das würde »dieselben in eine äußerst prekäre Situation bringen und im Falle eines Bekanntwerdens viel bösen Staub aufwirbeln«.

Man beschloß dann, den Fall der höchsten Instanz zu unterbreiten. Am 9. Juli verfaßte John Galsworthy einen langen Schriftsatz, der die allgemeine Ansicht der Mitarbeiter in der sowjetischen Abteilung darlegte. Galsworthy riet, dem Ehepaar mitzuteilen, daß man es in die Sowjetunion zurückschicken werde. Dies sei in Anbetracht der bindenden Jalta-Vereinbarung der einzig mögliche Schritt. Es befänden sich noch etliche britische Kriegsgefangene in sowjetischer Hand, und diese könnten als Geiseln festgehalten werden, wenn man bei den Sidorows Schwierigkeiten mache. Zudem sei, nachdem sich Sidorows Behauptung, polnischer Nationalität zu sein, als unwahr erwiesen habe, General Ratow die baldige Auslieferung der Familie zugesagt worden. Im Falle der Nichteinhaltung dieses Versprechens müsse mit einer Unmutsreaktion des sowjetischen Generals gerechnet werden.

Andererseits wisse man, gab Galsworthy zu bedenken, daß mehrere russische Emigranten in London den Fall interessiert verfolgen – »eine ihnen nicht genehme Entscheidung könnte zu einem allgemeinen Durchsickern der Geschichte führen und unerwünschte Kritik im Parlament auslösen«. Ein weiterer Faktor sei Ethel Christie, eine in der einflußreichen Quäkerbewegung hochangesehene Frau. Sie werde kaum ruhig bleiben, während man die Familie abschiebe. Galsworthy hatte Youmatoffs Bericht über seine Reise nach Odessa gelesen und wies auf das Vorhandensein von »Beweisen dafür hin, daß »einige von uns laut Jalta-Vereinbarung, aber gegen ihren ausdrücklichen Wunsch in die Sowjetunion zurückgeschickte Personen unmittelbar nach der Ankunft im Bestimmungshafen erschossen worden sind«. Dringe diese schreckliche Tatsache ebenfalls an die Öffentlichkeit, hätte das noch fatalere Auswirkungen.

Galsworthy sah in dem Ganzen eine Frage des Prinzips: »In Einzelfällen wie diesem ›weich‹ zu werden wäre riskant . . . Fingen wir einmal damit an, die Ausführungen der Vereinbarung nach humanitären Gesichtspunkten zu modifizieren, hätten wir bald eine lange Liste von Kandidaten auf Behandlung nach Gnade vor Recht.« Was man zu tun habe, sei klar: Die Familie Sidorow müsse fort. Am Schluß seines Schreibens fühlte sich Galsworthy dennoch bemüßigt, auf seine Bedenken bezüglich des Vorhabens hinzuweisen:

»Setzen wir es in die Tat um, kann das von drei Seiten Ärger bringen: von den sowjetischen Dienststellen, von den Sympathisanten und von den Opfern selbst. Die ersten beiden Faktoren haben bereits an früherer Stelle Erwähnung gefunden. Was den dritten betrifft, so besteht angesichts der gegebenen starken gegenseitigen Zuneigung des Mannes und der Frau alle Wahrscheinlichkeit, daß letztere auf den Erhalt unseres Bescheides dergestalt reagiert, daß sie sich und ihr Kind auf der Stelle umzubringen versucht oder daß sie den Säugling uns übergibt und sich allein tötet oder daß sie sich scheinbar in ihr Los fügt und sich zu einer Rückkehr samt Ehemann und Kind bereit erklärt, nur um den Selbstmord dann bei der Einschiffung, also unter dramatisch effektvolleren Umständen zu begehen . . . Daß sowohl ein Freitod wie auch eine Flucht unerwünschte Publizität nach sich ziehen werden, liegt auf der Hand.«

Ethel Christie hatte von Natalja einen völlig verzweifelten Brief erhalten. Sie schrieb an Thomas Brimelow, sie habe ihr geantwortet, »sie dürfe versichert sein, daß alle Beteiligten für sie und ihren Mann ihr Bestes täten«. Im übrigen habe sie Natalja bei ihren Bekannten eingeführt, in Sonderheit bei einem Kapitän W. T. Haydon und seiner Frau. Die beiden hätten sehr viel Gefallen an Natalja gefunden und sie eingeladen, bei ihnen in Richmond zu bleiben. Das Auswärtige Amt könne also sehen, daß die Zahl der für die Sidorows eintretenden Personen wachse. Und sie fuhr fort: »Sie trägt an der Ungewißheit schwerer als er, weil er in bezug auf ihre und des Kindes Zukunft mehr oder weniger beruhigt ist, während sie über die seine keine Illusionen hat, falls er nach Rußland zurück muß. Tatsächlich hat er nicht die Absicht, die Grenze lebend zu überschreiten.«

Man begann nun, die Entscheidung abzuwägen. Wer würde mehr Ärger machen: die Sowjets bei einer Zurückhaltung der Familie in England oder die Sympathisanten bei einer Auslieferung? Die armen Sidorows waren ganz unwissentlich zu wichtigen Leuten geworden, denn ihr Fall schien entweder die anglo-sowjetischen Beziehungen zu schädigen oder aber der britischen Regierung nicht unerhebliche innenpolitische Schwierigkeiten zu bereiten. Und von nun an findet sich ein neues Argument in den Memoranden der Diplomaten: Da weder so noch so Komplikationen zu vermeiden seien, könne man doch gleich Humanität walten lassen und alle drei Sidorows dabehalten. Patrick Dean schrieb: »Es gilt zu überlegen, ob wir in Anbetracht der besonderen Umstände dieses Falles nicht auch den Vater im Lande belassen sollten, da wir ja sowieso böser Vorwürfe seitens der Sowjets gewärtig sein müssen.« Thomas Brimelow äußerte sich ähnlich: »Da wir vorhaben, uns bei der Mutter nicht an die [Jalta-]Vereinbarung zu halten, können wir das ebensogut auch bei dem Vater tun.« Nataljas herzzerreißender Besuch bei ihnen hatte den Männern im Auswärtigen Amt doch an die Seele gerührt, jetzt ließen sie zum ersten Mal menschliche und moralische Rücksichten in die Dikussion einfließen. »Es widerspräche aller englischen Auffassung von Gerechtigkeit, Mutter und Kind zu trennen«, bemerkte Dean, während Brimelow schrieb: »Repatriieren wir ihn, wird er wahrscheinlich sofort erschossen und sind wir mit schuld daran, einen zwar eingestandenermaßen stark antisowjetisch eingestellten, aber von uns für unschuldig gehaltenen Mann in den Tod geschickt zu haben.«

Ein paar Tage später erörterten Patrick Dean und Sowjetabteilungschef Christopher Warner das Problem mit Alexander Cadogan. Man kam überein, die Angelegenheit so bald wie möglich einem Minister vorzulegen. Cadogan schrieb gleichlautende Briefe an Alexander Douglas-Home (damals Lord Dunglass), der gerade zum Unterstaatssekretär in Churchills Interimsregierung ernannt worden war, und an Außenminister Eden:

». . . handelt es sich um einen unangenehmen Fall, erwachsen aus unserer Verpflichtung, in Befolgung der Jalta-Vereinbarung alle ›befreiten‹ bzw. gefangengenommenen sowjetischen Staatsbürger nach Rußland zurückzuschicken . . . Außergewöhnlich ist er insofern, da das Kind eigentlich die britische Staatsbürgerschaft besitzt, und ich würde das Begehren auf Zulieferung der Familie gern ablehnen. Das jedoch dürfte nicht geringen Ärger mit den Russen geben. Andererseits werden Sie einsehen, daß die Familie bereits ein gewisses Maß an öffentlicher Aufmerksamkeit und Unterstützung erlangt hat und ihre Auslieferung mit einiger Sicherheit ziemliche Aufregung in England verursachen dürfte. Ich hoffe, Sie sind bereit, es in diesem Fall auf eine Auseinandersetzung mit den Russen ankommen zu lassen.«

Am 13. Juli fällte der Außenminister dann das Urteil, das für die Sidorows das Leben bedeutete: »Nun gut, lassen Sie die Familie hier. Aber schieben Sie unsere Antwort so lange hinaus, wie es nur geht, damit wir noch so viele Leute rausbekommen wie möglich. Ich befürchte Repressalien.«

Es war eine seiner letzten Entscheidungen im Amt, denn zwei Wochen später verlor die Konservative Partei die Wahlen, und die Regierung mußte zurücktreten. Selbst jetzt konnten die Sidorows noch nicht von der Entscheidung, die sie aus ihrem Elend erlösen sollte, in Kenntnis gesetzt werden, da erst eine formelle Aufenthaltserlaubnis vom Innenministerium eingeholt werden mußte. Diese traf am 27. August ein, und bald darauf wurde die Familie benachrichtigt, daß sie nicht in die Sowjetunion zurückgeschickt werde, allerdings ohne ihr zu sagen, auf wie hoher Ebene ihr Fall behandelt worden war.

Der erwartete Ärger mit der sowjetischen Botschaft blieb aus, worüber in den nächsten Monaten so mancher Offizielle seine Verwunderung äußerte. Wahrscheinlich fürchteten auch die Russen eine offene Diskussion des Falles mit einhergehenden Enthüllungen von Einzelheiten über die geheime Vereinbarung. Vielleicht erkannten sie die Probleme, die damit verbunden waren, eine Mutter von ihrem Kind zu trennen, nicht mit Rücksicht auf die Sidorows, für die sie kein Mitgefühl hatten, aber wenigstens auf die englische Regierung, die das würde tun müssen. Möglich auch, daß sie sich überlegten, wenn sie England wegen dieser Sache öffentlich angriffen, bliebe ihm als Verteidigung ja nur, die Sowjetunion als inhuman an den Pranger zu stellen. Oder daß sie sich sagten, Sidorow sei ein zu kleiner Fisch und lohne keine große Auseinandersetzung. Der Regierungswechsel mag ebenfalls sein Teil beigetragen haben, denn in seiner Folge kam es für kurze Zeit zu gegenseitiger Annäherung, solange der Kreml glaubte, der neue Premier Attlee und seine Sozialdemokraten würden sich willfähriger und hilfreicher erweisen als Churchill und seine Konservativen. Es gab noch viele Todfeinde der Sowjetunion, die Stalin in seine Gewalt bekommen wollte. Sidorow war seinen Schergen durch die Finger geglitten, aber nur durch außergewöhnliche Glücksumstände, und seinetwegen zu protestieren konnte die

Chance beeinträchtigen, die Tausende weiterer »Verräter« ausgeliefert zu bekommen, die sich noch in englischer oder amerikanischer Hand befanden.

Im Dezember 1945 zog Natalja mit ihrem Baby von Retford nach Richmond zu den Haydons. Iwan aber konnte noch nicht entlassen werden. Er wurde von Kempton Park erst ins POW-Camp Burg und dann nach Kirkham verlegt. Zwar war ihm inzwischen gesagt worden, daß er nicht zurückgeschickt würde, doch zerstreute das seine Sorgen nicht gänzlich, denn er hatte Gerüchte gehört, daß man sowjetische Staatsbürger trotz Zusicherung von Asylrecht zwangsrepatriiert hätte. Das ganze Jahr 1946 hindurch durchsuchten noch immer, wie schon 1945, Sowjetvertreter die Kriegsgefangenenlager nach Russen, die sich als Angehörige anderer Staaten tarnten. Als Monat auf Monat verging, begann Iwan sich vorsichtig zu beschweren: Er wolle arbeiten gehen – warum könne man ihn dazu nicht freilassen? Von Offizieren bekam er zur Antwort, er solle sich glücklich schätzen, in einem Lager zu sein und unter britischem Militärschutz zu stehen.

Sidorow befand sich in einer Situation ohne Beispiel: Er war der einzige Gefangene, in dem beide Seiten einen sowjetischen Staatsbürger sahen und der dennoch in England bleiben durfte. Die Monate vergingen, und die anderen Russen verließen die Lager – in Richtung UdSSR, falls sie als sowjetische Staatsbürger erkannt worden waren, in Richtung Freiheit, wenn sie hatten glaubhaft machen können, anderer Nationalität zu sein. Sidorow aber blieb, bis er Ende 1946 der einzige Russe unter lauter Deutschen im Camp war. Im Dezember dann gab man ihm einen Freifahrschein und sagte ihm, er solle sich zu seiner Familie nach Tunbridge Wells begeben. In Liverpool mußte er umsteigen. Angst überkam ihn, denn von hier waren viele Schiffe mit seinen unglücklichen Landsleuten an Bord ausgelaufen. Aber seine Furcht war grundlos. Ein britischer Offizier schenkte ihm sogar etwas Geld, damit er sich Erfrischungen kaufen konnte. »Ich wünschte, ich hätte mir seinen Namen und seine Adresse geben lassen. Die fünf Shilling hätte ich ihm gern aus meiner ersten Lohntüte zurückgezahlt«, sagt Sidorow.

Und so war die Familie kurz vor Weihnachten 1946 nach zweieinhalbjähriger qualvoller Trennung wieder vereint. Von nun an ließen sich die Dinge gut für die Sidorows an. Iwan bekam bald Arbeit in England, und heute hat er eine leitende technische Position inne. Gleich den meisten derer, denen es gelungen ist, die Zwangsrepatriierung zu umgehen, fließt er auf rührende Weise über vor Dankbarkeit gegenüber dem Land, das ihm Asyl gewährt hat. »Ich bemühe mich nach besten Kräften, ein guter Bürger zu sein. Wir zahlen stets unsere Steuern und tun, was man von uns erwartet. Alles läuft hier so schön ruhig dahin, und wir fühlen uns so sicher«, sagt er. Sie wohnen in einem Eigenheim in der Umgebung von London.

Ihr Sohn, ohne den sie zweifellos nach Rußland zurückgeschickt worden wären, hat eine englische Universität besucht und ist mit Erfolg dabei sich in einem freien Beruf zu etablieren. Da die Erinnerung an das, was 1945 geschah, ihnen noch immer weh tut, haben sie den Verfasser gebeten, ihre Identität nicht zu enthüllen. Deshalb sind in diesem Bericht ihre Namen geändert, die aller anderen erwähnten Personen sowie sonstige Angaben sind jedoch authentisch. Daß sie unwahrscheinlich großes Glück gehabt haben und daß ihre Geschichte eine der ganz wenigen mit glücklichem Ausgang ist, war den Sidorows immer klar. Aber wie einzigartig die Umstände ihrer Rettung waren und daß sie diese nur einem offenkundigen Bruch der Jalta-Vereinbarung sowie einer persönlichen Entscheidung Anthony Edens verdankten – das haben sie erst erfahren, nachdem sie schon dreißig Jahre in England lebten.

3 TOD AM KAI

Jene mit weniger Glück als die »Sidorows« kamen, sobald die Ratow-Firebrace-Kommission sie als sowjetische Staatsangehörige deklariert hatte, ins Camp Newlands Corner, das in der Nähe von Guildford in Surrey um ein Weekendhotel herum angelegt war. Letitia Fairfield, bekannte Rechtsanwältin und Schwester der Schriftstellerin Rebecca West, besuchte im Frühjahr 1945 oft das Lager, denn sie war Logiergast bei ihren Bekannten, den Stracheys, die gleich nebenan wohnten. Sohn des Hauses war John Strachey, der 1950 britischer Kriegsminister werden sollte. Damals noch Kommunist, hatte er, wie sie sich erinnert, »mit den Gefangenen kein bißchen Mitleid. Er sagte, sie seien Quislinge, denn man habe sie ja in deutschen Uniformen angetroffen, und was ihnen bevorstehe, das würden sie auch verdienen. Er hatte für alles, was die Sowjetrussen taten, eine Rechtfertigung.«

Letitia Fairfield betrachtete die Insassen mit mehr Mitgefühl, ebenso wie der englische Lagerkommandant, ein Slawist, dem klar war, was die ihm unterstehenden Männer während der letzten Jahre durchgemacht hatten. »Seine Freundlichkeit und Güte gegen sie, wie überhaupt seine menschliche Anteilnahme«, sagt sie, »gehören zum Ergreifendsten, das ich jemals erlebt habe.« Sie und John Stracheys Mutter sparten von ihrer Schokoladenzuteilung immer etwas auf für die Gefangenen und luden sie gelegentlich auch zu einer Tasse Tee ein. Die Russen durften das Lager zwar nicht ohne Genehmigung verlassen, waren aber nicht von Stacheldraht umgeben. Daß sie fliehen würden, war wenig wahrscheinlich.

Sie hatten je weder Geld noch Lebensmittelkarten oder Papiere, kaum Englischkenntnisse und niemanden, an den sie sich um Hilfe wenden konnten. Wer wirklich floh, kam nicht weit.

Die Gefangenen zählten nie mehr als ein paar Hundert, und sie waren in Baracken untergebracht, die man behelfsmäßig im Gartengelände des Hotels aufgestellt hatte. Der Kommandant arrangierte Konzerte für die Russen und besorgte ihnen auch Radioapparate. Eine derartige Fürsorge beruhigte die Gefangenen, ließ sie glauben, sie würden letzten Endes doch nicht nach Rußland zurückgeschickt. Nach der Abfertigung durch die Kommission waren sie natürlich gebrandmarkt und mußten mit dem Schlimmsten rechnen, falls die Sowjets sie in ihre Gewalt bekämen. Letitia Fairfield sagt: »Sie erzählten uns, wie sehr sie sich vor einer Rückkehr in die Sowjetunion fürchteten, und sie hatten schreckliche Angst. Aber sie waren überzeugt, daß die Engländer sie niemals ausliefern würden. Ich entsinne mich der Worte eines noch blutjungen Mannes, der aus der fernsten Ecke Rußlands kam und dem ich beim Spazierengehen im hinteren Teil des Gartens begegnet war: ›Engländer uns nie zurückschicken. Engländer gute Menschen.‹ Das gab mir einen Stich ins Herz.«

Es kam die Zeit, da die Gefangenen scheiden mußten, und der Kommandant begleitete eine Gruppe aus dem Lager nach Hull, wo ein Schiff nach Rußland bereitlag. Die Nacht verbrachten die Russen in einem Speicher am Pier; man hatte ihnen gesagt, daß es am nächsten Morgen an Bord gehe. Mitten in der Nacht wurde der Kommandant zu dem Speicher geholt – von einem Querbalken baumelte der Leichnam eines der Gefangenen herab.

Ein paar Tage später besuchte der Kommandant Mrs. Strachey und Miss Fairfield. »Ich sehe noch vor mir, wie er während unserer Unterhaltung in Tränen ausbrach«, erzählt Letitia Fairfield. »Er sagte, als er den Mann dort hängen sah, sei er sich vorgekommen wie ein Mörder.« Solche qualvollen Momente sollte in den nächsten Wochen noch mancher englische und amerikanische Offizier durchmachen müssen. Verhärtete Männer, denen jahrelanger Frontkampf mit all seiner Grausamkeit nichts ausgemacht hatte, wurden ungewöhnlich empfindsam, wenn sie sich in solche kriegsfremden Situationen gestellt sahen, wo von ihnen verlangt wurde, Menschen, die ihnen vertrauten, zu betrügen und in falsche Sicherheit zu wiegen, um sie dann zur wahrscheinlichen Exekution fortzuschicken.

Zu einem nicht minder schrecklichen Vorfall kam es Ende März. Die US-Armee hatte die Genehmigung erhalten, 6 000 in Wehrmachtsuniform gefangengenommene Russen durch England nach Liverpool zu transportieren, wo ein Schiff wartete, das sie nach Rußland bringen sollte. Die britischen Behörden waren erst dagegen gewesen: Die Bewegung so vieler verzweifelter, zum Äußersten fähiger Menschen bedeute ein großes Sicherheitsrisiko; außerdem bestünden rechtliche Schwierigkeiten, da es sich gemäß der Vereinbarung mit der Sowjetunion hier nicht um Kriegsgefangene, sondern um Angehörige einer befreundeten Nation handle und es somit juristisch keine Handhabe gebe, sie unter Bewachung durch englische oder amerikanische Soldaten zu stellen. Die praktische Notwendigkeit, diese Leute heimzuschicken, überwog jedoch dergleichen theoretische Erwägungen, und so wurde schließlich die Genehmigung erteilt. Man vereinbarte außerdem, daß Firebrace 150 in englischem Gewahrsam befindliche Russen – alles Leute, die mit Entschiedenheit erklärt hatten, nicht zurück in die Sowjetunion zu wollen – ebenfalls zu diesem Schiff schicken sollte.

Am 28. März erhielt Patrick Dean einen Anruf von Colonel Tamplin, Firebraces Stellvertreter, mit beunruhigenden Nachrichten: »Leider habe sich einer der Russen, die wir zurückschicken wollen, vor dem Abgehen des Transports nach Liverpool im Lager Scarsbrook [Yorkshire] erhängt. Ein weiterer habe sich in Liverpool am Kai die Kehle durchschnitten und liege im Sterben.«[1]

Tamplin erinnert sich noch, wie er an Bord eilte und den Sterbenden vorfand, notdürftig verbunden, in einer engen Zelle liegend. Er wollte ihn in ein Krankenhaus an Land bringen lassen, doch die Sowjets beharrten darauf, daß er unbedingt mit dem Schiff abging. Die Meldung bewog Patrick Dean zu schreiben: »Es ist in höchstem Grade unangenehm für uns, Leute in die UdSSR zurückschicken zu müssen, die, was sie beim Kollaborieren mit den Deutschen auch getan haben mögen, sich lieber das Leben nehmen, als in ihr Heimatland zurückzukehren.« Dennoch, fuhr er fort, der Mann habe einwandfrei zu den sowjetischen Staatsbürgern gezählt, die auszuliefern Großbritannien auf Grund internationaler Abmachung verpflichtet sei; es müsse damit also weitermachen.

Aber es gab einen Toten, und folglich hatte es auch eine gerichtliche Leichenschau zu geben. Das beunruhigte Dean, denn es bedeutete, daß in der Presse darüber berichtet und dabei vielleicht etwas über die geheime Vereinbarung von Jalta enthüllt würde. Dies sei nun schon mindestens der vierte oder fünfte Selbstmord, schrieb er, und das könne politische Anfragen bringen. Daß die Todesfeststellung in camera erfolge, wäre selbst nach den Kriegs-Ausnahmebestimmungen nur möglich, wenn das Gericht eine Geheimhaltung als für die öffentliche Sicherheit und Verteidigung des Königreiches unbedingt notwendig ansehe, und diese Voraussetzung sei im vorliegenden Fall nicht gegeben. »Ich wollte, die Geschichte hätte sich mit Hilfe von 18 B oder irgendeiner anderen Kriegsverordnung vertuschen lassen«, bemerkte Moley Sargent. Die Sache ging dann so aus, daß man bei der Totenschau der Presse »nahelegte«, von einer Berichterstattung Abstand zu nehmen. In Kriegszeiten sind Journalisten schon mal bereit, einen solchen Rat zu befolgen, und so taten sie hier, was man von ihnen verlangte.

Die Reise nach Odessa war alles andere als angenehm, denn das Verhältnis zwischen den sowjetischen Verbindungsoffizieren und den Briten gestaltete sich ziemlich gespannt. Nach dem Bericht des Dolmetschers Czeslaw Jesman wurden den russischen Gefangenen an Bord der »Almanzora« regelmäßig Schulungsvorträge gehalten, um sie auf die Rückkehr in die sowjetische Wirklichkeit vorzubereiten. Nur unter stärkstem Druck, so erzählte man ihnen, hätten die Engländer sie freigegeben und ihre Heimführung erlaubt. Gefangenen, die arglose Fragen über die hohen Verpflegungssätze an Bord stellten, wurde erklärt, die »Almanzora« sei das Schaustück der britischen Handelsmarine; anderswo hätten die Matrosen ein ganz erbärmliches Leben.

In Istanbul machte das Schiff Zwischenstation, um vier sowjetische Staatsangehörige aufzunehmen, die während eines früheren Transports in die Dardanellen gesprungen und solange von der türkischen Polizei festgehalten worden waren. Als man im Bestimmungshafen anlangte, nahm Major Scherschun, der ranghöchste sowjetische Verbindungsoffizier, gegenüber den Engländern kein Blatt mehr vor den Mund und gestand ein, daß die Gefangenen wahrscheinlich alle in »Besserungsarbeitslager« gesteckt würden.[2] Denn, so erklärte er, es könne ja niemand mit Sicherheit sagen, mit wem sie Kontakt gehabt und welche von ihnen kollaboriert hatten und welche nicht.

Am 18. April lief die »Almanzora« in Odessa ein, und am selben Tage, während die Ausschiffung der Russen noch im Gange war, hörte Jesman zwei MP-Garben, die von hinter einem großen Schuppen am Kai kamen. Kurze Zeit später hatte er Gelegenheit, mit einem der sowjetischen Wachleute zu sprechen, der ihm sagte, soeben seien zwei Mann liquidiert worden, weil sie für die englische Polizei gearbeitet und »sich an die Kapitalisten verkauft« hätten. Jesman meldete dies dem Schiffskapitän Bannister und auch dem führenden englischen Offizier an Bord, Colonel Boyle, doch es erfolgte kein offizieller Protest. Die Gefangenen waren jetzt sowjetische Bürger auf sowjetischem Hoheitsgebiet, und was mit ihnen geschah, ging Großbritannien nichts an.

Zu noch schrecklicheren Dingen kam es auf der »Empire Pride«, die am 23. Mai von Liverpool auslief. Von Anfang an war klar, daß dies keine Vergnügungstour würde. Nicht wenige Russen hatten infolge der schlechten Behandlung durch die Deutschen diese oder jene Krankheit, einige sogar fortschreitende Tbc, und man rechnete damit, daß sie die Fahrt nicht überstehen würden. Es gab so viele Leidende, daß das gesamte Deck in ein Krankenrevier umgewandelt werden mußte. Und von den Frauen, die zu dem Transport gehörten, waren die meisten schwanger.

Es fuhren zwei Offiziere aus dem Team von Firebrace mit: James Martin und der Russokanadier George Youmatoff, dessen Familie 1920 emigriert war. Sowjetischerseits waren Oberst Miroschnitschenko von der Militärmission und zwei seiner Offiziere dabei. Einen Zwischenfall gab es schon beim Verladen der 3 000 Russen. Den Großteil ließ man in Zugformation zum Schiff marschieren. Ein paar Bettlägrige mußten auf Tragbahren an Bord gebracht werden. Aber es gab auch eine Gruppe von etwa einem Dutzend Russen, die unter schwerer Bewachung stand, zwei Soldaten für jeden Mann. Als sie zur Gangway eskortiert wurde, bückte sich einer der Gefangenen, zerschlug seinen Trinkbecher aus Steingut, wie ihn noch alle bei sich trugen, am Boden und schnitt sich mit den scharfen Scherben die Kehle durch.

Martin und Youmatoff trafen sofort Anstalten, den Mann auf schnellstem Wege in ein Krankenhaus in der Stadt schaffen zu lassen, doch die Sowjetoffiziere schalteten sich dazwischen und verlangten, daß er an Bord getragen werde. Er stehe auf der Liste, erklärten sie, und es gebe keinen Grund, ihn hier zurückzulassen, zumal das Schiff über gut ausgerüstetes medizinisches Personal verfüge. Ein englischer Arzt versorgte dann den blutüberströmten Russen, nähte ihm direkt dort am Kai die Wunde. Danach wurde der Mann in eine der Zellen des Schiffes gesperrt, obwohl diese frisch gestrichen und die Farbe noch nicht trocken war. Youmatoff schreibt: »Er wurde nackt ausgezogen und mit Händen und Füßen an eine Koje gefesselt. Trotzdem gelang es ihm zweimal, sich die Wunde aufzureißen, und erst nach einer Beruhigungsspritze durch den Arzt bekamen wir ihn in die Gewalt. Das Bild dieses Mannes und seiner Zelle, beide über und über mit grüner Farbe und rotem Blut bespritzt, werde ich mein Lebtag nicht vergessen.«

Am 30. Mai, als die »Empire Pride« die Straße von Gibraltar passierte, sprang ein Russe namens Datschenko über Bord und schwamm in Richtung Afrika davon. Man gab Alarm und leitete eine Suche ein. Aber schon nach wenigen Minuten erklärte der Kapitän, bei der Dunkelheit bestehe keine Hoffnung, den Mann zu finden, und das Schiff fuhr weiter. Die Meerenge von Gibraltar ist selbst an der schmalsten Stelle über vierzehn Kilometer breit, und nach Youmatoffs Erinnerung wirkte das Ufer sehr weit entfernt, als der Mann sprang; es seien lediglich die blinkenden Lichter zu sehen gewesen, nicht aber das Ufer selbst, und man habe Datschenkos Chancen, bis nach Afrika zu kommen, für mehr als gering und es für wahrscheinlicher gehalten, daß er ertrinken werde. Ein paar Tage später, in den Dardanellen, sprangen einige weitere Russen ins Meer. Türkische Patrouillenboote fischten sie auf, und der eine von ihnen wurde an Bord zurückgebracht, wo er gleich einen Selbstmordversuch unternahm, indem er sich mit einer Rasierklinge die Pulsadern aufschnitt. Man steckte ihn dann in eine Zelle.

Zum Widerwärtigsten der Fahrt gehörte das Betragen Major Poljatschenkos, des höchsten Offiziers unter den Kriegsgefangenen. Jeden Tag erschien er bei Miroschnitschenko und den anderen von der Militärmission mit neuen Namen von Mitgefangenen, die seiner Angabe nach mit den Deutschen kollaboriert oder sonstige landesverräterische Handlungen begangen hatten. Einige davon, insgesamt einunddreißig, wurden sofort unter Arrest gestellt und in die Zellen geschlossen. Aber diese reichten bald nicht mehr aus, denn Poljatschenko kam täglich mit fünfzehn bis zwanzig weiteren Denunziationen. Diese Leute, nach Youmatoffs Schätzung an die zwei- bis dreihundert Mann, blieben uneingesperrt, ja wußten gar nichts davon, daß sie auf der schwarzen Liste standen. Die englischen Offiziere beobachteten das alles mit wachsender Unruhe und Furcht vor dem, was erst in Odessa geschehen mochte.

Am 10. Juni legte die »Empire Pride« dort an, und noch am selben Abend um 18.30 Uhr begann man mit der Ausladung. Die meisten Gefangenen gingen ohne Bewachung und ohne Zwischenfall von Bord, entsetzt aber waren Martin und Youmatoff, als sie sahen, wie wenig man sich um die Kranken kümmerte. In Youmatoffs Bericht heißt es: »Die sowjetischen Stellen wollten keinen der Gehunfähigen als solchen anerkennen, und selbst die bereits im Sterben Liegenden mußten das Schiff zu Fuß verlassen und auch ihr Gepäck selber schleppen. Nur zwei Leute wurden von Bord getragen: ein Mann, dessen rechtes Bein amputiert und dessen linkes gebrochen war, und ein Bewußtloser. Mit dem Gefangenen, der versucht hatte, sich das Leben zu nehmen, wurde sehr unsanft verfahren. Erst riß man ihm die Wunde auf, so daß sie zu bluten anfing, dann wurde er hinter eine am Kai stehende große Transportkiste geführt. Wir hörten noch einen Schuß, und danach war nichts mehr zu sehen.«[3]

Nachdem alle von Bord waren, sah Youmatoff zwischen 22 und 23 Uhr, wie die einundreißig Gefangenen, die unter Arrest standen, vom Schiff weg in eine etwa fünfzig Schritt entfernte Lagerhalle getrieben und gezerrt wurden. Er blieb mit Martin an Deck auf Beobachtungsposten. Eine Viertelstunde später hörten sie in der Halle Maschinenpistolen knattern. Youmatoff sagt: »Wir sahen einander an, und einer von uns meinte: ›Well, das ist ihr Ende.‹« Nach weiteren zwanzig Minuten kam ein gedeckter großer LKW aus der Halle und verschwand in Richtung Stadt. Nachdem die beiden Offiziere mit angesehen hatten, wie die einunddreißig Mann weggetrieben worden waren, erstaunte sie die Erschießung nicht mehr. Wohl aber, wie sie nicht ohne Schadenfreude feststellten, daß man Poljatschenko, den Zuträger und Hauptlieferanten für die schwarze Liste, zusammen mit seinen Opfern ergriffen und allem Anschein nach ebenfalls liquidiert hatte. Es war die klassische Methode, nach Youmatoffs Worten aber »der einzige Lichtstrahl an einem ganz dunklen Tag«.

Inzwischen war es fast Mitternacht geworden. Die englischen Offiziere und die Crew zogen sich in ihre Kojen zurück. Am nächsten Morgen wurde einigen gestattet, an Land zu gehen. Nach vielem Hin und Her mit den Pässen und Permits stiegen Youmatoff und zwei der sowjetischen Offiziere in einen Jeep, um zum Frühstücken nach Odessa ins Hotel London zu fahren. Nach einem kurzen Stück, noch nahe dem Schiff, mußten sie halten, weil ein Schwertransporter die Straße total versperrte und der Fahrer sie nicht freigeben wollte, obwohl ihn alle dazu aufforderten. Youmatoff merkte, daß sie sich hier an der Längsseite eben jener Lagerhalle befanden, in die gestern abend die einunddreißig Gefangenen gebracht worden waren und aus der er die Schüsse gehört hatte: »Ich stieg aus und lief zum nächsten Fenster, das in etwa sechs Fuß Höhe lag. Aber in dem Durcheinander war es nicht schwer, eine Kiste zu finden, leicht genug zum Verrücken und hoch genug, mir die paar Zoll zu geben, die ich brauchte, um etwas sehen zu können. Ich blickte in einen langgestreckten Schuppen mit bis zu den Fenstern reichendem Betonfundament und an dem einen Ende mehreren großen Schiebetüren. Auf der rechten Seite neben einer niederen Metallschiebetür sah der Beton ganz zerkratzt und wie voller kleiner Löcher aus. Auf dem Fußboden und teilweise auch an der Wand waren lauter dunkle Flecke.«

Von da an, sagt Youmatoff, habe er nicht mehr den geringsten Zweifel gehabt, daß die einunddreißig Gefangenen am Abend zuvor erschossen worden waren. Gewiß, er hatte die Erschießung selbst nicht gesehen, aber die Indizien – die Behandlung der einunddreißig nach Verlassen des Schiffs, das Knattern von Maschinenpistolen, das Auftauchen und Wegfahren des geschlossenen LKW, der Zustand der Wände und des Fußbodens in der Lagerhalle – wogen schwer und überzeugten ihn, daß hier tatsächlich ein Massaker stattgefunden hatte. Dem Kapitän der »Empire Pride« gab das den Rest; er weigerte sich, die Offiziere der sowjetischen Militärmission für die Rückfahrt mitzunehmen. Martin und Youmatoff mußten immer wieder die alten Argumente wiederholen, daß es ein Repatriierungsabkommen gebe und daß die inneren Angelegenheiten der UdSSR Großbritannien nichts angingen, ehe er die Sowjets schließlich doch auf sein Schiff ließ.

Den Platz der 1 000 Russen an Bord nahmen dann mehrere französische und belgische Kriegsgefangene ein, die in Osteuropa von der Roten Armee befreit worden waren. Wie Youmatoff schreibt, befanden sie sich in schrecklicher gesundheitlicher Verfassung, denn um nach Odessa zu gelangen, hatten sie in ihrem geschwächten Zustand Hunderte von Kilometern marschieren müssen. Kapitän und Crew der »Empire Pride« boykottierten die ganze Fahrt über die sowjetischen Offiziere, Martin und Youmatoff aber war diese kleine Genugtuung versagt. »Es mußten korrekte Beziehungen aufrechterhalten werden. Wir durften uns nichts erlauben, was zu diplomatischer Verstimmung führen konnte«, erklärt Youmatoff. In der Unterhaltung vermieden sie alle Anspielungen auf das Schicksal der Gefangenen, und einige Tage lang kamen sie ohnehin wenig mit den Sowjetoffizieren zusammen, weil sie vollauf zu tun hatten mit den administrativen Problemen, verursacht durch die Franzosen und Belgier, die in Marseille von Bord gingen. Die englischen und sowjetischen Offiziere verließen dort ebenfalls das Schiff und flogen gemeinsam nach England zurück. Die Repatriierungen waren noch lange nicht abgeschlossen, und ungeachtet ihrer persönlichen Meinung voneinander mußten die beiden Gruppen irgendwie zusammenarbeiten.

Die Geschehnisse von Odessa nahmen Youmatoff, der heute als Gemeindepfarrer in der Nähe von Ontario in Kanada lebt, schwer mit: »Wir im Verbindungsstab zu den Sowjets waren fast alle gebürtige Russen, waren zur Zeit der Revolution in den Armen unserer Eltern geflohen. Die Männer, mit denen wir zu tun hatten, konnten gut und gern unsere Vettern sein, waren aber auf jeden Fall unsere Verbündeten, doch sie behandelten ihre eigenen Landsleute schlimmer denn Vieh . . . Jegliche Menschenwürde wurde mit Füßen getreten, und Stalins harter Standpunkt – ein Kriegsgefangener sei ein Volksverräter und gelte als nicht mehr am Leben – fand überall lautes Echo.«

Auch Youmatoff fühlte sich persönlich in eine Unrechtsposition gebracht. Fast ein Jahr lang war es seine Aufgabe gewesen, die Angst der Russen in England zu zerstreuen, sie vom Widerstand gegen die Repatriierung abzubringen und ihnen einzureden, wenn sie sich ruhig heimführen ließen, würde alles gut. In Odessa dann aber sah er Dinge und Verhältnisse, die ihn vom Gegenteil überzeugten. Er glaubt zwar nicht, daß sämtlichen 3000 Russen von der »Empire Pride« die Liquidierung drohte, obwohl sie wahrscheinlich alle gleich anderen Zurückgeführten in Arbeitslager kamen und die mörderische Kälte und den schrecklichen Hunger dieser Stätten des Grauens erleiden mußten. Einige aber wurden seiner festen Meinung nach tatsächlich erschossen: ganz gewiß die einunddreißig in der Lagerhalle und wahrscheinlich auch die zwei- bis dreihundert, die von Poljatschenko denunziert worden waren.

Im Auswärtigen Amt löste Youmatoffs Bericht einige Bestürzung aus. Firebrace konnte die Namen der einunddreißig Opfer mit seinen eigenen Unterlagen vergleichen und sah, daß es sich ausnahmslos um Leute handelte, die eine Rückkehr in die Sowjetunion entweder direkt abgelehnt oder der Repatriierung durch Meldung zur polnischen Armee zu entgehen versucht hatten. Besonders beunruhigte ihn das im Hinblick auf das Schicksal jener, die vor der britisch-sowjetischen Kommission erschienen und als strittige Fälle eingestuft worden waren: »Dieser Bericht bestätigt mir aufs eindringlichste, wie notwendig es ist, daß alle zweifelhaften Fälle gründlichste Behandlung erfahren, und ich kann nur hoffen, daß niemand, der auf der Liste der Strittigen steht, jemals in die Sowjetunion zurückgeschickt wird.« Er erinnerte das Auswärtige Amt daran, daß nach sowjetischer Auffassung Vorkriegsbewohner der baltischen Staaten ebenso UdSSR-Bürger seien wie alle anderen und daß diese Leute allein deshalb noch hierbleiben dürften, weil Großbritannien die sowjetischen Ansprüche auf jene Gebiete nicht anerkenne. »Ganz ohne Zweifel werden sie nach der Ankunft erschossen«, schloß Firebrace, denn alle hätten sie sich über das Verhalten der Roten Armee während der Einmärsche von 1939 und 1940 geäußert, und jedes ihrer Worte sei schriftlich festgehalten worden.

Es war jetzt Ende Juni. Im Laufe von sechs Monaten waren 32 044 sowjetische Staatsbürger von Großbritannien mit dem Schiff heimbefördert worden, einige über die Nordroute nach Murmansk, andere durchs Mittelmeer nach Odessa.[4] Das Problem der Russen in England näherte sich seinem Ende. Geblieben waren nur noch die strittigen Fälle, die Familie »Sidorow« und ein paar weitere, die krank waren oder ihre Nationalität erfolgreich in Abrede gestellt hatten. Und neue Kriegsgefangene wurden schon seit einiger Zeit nicht mehr nach England gebracht. Es war einfacher, sie auf dem Kontinent zu lassen: Mit dem näherrückenden Zusammenbruch Hitlerdeutschlands und der Begegnung riesiger Armeen von Ost und West würde binnen kurzem die Repatriierung auf dem Landwege möglich sein.

Nachdem Hitler am 30. April Selbstmord begangen hatte, erschlafften die Zügel der NS-Herrschaft, und es kamen Millionen Menschen frei, die sich in alle Himmelsrichtungen ergossen. Schon eine Woche später, nach der formellen Kapitulation Deutschlands, merkten die Alliierten, daß die sogenannten Displaced Persons ein großes Problem darstellten, größer noch als das der Entwaffnung und Beherrschung ihrer früheren Feinde. Kriegsgefangene und Zwangsarbeiter aus allen von den Deutschen besetzt gehaltenen Ländern strömten auf die Landstraßen, behinderten den alliierten Militärverkehr und bedrohten Recht und Ordnung.

Am 5. Mai wurde eine spezielle Rundfunkbotschaft General Eisenhowers für Displaced Persons in vielen Sprachen nach Europa übertragen, die die Anweisungen enthielt: »Verlassen Sie nicht den Bezirk, in dem sie sich befinden. Warten Sie auf Anordnungen. Bilden Sie kleine Gruppen Ihrer eigenen Nationalität und wählen Sie Sprecher, die für Sie mit den alliierten Dienststellen verhandeln.« Bei Westeuropäern und Amerikanern war das Problem nicht so ausgeprägt; hier ging es im wesentlichen ja nur um das Warten auf eine Transportmöglichkeit. Sie hatten eine Heimat, wo sie hin konnten und wo Angehörige und Freunde sie willkommen heißen würden. Im Osten aber war die Gesellschaft auseinandergerissen worden und hatten sich Landesgrenzen um Hunderte von Kilometern verschoben, begleitet von Tod und Zerstörung in ungeheurem Ausmaß. Unter der Macht der Roten Armee wurden linke Regierungen eingesetzt. Vielen Versprengten schien die Lage so beunruhigend, daß sie nicht mehr heimkehren wollten.

Polen war ein solches Land, und Eisenhower erkannte in seiner Botschaft an, daß eine automatische Repatriierung von Polen nicht immer möglich sei. Deshalb verkündete er: »Befreite Polen im dem Oberbefehlshaber unterstehenden Teil von Deutschland erhalten Gelegenheit anzugeben, ob sie sich nach Polen zurückbringen lassen wollen oder nicht. Jeder Fall wird individuell behandelt.« Seine Worte an die Russen lauteten wesentlich anders. Da hieß es lapidar: »Alle befreiten Russen im dem Oberbefehlshaber unterstehenden Gebiet werden so bald wie möglich den russischen Behörden übergeben.«[5]

Das genügte, die hellhörigen Journalisten aufmerken zu lassen, und am 24. Mai traf die *New York Times* verblüffend genau den Nagel auf den Kopf: »Auf der Jalta-Konferenz ist allem Anschein nach entschieden worden, sämtliche Russen, die vor 1939 sowjetischer Nationalität waren, nach Rußland zurückzuschicken. Ungeachtet der Proteste vieler werden sie nun repatriiert.« Auch der Londoner *Daily Herald* wußte am 30. Mai zu melden, »daß alle russischen Staatsangehörigen zwangsrepatriiert werden, ob sie wollen oder nicht«. Die geheime Vereinbarung war mittlerweile vielen alliierten Offizieren bekannt. Unvermeidlich, daß sie auch in die Presse drang – allerdings nicht so, daß sie irgendwelchen Eindruck auf die westliche Öffentlichkeit machte. Wenige Engländer oder Amerikaner wußten, daß zur Durchführung des Abkommens Gewalt angewendet wurde und daß so mancher Russe lieber in den Freitod ging als zurück in die Sowjetunion.

Die Repatriierung von Russen direkt an der Front in Deutschland wurde ohne viel Federlesens vollzogen, ohne die Diskussionen und das Hin und Her von Schriftsätzen wie bei den Transporten aus England. Nach Aussage eines amerikanischen Offiziers »wurden manche, ohne daß wir groß fragten, einfach in Züge verfrachtet«.[6] Englische und amerikanische Offiziere bekamen den schlichten Befehl, Russen zu Austauschplätzen an der Demarkationslinie zu bringen und sie dort Offizieren der Roten Armee zu übergeben. Am 2. Juni meldete der *Daily Herald*, täglich würden 10000 Russen, in der Mehrzahl Frauen, die Grenze passieren. Eigens dazu habe man eine Pontonbrücke über die Elbe geschlagen. Die sowjetische Seite sei mit Fahnen und Begrüßungssprüchen geschmückt, und »den ganzen Tag lang werden Schallplatten mit russischen Liedern gespielt, während endlose Kolonnen von verschleppten Menschen in russisches Gebiet zurücktrotten«.

Ein Reporter der *Chicago Daily News* beobachtete die Rückführung russischer Zwangsarbeiter aus Österreich: »Sie sind kein erhebender Anblick: einfache Menschen vom Lande, ohne viel Geist, unbeholfen, dürftig gekleidet und mit Augen, die stumpf und leer zu schauen scheinen. Sie werden zusammengetrieben und nach Linz gebracht, gebadet und entlaust und dann zu einem Zug geführt. Sie klettern hinein, und langsam dampft der Zug davon. Ein kurzes Stück hinter der russischen Grenze werden sie aussteigen, mit noch etlichen hundert Meilen Weg vor sich zu Heimatorten, die möglicherweise niedergebrannt oder ausgebombt sind. Die Kinder haben deutsche Väter, Hunderte schwangerer Frauen werden weitere Kinder deutscher Väter großziehen. Die kuriosen Bündel, die sie um nichts in der Welt aus der Hand geben wollen, enthalten ihren ganzen weltlichen Besitz. Rührend mit anzusehen, wie sie sich an Kleidungsstücke klammern, die zu tragen wir ablehnen würden, und wie sie sich abschleppen mit Säcken voll Weizen, Nähmaschinen, Sägen, Werkzeugen, Kochtöpfen und Bohnen.«[7]

Amerikanische und englische Offiziere bemühten sich, den Repatriierungsprozeß zu beschleunigen. Denn die Russen verursachten in vielerlei Hinsicht Schwierigkeiten. Seit Jahren unterernährt, waren viele von ihnen krank. Sie verbrauchten knappe Lebensmittel und Medikamente, die dringend für die deutsche Bevölkerung benötigt wurden. Die Engländer und Amerikaner akzeptierten, daß Deutschland viele Monate der Not durchmachen müsse, und fanden es nur recht und billig, daß ihre Verbündeten besser leben sollten. Und es gab russische Verbindungsoffiziere, die schnell beim Protestieren waren, wenn sie meinten, Sowjetbürger würden nicht mit angemessener Verpflegung versorgt. Die russischen Displaced Persons waren eine ständige Plage und eine potentielle Quelle für Streit zwischen den Alliierten.

Von allen Kriegsgefangenen und Zivilverschleppten in Deutschland hatten die Russen am meisten gelitten, und sobald die deutsche Verwaltung ihrer Lager zusammengebrochen war, verloren sie jedes Maß. Wohl jeder, der in jenen außergewöhnlichen Tagen nach Kriegsende in Deutschland war, hat Erinnerungen daran, wie wild sich die Russen aufführten. John Stanton zum Beispiel, damals Kriegsgefangener in einem Lager für englische Offiziere in der Gegend von München, weiß zu erzählen, daß die Russen eines in der Nähe befindlichen Lagers, kaum daß sie frei waren, das nächste Dorf stürmten: »Sie wüteten nur so um sich –

brachen in alle Häuser ein, vergewaltigten alle Frauen, tranken allen vorhandenen Alkohol aus. Die Deutschen leisteten keinen Widerstand, suchten sich nur zu verstecken. Die Russen waren nicht organisiert, waren nur lauter bis zum Exzeß randalierende einzelne. Das, was sie als Gefangene durchgemacht hatten, ließ sie so brutal werden.«

Auch die englischen Offiziere, obwohl ihre Leiden im Vergleich zu denen der Russen gering gewesen waren, hatten das Gefühl für Proportionen etwas verloren. Stanton erinnert sich, daß er und seine Freunde während dieser Tage des Chaos und des Schreckens ganz auf der Seite der Russen standen. Sie freuten sich zu sehen, wie diese den Deutschen »etwas von deren eigener Medizin zu schlucken gaben«. Die Angehörigen der britischen und amerikanischen Besatzungsarmeen fanden es jedoch eine über ihre Kräfte gehende und nahezu undurchführbare Aufgabe, so viele außer Rand und Band geratene Menschen unter Kontrolle zu halten. Im Wiley-Report heißt es: »Am stärksten ist das Verlangen nach Rache an ihren deutschen Gebietern bei den sowjetischen Verschleppten gewesen. Diese sollen auch sehr wenig Achtung vor Autorität und fremdem Eigentum an den Tag gelegt haben.«

Die meisten Ausschreitungen wurden im Interesse der alliierten Eintracht vertuscht. Ein paar Tage nach der deutschen Kapitulation zogen in der Gegend von Nürnberg die Insassen eines Kriegsgefangenenlagers für Russen, 1600 Offiziere und 8000 Unteroffiziere und Mannschaften, auf Plünderung aus. Dabei stießen sie auf einen deutschen Güterzug, von dem einige Waggons mit Kanistern voll Methylalkohol beladen waren. Für die nach jahrelanger Gefangenschaft gerade erst frei gewordenen Russen war die Versuchung zu stark. Sie vermischten den Methylalkohol mit Wasser und tranken ihn. Innerhalb weniger Tage starben 400 von ihnen.[9] Amerikanischen Angaben zufolge rangierte bei Krankheitsfällen unter den Verschleppten Alkoholvergiftung gleich hinter Typhus.

Man darf sicher sein, daß dieser Vorfall nur deshalb öffentliche Erwähnung fand, weil er so besonders schrecklich war und es so viele Todesopfer gab. Die Russen waren hemmungslos, und nach allem, was sie durchgemacht hatten, war das verständlich, ebenso aber ließ sich verstehen, daß die westalliierten Stellen alles daran setzten, diese vielen schwierigen und gefährlichen Leute loszuwerden. Sie hatten Anweisung, sich auf einen Zustrom von über einer Million alliierter Staatsbürger vorzubereiten, ein Drittel davon Kriegsgefangene, die übrigen Verschleppte oder Zwangsumsiedler. Obwohl dann schließlich doch nur 450 000 aus dem Osten nach dem Westen kamen, war in den ersten Friedenstagen das Problem akut. Ende Mai ergossen sich so viele Menschen ins amerikanische Besatzungsgebiet, daß Brücken gesprengt werden mußten, um die Flut eine Zeitlang zu stoppen. Der mit Flüchtlingsfragen befaßte US-Colonel Vincent Paravicini erklärte am 29. Mai vor Journalisten, ebenso wie die Alliierten, die man erwarte und die willkommen seien – Franzosen, Belgier, Holländer, Engländer und Amerikaner –, würden auch Hunderttausende Deutsche in die Westzonen strömen. Sie fürchteten die Rote Armee, oft mit gutem Grund, und glaubten, die Westalliierten seien vielleicht humaner.

Am 22. Mai kamen sowjetische und amerikanische Vertreter in Leipzig zusammen und arbeiteten einen »Plan zur Übergabe von durch die Rote Armee und die alliierten Streitkräfte befreiten ehemaligen Kriegsgefangenen und zivilverschleppten Personen an den militärischen Grenzen« aus. Die Rote Armee hatte unweit der Demarkationslinie 2200 amerikanische und englische Gefangene in Wartestellung, und gleich nach Inkrafttreten der Leipziger Übereinkunft wurden diese bei Luckenwalde übergeben. Man legte mehrere Austauschorte fest und traf Abmachungen, die beide Parteien verpflichteten, Kriegsgefangene in angemessenen Transportmitteln bis in Marschweite der Grenze zu befördern. Die Leipziger Abmachung fiel natürlich unter den Rahmen der Repatriierungsvereinbarung von Jalta, und diese frühzeitige Übergabe ihrer Gefangenen sowie die Tatsache, daß die Sowjets sich bei deren Behandlung an die Regeln gehalten hatten, ermutigte die Engländer und Amerikaner. Ende Mai waren 28 662 amerikanische Gefangene aus sowjetischem Gewahrsam zurückgeholt, 2858 per Schiff von Odessa, die anderen auf dem Landweg.[9]

Die *Times* berichtete, die Massenrepatriierung verlaufe reibungslos; »alle hatten nur ein Ziel: nach Haus zu kommen«.[10] Auch der *Daily Herald* vermittelte den Eindruck, als sehnten sich Millionen Russen nach der Heimkehr in die Sowjetunion. Seine Reporterin hatte »Gerüchte gehört, die Sowjets würden ihre Zivilverschleppten gar nicht zurück haben wollen und daß es sogar Erschießungen gegeben hätte«. Deshalb habe sie sich aufgemacht und an Ort und Stelle, nämlich in Weddendorf, zugeschaut, wie ein Zug mit 1600 Russen in sowjetisch besetztes Gebiet hinüberfuhr. Sie habe Waggons gesehen, auf denen in Kyrillisch mit Kreide geschrieben stand: »Lang lebe unser Vaterland!« und: »Ruhm dem Vater unserer Siege, dem großen Stalin!« Sie habe überhaupt nichts Beunruhigendes bemerkt: »Keiner scheint ungern nach Rußland zurückzukehren. Obwohl sie die ganze Nacht durchgefahren sind, strahlen sie, singen, lachen und gestikulieren. Ein Akkordeon begleitet ihren Gesang. Man hört auch die Töne einer Balalaika.«[11]

Daß diese Balalaikastimmung echt erschien, ist nicht weiter verwunderlich. Der Krieg war erst seit wenigen Tagen aus, und in England wie in den USA hegte man einen schier körperlichen Widerwillen gegen jeden, der mit Andeutungen von Unfrieden unter den Alliierten kam. Für Männer, die so viele Jahre des Blutvergießens und der Trennung von Heimat und Familie hinter sich hatten, war der bloße Gedanke an weitere Kämpfe unerträglich und unannehmbar. Wären die verschiedenen Konflikte zwischen der Sowjetunion und dem Westen akut geworden, hätte die Demobilisierung aufgehalten und den Soldaten wohl auch erklärt werden müssen, daß es unter Umständen zu einem neuen Krieg kommen könne. Welche Seite durch Eröffnungen dieser Art mehr demoralisiert worden wäre, mehr zu Insubordination oder gar Meuterei geneigt hätte, steht wohl außer Frage. Die Rote Armee befand sich zur Zeit zwar in einem Zustand der Zuchtlosigkeit, war im wahrsten Sinne des Wortes siegestrunken, doch hatten mörderische Schlachten ihren Soldaten einen Gehorsam eingeimpft, den sie nicht verletzen würden. Sie hatten die größeren Strapazen und Leiden ertragen, die stärkeren Verluste gehabt, und es bestand bei ihnen weniger Gefahr, daß sie gegen ihre Vorgesetzten murrten oder unliebsame Befehle anfochten. Dergleichen gab es in der Roten Armee nicht, denn die darauf stehenden Strafen waren drakonisch.

Wenn das Verhältnis zwischen Ost und West im Jahre 1945 auch nie so schlecht wurde, daß ein bewaffneter Konflikt zu erwarten war, konnten die amerikanischen und englischen Regierungsspitzen dennoch nicht das unangenehme Bewußtsein dessen verdrängen, wie schwach sie wären, wenn sich die Beziehungen ernsthaft verschlechterten. Es war nicht nur eine Frage der Truppenmoral, sondern auch der öffentlichen Meinung im Inland. Die Frauen wollten ihre Männer, die Mütter ihre Söhne zurück haben. Über jede Andeutung einer Fortführung des Krieges und einer neuen Zeit der Trennung wären sie entsetzt und empört gewesen. Sie hätten aufs heftigste protestiert, hätten sie geglaubt, daß ihre Führer einen solchen Gedanken auch nur in Betracht zogen.

In einer Demokratie kann es Jahre dauern, das Volk davon zu überzeugen, daß ein Krieg notwendig ist. Das war Englands und Amerikas Problem gewesen, als sie vor der Notwendigkeit standen, Hitlerdeutschland zu vernichten. Gegen die Nationalsozialisten hatten sie, wenn auch erst nach großen Anstrengungen, auf die volle Unterstützung der Nation rechnen können. Gegen die UdSSR würde das weit schwieriger werden. Jahrelang war von oben eine prosowjetische Stimmung gefördert worden, und die wieder abzubauen würde mehr als ein paar Monate kosten.

In der Sowjetunion dagegen wurde die Freundschaft zu den Westalliierten zwar bei offiziellen Anlässen und in der Presse verkündet, beim gewöhnlichen Volk aber rigoros in Schranken gehalten. Verbündet oder nicht, sie waren immer noch der Klassenfeind, und jeder Sowjetbürger, der mit ihnen in zu nahen Kontakt kam, mußte damit rechnen, verhaftet zu werden. Für das sowjetische Volk wäre es weniger verblüffend, weniger schmerzlich, plötzlich zu hören, daß Amerika und England jetzt Feinde seien. Es würde tun, was ihm geheißen wurde.

Solche Überlegungen machten den westlichen Führern stetige Sorge und verwehrten ihnen jeden Gedanken daran, sich in irgendeinem Punkt nicht an die Jalta-Vereinbarung zu halten. Bei Kriegsende hatten sich etwas über zwei Millionen Sowjetbürger im westlichen Deutschland befunden, und die Repatriierung schritt so zügig voran, daß zwei Monate später bereits 1 393 902 den sowjetischen Streitkräften übergeben waren. Schriftliche Unterlagen aus dieser wirren Zeit sind karg, und es läßt sich nicht sagen, wie viele dieser Repatriierten Widerstand geleistet haben. Gesprächen mit ehemaligen örtlichen Kommandeuren zufolge war die Mehrheit heimkehrbereit; vielleicht ahnten sie, welcher Empfang sie erwartete, denn immerhin hatten sie sich ja trotz Stalins strenger Warnung ergeben, mit Strafen wie zehn Jahre Arbeitslager rechneten sie aber wohl sicher nicht. Andere weigerten sich anfangs. Mehrere Offiziere haben dem Verfasser berichtet, daß einige Russen versuchten, aus gen Osten gehenden Transporten zu fliehen, und manche ihre Bewacher sogar aufforderten, sie lieber zu erschießen, als sie an die Sowjets auszuliefern. Die meisten aber fügten sich ins Unausweichliche und gehorchten, sobald ihnen aufgegangen war, daß die Engländer und Amerikaner Befehl hatten, sie mit Gewalt zurückzuschicken, und entschlossen waren, diesen Befehl auch auszuführen. Und so blieb ihnen nichts Besseres, als Freude über die Aussicht auf Heimkehr vorzutäuschen und so oft wie möglich ihre Treue zur Sowjetunion zu beteuern, in der Hoffnung, daß man ihnen glauben werde.

Von den zwei Millionen Sowjetbürgern in Westdeutschland konnten nicht viele auf völlige Unschuld in bezug auf Kollaboration mit dem Feinde plädieren. Nur sehr wenige hatten allen Drohungen der Faschisten widerstanden und die Jahre der Gefangenschaft durchgehalten, ohne den Deutschen in irgendeiner Weise bei ihren Kriegsanstrengungen geholfen zu haben. Bei den meisten bestand die Kollaboration nur darin, daß sie im Austausch gegen mehr Verpflegung und etwas bessere Lebensbedingungen niedrige oder gefährliche Arbeiten verrichtet hatten. Bei anderen jedoch war die Zusammenarbeit recht eng gewesen. Hunderttausende sowjetische Staatsangehörige hatten willig, ja begeistert auf deutscher Seite gekämpft. Viele von ihnen versuchten im Durcheinander des Mai und Juni, sich unter Gruppen von Displaced Persons zu mischen. Hatten sie Glück, konnten sie heimkehren, und kein Mensch würde je erfahren, was sie getan hatten. In diesen Wochen mußten sie qualvolle Entscheidungen treffen. Was war günstiger: sich repatriieren lassen und auf das Beste hoffen oder fortlaufen und versuchen, in Deutschland zu bleiben? So oder so, die Chance, mit dem Leben davonzukommen, schien gering.

Wie wenig öffentliche Sympathie die Russen fanden, die die falsche Seite gewählt hatten, geht aus einem Bericht der *New York Times* vom 9. Juni 1945 hervor, in dem die Rede ist von « 100 – 150 000 russischen Verrätern, die sich als Kriegsgefangene in Gewahrsam befinden und denen in der Sowjetunion noch der Prozeß gemacht werden dürfte«. Einen Tag zuvor war General Omar Bradley auf einer Pressekonferenz gefragt worden, was er von den Andeutungen der Sowjetunion halte, daß ihre Bürger in amerikanischen Lagern schlecht behandelt würden. Seine Antwort gab zu denken: »Wir haben in der Tat einige Russen, aber ich meine nicht, daß Rußland sich beschweren wird, wir täten denen etwas an. 100 – 150 000 von ihnen haben wir gefangengenommen, als sie auf der Seite der Deutschen kämpften. Ich glaube nicht, daß diese Leute noch viel Zukunft haben.«

Am 9. Juni verkündete der amerikanische Kriegsgefangenenoffizier Colonel Robert J. Gill in Paris öffentlich, seine Leute hätten 50 000 sowjetische Staatsangehörige, die in den deutschen Streitkräften gekämpft hatten, in den Gewahrsam der Roten Armee überführt. Obwohl viele nur unter Zwang kollaboriert hätten, habe »daheim in Rußland quasi jetzt schon ihr letztes Stündlein geschlagen«, und sie fürchteten sich vor der Rückkehr.[12]

Am meisten konzentrierten sich die sowjetischen Behörden auf die Anhänger von Andrej Andrejewitsch Wlassow, einem General der Roten Armee, der im ersten Kriegsjahr zu den erfolgreichsten Verteidigern von Moskau und Leningrad gehört hatte, am 12. Juni 1942 aber den Deutschen in die Hände gefallen war. In der ersten

Woche der Gefangenschaft kam er zu der Überzeugung, sämtliche Mißstände in Rußland, einschließlich der Leiden des Krieges, seien auf das Sowjetsystem zurückzuführen. Sein Biograph W. Ossokin schildert, was das Denken Wlassows bald ganz beherrschen sollte: »Stirbt der Bolschewismus, wird das russische Volk leben. Bleibt der Bolschewismus am Leben, wird das russische Volk aussterben, wird es aufhören zu existieren. Entweder – oder. Eine dritte Möglichkeit gibt es nicht.«[13]

Das war typisch russisch gedacht. Wlassow hielt es nicht für nötig, Wesen und Ziele des nationalsozialistischen Deutschland zu analysieren, seinen mörderischen Rassismus und seine Entschlossenheit, alle »minderwertigen Völker«, zu denen es auch die Russen rechnete, zu versklaven und schließlich auszutilgen. Er sah nur, daß der deutsche Einfall in die Sowjetunion eine einmalige Chance bot, das kommunistische System zu stürzen. Am 10. September 1942, zwei Monate nach seiner Gefangennahme, schrieb er ein Flugblatt, worin er Stalin anklagte, durch seine Säuberungen die Rote Armee und durch seine Kollektivierungsmaßnahmen die russische Landwirtschaft zu ruinieren. Er forderte das russische Volk auf, »mit allen Kräften auf den Sturz des verhaßten Stalin-Regimes hinzuarbeiten«. Ende 1942 setzten ihn die Deutschen an die Spitze eines »Russischen Nationalkomitees«.[14]

Wlassow dachte an eine eigene Armee und eigene politische Gruppen dieses Komitees, an einen Kampf seiner Soldaten Seite an Seite mit den Deutschen, die bereits tief nach Rußland eingedrungen waren, und nach erfolgtem Zusammenbruch der Sowjetunion an eine Übernahme der Regierung Rußlands durch seine Anhänger. Das war mehr als naiv, denn Hitler hatte ganz andere Pläne. Am 16. Juli hatte er gesagt: »*Nie darf erlaubt werden, daß ein anderer Waffen trägt als der Deutsche!* Dies ist besonders wichtig; selbst wenn es zunächst leichter erscheint, irgendwelche fremden unterworfenen Völker zur Waffenhilfe heranzuziehen, ist es falsch! Es schlägt unbedingt und unweigerlich eines Tages gegen uns aus. Nur der Deutsche darf Waffen tragen, nicht der Slawe, nicht der Tscheche, nicht der Kosak oder der Ukrainer!«[15]

Dennoch bewaffnete man eine große Zahl Slawen und schickte sie an der Seite der Wehrmacht in den Kampf, allerdings nicht in der von Wlassow erhofften Weise. Die »Russische Befreiungsarmee« wurde nicht als einheitliche, unter dem Kommando Wlassows und anderer russischer Offiziere stehende Streitmacht aufgestellt, sondern setzte sich aus einer Anzahl separater »Ostbataillone« zusammen, die unter die Wehrmacht verstreut waren und von deutschen Offizieren geführt wurden. Niemand weiß genau, wie stark sie war; den meisten Schätzungen nach dienten in ihr zwischen 1943 und 1945 wenigstens eine halbe, vielleicht sogar eine Million Russen.[16]

Den Nationalsozialisten ging es natürlich darum, Wlassow für Propagandazwecke auszuschlachten, ihn groß aufzubauen vor der Welt, vor allem vor den Rotarmisten, die zum Überlaufen aufgefordert werden sollten. Außerdem wollten sie mit ihm einen Keil in die Große Allianz treiben und den Führern Englands und Amerikas Zweifel an der Verläßlichkeit Rußlands im Kriege einflößen. In einem »Offenen Brief« erklärte Wlassow, England sei schon immer Feind des russischen Volkes gewesen, und bezichtigte Stalin, daß er sich Großbritanniens und der Vereinigten Staaten bediene, um sein eigenes Ziel der Weltbeherrschung voranzutreiben, und daß er das Schicksal des russischen Volkes an Englands Zukunft kette. In verschiedenen Schriftstücken äußerte er sich über »Kapitalisten« und »Imperialisten« gleichermaßen abfällig wie über »Bolschewisten«.

Ende 1942 wurde für Wlassow in Dabendorf bei Berlin ein Schulungslager eingerichtet, das die offizielle Bezeichnung »Ostpropagandaabteilung z. b. V.« führte. Dort wurden die Zeitungen *Zarja* (Die Morgenröte) und *Dobrowoletz* (Der Freiwillige) herausgegeben und Russen im Anwerben von Landsleuten aus Kriegsgefangenenlagern geschult. Kenner der Verhältnisse in Dabendorf bezeugen die eigenständige Haltung der russischen Instruktoren und das Fehlen schreiender NS-Propaganda. Der Gestapo und anderen extremistischen Kräften in Deutschland galt diese Kaderschule natürlich als verdächtig, und immer wieder wurde versucht, sie bei Hitler in Mißkredit zu bringen. Und so konnten die Dabendorfer nicht umhin, ihrer russisch-nationalistischen Botschaft ein paar Körnchen nationalsozialistischen Gedankengutes beizumischen. Wollten sie überhaupt Fortschritte machen, mußten sie sich mit den Faschisten auf guten Fuß stellen.

Trotz allem war Wlassow in den Augen doktrinärer Nazis ein Untermensch und somit unwürdig, Soldaten in deutscher Uniform zu befehligen. Vergeblich plädierten praktischer denkende deutsche führende Offiziere für eine realistischere Betrachtung, für eine bessere Verwendung dieses nützlichen Menschenpotentials. Sie kamen nicht an gegen so grausam und unbelehrbar sture Köpfe wie Heinrich Himmler, der am 4. Oktober auf einer SS-Gruppenführertagung gesagt hatte: »Wie es den Russen geht, wie es den Tschechen geht, ist mir völlig gleichgültig ... Ob bei dem Bau eines Panzergrabens 10 000 russische Weiber an Entkräftung umfallen, interessiert mich nur insoweit, als der Panzergraben für Deutschland fertig wird.«[17]

Ironischerweise war ausgerechnet Himmler – der in derselben Rede Wlassow als »Schwein« bezeichnet hatte – dann der erste führende Nationalsozialist, der eine positivere Einstellung zur »Russischen Befreiungsarmee« gewann. Am 16. September 1944 empfing er Wlassow in seinem Hauptquartier in Rastenburg in Ostpreußen, und sie kamen überein, ein neues Komitee sowie ein Freiwilligenheer zur Vereinigung der Russen gegen Stalin zu schaffen. Nach der Wiedereroberung Rußlands sollte dieses Gremium die Rolle einer provisorischen Regierung übernehmen. Am 14. November wurde in Prag feierlich das »Komitee zur Befreiung der Völker Rußlands« gegründet und ein Manifest proklamiert, das den Russen theoretisch viele der ihnen bislang verwehrten Freiheiten bot: Rückführung des landwirtschaftlichen Grund und Bodens in Privateigentum, Abschaffung der Zwangsarbeit, Religions- und Redefreiheit.

Der November 1944 war jedoch schwerlich der rechte Zeitpunkt, ein so großartiges Unternehmen zu beginnen. Vier Tage später überschritten amerikanische Truppen die deutsche Grenze. Auf einmal waren die Ziele Himmlers und Wlassows wieder grundverschieden. Himmler hoffte nicht allein, mehr Menschen für die Verteidigung des Reichs zu gewinnen, sondern auch das Bündnis zwischen der Sowjetunion und dem Westen zu unterminieren; nur wenn das gelang, konnte der Krieg noch gewonnen werden. Wlassow ging es, nach all den Fehlschlägen, die er hatte einstecken müssen, weniger darum, den Nazis zu helfen, als vielmehr um den Aufbau einer Armee, die eine politische Streitmacht werden sollte. Wie der Krieg auch enden würde, er hatte vor, mit dem Sieger zu verhandeln und sich dessen Hilfe beim Marsch gegen Stalin zu sichern. Er war überzeugt, wenn die Alliierten gewannen, was wahrscheinlich schien, sei es nur eine Frage der Zeit, bis die Rote Armee mit den Truppen Englands und Amerikas zusammenstoßen würde. In diesem Fall wollten Wlassow und seine Leute sich aus vollem Herzen dem Westen anschließen und gegen die Sowjetunion zu Felde ziehen.

Die Wlassow-Bewegung hatte einen kurzen Augenblick des Glanzes. Am 5. Mai warf einer ihrer Generäle, Sergej Bunjatschenko, in Prag eine ganze Division gegen SS-Verbände in den Kampf und ließ damit die Waage zugunsten der Widerstandskämpfer und der Befreiung Prags ausschlagen. Der amerikanische Journalist Ivan Peterman schrieb: »Letzten Endes ist Prag doch durch ausländische Truppen befreit worden. Aber nicht durch die Alliierten, denn die trafen erst ein, als die Kampfhandlungen schon vorbei waren, sondern durch 22 000 verachtete Russen in deutschen Uniformen.« Doch die tschechischen Widerstandskämpfer, größtenteils Kommunisten, waren nicht geneigt, sich den ungebetenen Befreiern gegenüber dankbar zu erweisen. Sie forderten die Wlassow-Leute auf, sich der Roten Armee zu ergeben. Innerhalb von zwei, drei Tagen räumten Bunjatschenko und seine Soldaten die Stadt. Ihre einzige Hoffnung bestand jetzt darin, sich mit den nicht mehr fernen Amerikanern zu einigen.

Wlassow selbst war inzwischen ein gebrochener Mann. Der Baltendeutsche Wilfried Strik-Strikfeldt, ehemaliger Kommandeur von Dabendorf, schreibt, der General habe angefangen, unter

Depressionen zu leiden und immer mehr zu trinken, so daß ihm schließlich die Situation aus der Hand glitt. Man schickte Parlamentäre zur US-Armee, aber die konnte ihnen keine Zusicherungen geben. Nun blieb den Wlassow-Leuten nur noch, sich nach amerikanisch besetztem Gebiet durchzuschlagen und sich zu ergeben. Anfangs wurden sie von den Amerikanern freundlich behandelt. Feldoffiziere wußten nichts von der Repatriierungsvereinbarung von Jalta. Strik-Strikfeldt schreibt, als ihn ein Amerikaner fragte, ob Wlassow ein Verräter sei, habe er die Gegenfrage gestellt, ob Washington und Franklin Verräter gewesen seien.

Nicht wenige Wlassow-Leute wurden noch von der Roten Armee überrannt und entweder auf der Stelle erschossen oder in die Arbeitslager geschickt. Einige, die sich den Amerikanern ergeben hatten, wurden in den ersten chaotischen Friedenstagen über die Demarkationslinie den Sowjets ausgeliefert. Andere hielt man in POW-Lagern fest, bis über ihr Schicksal entschieden sei. Wlassow selbst fiel am 12. Mai bei Schlüsselburg während des Abzugs der Amerikaner von der verschobenen Demarkationslinie den Sowjets in die Hände. Am 2. August meldete die *Prawda*, daß er und neun seiner Offiziere zum Tode verurteilt und gehenkt worden seien.

Heute im Westen lebende Anhänger von Wlassow sind nach wie vor der Meinung, daß ihre Sache gerecht und ihr Entschluß, die Waffen auf Hitlers Seite gegen Stalin zu ergreifen, richtig war. Heute, so meint Strik-Strikfeldt, erscheine das alles als »leerer Wahn«, er fragt dann jedoch: »War es aber nur leerer Wahn, und hat die Nachkriegsentwicklung nicht gezeigt, daß das Zweckbündnis der Angloamerikaner mit dem ›anderen Diktator‹ und seinem totalitären Gewaltregime nicht von Dauer sein konnte? Über die Einzelheiten der Vereinbarungen von Jalta waren Wlassow und seine Anhänger nicht unterrichtet, und die Tragödie der Auslieferungen der Widerständler aus dem Raum Rußlands durch die Alliierten hatte sich noch nicht abgespielt, der Glaube an die demokratischen Ideale der Völker und das Vertrauen in ihre Regierungen waren noch nicht erschüttert.«[18]

Gegner Wlassows sind der Ansicht, daß er trotz allen Bemühens, unabhängig zu bleiben, im Endeffekt doch voll mit den Faschisten kollaboriert habe, die brutal in sein Land eingefallen waren und die Russen wie Tiere behandelten, und daß sich, nachdem die übelsten Seiten von Hitlers Faschismus offenbar geworden waren, das russische Volk hinter Stalin stellte und aufs tapferste kämpfte, um die Aggressoren aus seinem Lande zu vertreiben. Wären Hitlers Methoden weniger teuflisch gewesen, hätte die deutsche Besatzungsmacht vielleicht mehr Unterstützung gefunden, mehr Überläufer aus der Roten Armee und mehr Freiwillige für Wlassow. Wie sich erwies, hatte Stalin gegen Ende des Krieges tatsächlich die Mitarbeit fast des gesamten Sowjetvolkes gewonnen.

Es müßte auch verwundern, wäre es anders gewesen. Kein Land läßt sich gern von fremden Eindringlingen beherrschen, noch dazu von so unmenschlichen wie den Nazis, und es war lediglich auf die in der Sowjetunion bei Ausbruch des Krieges herrschende soziale Unruhe zurückzuführen, daß so viele ihrer Bürger – wohl eine ganze Million – bereit waren, die Waffen auf der Seite des Feindes zu ergreifen. Wie Alexander Solschenizyn in *Der Archipel Gulag* schreibt: »Der Anstoß aber, in die Wlassow-Verbände der Wehrmacht zu gehen, konnte nur äußerste Notwehr gewesen sein, nur eine jenseits des Erträglichen liegende Verzweiflung, nur ein unstillbarer Haß gegen das Sowjetregime, nur die Mißachtung des eigenen Heils.«[19]

Die am schärfsten antisowjetische Gruppe von allen waren die Kosaken. Schon viel früher als die Wlassow-Leute durften sie halb selbständige Wehrmachtseinheiten bilden, und sie hatten sich an der Front sehr viel Ruhm erworben. Am 17. Mai telegrafierte Feldmarschall Harold Alexander seinem Stabschef in London um Anweisung, was mit den 50 000 Kosaken und 25 000 Kroaten in seinem Abschnitt geschehen solle. Eine rasche Entscheidung, schrieb er, »würde uns helfen, eine Zusammenballung in Südösterreich aufzulösen«. Er habe jedoch eine Sorge: »daß bei jedem der Obengenannten eine Auslieferung ans jeweilige Herkunftsland zu seinem Tod führen kann«.

Einen Tag später antwortete Andrew Cunningham, Englands

Marinestabschef, die Kosaken müßten auf jeden Fall nach Rußland zurück, denn sie fielen ja unter die Jalta-Vereinbarung. Bei den Kroaten liege die Sache dagegen komplizierter; sie seien jugoslawischer und nicht sowjetischer Staatsangehörigkeit, und über Jugoslawen bestehe keine bindende Abmachung. Colonel Cedric Price, der damals für das Kriegskabinett arbeitete und später Chef der britischen Militärabwehr wurde, bekam den Auftrag, das Auswärtige Amt zu konsultieren.

Dort war man für Rückführung sowohl der Kroaten wie der Kosaken. In einem von Geoffrey McDermott unterzeichneten Schreiben wurde Price geantwortet: »Die kroatischen Truppen sind im Endeffekt reguläre Streitkräfte einer unter deutscher Leitung operierenden Quisling-Regierung . . . Wir wären daher dafür, die kroatischen Soldaten in Südösterreich an Titos Armee auszuliefern. Das würde Tito sicher freuen und ihm zeigen, daß wir zumindest in einigen Punkten bereit sind, ihn als regulären und verantwortlichen Verbündeten zu behandeln.«[20]

Am 20. Mai äußerte Churchill in einer Notiz an General Ismay, seinen persönlichen Stabschef, einige Besorgnis wegen des Problems: »Ist die Zahl der von den Deutschen gefangengenommenen und von uns befreiten Russen bekannt? Läßt sich unterscheiden zwischen bloßen Arbeitern und solchen, die tatsächlich gegen uns gekämpft haben? Kann ich des weiteren etwas über die 45 000 Kosaken erfahren, von denen General Eisenhower spricht? Wie sind sie in ihre jetzige mißliche Lage geraten? Haben sie gegen uns gekämpft?«

Churchill verfolgte diese Fragen jedoch nicht weiter; die Antworten darauf waren ohnehin sehr vage und trafen erst ein, als die Repatriierungen schon voll im Gange waren. Am 29. Mai gaben die Stabschefs Feldmarschall Alexander Order, die Kosaken und Kroaten an Stalin und Tito auszuliefern. De facto hatte man damit, wohl unter Berufung auf die Vereinbarung von Jalta, bereits begonnen, ohne auf Befehl zu warten, und es fanden blutige Operationen statt. Wie das folgende Kapitel zeigt, waren das für viele englische Soldaten die schlimmsten Erlebnisse des ganzen Krieges.

4 KROATEN UND KOSAKEN

Während des russischen Bürgerkriegs 1918–20 waren einige der erbittertsten Kämpfer auf weißer Seite Kosaken – Angehörige jenes eigenartigen, zwischen Nation und Bruderschaft stehenden Volksstammes, der seit Hunderten von Jahren in Südrußland ansässig war und sich zuzeiten eine gewisse Selbständigkeit gegenüber dem Zaren bewahrt, andermal ihm aber treu gedient hatte und dafür mit Sonderrechten belohnt worden war. Als Grenzbewohner, deren Siedlungen sich von der Südukraine bis zum Nordkaukasus und nach Sibirien hinein erstreckten, auf Selbstschutz angewiesen, hatten sich die Kosaken seit jeher im Kriegshandwerk üben müssen. Sie wurden berühmt für ihre Reitkünste und körperlichen Kräfte. Da der Zar sie zur Verteidigung seiner Südgrenze brauchte, bemühte er sich um ihre Loyalität, fand es gewöhnlich aber schwer, ein Volk in Gehorsam zu halten, das von den Zentren der Macht so weit entfernt, militärisch so stark und von so rebellischem Temperament war. Im 17. und 18. Jahrhundert entfachten zwei Kosaken, Stepan Rasin und Jemeljan Pugatschow, blutige Aufstände, die nur unter großen Schwierigkeiten niedergeschlagen werden konnten.

Die späteren Zaren einigten sich mit den Kosaken, und man schloß ein Abkommen, laut dem jeder Mann vom achtzehnten Lebensjahr ab zwanzig Jahre lang wehrpflichtig war, wofür den Kosaken einige Unabhängigkeit eingeräumt wurde. Da viele von ihnen dem Zarenhof nahestanden, genossen sie großen Einfluß. Zu Beginn unseres Jahrhunderts gab es in Rußland fünf Millionen

Kosaken, unterteilt in »Heere« und geführt von einer Art militärischer Selbstregierung. Die Hauptheere lebten im Norden des Kaukasus, und fünfen davon – den Don-, Kuban-, Ural-, Orenburg- und Terekkosaken – gehörten rund 85 Prozent des gesamten Kosakenvolkes an. An der Spitze jedes Heeres stand ein frei gewählter »Ataman«. Wjatscheslaw Naumenko, von 1920 bis 1958 Ataman der Kubankosaken, denkt voll nostalgischer Sehnsucht an jene Zeiten vor der Revolution zurück: »Wir hatten den Status einer eigenen Nationalität innerhalb des Reiches, genauso wie die Polen, die Letten und andere Minderheiten.« Während die einen Russen die Kosaken wegen ihrer Tapferkeit und Kriegskunst bewunderten, fürchteten die anderen sie als »Prätorianerwache« der zaristischen Regierung. Bei inneren Unruhen konnte man sich darauf verlassen, daß sie Straßendemonstrationen mit rücksichtsloser Härte auseinanderjagten.

Während der Oktoberrevolution und im Bürgerkrieg kämpften die Kosaken gegen die neue bolschewistische Macht und die Rote Armee. Nachdem alles vorbei war und die Roten gewonnen hatten, flohen viele tausend Kosaken nach dem Westen. Diese Altemigranten, ehemalige Angehörige der Weißen Armee, beobachteten voll Ingrimm, wie die kosakische Lebensweise unterhöhlt und kosakisches Land neu verteilt wurde. Sie verschworen sich und machten Pläne gegen die noch schwache Sowjetmacht. Viele Jahre lang konnten sie nur wenig unternehmen, denn das Land befand sich im ehernen Griff Stalins. Sie unternahmen klägliche Überfälle, in dem Glauben, das russische Volk würde sich beim Auftauchen eines weißen Befreiers sogleich erheben und die Kommunisten stürzen. Doch so einfach lagen die Dinge nicht. In den meisten Fällen wurden die Invasoren sehr bald gefangen und liquidiert.

So ließ es wohl am meisten den Kosaken das Herz höher schlagen, als Hitler in die Sowjetunion einfiel und es eine Zeitlang so aussah, als würde er sie auch besiegen. Für sie schien der Krieg im Grunde nur eine vom Himmel gesandte Chance, den Kommunisten endlich den Garaus zu machen und ihrem Volk wieder die privilegierte Stellung zu verschaffen, die es einst genossen hatte. Kosakenführer wie Naumenko, der 1920 Generalmajor in der Weißen Armee gewesen war, und der Ataman der Donkosaken, Pjotr Nikolajewitsch Krasnow, waren sehr schnell dabei, den Faschisten ihre Dienste anzubieten. Einige Zeit wurden solche Angebote zurückgewiesen. Die Wehrmacht kam gut allein voran und brauchte keine Unterstützung durch slawische Untermenschen. Doch nach der Schlacht von Stalingrad und den Niederlagen in ihrem Gefolge waren die Deutschen schon zu Abstrichen von dieser engstirnigen Auffassung bereit, wenn sie dadurch neue Bundesgenossen gewinnen konnten. Im November 1943 versprachen sie, den Kosaken ihre angestammten Länder zurückzugeben. Vier Monate später ernannten sie Krasnow und Naumenko zu Mitgliedern einer Leitstelle für Kosakenverbände innerhalb der Wehrmacht. Ebenfalls dort aufgenommen wurde T. I. Domanow, ein General noch jungen Ranges, kein Altemigrant wie die anderen, sondern ein ehemaliger Sowjetoffizier, der sich den Deutschen angeschlossen hatte und jetzt mit ihnen zurückmarschierte.

Die Kosaken hatten sich mit dem Pomp des alten Zarenreichs umgeben. Ihre Grunduniform war die der Wehrmacht, doch sie ergänzten sie durch Persianermützen, kniehohe Stiefel, flatternde Umhänge – und gewaltige Schnauz- oder Kinnbärte. Bei Paraden trugen die Mannschaften Krummsäbel und die Offiziere verzierte, edelsteinbesetzte Dolche, Familienerbstücke, die oft schon generationenlang im Besitz der betreffenden Kriegersippe waren. Als die Kosaken sich zurückzuziehen begannen, schlossen sich ihnen viele Flüchtlinge an, Frauen und Kinder, die Angst hatten, in dem Gebiet zurückzubleiben, das von der Roten Armee wiedererobert wurde, bis es manchmal fast schon mehr Menschen im Troß gab als Soldaten. Von den führenden Offizieren, meist Veteranen des Bürgerkrieges, standen nicht wenige bereits in den Sechzigern und wären normalerweise zu alt für den Dienst bei der kämpfenden Truppe gewesen.

Trotz ihrer schwerfälligen und altmodischen äußeren Erscheinung kämpften die Kosaken wie die Teufel und um so entschlossener, je weiter sie von ihrer Heimat zurückweichen mußten. Gegen

Ende des Krieges wurden unter dem Kommando des Deutschbalten Helmuth von Pannwitz stehende Kosakenverbände im nördlichen Jugoslawien gegen Titos kommunistische Partisanen eingesetzt. Mit ihren Pferden und ihrer Sicherheit im Sattel konnten sie diese Gebirgsgegenden wirksamer durchkämmen als die motorisierten deutschen Einheiten, die sie ablösten. Der Krieg dort unten wurde grausam geführt, keine Seite gab auch nur den geringsten Pardon. Bald kamen die Kosaken in den Ruf der Brutalität. Man sagte ihnen nach, daß sie, wenn ein Dorf im Verdacht stand, Partisanen zu beherbergen, einfach hineingaloppierten und es mit Feuer und Schwert dem Erdboden gleichmachten.

Manche Kosaken verteidigen sich, zu diesen zweifelhaften Aktivitäten sei es erst gekommen, nachdem sie zum Rückzug aus ihrem eigenen Territorium gezwungen waren; da hätten die Nationalsozialisten ihren Druck auf sie verstärkt, und mit der gewährten Autonomie sei es praktisch vorbei gewesen. Viele führen den moralischen Verfall auf den Tod des Feldatamans Pawlow am 17. Juni 1944 zurück. Pjotr Donskow, der zu Pawlows Stab gehörte, hat in einem Brief an den Verfasser Krasnow beschuldigt, bei Pawlows Ermordung beide Augen zugedrückt zu haben, um die Gunst der Deutschen zu gewinnen und selber zum Ataman ernannt zu werden. Tatsache ist, daß im letzten Kriegsjahr viele Kosakenverbände der Waffen-SS unterstellt wurden.

Daß es schreckliche Vorkommnisse gegeben hat, streiten die Kosaken nicht ab, die Schuld daran aber geben sie der ihrem Generalstab zugewiesenen Waffen-SS und ihrem unheilvollen Einfluß sowie auch einigen Unwürdigen aus den Kosakenländern, die nur deshalb mit Hitler marschiert waren, weil er anfangs den Krieg zu gewinnen schien. Krasnows Großneffe Pjotr schreibt: »Sie raubten und plünderten wie die Banditen. Sie vergewaltigten Frauen und steckten Ortschaften in Brand. Ihre Schandtaten haben jene besudelt, die gekommen waren, um gegen den Kommunismus zu kämpfen, und auf ehrenhafte und soldatische Weise ihre Pflicht erfüllten.«[1]

Eine weitere Konzession, die Alfred Rosenbergs Ostministerium während dieses letzten Kriegsjahres machte, war die Zuweisung eines Landstrichs um Tolmezzo in den italienischen Alpen unweit der österreichischen Grenze, den die Kosakennation in Besitz nehmen und als Basis für ihre militärischen Operationen benutzen sollte. Ein wahrlich seltsamer Ort für das neue »Kosakia«, aber fast acht Monate lang wuchs und gedieh es, so daß im Frühjahr 1945 dort 35000 Kosaken lebten, zur Hälfte Soldaten, zur Hälfte Flüchtlinge. Doch richtig sicher konnten sie sich nie fühlen, denn in der Gegend operierten Gruppen von italienischen Partisanen, die gleich jenen im nahen Jugoslawien meist Kommunisten und somit Todfeinde waren.

Dann kam das Problem, wie sie sich gegenüber den englischen und amerikanischen Armeen verhalten sollten, die sich durch Italien hochkämpften. Im April 1945 näherten sich die Engländer Tolmezzo und der italienisch-österreichischen Grenze. Als Träger deutscher Uniformen hätten die Kosaken gegen sie zum Kampf antreten müssen, doch sie entschieden sich, das nicht einmal formal zu tun; ihr Feind war die Sowjetunion, nicht aber Großbritannien oder die Vereinigten Staaten. Somit blieb ihnen, sich entweder zu ergeben oder zurückzuziehen. Domanow, seit Februar Nachfolger Krasnows als Ataman, befahl den Abzug aller Kosaken mit aller Habe. Am 30. April beluden sie ihre Wagen und zogen los in Richtung Plöckenpaß. Ihr Vortrupp überschritt am nächsten Morgen die Grenze, und zwei Tage später hatte die gesamte Gemeinschaft bereits bei Mauthen und Kötschach, den beiden ersten österreichischen Dörfern, ihr Lager aufgeschlagen. In Mauthen lag deutsches Militär: eine halbe Kompanie nicht mehr junger Soldaten unter einem ebenfalls schon ältlichen Ortskommandanten. Man kann sich ihr Erstaunen vorstellen, als diese seltsame Karawane vom Paß her auf sie zukam. Ihr Troß bestand aus primitiven Panjewagen, beladen mit Waffen, Munition, Furage, Frauen, Kindern, Säuglingen –, mit allem Zubehör zum Kampf wie auch zum Familienleben. Der Kommandant gebot ihnen Halt, aber seine Streitmacht war klein und seine Autorität die eines sterbenden Regimes. Sie dachten nicht daran, ihm zu gehorchen.

Dmitri Frolow, Mitglied von Domanows Generalstab, erinnert sich ihrer ersten Begegnung mit Engländern: Am 4. Mai stieß ein aus einem Offizier und ein paar Soldaten bestehender Vortrupp auf das Kosakenlager bei Mauthen. »Wer seid ihr denn?« fragten die Tommies. Die Kosaken erklärten es ihnen, so gut sie konnten. Allem Anschein nach zufriedengestellt, sagten die Engländer nur kurz: »Okay«, wendeten ihre Motorräder und verschwanden.

Sie waren in der Tat besorgt, wie die Kosaken reagieren würden. Anfang Mai hatte Colonel Alec Malcolm, Kommandeur des 8. Bataillons der Argyll and Sutherland Highlanders, Befehl bekommen, nach Lorenzago, rund fünfzig Kilometer westlich von Tolmezzo, vorzurücken und »den Ort als Ausgangspunkt für Operationen gegen die Kosakendivision zu benutzen«. Sein Brigadier, Geoffrey Musson, wußte nicht, daß die Kosaken bereits nach Österreich weitergezogen waren. Jack Bates, der das Tagebuch der 36. Infanterie-Brigade führte, schreibt, ihr Vormarsch auf die österreichische Grenze sei zu ihrer freudigen Überraschung nirgendwo auf Widerstand gestoßen und »wie eine Spazierfahrt im Frieden durch eine bildschöne Landschaft« gewesen.[2]

Der britischen Brigade war auch gemeldet worden, daß bei Forni Avoltri, unweit der Grenze, einige tausend Georgier biwakierten. Laut Bates verstanden sich die Georgier mit der italienischen Bevölkerung ausgezeichnet, hatten mit den Kosaken aber blutige Zusammenstöße gehabt. Gleich allen Engländern versetzte das Bild, das diese alten Recken boten, Bates in Erstaunen: »Die Georgier stellten einen Rückfall ins zaristische Rußland dar. Ihre Offiziere – zehn davon waren Prinzen – trugen über und über betreßte Uniformen und behandelten ihre Soldaten wie Leibeigene. Viele von ihnen waren vor dem Krieg Taxichauffeure in Paris gewesen. Kurz vor dem Eintreffen der 6. Royal West Kents hatten im Ort Schüsse geknallt und alle Zivilisten waren in Deckung gerannt. Wie sich herausstellte, hatte einer der georgischen Offiziere sich mit einem anderen duelliert und ihn dabei getötet.«

Die Georgier ergaben sich willig; sie erklärten, die Westalliierten wären, im Gegensatz zur Sowjetunion, nicht ihre Feinde –

wie Bates schreibt, »ein Argument, das wir bald auswendig kannten«. Zu einem angespannten Augenblick kam es, als in einiger Entfernung plötzlich der Kommandeur der Georgier aus den Bergen hervortrat und die Offiziersprinzen tadelte, zu Übergabeverhandlungen gar nicht befugt zu sein. Nach Bates' Schilderung: »Der Kommandeur war – was uns leider nicht öfter begegnete – eine wunderschöne Prinzessin ... In ihren ledernen Reithosen bot sie eine imposante, beherrschende Erscheinung, als sie den britischen General zu sprechen verlangte.« Nach der Erinnerung eines anderen Offiziers wirkte sie »recht robust und hatte überall Handgranaten stecken«, als er sie in den frühen Morgenstunden des 9. Mai in Mussons Stabswagen führte. Musson hat sie als eine gutaussehende Frau von etwa dreißig Jahren im Gedächtnis, die einen weißen Rollkragenpullover, Breeches, Reitstiefel und um den Leib einen Patronengurt trug. Man handelte dann die Übergabebedingungen aus.

Am 7. Mai erreichte Malcolms Bataillon die Außenbezirke von Tolmezzo, bereit zum Gefecht gegen die dort lebenden Kosaken, und erst jetzt entdeckte man, daß diese bereits abgezogen waren. Die Engländer marschierten in die Stadt ein und hatten den ganzen Tag damit zu tun, Nachzügler und Versprengte zusammenzutreiben. Diese mußten nicht nur verpflegt, sondern auch vor Übergriffen von Partisanen geschützt werden, die, hätten sie ihren Willen bekommen, sie samt und sonders niedergemacht hätten. Nachmittags um fünf Uhr vernahmen die Engländer die für sie schönste Nachricht des ganzen Krieges – daß Deutschland bedingungslos kapituliert habe. In den Berichten heißt es: »Leider war das Bataillon nicht in der rechten Lage, zu feiern, doch wurde Extrabier ausgeschenkt.«[3] Die nicht weit entfernten Londoner Irish Rifles waren unternehmungslustiger. Ihr Kommandeur, Colonel H.E.N. Bredin, hielt seinen Leuten eine Siegesrede und entfachte dann ein fünf Meter hohes Freudenfeuer. »Es gab für alle Dienstgrade Rumpunsch, Vino, Sandwiches, Kuchen und ein am Spieß geröstetes Kalb. Unter Dudelsackklängen wurde ein Hitlerbild zu den Flammen getragen und verbrannt.«[4] Die meisten

Einheiten aber konnten sich solchen Freudenfeiern nicht hingeben. Bates fiel auf, wie wenig sie alle durch die Siegesmeldung bewegt schienen, die Ereignisse hätten einander so sehr gejagt und zu viele Probleme gebracht.

Am 8. Mai fuhr eine Abordnung der Kosaken über den Paß zurück nach Tolmezzo, um mitzuteilen, daß sie zu bedingungsloser Übergabe bereit seien. Sie sprachen mit Divisionskommandeur Robert Arbuthnott, der mit ihnen eine Zusammenkunft am nächsten Morgen um neun Uhr im Bahnhof von Oberdrauburg ausmachte, wo Domanow sich dann Musson ergeben sollte. Nach dieser Vereinbarung herrschte in den englischen Reihen beträchtliche Erleichterung. Trotz ihres malerischen Aussehens waren die Kosaken gut bewaffnete und kampferprobte Soldaten. Nach Bates' Worten »wären sie immer noch eine nicht zu verachtende Streitmacht gewesen, wenn sie sich geweigert hätten, sich zu ergeben, und ehe die Kapitulation nicht unter Dach und Fach war, durften wir uns nicht sicher fühlen«.

Weiter heißt es bei Bates: »Von allen Seiten verfolgt, um alle Siegeshoffnungen betrogen, standen sie jetzt vor der Gewißheit, als Verräter in die Sowjetunion zurückgeschickt zu werden.« Hier irrte er gewaltig, denn womit die Kosaken auf keinen Fall rechneten, war, daß die Engländer sie der Roten Armee ausliefern würden. Laut Frolow hoben die Parlamentäre von Anfang an gegenüber Musson und seinem Stab hervor: »Wir sagten ihnen, wir seien Kosaken, die schon ihr ganzes Leben lang gegen die Sowjetunion fechten. Wir hätten gekämpft bis zum letzten Mann – aber niemals gegen reguläre Truppen der Westalliierten, weil wir die Amerikaner und Engländer nicht als unsere Feinde betrachten.« In der Tat waren die Kosaken über die politischen und militärischen Realitäten der Zeit so schlecht informiert, daß sie glaubten, das anglo-amerikanische Bündnis mit Stalin sei nicht echt und würde kurz über lang auseinanderbrechen. Sie stellten sich allen Ernstes vor, der Krieg ginge auf neuer Basis weiter: der Westen gegen die Sowjetunion, wobei die Kosaken dann für den Westen wertvolle Bundesgenossen wären. Hätten sie den wahren Sachverhalt geahnt – daß die Westalliierten sich um Stalins Wohlverhalten bemühten und ihm diese Leute, seine Todfeinde, opfern wollten –, sie hätten sich nie und nimmer ergeben.

Musson befahl den Kosaken, weiter talwärts nach Oberdrauburg zu ziehen, dort über die Draubrücke zu gehen, dann der am Fluß entlanglaufenden Straße etwa zwanzig Kilometer in Richtung Westen bis Lienz zu folgen und in den Feldern am östlichen Stadtrand Lager aufzuschlagen. Die Frauen und Kinder sollten in einem verlassenen Barackenlager im Lienzer Vorort Peggetz untergebracht werden. Verpflegung würden die Engländer stellen, für interne Disziplin seien die Kosaken selbst verantwortlich. Offiziere dürften ihre Seitenwaffen behalten und bekämen auch die Verfügung über so viele Gewehre, wie zur Ausrüstung einer Lagerpolizei nötig seien.

Zwischen Oberdrauburg und Lienz liefen dem Fluß eine Chaussee und ein Bahngleis jeweils ein paar hundert Meter voneinander entfernt parallel. Das Tal ist einige Kilometer breit und zu beiden Seiten von steilen Felsen eingeschlossen. Die Kosaken brauchten für den Treck den 9. und 10. Mai. Störend fanden die Engländer die Reiterschwadronen, die unentwegt hierhin und dorthin galoppierten und ihnen den Weg behinderten. Doch, wie Bates schreibt, war es ein nutzloses Unterfangen, ihnen Befehle erteilen zu wollen: »Nur wenige sprachen Deutsch oder Englisch, und von denen, die uns verstanden, schien kaum einer zum Gehorchen geneigt.« Trotz des vermeintlichen Durcheinanders bewegten sie sich aber schnell voran und waren bald in dem zugewiesenen Gebiet konzentriert.

Für sie war es eine willkommene Veränderung gegenüber dem Leben in Tolmezzo, wo die Lebensmittelversorgung schwierig gewesen war und ständig Partisanengefahr geherrscht hatte. Zoe Polaneska, ein damals siebzehnjähriges russisches Mädchen aus einem Dorf bei Odessa, das sich, obwohl selbst nicht Kosakin, ihnen irgendwann angeschlossen hatte, erinnert sich der freundlichen Behandlung durch die Engländer: »Nachdem wir die Berge überquert hatten, bekamen wir kleine Bettstellen zum Schlafen und

Decken, und ich dachte bei mir: ›Nicht schlecht.‹ Ich werde auch nie vergessen, wie sie uns drei Butterkekse zum Frühstück gaben, und ich dachte: ›Noch besser.‹ Und dann gaben sie uns Weißbrot, so schneeweiß, wie wir es seit Jahren nicht mehr gesehen hatten. Da dachte ich: ›Das ist der Himmel auf Erden!‹«

Am 16. Mai befanden sich laut englischen Angaben 22009 von Domanows Kosaken im Drautal in britischer Internierung: 15330 Männer, 4193 Frauen und 2436 Kinder. Einige Kilometer östlich von ihnen in der Nähe von Oberdrauburg hatten die 4 800 Georgier Lager bezogen. Abermals ein Stück weiter nach Osten bewachten britische Soldaten außerdem das XV. Kosakenkavalleriekorps unter Helmuth von Pannwitz, das sich in voller Stärke mit 18792 Mann ergeben hatte.[5] Angesichts des damals herrschenden Durcheinanders sind so genaue Zahlen allerdings mit Vorsicht zu betrachten. Kosakische Historiker behaupten zum Beispiel, zu Domanows Gemeinwesen in Tolmezzo hätten 35 000 Menschen gezählt, also rund 13 000 mehr als nach englischer Angabe. Die Differenz erklärt sich dadurch, daß bei der Räumung viele Kosaken in Italien zurückgelassen worden waren und weitere sich während des Zuges über die Berge davongemacht hatten. Jeden Tag kamen und gingen Menschen in großen Mengen. Alec Malcolm erinnert sich: »Mir wurde gesagt, es befänden sich 25000 Kosaken in meinem Abschnitt, und wir sollten auf die ›aufpassen‹. Das war aber ganz unmöglich.«

Durcheinander herrschte während jener ersten Friedenstage überall im besetzten Mitteleuropa, und im Drautal, so nahe der italienischen und jugoslawischen Grenze, war es noch schlimmer als anderswo. Es gab so viele Nationalitäten, so viele politische Gruppen, so viele halb unabhängige Partisanenverbände, die der allgemeinen Sache der Alliierten nur eine vage Loyalität schuldeten. Gerade erst befreite Kriegsgefangene zogen von Ort zu Ort, die meisten bestrebt, schnell nach Hause zu kommen, einige aber fest entschlossen, in der Gegend zu bleiben. Und alle machten sie den Engländern und Amerikanern zu schaffen, denn diese hatten nicht nur die eroberten Gebiete zu verwalten, sondern auch

Kriegsverbrecher aufzuspüren und mit unverbesserlichen Nationalsozialisten fertig zu werden, die sich nicht an den Kapitulationsbefehl hielten.

Allein schon die sprachliche Verständigung war sehr schwierig. Englische und amerikanische Soldaten sind nicht eben als sprachkundig berühmt, und sie hatten die größte Mühe, mit all den Polen, Ungarn, Bulgaren, Italienern, Russen und Jugoslawen zu verhandeln, die ihnen in die Hände fielen. Während des Krieges hatten die meisten Leute in Mitteleuropa ein paar Brocken Deutsch gelernt, so daß man sich bei dienstlichen Gesprächen oft zweier Dolmetscher bediente – der eine übersetzte vom Englischen ins Deutsche und der andere dann vom Deutschen in die Sprache des Befragten. Amerikanische und englische Offiziere hatten oft große Machtpositionen inne; von ihnen wurden Entscheidungen über Leben und Tod verlangt, und das nicht selten mehrmals täglich. Von mitteleuropäischer Politik sowie von den komplizierten Kontroversen, die sie lösen sollten, verstanden sie nur wenig.

In eine besonders schreckliche Lage geriet T.P. Scott, Kommandeur der 38. [irischen] Infanterie-Brigade. Als er sich mit seinen Leuten dem südöstlichen Österreich näherte, begegneten ihm politisch wie diplomatisch so komplexe Probleme, daß sie zur Lösung des Genies eines Macchiavelli bedurft hätte. Erst waren es die Kosaken. Das Regiment 6 von Pannwitz' Korps verließ als letztes Jugoslawien. Auf ihrem Rückzug wurden die Kosaken von Titos Partisanen bedrängt, aber sie wollten unbedingt österreichisches Gebiet erreichen, denn sie wußten, daß ihr Leben verloren war, wenn sie Kommunisten in die Hände fielen, mochten diese nun Titoisten oder Stalinisten sein. Scotts Leute waren zu dieser Zeit die nächsten britischen Fronttruppen.

In Lavamünd an der Drau, die heute dort die österreichisch-jugoslawische Grenze bildet, sah das Kosakenregiment seinen Rückzug durch eine Division Bulgaren blockiert, die jetzt unter dem allgemeinen Oberbefehl der Roten Armee auf alliierter Seite kämpften. Sie verlangten, daß sich die Kosaken ergäben, was ihr Kommandeur, Oberstleutnant Prinz Karl zu Salm-Horstmar, jedoch sofort ablehnte. Die Bulgaren drohten, das Feuer zu eröffnen. Die Kosaken gaben ihnen zu verstehen, daß sie sich verteidigen würden. Die Bulgaren fühlten sich sicher, denn sie wußten, daß sie den Ort beherrschten und die Kosaken nicht über die Brücke nach Österreich konnten, und so blieben sie stehen und warteten auf sowjetische Verstärkung aus dem Osten.

Die Wehrmacht hatte eine besonders geringe Meinung von diesen bulgarischen Verbänden, die zum Teil aus Leuten bestanden, die einst in *ihren* Reihen gekämpft, sich inzwischen aber auf die andere Seite geschlagen hatten. Diese Meinung wurde von Brigadier Scott geteilt: »Als ich den ersten Bulgaren begegnete, wußte ich gar nicht, wo sie eigentlich standen, ob sie Freund oder Feind waren. Wie sich herausstellte, waren sie derzeit auf unserer Seite, hatten aber auf der anderen angefangen. Doch es war sowieso offenkundig, daß es ihnen nur um eines ging – nach Kärnten zu kommen, um dort zu plündern und zu vergewaltigen.«

Salm-Horstmars auf der falschen Seite der Drau gestrandetes Regiment hatte dann das Glück, in der Nähe von Lavamünd ein Kriegsgefangenenlager zu finden, in dem rund 1500 Engländer, Australier und Neuseeländer lebten. Die deutschen Wachmannschaften waren inzwischen abgezogen, und die nunmehr freien britischen Soldaten sorgten selbst für sich, so gut es ging, und warteten auf die Ankunft ihrer Armee. Ranghöchster war ein englischer Sergeant namens Edwin Atkinson. Dieser, bloß Unteroffizier und vor einer Woche selbst noch Kriegsgefangener, nahm dann die Übergabe der einige Tausend zählenden Kosaken entgegen.

Atkinson verhandelte auch mit den Bulgaren, die noch immer drohten, über den Fluß zu setzen und sich der Kosaken zu bemächtigen. Sie davon abzuhalten gelang ihm mit Hilfe einer Lüge: Die Briten in dem Lager seien eine Vorauseinheit der 8. Armee. Bald aber konnte er die Lage kaum mehr beherrschen. Er war nicht nur für seine britischen ehemaligen Kriegsgefangenen verantwortlich, sondern hatte sich auch um Russen, Bulgaren und Kosaken zu kümmern. Und außerdem war da noch die örtliche Zivilbevölkerung, die sich jetzt in Scharen um das unbewachte Gefangenenlager drängte. »Die österreichischen Frauen hatten solche Angst vor den Bulgaren«, sagt Atkinson, »daß sie in unserem Lager Schutz suchten, und am Ende sah es dann so aus, daß sie alle drinnen und wir draußen waren.«

Atkinson besorgte sich ein Motorrad und fuhr auf Seitenwegen nach Österreich hinüber, bis er schließlich bei Wolfsberg im Lavanttal eine britische Einheit fand. Leopold Goess, ein Major aus Salm-Horstmars Regiment, erzählt: »Wir hatten diesen Sergeant gebeten, er möge die Engländer suchen gehen und ihnen mitteilen, daß wir bereit seien, uns ihnen zu übergeben, nicht aber den Bulgaren.« Atkinson tat das und kehrte noch am selben Abend auf seinem Motorrad zurück, doch dauerte es weitere drei Tage, ehe die ersten Soldaten aus Scotts irischer Brigade in Lavamünd eintrafen.

Mit dem Vortrupp kam Scott selbst, und nachdem er mühevoll erfragt hatte, wer auf welcher Seite stand, sah er sich vor die wenig beneidenswerte Aufgabe gestellt, zwischen den beiden Erzfeinden zu vermitteln und zu verhindern, daß sie ihren Haß mit Waffen austrugen. Goess berichtet:

»Der englische Brigadier kam in einem Jeep vorgefahren. Er sagte uns, der Krieg sei schon seit einigen Tagen aus, und er wollte wissen, warum wir uns noch nicht ergeben hätten. Wir antworteten, wir würden uns ergeben – ihm, jedoch nicht den Bulgaren. Das könnten wir uns nicht aussuchen, erklärte er, und die Bulgaren seien Englands Verbündete. Nein, sagten wir, darauf würden wir uns nicht einlassen; wir wüßten, was mit Deutschen passiert sei, die sich in die Hände dieser Leute begeben hatten.

Er meinte dann, es sei doch ganz egal, wem wir uns ergäben; er wolle für unsere Sicherheit garantieren. Wir sagten noch immer nein. Daraufhin fuhr er zu dem bulgarischen Kommandeur hinüber und kam mit dem Bescheid zurück, es sei alles geregelt: Wir sollen unsere Waffen zurücklassen und durch die bulgarischen Linien zu einem britischen Lager marschieren. Und wieder sagten wir nein, denn wir seien in Sorge, was geschehen mochte, sobald wir unsere Waffen einmal abgelegt hatten. Da wurde er ungehalten: Wie wir es wagen könnten, sein Wort anzuzweifeln! Wir erwiderten, unsere Zweifel gälten nicht *seinem* Wort, wohl aber dem der Bulgaren. ›Und die kennen wir besser als Sie‹, erklärten wir ihm.«

Scott fühlte sich daher verpflichtet, ein zweites Mal zu den Bulgaren zu gehen. Nach einer Stunde kam er zurück, und diesmal sagte er den Kosaken, er stimmte ihnen zu – es sei unbillig, von ihnen zu erwarten, daß sie sich den Bulgaren ergäben. Er schickte dann sofort ein kleines Kommando britischer Soldaten zur Bewachung der Deutschen und Kosaken, die er nun als Kriegsgefangene akzeptierte. In Unkenntnis der Repatriierungsvereinbarung von Jalta versicherte er ihnen, sie kämen in ein englisches Lager.

Am Abend des 11. Mai rückten die Bulgaren dicht ans Flußufer heran und begannen, Schützenlöcher auszuheben, rüsteten sich also augenscheinlich zum Kampf. Aber so gern sie den Kosaken auch den Garaus machen wollten, vor einem offenen Gefecht mit britischen Streitkräften schreckten sie dann doch zurück. Goess berichtet weiter: »Am nächsten Morgen um sechs kam der Brigadier und hieß uns abrücken. Wir wurden aufgefordert, die schweren Waffen zurückzulassen, unsere Gewehre aber mitzunehmen, und so ritten wir dann los in Richtung Brücke.« Weder Scott noch die Kosaken wußten zu diesem Zeitpunkt, daß die Bulgaren sie durchlassen würden. Aber Scott war zu dem Schluß gekommen, daß sie nur blufften, und stellte seine Theorie jetzt auf die Probe.

Sergeant Atkinson und seine Ex-Kriegsgefangenen hatten sich inzwischen Scott angeschlossen und halfen ihm, die Kosaken über die Brücke zu geleiten. Atkinson sagte: »Die irische Brigade stellte die Waffen und wir die Leute. Das schlimme war, daß meine Jungs noch nie im Leben auf dem Rücken eines Pferdes gesessen hatten und weit eher einer Hilfestellung bedurften als die Kosaken, die sie zu beschützen versuchten.« Die Straße durch Lavamünd war von der Brücke bis zum Ortsausgang von englischen Soldaten flankiert, und zwischen ihnen zogen die Kosaken dann im Frühlicht des 12. Mai unter den grimmigen Blicken der Bulgaren auf britisch besetztes Gebiet.

Goess äußert sich heute voller Bewunderung darüber, wie Scott

10. Kundgebung des in Prag gegründeten ›Komitees zur Befreiung der Völker Rußlands‹ in Berlin am 20. November 1944. Das Bild zeigt Mitglieder der politischen und militärischen Führung des Komitees: General Wlassow (mit Brille) und General Shilenkow (links neben ihm).

11. General Wlassow bei seiner Ansprache auf der Berliner Kundgebung.

12. und 13. Freiwilligenabteilungen der Kosaken, die auf seiten der Deutschen Wehrmacht gegen die Rote Armee kämpfen.

das Ganze handhabte: »Er begab sich dreimal zwischen uns und den Bulgaren hin und her, und das völlig uneigennützig und um Leuten zu helfen, die seine Feinde gewesen waren. Er hat wahrlich mehr als seine Pflicht getan.« Aber obwohl sie die bulgarische Gefahr nun umgangen hatten, waren die Kosaken und ihre deutschen Offiziere noch nicht in Sicherheit. Am nächsten Tag kam Scotts Korpskommandeur, Generalleutnant Charles Keightley, in den Abschnitt und vernahm voller Schrecken, daß Scott die Übergabe der Kosaken angenommen und ihnen gewisse Zusicherungen gemacht hatte. Er informierte Scott über die Jalta-Vereinbarung und erklärte, wahrscheinlich würden die Kosaken ausgeliefert werden müssen.

Scott sagt: »Ich erwiderte Keightley, wenn ja, ständen wir verdammt schlecht da. Schließlich hätte ich ihre Übergabe angenommen und mein Wort gegeben. Mir wurde ganz schwindlig zumute.« Keightley sagte ihm, er solle dafür sorgen, daß die Kosaken nach Mölbling weiterzögen, rund 35 Kilometer nördlich von Klagenfurt, wo sich das Hauptquartier von Pannwitz befinde. Was schließlich mit ihnen würde, wäre dann nicht mehr sein Problem. Das war eine Kompromißlösung, in die sich Scott nur unter starkem Protest fügte. Nichtsdestoweniger ist er der Meinung, daß er richtig gehandelt hatte, die Übergabe der Kosaken anzunehmen: »Hätte ich anders entschieden, wäre es zu einer regelrechten Schlacht gekommen, vielleicht mit Tausenden von Gefallenen.« Gewiß, aber die britischen Behörden hätten wissen können, daß ebenfalls Tausende den Tod finden würden, wenn sie Pannwitz' Korps der Roten Armee auslieferten.

Scott sagt heute, er habe die auf die deutsche Kapitulation folgende Woche als die turbulenteste des ganzen Krieges empfunden: »Alles in allem war es so, daß niemand auch nur im geringsten ahnen konnte, was als nächstes passieren und von wo es kommen würde – von allem etwas und immer schön durcheinander.« Sein nächstes Problem war sogar noch größer und schwieriger. Am 14. Mai erhielt er Meldung, daß sich bei Bleiburg an der österreichisch-jugoslawischen Grenze zwei Gruppen der koratischen

Armee, insgesamt 200 000 Mann, im Anmarsch auf die Demarkationslinie befänden. »Die Kroaten hatten offenbar auf der falschen Seite gekämpft«, berichtete Scott. Sie hätten an die 500 000 Zivilisten eskortiert und sich in englisches Gebiet begeben wollen, um sich zu ergeben und unter britischen Schutz zu stellen.[6]

Scott verstand nicht viel von jugoslawischer Politik, meinte aber, es gehe auf keinen Fall an, fast eine Dreiviertelmillion Kroaten in seinen Abschnitt hineinzulassen. Wo sollten sie hin? Wer sollte ihnen Verpflegung geben? Das Problem war beängstigend. Scotts einzige Verbindung zu höheren Instanzen bestand über ein Funkgerät in seinem Wagen, aber das arbeitete nur unregelmäßig, und so konnte er die Angelegenheit nicht Feldmarschall Alexander vortragen, wie der kroatische General es wünschte. Scott mußte die Entscheidung allein treffen.

Was die Dinge noch mehr komplizierte: Nicht weit von den Kroaten lag ein Heer von Titos Partisanen und wollte sie angreifen. Zwischen den beiden Truppen herrschte tödlicher Haß. Vier Jahre lang waren die Kroaten in einem vom übrigen Jugoslawien unabhängigen Staat von dem Faschisten Ante Pavelić und seiner Ustascha-Bewegung regiert worden. Die ganze Zeit über hatte mehr oder weniger Guerillakrieg geherrscht, Serben gegen Kroaten, Kommunisten gegen Faschisten, Kommunisten gegen Royalisten. Auf beiden Seiten war keine Gnade gegeben worden, und die Intervention der Kosaken auf der Seite der deutschen Okkupationstruppen bildet eine der dunkelsten Episoden ihres Weges.

Ohne Ahnung von der jüngsten Geschichte oder von dem persönlichen Risiko, das er einging, fuhr Scott in seinem Spähwagen einfach ins Niemandsland zwischen den beiden Heeren und begann zu verhandeln. Zu Anfang schienen sie gar nicht auf ihn hören und unbedingt kämpfen zu wollen. Hier Scotts Schilderung, wie es dann weiterging: »Wie buchstäblich vom Himmel gesandt, kam zufällig ein Flugzeug vorüber, und ich sagte: ›Seht ihr dieses Flugzeug? Ich habe es soeben per Funk herbeibeordert. Es ist bloß ein Aufklärer, aber die nächsten werden Bomber sein. Wenn ihr also nicht endlich Ruhe gebt, hagelt es Bomben auf euch!‹ Ich machte ihnen unmißverständlich klar, wenn sie anfingen zu kämpfen, würde ich ohne Unterschied mit allen kurzen Prozeß machen. Daß ich dazu nur zweieinhalb Mann gehabt hätte, wußten sie natürlich nicht.«

Durch diesen geistesgegenwärtigen Bluff gelang es Scott, die beiden Kommandeursgruppen von ihren Scharen zu lösen, und er fuhr sie dann zu seinem Hauptquartier im Schloß Bleiburg. Nachdem er die Kroaten und die Titoisten in verschiedenen Zimmern untergebracht hatte, lud er sie zu getrennten Unterredungen zu sich, in der Hoffnung, eine friedliche Lösung auszuhandeln. Als erster kam der Tito-Kommissar, ein junger Mann in den Zwanzigern. Er erklärte, er sei entschlossen, die Kroaten ohne Verzug anzugreifen. Scott sagte ihm, die Kroaten würden weit schneller liquidiert, und unter weniger Verlusten auf titoistischer Seite, wenn sie bewogen werden könnten, die Waffen niederzulegen. Der Kommissar willigte ein, den Angriff um eine halbe Stunde aufzuschieben. Dann ging er, und es erschien der kroatische General.

Die Kroaten sagten Scott, es finde »eine Auswanderung der gesamten kroatischen Nation« statt, denn sie seien zu der Überzeugung gekommen, unter den Kommunisten lasse sich unmöglich leben. Er möge das Problem als eine politische Angelegenheit betrachten und an Feldmarschall Alexander weiterleiten. Scott fragte sie, in welches Land sie denn auszuwandern gedächten. Darüber hatten sie keine konkrete Vorstellung. Er setzte ihnen auseinander, daß es im kriegsverheerten Europa nirgendwo einen Platz gäbe, der solche Menschenmassen aufnehmen und ihnen Nahrung bieten könne. Ein derartiger Exodus ließe sich nur nach sorgfältiger Vorbereitung durchführen. Aber, schlugen sie vor, man könne sie doch nach Afrika oder Amerika schicken. Scott entgegnete, dazu bestünden keinerlei Möglichkeiten. Und wenn sie trotzdem darauf beharrten, nach dem Westen zu kommen, würden sie unweigerlich verhungern. Worauf sie ihm antworteten, das wäre immer noch besser als sich zu ergeben; sie würden »lieber gleich hier sterben, ehe sie sich irgendwelchen Bolschewisten ausliefern«.

Inzwischen hatte der Kommissar Scott mitteilen lassen, daß er nicht länger zu warten gedenke und die Schlacht beginnen müsse. Scott gab den Kroaten nun »klipp und klar drei Möglichkeiten zur Wahl und fünf Minuten, sich zu entscheiden. Erstens: Sie ergeben sich den Jugoslawen, und ich setze, wenn auch inoffiziell, meinen Einfluß ein, ihnen korrekte Behandlung zu sichern. Zweitens: Sie bleiben, wo sie sind, und werden von den Jugoslawen angegriffen. Drittens: Sie versuchen, in britisch besetztes Gebiet hineinzurücken.«

Daß sie diese dritte Möglichkeit wählten, wollte Scott unbedingt verhindern, denn sie hätte ihm und seinen Leuten die unangenehmsten administrativen wie politischen Probleme gebracht. Deshalb versicherte er den Kroaten, wenn sie auf seine Linien vorrückten, »stünde ihnen nicht bloß ein Überfall seitens der Jugoslawen bevor, sondern würden sie auch von allen britischen Luft-, Land- und sonstigen Streitkräften, die ich mobilisieren kann, angegriffen, und zwar mit voller Kraft«, und dabei »todsicher restlos aufgerieben«. Eine so große Zahl von Menschen könnten die Titoisten doch wohl schwerlich ermorden, und er bezweifle überhaupt, ob sie das vorhätten. Sehr, sehr viele, gab er zu bedenken, würden am Leben bleiben, wenn sie den »einleuchtendermaßen vernünftigsten ersten Weg« einschlügen. Der Kroatengeneral sagte, er persönlich werde ganz bestimmt von den Titoisten ermordet, worauf Scott zurückgab: »Nun, das tut mir leid für Sie. Aber immer noch besser, wenn nur einer die Kehle durchgeschnitten bekommt, als daß alle auf dem Schlachtfeld niedergemetzelt werden.« Es bleibe ihm ohnehin nur eine Wahl, denn »die beiden anderen Alternativen bedeuten ja den Tod. Wozu also noch lange fackeln?«[7]

So hemdsärmelige Methoden bei der Behandlung großer menschlicher Probleme gehörten mit zur Grausamkeit der Zeit, sie waren ein Erbe des Krieges. Nicht, daß Scott kein Mitgefühl für den kroatischen General hatte: »Er schien ein anständiger Kerl zu sein, sehr korrekt und deutsch im Auftreten. Er tat mir leid.« Aber seine Befehle waren klar: Die Kroaten waren der Feind, und die

Titoisten Verbündete. Nachdem sie endlich erkannt hatten, wie aussichtslos ihre Lage war, willigten die Kroaten in die Übergabe ein. Scott brachte beide Seiten zusammen, und die Kroaten ergaben sich dort im Schloß Bleiburg dem Kommissar.

Die Titoisten versprachen, daß die Zivilisten nach Kroatien zurückgebracht und die Soldaten als Kriegsgefangene behandelt würden, »ausgenommen politische Verbrecher, die vor zu diesem Zweck zu errichtende alliierte Tribunale gestellt werden«. Scott fand die Übergabebedingungen »durchaus fair« – und das wären sie auch gewesen, hätte man keine Zweifel an ihrer Einhaltung haben müssen. Denn soviel stand fest: Waren beide Parteien erst einmal aus dem britischen Machtbereich heraus, würde niemand mehr die Absprache kontrollieren oder auch nur erfahren, wieweit sie überhaupt befolgt wurde. Scott sagt: »Ich bekam zugesichert, daß alle in ihre Heimat zurückgeschickt würden und daß für sie gesorgt werde, aber ob das auch wirklich geschehen ist, entzieht sich meiner Kenntnis. Ich habe keine Ahnung, ob sie ohne Ausnahme niedergemacht wurden. Wundern würde es mich nicht.«

Zwar weiß niemand genau, was mit den Kroaten wurde, doch steht fest, daß der Geist der Abmachung mit Scott nicht eingehalten worden ist. Hier eine Schilderung der Folgen – allerdings aus stark anti-titoistischer Sicht:

»Zum Grauenhaftesten der Tragödie von Bleiburg gehörten die Todesmärsche, welche die 7. Brigade der 17. Partisanen-Sturmdivision organisierte und die durch viele Städte und Dörfer Sloweniens, Kroatiens und Serbiens führten. Hunderttausende Kroaten wurden dazu in Marschkolonnen eingeteilt, und nach typisch russischer Manier fesselte man ihnen die Hände mit Draht. Vor Hunger und Durst schmachtend, abgezehrt, nur noch bloße Schemen ihrer selbst, siech und mit dem Tode ringend, mußten sie lange Strecken neben ihren reitenden oder in Pferdewagen fahrenden ›Befreiern‹ herrennen. Wer dieses Laufschrittempo nicht durchhielt, wurde erstochen, totgeprügelt oder niedergeknallt und einfach am Straßenrand liegengelassen oder in einen Graben geworfen. So erreichten nur sehr wenige Kroaten das ›Marsch‹ziel.«[8]

Die versprochenen Prozesse gegen »politische Verbrecher« fanden später zwar tatsächlich statt, jedoch nicht vor alliierten, sondern vor jugoslawischen Gerichten, und die Rechtsprechung dort war, um es gelinde zu sagen, zweifelhaft. Gewiß, Pavelić war ungemein brutal gewesen, und zweifellos verdiente auch der Großteil seiner Ustascha-Führer ihr Schicksal. Aber viele andere gewöhnliche Kroaten, die sich gar nicht um Politik gekümmert und auch keine Verbrechen begangen hatten, litten schrecklich während der Jahre, als Tito seine kommunistische Macht konsolidierte. Jene Opfer und ihre Angehörigen, denen die Flucht ins Ausland gelang, machen England bittere Vorwürfe, Hunderttausende Kroaten ihren titoistischen Feinden in die Hände gespielt zu haben.

Das Jugoslawenproblem war nur eines von vielen, die die englischen und amerikanischen Offiziere, die damals Mitteleuropa verwalteten, in Verwirrung stürzten. Was wußte der gewöhnliche Offizier schon von dem Unterschied zwischen den Titoisten und der Ustascha? Wie sollte er zwischen ihnen schlichten? Genau das aber war seine Aufgabe, und jeder Fehler konnte zu ernsten diplomatischen Verwicklungen zwischen Washington, London und Moskau führen und somit das fein ausbalancierte militärische Gleichgewicht durcheinanderbringen. Von Natur aus fürchten Armeeoffiziere politische Situationen und vermeiden sie, wenn es nur irgend geht, denn sie sind nicht geschult genug, mit ihnen fertig zu werden, und doch brauchten sie in Momenten wie hier all die Fähigkeiten von Diplomaten, Historikern, Linguisten und Sozialarbeitern. Kein Wunder, daß sie manchmal das Gefühl hatten, den Boden unter den Füßen zu verlieren.

Ebenso wie mit den faschistischen und den kommunistischen Jugoslawen mußten sie sich mit den Monarchisten auseinandersetzen, den Anhängern von Draža Mihajlović. Diese sogenannten Tschetniks legten nicht selten persönliche Freundschaft für die Engländer und Amerikaner an den Tag, aber solche Gefühle durften nicht erwidert werden, denn der offizielle Verbündete war Tito, und die Tschetniks hätten eher ihr Leben gelassen, als sich Tito zu unterwerfen. Ronald Belcham, Kommandeur einer Brigade in Deutschland, fragte besorgt an: »Es gibt zwei Arten von jugoslawischen Funktionären, die offiziell für die jugoslawischen Displaced Persons agieren – die einen sind Royalisten, die anderen Titoisten. Diese rivalisierenden Fraktionen machen oft Versuche, einander zu verhaften. Auf welche Seite haben wir uns zu stellen?«[9] Er bekam zur Antwort, er solle die Titoisten unterstützen, was auf den ersten Blick ungereimt schien, da Tito den Alliierten schwer, ja bis an den Rand bewaffneten Konflikts zu schaffen machte. Aber für Washington und London, vor allem für die Außenministerien war nun einmal Tito der Verbündete und jeder sich gegen ihn stellende Jugoslawe der Feind.

Die Alliierten hatten auch Probleme mit der Waffen-SS, deren Angehörige alle festgenommen werden sollten. Man gab Anleitungen heraus, wie diese Leute zu erkennen seien. Ihre Uniformen wurden beschrieben: die schwarzen Kragenspiegel und Schulterstücke, die besonderen Rangabzeichen, die Kokarde mit dem Totenkopf. Am wichtigsten war die Eintätowierung der Blutgruppe unterhalb der linken Achsel. Bei Kriegsende hatten viele Waffen-SS-Angehörige versucht, in gewöhnlichen Wehrmachtseinheiten unterzutauchen, und alliierte Offiziere waren ständig bemüht, sie aufzuspüren. Es gab sogar Fälle, wo die SS-Tätowierung von Wehrmachtsärzten chirurgisch entfernt worden war. Die alliierte Politik der Jagd nach verdächtigten Kriegsverbrechern führte natürlich zu Spannungen mit den regulären deutschen Streitkräften.

Dann waren da noch die wenigen so fanatischen Nationalsozialisten, daß sie trotz der Kapitulation den Kampf nicht aufgeben wollten. Major R. S. V. Howard von den Royal Irish Fusiliers entsinnt sich eines HJ-Bataillons, das seiner Einheit viel Kummer machte: »Es waren fünfzehn- bis sechzehnjährige Jungen, die geschworen hatten, jeder einen alliierten Soldaten mitgehen zu lassen, wenn sie sterben müßten. Sie hatten sich zwar ergeben, aber sie zu bewachen bereitete uns große Schwierigkeiten, weil sie ständig Böses im Schilde führten. Auf dieses kleine Bataillon aufzupassen hatte ein ganzer Zug ununterbrochen zu tun; alle Mann immer jeweils zwei Stunden Wache und vier Stunden wachfrei, und das rund um die Uhr. Wir konnten das nicht durchhalten, denn viele waren noch halbe Rekruten und schliefen vor Übermüdung über ihren Gewehren ein. Doch wir wagten nicht, diese Halbwüchsigen weniger streng zu behandeln, denn als wir sie durchsuchten, stellte sich heraus, daß nicht wenige von ihnen noch immer bewaffnet waren. Ein ganz ansehnliches Arsenal, das wir da zusammenbrachten. Es war wirklich anstrengender als an der Front.«

Die Kosaken waren also mitnichten das einzige Problem, das sich den siegreichen Armeen in Österreich präsentierte, machten sie doch weniger Arbeit als viele andere Gruppen. Sie versorgten sich weitgehend selbst und hielten auch interne Disziplin. Englische Befehle befolgten sie schnell und ohne Widerspruch. In einem Magazin bei Lienz fand man einen Posten deutscher Sommeruniformen, die an die Kosaken verteilt wurden. Sie freuten sich darüber sehr, denn ihre schweren Sachen waren bei dem warmen Wetter unbequem und von dem Winter in Tolmezzo arg mitgenommen. Die Engländer bewunderten die hervorragende Reitkunst der Kosaken, ihre Würde und ihr eindrucksvolles Auftreten. Man war sich zwar bewußt, daß sie bis vor kurzem auf deutscher Seite gekämpft hatten, aber direkter Schaden war England von ihnen ja nicht zugefügt worden, und es fiel schwer, in ihrem Troß – Pferde, Frauen, Kinder, Kühe, ja sogar Kamele – ehemalige Feindformationen zu sehen. Sie hatten sich so bereitwillig ergeben und waren so sichtlich bestrebt, gefällig zu sein. Sie schienen rührend und harmlos.

Major »Rusty« Davies, einer von Malcolms Kompaniechefs, wurde zum Verbindungsmann zwischen den Kosaken und den Argyll and Sutherland Highlanders ernannt. Schon nach ein paar Tagen gewann er sie lieb und bewunderte sie. Er gedenkt besonders seiner Freundschaft mit M. K. Butlerow, einem jungen Oberst aus Domanows Stab, der gut Englisch sprach. An den folgenden Tagen machten die beiden Rundritte durch das Kosakengelände. Butlerow war ein geübter Reiter, Davies dagegen Anfänger, und er erinnert sich noch an seines Freundes Befürchtungen, der »englische Major« könne bei den Kosaken das Gesicht verlieren, weil er so schlecht ritt. Schon nach kurzer Zeit war Davies ihnen eine vertraute Gestalt. Alle Kosaken kannten ihn beim Namen, besonders die Kinder, die ihm freudestrahlend und unter Zurufen überallhin folgten. Alle paar Minuten hielt er an, um Süßigkeiten zu verteilen. Er schwatzte seinen Offizierskameraden ihre Schokoladenration ab, und machte sich die Mühe, jede Tafel in kleine Stücke zu brechen, damit keines der Kinder leer ausging. Er kam sich vor wie der Weihnachtsmann.

In Anbetracht der tragischen Rolle, die Davies bei den kommenden Ereignissen spielen sollte, war es geradezu Ironie des Schicksals, daß er sich über den Posten des Verbindungsoffiziers anfangs sehr freute. Er wußte, wenn man mit dem Ordnungschaffen fertig war, würden Langeweile und Heimweh Besitz von den englischen Soldaten ergreifen. Die Offiziere müßten sich dann damit beschäftigen, irgendwelche Unterhaltungen zu organisieren – Sport, Vorträge, Bühnenaufführungen –, und das war nicht gerade verlockend. Mit den Kosaken hatte er dagegen eine Aufgabe, die Anforderungen stellte und Neues bot. »Es waren großartige Menschen, warmherzig und tapfer, aber von Verwaltung verstanden sie herzlich wenig«, erinnert er sich. So setzte er immer wieder Stunden daran, sie zu bewegen, ihr Lager ein bißchen mehr nach englischen Grundregeln zu führen. Er brachte sie dazu, eine größere Zahl von Latrinen auszuheben, regelmäßige Gesundheitsappelle abzuhalten, Tagesbefehle bekanntzugeben und nahrhafteres Essen zu wählen. Sie fühlten sich mit Davies, der Waliser und Kelte war, verwandter als mit den schwerblütigen Schotten, aus denen sich das Bataillon zur Hauptsache zusammensetzte. Obwohl von Natur aus mißtrauisch gegen Fremde, neigen Russen dazu, mit ihrer Freundschaft freigebig zu sein, und wenn sie jemandem Vertrauen schenken, dann restlos. »Sie vertrauten mir blind«, erzählte Davies, »glaubten jedes Wort, das ich zu ihnen sagte.«

Auch Leutnant T.C. Dennis von der Royal Artillery lernte die kosakischen Gefangenen schätzen und bewundern. Er gehörte zu einem in der Kaserne von Spittal stationierten kleinen Kommando, das aus verschiedenen Regimentern der 11. Brigade zur Bewachung mehrer hundert Kosaken abgestellt war. Diese hatten sich unter dem Kommando von Andrej Gregorjewitsch Schkuro ergeben, einem berühmten General des Ersten Weltkriegs sowie des Bürgerkriegs. Dennis sagt: »Ich war für die Aufsicht über die Kosaken in dem Gefangenenlager verantwortlich und verbrachte jeden Tag viele Stunden unter ihnen. Über meine Dolmetscherin Frau Benes, eine Ungarin, gewann ich ein äußerst gutes Verhältnis zu diesen reizenden Menschen.« Man habe auch einen Reitlehrer gehabt, der den englischen Soldaten Stunden gab: »Die Kosaken führten vor, was er uns beibringen wollte, und manchmal gaben sie uns abends eine kleine Vorstellung, wobei sie auf den Pferden Rad schlugen und in vollem Galopp Taschentücher vom Boden aufhoben.« Diese glückliche Zeit währte zwei, drei Wochen nach der Übergabe.

Dennis fährt fort: »Wie lauter und ehrlich diese Leute waren, wird durch folgende Begebenheit demonstriert: In der Gegend liefen Hunderte Pferde, von deutschen Soldaten freigelassen, wild umher und richteten nachts Verwirrung an. Schließlich bekamen wir vom Divisionsstab den Befehl, sie zusammenzutreiben und einzukoppeln. Für meinen kleinen Trupp war das ein hoffnungsloses Beginnen, aber da kam der Kosakenkommandeur mit dem Vorschlag, den Auftrag könne doch eine Gruppe seiner Leute übernehmen; sie würden ins Lager zurückkehren. Nach langem Überlegen ging ich das Risiko ein, und die Kosaken machten sich ans Werk. Sie nahmen sich jeder ein Pferd und galoppierten davon und in die Berge hinein. Nicht lange, und es kam eine geordnete Kolonne Pferde die Straße herunter, immer jeweils drei nebeneinander, und auf jedem mittelsten saß ein Kosake, und als die Arbeit getan war, kehrten sie guter Stimmung hinter den Stacheldraht zurück.«

Weder Dennis noch Davies wußten zu jener Zeit auch nur das geringste von der Entscheidung, die ihre Vorgesetzten bereits getroffen hatten – daß jeder einzelne Kosake, ob Mann, Frau oder Kind, den Sowjets auszuliefern sei, ohne Rücksicht auf ihre persönlichen Wünsche und notfalls mit Gewalt. Generalleutnant Charles

Keightley, Kommandeur des 5. Korps, stellte in einem vom 24. Mai datierten Befehl klar: »Es ist von allergrößter Wichtigkeit, daß sämtliche Offiziere und in Sonderheit die höheren Dienstgrade aufgebracht werden und daß wir keinen von ihnen entkommen lassen. Die sowjetischen Streitkräfte legen darauf ganz besonderen Wert; wahrscheinlich betrachten sie die Auslieferung der Offiziere als einen Prüfstein des britischen Wohlverhaltens.«[10] Keightley ignorierte hier aber ein sehr wichtiges Faktum, nämlich daß bis auf Domanow die führenden Kosakenoffiziere Altemigranten waren, die Rußland um 1920 verlassen hatten. Nach dem Jalta-Abkommen fielen sie nicht unter die Zwangsrepatriierung. Das war den Engländern unbequem, weil sie wußten, wie sehr die Sowjets gerade auf diese Leute aus waren, und sie wollten ihrem Verbündeten so gefällig sein wie nur möglich.

Sobald Stalin die Kosaken in seiner Gewalt hatte, so meinte man, werde er geneigter sein, Tito, der damals dem Westen mit seinen Forderungen nach österreichischem und italienischem Gebiet so viele Schwierigkeiten machte, etwas mehr unter Kontrolle zu bringen, auf der Konferenz über die Zukunft Polens, die am 17. Juni in Moskau beginnen sollte, eine annehmbarere Linie zu vertreten, und im noch nicht beendeten Krieg gegen Japan aktiver zu werden. Dagegen war mit einer aggressiven Reaktion Stalins zu rechnen, würde er englische Sympathie für die Kosaken oder gar Bemühungen sehen, ihnen Aufnahme zu gewähren, womöglich um sie bei einem künftigen Angriff gegen Rußland einzusetzen. In London und vor allem im Auswärtigen Amt schien es absurd, Stalin durch die Beschützung von Leuten zu provozieren, die die Sowjetunion verraten und Hitler Waffendienst geleistet hatten.

Es gab wenig Verständnis dafür, warum die Kosaken freiwillig bei den deutschen Invasoren mitgekämpft hatten. Im Westen wußte man zwar in etwa von den Repressionen und Säuberungen der dreißiger Jahre, aber kaum etwas über ihr tatsächliches Ausmaß, und es gab viele linke Mitläufer, die jegliche Behauptung, daß Stalin sein Volk grausam regiere, als rechte Propaganda diffamierten. Die Massendeportationen und die Hungersnot von 1933 waren der westlichen Öffentlichkeit weitgehend unbekannt, hatten aber jahrelang das Leben von Millionen Russen bestimmt, die dem Terror zum Opfer gefallen waren. Diese bedauernswerten Menschen hatten derart leiden müssen und die Sowjetregierung so abgrundtief hassen gelernt, daß sie für die Opfer jenes anderen Diktators wenig Mitgefühl übrig hatten. Westliche Zeitungen oder sonstige Nachrichten waren ihnen nicht zugänglich, und daß Hitler in der sowjetischen Presse als Faschist und Mörder angeprangert wurde, darauf gaben sie nicht viel. Sie glaubten nicht die haarsträubenden Geschichten, die die *Prawda* und die *Iswestija* brachten. Deren Attacken gegen Hitler bewegten die isolierten Sowjetbürger nicht mehr als die übrige Propaganda.

So kam es, daß Millionen Sowjetbürger – Russen, Ukrainer, Kalmücken, Kosaken und andere – zu glauben begannen, einen noch größeren Verbrecher als den, der sie regierte, könne es gar nicht geben. Hitler war für sie eine unbekannte Größe. Sie halfen ihm gern, boten ihm unvorsichtigerweise ihre Wehrdienste an. Zu spät erkannten sie, daß sie sich damit in Acht und Bann taten, aber nicht nur bei Stalin – was sie nicht störte, ja ihnen sogar angenehm war –, sondern auch bei den Amerikanern und Engländern, mit denen sie keine Konflikte hatten. Doch für jene, die in Washington und London die Entscheidungen fällten, waren diese Leute in Feinduniform Verräter am ruhmreichen russischen Verbündeten. Es gab viele im Westen, die die Dinge so einfach sahen.

General Keightley hat dem Verfasser geschrieben: »Die Repatriierung der Kosaken war natürlich ein Befehl von der Armeegruppe und ging sicher von Westminster aus, wahrscheinlich von Winston [Churchill] selbst. Ob wir mit dem Unternehmen glücklich waren oder nicht, stand gar nicht zur Debatte. Schließlich mußte das riesige Problem der Displaced Persons irgendwie gelöst werden, und unter denen gab es viele unglückliche und verzweifelte Volksgruppen.« Die Durchführung der Operation fiel unter Keightleys Befehlsbereich, und auch heute noch meint er, die gewaltsame Auslieferung der Kosaken sei gerechtfertigt gewesen. Von seinen

Untergebenen sind viele anderer Meinung. Die weniger hohen Dienstgrade hatten wochenlang enge Fühlung mit den Kosaken und lernten, sie nicht als Feinde, sondern als Menschen zu betrachten. Um diese Zeit übernahmen britische Offiziere auch Gebiete, die bislang von den Sowjets besetzt gewesen waren. Als sie sahen, was für Vergewaltigungen und Verwüstungen es dort gegeben hatte, nahmen sie das idealisierte Bild des Rotarmisten, das noch immer propagiert wurde, nicht mehr ohne weiteres ab. Und was jetzt von ihnen verlangt wurde, erfüllte sie mit Sorge.

Der Krieg war erst seit wenigen Tagen zu Ende. Jeder war froh, mit dem Leben davongekommen zu sein. Da kam plötzlich dieser außergewöhnliche Befehl, Zehntausende allem Anschein nach unschuldige Menschen gewaltsam an eine Armee auszuliefern, die offenkundig nur einen primitiven Begriff von Gerechtigkeit und Disziplin hatte. Viele englische Offiziere erkannten mit Schrecken, daß sie als Kerkermeister oder gar Scharfrichter fungieren sollten. Von den moralischen Bedenken ganz abgesehen, fanden sich die Engländer auch vor Schwierigkeiten mehr praktischer Art. Begriffen die Kosaken, was ihnen bevorstand, würden sie kämpfen. Zum Teil waren sie ja noch bewaffnet. Sie würden erbitterten Widerstand leisten, und dabei müßte sicher so mancher englische Soldat sein Leben lassen. Und das war etwas, das jetzt, im Mai 1945, sehr schwer hingenommen würde. Der Krieg war aus. Die Alliierten hatten gesiegt. Die Soldaten erwarteten, gefeiert und anschließend entlassen zu werden, nicht aber schmutzige und obendrein gefährliche Dinge tun zu müssen.

Überlegungen dieser Art machten den führenden Offizieren deutlich, daß man mit Lug und Trug arbeiten müsse, wollte man mit einem Minimum an Verlusten zum Erfolg kommen. Die englischen Wachmannschaften behandelten ihre Gefangenen freundlich, ja freundschaftlich, und die Kosaken lebten ruhig und friedlich in den zugewiesenen Freilagern, kamen allen Anordnungen nach und versuchten nicht zu fliehen – aber das alles nur, weil niemand, weder die Gefangenen noch die Bewacher, die schreckliche Wahrheit wußten, daß die Entscheidung zur Zwangsrepatriierung längst gefällt war. Also mußten sie bis zum letzten Augenblick in dieser falschen Sicherheit gehalten werden. Allein so könnten die Kosaken entwaffnet, in Fahrzeuge geladen und abtransportiert werden, ohne daß es zu Blutvergießen und Massenflucht kam.

Die Handfeuerwaffen der Kosaken kamen aus aller Herren Ländern. Die meisten waren natürlich deutschen Fabrikats, andere aber italienischer, rumänischer, jugoslawischer oder sowjetischer Herkunft. Knauserig und mißtrauisch gegenüber ihren kosakischen Verbündeten, hatten die Deutschen sie nur notdürftig ausgerüstet und es ihnen überlassen, sich selbst zu versorgen, sich zu beschaffen, was sie kriegen konnten, nicht nur in bezug auf Furage, sondern auch auf Waffen. Während des Rückzugs nach der Schlacht von Stalingrad hatten sie sich zum Beispiel rumänische Gewehre organisiert. Den rumänischen Soldaten, die auf deutscher Seite kämpften, war ein Krieg voll solchen Grauens zuwider, und sie desertierten in Massen. Dmitri Frolow sagt: »Ich erinnere mich noch, daß die Rumänen ihre Gewehre an uns verscherbelten, für ein Goldstück oder auch nur einen Laib Brot. Dann ergriffen sie das Hasenpanier.« Im weiteren Verlauf des Krieges kämpften die Kosaken gegen Einheiten der Roten Armee und gegen Partisanen in Italien und Jugoslawien, und wenn sie ein Gefecht gewonnen hatten, nahmen sie sich die Waffen der gefallenen oder gefangenen Feinde. Um völlige Unordnung zu vermeiden, wurden die Gewehre dann neu verteilt, so daß wenigstens schwadronsweise die Bewaffnung einheitlich war, aber nicht selten waren innerhalb ein und desselben Regiments drei bis vier verschiedene Karabinertypen in Gebrauch.

Englische Offiziere begannen Andeutungen fallenzulassen, daß man die Kosaken auffordern werde, sich als eine Art Fremdenlegion den britischen Streitkräften anzuschließen. »Unsere Soldaten sind erschöpft, wir wollen mit der Demobilisierung anfangen, und wir haben nicht genug Leute als Wachen«, wurde Frolow von einem Engländer gesagt. Alexander Schparengo, ein anderer Kosakenoffizier, schreibt: »Wir hörten aus verläßlicher Quelle, die Engländer hätten uns deshalb in diese abgelegene Gegend gebracht, um uns vor den Bolschewisten zu verbergen. Wir würden hier nur solange bleiben, bis Schiffe verfügbar seien, uns nach dem Schwarzen Erdteil zu bringen, wo wir im Garnisonsdienst eingesetzt werden sollen.«[11] Andere schnappten auf, daß sie angeworben würden, auf englischer Seite gegen Japan zu kämpfen. Wunschdenken tat ein übriges, solche gezielt ausgestreuten Gerüchte auszuschmücken und ihnen Glauben zu verschaffen. Es ging sogar das Gerücht, das amerikanische und englische Botschaftspersonal verlasse bereits Moskau, und ein neuer Krieg stehe unmittelbar bevor. Das schien den Kosaken das beste, was es überhaupt geben konnte. Sie wären dann begehrte Bundesgenossen des Westens, ihr Gewicht in Gold wert, und nach errungenem Sieg bekämen sie als Belohnung ihre angestammten Länder zurück.

Am 26. Mai fuhr Colonel Malcolm zu einer Brigadierbesprechung nach Oberdrauburg, wo ihm die unangenehme Aufgabe, die vor ihm lag, im einzelnen erklärt wurde. Zurück in Lienz, gab er die Anweisungen an seine Kompaniechefs weiter, zu denen auch »Rusty« Davies gehörte. »Ich war am Boden zerstört«, erzählt Davies. »Es war die Negierung alles dessen, was wir jemals zu den Kosaken gesagt hatten. Ich konnte es einfach nicht glauben.« Er bat sofort darum, von seiner Funktion als Verbindungsoffizier entbunden zu werden. Er sei zu sehr Freund mit den Kosaken geworden, erklärte er Malcolm. Wochenlang habe er sie beraten, ihre besorgten Fragen beantwortet und ihnen versichert, sie zur Rückkehr nach Rußland zu zwingen, stehe überhaupt nicht an. Wenn dies nun doch geschehen solle, bringe ihn das in eine unmögliche Position, und darum möge doch jemand anders seinen Posten übernehmen.

Davies wurde erklärt, gerade weil er das Vertrauen der Kosaken genieße, müsse er bei ihnen bleiben und alle britischen Befehle an sie weiterleiten. Nur wenn die Gefangenen in einem Narrenparadies gehalten würden, ohne jede Ahnung von dem, was sich über ihren Köpfen zusammenbraue, könne das Unternehmen rasch und erfolgreich durchgeführt werden. Nur wenn er sie auch fernerhin beruhige, würden sie in der Einbildung bleiben, daß alles in Ordnung gehe. Bislang hatte Davies ihre Ängste in gutem Glauben beschwichtigt. Von jetzt an mußte er lügen – auf Anweisung von oben.

Am Morgen des 27. Mai wurde den englischen Soldaten ein Befehl von Brigadier Musson verlesen, daß bis 14.00 Uhr die totale Entwaffnung aller Kosaken durchzuführen sei. Sein drohender Ton verriet, daß es mit der lässigen Gefangenenbehandlung vorbei war. Von nun an seien sie Feinde, schienen Mussons Worte zu bedeuten, und es müsse mit dem Schlimmsten gerechnet werden: »Sie haben es hier mit einer Aufgabe zu tun, die viel Geduld und Fingerspitzengefühl erfordert, doch ich bin überzeugt, daß es Ihnen gelingen wird, die Schwierigkeiten zu meistern, die sich dabei stellen mögen. Bleiben Sie standhaft. Denken Sie immer daran, daß durch rasches und entschlossenes Handeln viele Zusammenstöße verhindert und viele Menschenleben gerettet werden können. Wenn nötig, machen Sie von der Schußwaffe Gebrauch. Betrachten Sie diese Aufgabe als eine Kriegsoperation.«

Für die Beschreibung eines so normalen Vorgangs wie der Entwaffnung von Kriegsgefangenen war diese Sprache alarmierend. Schließlich hatte man einigen der Kosaken ja nur deshalb ihre Waffen belassen, damit die englischen Soldaten es leichter hatten; hätte es in den POW-Lagern genügend Platz gegeben, wären bei der Übergabe alle entwaffnet worden. Mussons Befehl ließ aufhorchen: »Im Falle eines Fluchtversuchs, sei es eines einzelnen oder einer ganzen Gruppe, fordern Sie durch Anruf zum Stehenbleiben auf. Bei Nichtbefolgung geben Sie Feuer, wobei Sie auf die Beine zielen, wenn Sie der Meinung sind, daß dies genügt, die Flucht zu verhindern. Andernfalls suchen Sie den oder die Fliehenden zu erschießen. Nähert sich Ihnen eine nicht in die Gewalt zu bekommende Gruppe, erschießen Sie den augenscheinlichen Anführer. Sie dürfen nicht über die Köpfe hinweg oder in die Luft schießen; tun Sie das, tötet oder verletzt die Kugel einen weit entfernten Unschuldigen.« Musson befahl seinen Offizieren und

14. Ein Soldat des Kavalleriekorps von Pannwitz beim Schutz einer Eisenbahnverbindung in Jugoslawien.

15. Weißruthenische Freiwillige führen beim Aufmarsch Bilder Adolf Hitlers mit. Angesichts der Unterdrückung unter Stalin sehen Teile der nationalen Minderheiten in der Sowjetunion in Hitler ihren Befreier.

16. Vereidigung einer Abteilung »landeseigener Verbände« unter deutschem Kommando.

17. Ein russisch-orthodoxer Priester segnet einen Rekruten nach der Vereidigung, während der nächste vor dieser Zeremonie die Bibel küßt.

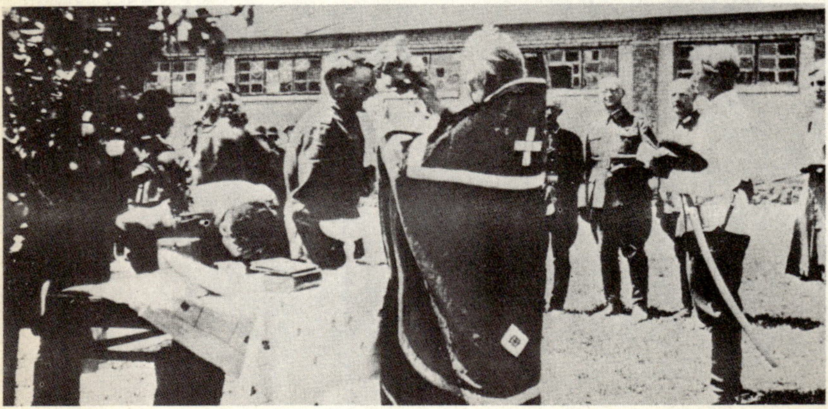

18. Wjatscheslaw Naumenko, Ataman der Kubankosaken 1920–1958.

19. Die Standarte: auf schwarzem Grund die Kosakenmütze, Säbel und Nagaika gekreuzt, darüber ein Hufeisen.

20. Der lange Säbel, eine typische Waffe der Kosaken, zeigt beim Kommandeur das deutsche Hoheitszeichen und die Widmung des Offizierskorps.

21. Donkosaken bei der Parade. Auf der Fahne die Aufschrift: »Im Namen des rechtgläubigen Christentums ziehen die getreuen Donkosaken in den entscheidenden Kampf.«

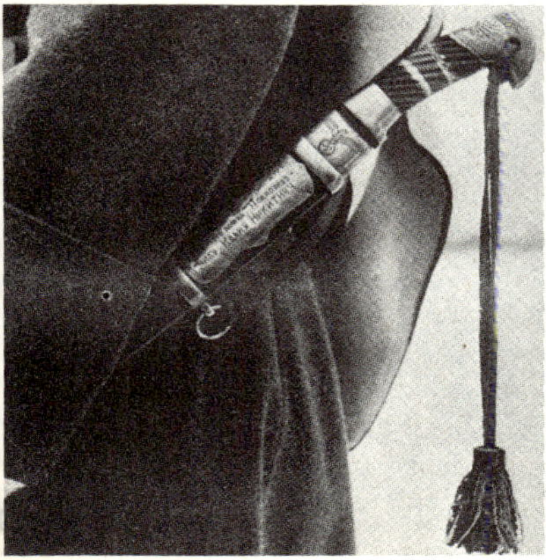

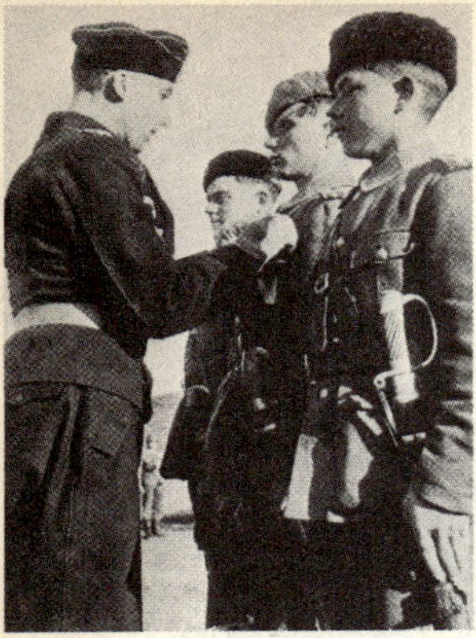

22. Generalmajor von Hünersdorff verleiht drei Kosaken die Tapferkeitsmedaille.

23. Ein Angehöriger der ›Russischen Befreiungsarmee‹ (ROA) mit dem deutschen Sturmabzeichen, das für dreimaligen Sturmangriff verliehen wurde.

24. Kosaken, auf ihren Pferden stehend, mit der Deutschen Wehrmacht in der Nähe von Kislowodsk im Kaukasus.

Mannschaften, stets mit umgeschnallter Waffe zu gehen und niemals allein. Ferner müsse jeder Gefangene, der nach dem Ablieferungstermin noch im Besitz von Waffen angetroffen werde, damit rechnen, standrechtlich erschossen zu werden.

Den Kosaken selbst wurde von alldem kein Wort mitgeteilt. Für sie sollte alles normal weitergehen; es seien Pläne im Gange, ihnen eine Stätte zum Leben und Arbeiten außerhalb der Sowjetunion zu verschaffen. Laut Dmitri Frolow nahm man ihre uneinheitliche Bewaffnung zum Vorwand für die verlangte Ablieferung: »Englische Offiziere erklärten uns, sie hätten für all unsere russischen, rumänischen, italienischen Waffen gar keine Munition. Wenn wir bei ihnen dienen wollten, müßten wir unsere Gewehre und Pistolen abgeben. Wir bekämen dafür neue, und zwar britische Standardmodelle. Wir glaubten ihnen und taten, was sie verlangten.« Frolows Worte werden zwar von mehreren Emigrantenhistorikern bestätigt[12], aber ob bloße Finte oder nicht, jedenfalls sahen nur wenige Kosaken in dem Entwaffnungsbefehl etwas Ungewöhnliches. Schließlich waren sie de facto ja Kriegsgefangene. Der Befehl schien nur recht und billig, und sie befolgten ihn. Mussons Protokolle bestätigen das: »Ohne Zweifel haben die Offiziere sowohl der Kosaken wie auch der Kaukasier alles in ihrer Macht Stehende getan, für die Befolgung des ihnen erteilten Waffenablieferungsbefehls zu sorgen.« Die englischen Offiziere führten das Ganze so behutsam und taktvoll durch, daß die Kosaken keinen Argwohn schöpften.

Dann wurde es Zeit für »Phase 2«. Bald nach der Entwaffnung ließ Davies durch seinen Dolmetscher Butlerow dem Atamanenstab bestellen, alle Offiziere müßten an einer Konferenz teilnehmen, auf der über die Zukunft der Kosakeneinheiten entschieden werden solle. Das war eine direkte Lüge, und Davies bediente sich ihrer nur höchst widerstrebend und weil er unter dienstlichem Befehl stand. In Wirklichkeit sollte es gar keine Konferenz geben; für die Offiziere war keine Diskussionsrunde geplant, sondern ihre sofortige Auslieferung an die Sowjets. »Wir wußten«, erzählt Malcolm, »die Kosaken würden sich nicht gutwillig repatriieren lassen, wenn ihre Offiziere ihnen das Gegenteil befahlen.« Deshalb habe man durch eine List die Kosakenstreitkräfte »enthaupten«, sie ihrer Führung berauben wollen, damit sie dann beim Bekanntwerden der schlechten Nachricht gefügiger seien.

Die Ankündigung löste bei den Kosaken einige Beunruhigung aus. Zumindest begannen sich ihre Zweifel zu mehren. Eine Konferenz sei ja gut, aber sei es denn wirklich nötig, daß sämtliche Offiziere teilnähmen, alle 1500 Mann? Davies konnte nur erwidern, so laute der Befehl – jeder einzelne Offizier, ohne Ausnahme. »Ich weiß noch, wie Butlerow meinte: ›Komisch – warum kommt der englische General nicht besser zu uns, statt daß wir alle zu ihm müssen?‹ Er hatte sofort kapiert. Finde man darauf mal eine Antwort!« Die Kosaken sagten ihm, es wäre verrückt, mit 1500 Leuten eine Konferenz abzuhalten. Warum könnten sie nicht Vertreter hinschicken? Auch Frolow entsinnt sich dieses Arguments: »Sie erklärten uns, es müßten alle hin. Es ginge noch um andere Einheiten – Kaukasier, Kalmücken, Ukrainer und auch Russen, die in der Wehrmacht gekämpft hatten. Der englische General hätte nicht die Zeit, all diese Gruppen einzeln zu besuchen. ›Haben Sie keine Sorge‹, sagten sie uns, ›nach Oberdrauburg sind es ja nur zwanzig Kilometer. Sie bekommen dort ein Abendessen, und zur Schlafenszeit sind Sie wieder hier in Lienz.‹« Es war Davies' Pflicht als Soldat, Menschen zu betrügen, und heute staunt er darüber, wie sehr ihm das tatsächlich gelang. »Wie in aller Welt wir es schafften, sie einzulullen, weiß ich selbst nicht mehr. Aber ich denke mit Grauen an diesen Moment zurück. Wahrlich teuflisch ausgeheckt, die ganze Geschichte.« Diese Einstellung hat Musson zu der Bemerkung veranlaßt: »Davies war ein guter Offizier, aber er engagierte sich gefühlsmäßig zu stark. Was mich betrifft, so habe ich stets darauf gehalten, mit den Kosaken so wenig persönlichen Kontakt wie möglich zu haben. Persönliches Sicheinlassen kann sehr gefährlich sein.«

Davies bekam zu hören, der Repatriierungsbefehl komme von ganz oben und alles sei in Jalta zwischen Stalin und Churchill abgemacht worden. Was ihm aber nicht gesagt wurde, war, daß sich die Vereinbarung nur auf Leute bezog, die bei Ausbruch des Krieges im September 1939 sowjetische Staatsangehörige waren. Demnach fielen nicht wenige der Lienzer Kosaken, zum Beispiel die Krasnows und Davies' Freund Butlerow, überhaupt nicht unter die Repatriierung. Ja, von den führenden Offizieren war allein Domanow 1939 sowjetischer Staatsbürger gewesen. Gemäß Jalta-Vereinbarung waren die englischen Offiziere verpflichtet, die Kosaken zu klassifizieren, die Alt- von den Neu-Emigranten zu trennen und nur die letzteren auszuliefern.

In Wirklichkeit aber war von General Keightleys Hauptquartier ein Befehl ergangen, der in nichts an die Punkte der Jalta-Vereinbarung erinnerte und ganze Volksgruppen und Nationalitäten zur Repatriierung bestimmte: die Kosaken unter General Domanow in Lienz, das XV. Kosakenkavalleriekorps unter General von Pannwitz, die Verbände unter General Andrej Schkuro und die Kaukasier unter General Klytsch Girej. Alle Angehörigen dieser Einheiten seien als sowjetisch zu betrachten, hieß es in dem Befehl, und »individuelle Fälle finden keine Berücksichtigung, es sei denn, sie werden mit besonderem Druck geltend gemacht«. Mit anderen Worten, es wurde Schuld vorausgesetzt. Sie sollten zu sicherer Einkerkerung und möglicher Exekution ausgeliefert werden, nur weil sie nicht nachdrücklich genug geltend machten, keine sowjetischen Staatsangehörigen zu sein.

Für den Fall, daß jemand dies aber doch tat, legte der Befehl folgende Richtlinien fest: »Alle derzeit in unserem Gewahrsam befindlichen Personen, die zur Zeit des Eintritts in die deutschen Streitkräfte bzw. in eine mit denselben kämpfende militärische Einheit innerhalb des Staatsgebietes der UdSSR von 1938 lebten, sind in bezug auf die Auslieferung als sowjetische Staatsangehörige zu behandeln. Alle Personen, die, obzwar russischer Abstammung, vor dem Eintritt in die deutschen Streitkräfte seit 1930 nicht mehr in der UdSSR gelebt haben, sind bis auf weiteres nicht als sowjetische Staatsangehörige zu behandeln. In allen Zweifelsfällen sind die Betreffenden als sowjetische Staatsangehörige zu behandeln.«

Das war eine weitere deutliche Abweichung von der Jalta-Vereinbarung. Was hier als sowjetisch und nichtsowjetisch bezeichnet wurde, schloß einander nicht aus, nämlich bei jenen, die Rußland zwischen 1930 und 1938 verlassen hatten. Man muß annehmen, daß sie die im letzten Satz des Befehls erwähnten »Zweifelsfälle« waren. Der Befehl mißachtete drei Prinzipien englischer Rechtsprechung: daß ein Ausländer, der aus politischen Gründen Verfolgung befürchten muß, Anrecht auf Asylgewährung hat; daß ein Angeklagter Anspruch auf ein ordentliches Gerichtsverfahren hat; und daß er als unschuldig zu gelten hat, solange seine Schuld nicht einwandfrei bewiesen ist.

Wohl selten dürfte eine britische behördliche Instanz derart aufs Geratewohl das Leben so vieler Menschen abgetan haben. Musson sagt: »Wir waren ein kleiner Einsatzstab mit keiner Möglichkeit, Vernehmungen oder dergleichen anzustellen. Meine Vorgesetzten wußten, daß eine Einvernahme von Gefangenen niemals auf Brigade-Ebene erfolgte. Selbst wenn sie das von mir verlangt hätten, wäre ich dazu außerstande gewesen.« Was die Kosakenoffiziere betraf, so hatte man überhaupt nicht die Absicht, sie zu differenzieren. Keightleys Anweisung, keine Russen zu repatriieren, die seit 1930 nicht mehr in der Sowjetunion gelebt hatten, wurde durch seinen Befehl vom 24. Mai widerrufen, in dem es unmißverständlich hieß, sämtliche Offiziere seien ohne Ausnahme auszuliefern.

Am Abend des 27. Mai setzten sich ein paar Kosakenführer – Domanow, Solomachin (der neue Stabschef), Wassiljew, Silkin und Frolow – zusammen, um zu beratschlagen, ob man am nächsten Tag zu der Konferenz fahren solle. Frolow sagt:
»Einer wie der andere waren sie dafür. Sie glaubten, alles wäre in Ordnung. So wahr ich hier stehe, ich war der einzige, der sagte, er traue den Engländern nicht. Ich brachte vor, mich beunruhige die Art und Weise, wie man uns unsere Waffen weggenommen hatte, und überhaupt, es sei da zu viel Ungewisses und Ungesagtes. Domanow fragte, was ich damit andeuten wolle. Die Engländer würden uns doch gut behandeln – warum ich so mißtrauisch sei?

Ich schlug vor, unsere Familien, die Frauen und die Kinder, anzuweisen, Lienz zu verlassen und sich nach Süddeutschland oder in die Schweiz auf den Weg zu machen. Sie seien keine Kriegsgefangenen, die Engländer hätten kein Recht, sie festzuhalten; versuchten sie, sie gewaltsam am Weggehen zu hindern, bedeute das, daß sie uns übel wollen. Ließen sie sie abziehen, sprächen sie die Wahrheit. Doch Domanow wollte nicht auf mich hören. Er wurde richtig ärgerlich, und wir stritten uns. Ich verließ die Versammlung und sah keinen von ihnen wieder.«

Die andere Hauptgruppe der Kosaken, das XV. Kavalleriekorps unter Generalleutnant Helmuth von Pannwitz, befand sich inzwischen auf dem Weg in das Gebiet Mölbling-Mühlen, rund dreißig Kilometer oberhalb von Klagenfurt. Pannwitz war ein Kavallerieoffizier alten Schlages, beliebt bei den Kosaken und im Gegensatz zu den NS-Ideologen in Rosenbergs Ostministerium bemüht, die Slawen, die in der Hoffnung auf Deutschlands Seite geströmt waren, das Sowjetsystem stürzen zu können, auch voll einzusetzen.

Am 9. Mai war der Krieg aus, und Pannwitz zog sich auf schnellstem Wege aus Jugoslawien zurück; er hatte beschlossen, mit britischen Truppen Fühlung zu nehmen. Er ernannte einen Major aus seinem Stab, Erwein-Karl Graf zu Eltz, zum Parlamentär und vertraute ihm einen Brief an das britische Oberkommando an:

»Der Major Graf zu Eltz meldete sich bei Ihnen in meinem Auftrag, um das Schicksal der Reste zweier Völker in Ihre und damit in die Hand der Westmächte zu legen.

27 Jahre haben die Kosaken und Kalmücken in den Ländern zwischen dem Kaspischen und Schwarzen Meer ihre Freiheit gegen den Bolschewismus verteidigt und sind zum größten Teil als Verbannte in den nördlichen Gebieten der Sowjetunion zugrunde gegangen. Die Reste dieser Völker haben im Jahre 1942 und 43 gemeinsam mit den deutschen Truppen, mit Frau und Kind, ihre Heimat verlassen und befinden sich jetzt, soweit es sich um waffenfähige Männer handelt, in den Reihen meines Korps, Frauen, Kinder und nicht wehrfähige Männer wurden teils in Deutschland,

teils in Oberitalien untergebracht. Eine Kapitulation vor der Roten Armee würde für Kosaken und Kalmücken schreckliche Folgen haben, da die Regierung der Sowjetunion die endgültige Vernichtung beider Völker mehrfach ganz klar angedroht hat.

Das deutsche Volk hat diesen Krieg verloren und erleidet nunmehr das Schicksal des Besiegten. Die Kosaken und Kalmücken jedoch sind lediglich Bundesgenossen Deutschlands im speziellen Kampf gegen den Bolschewismus gewesen. Sie kämpften gegen eine Staatsform, die ihnen unerträglich erschien, aber nicht aus irgendeinem anderen Grunde. Aus dieser Sachlage heraus habe ich, in Voraussicht der kommenden Ereignisse, mehrere Offiziere zu den alliierten Kommandostellen entsandt, um das Interesse der Westmächte für die Reste dieser kleinen Völker zu erwecken, die für nichts als nur ihre politische Freiheit gekämpft haben.«[13]

Eltz und sein Begleiter, Oberst von Renteln, meldeten sich schließlich bei Offizieren der 6. Panzerdivision in der Nähe von Völkermarkt. Eltz' Eltern waren vor dem Krieg mit Feldmarschall Alexander bekannt gewesen. Renteln hatte mit Alexander im Baltikum gegen die Bolschewisten gekämpft. Sie hatten erwartet, daß man sie höflich empfangen und ihre Übergabe voll Achtung annehmen würde. Aber gleich den Kosaken hatten sie die britische Stimmung – Argwohn und Abneigung gegen alle, die im Solde Hitlerdeutschlands gekämpft hatten – falsch eingeschätzt. Renteln bot einem englischen Offizier die Hand und war schockiert, als sie entschieden abgelehnt wurde. Eltz schreibt: »Obwohl ich es allem Anschein nach durchwegs mit Offizieren der sogenannten besseren Klasse zu tun hatte, war von einer noblen Geste für den geschlagenen Gegner rein gar nichts zu spüren. Die Härte der Sprache, die Art und Weise, wie die Fragen gestellt und geringschätzige, verletzende Zwischenbemerkungen angebracht wurden, machten das Ganze zu einem sehr demütigenden Vorgang.«

Man sagte Eltz, da sein Korps in Jugoslawien gekämpft habe, müßten sie sich den titoistischen Stellen ergeben. Er erwiderte, das ginge nicht, denn die Kosaken würden eher bis zum Tode kämpfen als sich Kommunisten ergeben. Das Korps sei noch fest in der Hand von Pannwitz. Diese 20 000 gutbewaffneten Männer wären heftigsten Widerstandes fähig, wenn sie sich einmal entschlössen, bis zum Letzten zu kämpfen. Die Engländer zogen sich zur Beratung zurück, und nach kurzer Zeit erteilten sie ihm den Bescheid, Pannwitz' Angebot werde abgelehnt. Das Korps solle sich statt dessen nach Jugoslawien zurückziehen und in Zagreb mit Titos Streitkräften Verbindung aufnehmen.

»Eine härtere Entscheidung wäre schwerlich vorstellbar gewesen«, schreibt Eltz in seinem Tagebuch. Sie bedeutete, daß die Kosaken es ablehnen könnten, die Waffen niederzulegen, und daß der Krieg dann auf österreichischem Boden weitergehen würde. Er sah jedoch, daß ihm kaum etwas anderes blieb, als die Entscheidung weiterzugeben. Daher bat er die Briten, ihm einen Passierschein auszustellen, damit er zu Pannwitz und dem Haupttrupp des Korps zurückkehren könne. Dieses Papier wurde ihm mit den beängstigenden Worten ausgehändigt: »Sie dürfen versichert sein, daß die Auslieferung der Kosaken an die Sowjetunion definitiv beschlossen und unabwendbar ist.«

Eltz überbrachte Pannwitz die schlechte Nachricht und riet ihm eindringlich, das Korps aufzulösen. So könnten sich die meisten Deutschen und wahrscheinlich auch einige Kosaken auf dem Lande zerstreuen und der Zwangsrepatriierung entgehen. Auf jeden Fall sei das ihre einzige Chance. Doch Pannwitz hatte inzwischen bereits Fühlung zu weiteren britischen Einheiten aufgenommen und von ihnen ganz andere Auskünfte über die Zukunft seines Korps erhalten. Leopold Goess sagt: »Pannwitz hatte die Vorstellung, das Korps bleibe intakt und die Engländer würden sie alle auf eine Insel im Stillen Ozean bringen oder zu einer Art Fremdenlegion umfunktionieren.« Laut Eltz glaubte Pannwitz, »das Korps werde nach dem Iran geschickt, um dort den Kommunisten Widerstand entgegenzusetzen, die die Provinz Aserbeidschan in ihre Gewalt bringen wollten«. Wenn man Pannwitz auch Naivität vorwerfen kann, so besteht doch kein Zweifel, daß die britischen Offiziere ihn in diesen Illusionen bestärkten. Obwohl er sich ergeben hatte, beherrschten er und seine deutschen Offiziere nach wie vor das Korps und konnten noch Schwierigkeiten machen, wenn auch nur durch Versuche zur Massenflucht. Käme es dazu, so würden die britischen Regierungsstellen in ernste Verlegenheit geraten, nicht nur gegenüber ihren sowjetischen Verbündeten, sondern auch bei ihrer eigenen Verwaltung des Gebiets.

In den Tagen nach der Übergabe brachen in den Reihen des Korps verschiedene Streitigkeiten aus. Viele der deutschen Offiziere hatten von der beabsichtigten Auslieferung gehört. Sie gedachten nicht, sich nach der Anordnung des Generals zum Zusammenbleiben des Korps zu richten und bereiteten sich auf Flucht vor. Auch die gesamte Plastunbrigade unter Kosakenoberst Kononow und Teile der 3. Division hatten sich vom Korps gelöst und verweigerten die Befehle. Bezeichnenderweise gab es in dieser Brigade keine deutschen Offiziere. Die mit der Niederlage auftauchenden Probleme begannen den Zusammenhalt des Korps zu zersetzen.

Am 22. Mai sprach Pannwitz im Schloß Eberstein, ein paar Kilometer südlich von seinem eigenen Hauptquartier, bei englischen Offizieren vor und berichtete von den disziplinären Schwierigkeiten, vor denen er stand. Er selbst, erklärte er, sei bei den kosakischen Mannschaften beliebt, weil er Russisch spreche und sie schon so lange kommandiere, nämlich seit der Gründung des Korps 1942 in Stalingrad. Von dem deutschen »Rahmenpersonal«, 1172 Mann bei einer Gesamtstärke von 18 792, lasse sich das aber nicht durchweg sagen. Die Niederlage habe gezeigt, daß die Kosaken und die Deutschen eben doch unterschiedliche Ziele verfolgten und auch verschiedene Pläne hätten; das einzig Gemeinsame zwischen ihnen sei ihr beiderseitiger Haß auf den Kommunismus.

In einem britischen Bericht dazu heißt es: »Die nachlassende Disziplin machte dem General Sorge, und er bat um klare Festlegung, daß das Korps noch unter deutscher Führung stehe. An sich wäre es ihm lieb, wenn es von Kosakenoffizieren übernommen würde, allein er glaube nicht, daß die vorhandenen dafür tauglich seien. Deshalb und in Anbetracht seines persönlichen Ansehens bei den Kosaken halte er es für besser, wenn er bis zum Schluß Korpskommandeur bleibe. Zweifelsohne ging es dem General darum, seine deutschen Offiziere und letztlich auch sich selbst von den Kosaken, die ihr Land verraten hatten, zu distanzieren.«

Zwei Tage später meldeten Goess und Major Herbert Himmighoffen, Pannwitz' Adjutant, den Engländern weiteren Disziplinverfall: »Zwei verschiedene Schwadronen Kosaken hätten ihren deutschen Offizieren den Befehl verweigert, woraufhin von diesen das Kommando niedergelegt worden sei. Beide Schwadronen würden jetzt von Kosakenoffizieren kommandiert. Angesichts dieser Situation sähe der General die Vorkehrungen zur Übergabe des Kommandos an die Kosakenoffiziere gern beschleunigt.« Am nächsten Tag kam es sogar zu Schießereien innerhalb des Korps, und außerdem nahmen die Beschwerden der örtlichen Zivilbevölkerung über die 15 000 Pferde der Kosaken zu: »Da sie einen Weidegrund jeweils in wenigen Tagen abgegrast hatten, mußten sie sie woanders hinbringen, und dort war es dann das gleiche. Zudem ließen die Kosaken ihre Pferde die Wiesen stets völlig kahlfressen, wodurch das Problem noch ärger wurde.«

All diese Tage hindurch bewahrten die Briten Stillschweigen über ihr schreckliches Geheimnis, daß sie ihrem sowjetischen Verbündeten die Auslieferung des gesamten Korps versprochen hatten, und zwar nicht nur der Kosaken, sondern auch der Deutschen – in Verletzung der Jalta-Vereinbarung, nach der nur sowjetische Staatsangehörige unter die Zwangsrepatriierung fielen. Laut dem erwähnten britischen Bericht war die Lage »äußerst prekär«: »Zwar ahnten ganz offensichtlich weder Pannwitz noch sein Stab etwas, aber nicht minder klar war, daß sie Verdacht schöpfen müßten, wenn getrennte Namenslisten verlangt würden.«

Am 25. Mai kam ein Offizier vom Atamanenstab zu den Engländern mit einem formellen Antrag auf Trennung des Korps von seinen deutschen Offizieren. Der britische Kommandeur sah hier seine Chance. Er hatte keine Befugnis, die Trennung zu genehmigen, und sie wäre ohnehin bedeutungslos gewesen, da ja bereits Vorkehrungen im Gange waren, das gesamte Korps am 28. Mai der Roten Armee zu übergeben. Doch er sagte dem Kosaken, daß er die Sache seinen Vorgesetzten vortragen wolle, und ließ ihn den

Eindruck gewinnen, daß die Bitte höchstwahrscheinlich gewährt würde.

Nach dem englischen Bericht wurde der kosakische Offizier aufgefordert, »zum Zwecke einer raschen Durchführung etwaiger Änderungen in Zusammenarbeit mit dem General Namenslisten sämtlicher Offiziere, Unteroffiziere und sonstigen Dienstgrade erstellen zu lassen, und zwar gesondert nach Deutschen und Kosaken. In dieser Beziehung erwiesen sich die inneren Querelen in dem Korps als von Vorteil, da sich so die Namenslisten erlangen ließen, ohne daß hinsichtlich einer Auslieferung an die Russen Verdacht aufkam. Hätten sie von diesem Vorhaben gewußt, wäre es mit Sicherheit zu zahlreichen Flucht- und Selbstmordversuchen gekommen.«[14]

Tatsächlich waren mehrere deutsche Offiziere, darunter auch Salm-Horstmar und Goess, bereits mit Fluchtplänen beschäftigt. »Wir befehligten das Korps nicht mehr. Wir konnten Pannwitz nicht helfen. Aber wir hatten eine Verpflichtung gegenüber unserem eigenen Regiment, und wir mußten alles tun, was wir konnten, es vor den Russen zu bewahren«, sagt Goess. Er erklärte den Engländern, er und sein deutsches Rahmenpersonal gehörten eigentlich einer normalen deutschen Kavalleriebrigade an, die sich gegenwärtig in Mauterndorf in den Radstädter Tauern, also in der amerikanischen Zone von Österreich, befände. Er wußte, daß es britische und amerikanische Praxis war, versprengte deutsche Gruppen nach Möglichkeit zu ihren Stammeinheiten zurückzuführen, und mit Hilfe dieses Vorwandes wollten er und Salm-Horstmar ihre Deutschen nach Mauterndorf bringen und retten.

Wie bedrohlich die Situation für sie bereits war, ging Goess auf, als ihm am 26. Mai ein englischer Offizier zuflüsterte, am Abend würden er und seine Leute vom Wachdienst abgezogen und durch eine schottische Einheit der 139. Infanterie-Brigade ersetzt. »Und das muß etwas zu bedeuten haben, denn die schottischen Soldaten sind viel rücksichtsloser als wir«, sagte er zu Goess, obwohl er von der bevorstehenden Operation nichts hätte verlauten lassen dürfen. Goess begab sich daraufhin nach dem nahen St. Veit und teilte dort einem britischen Transportoffizier mit, seine Stammbrigade bewege sich jetzt von Mauterndorf weg. Der Engländer erklärte sich bereit, Goess ein paar Lastwagen zur Verfügung zu stellen, damit er seine Leute nach Westen bringen könne.

»Selbst an diesem letzten Tag«, sagt Goess, »hätten manche Kosaken noch die Möglichkeit zur Flucht gehabt. Aber Pannwitz wollte nach wie vor nicht glauben, was bevorstand. Er befahl seinen Leuten zusammenzubleiben, und fast alle gehorchten ihm.« Nach dem 26. Mai wurde es zwar schwieriger zu fliehen, doch hätten sich in den folgenden Wochen noch viele davonschleichen können, vor allem von den Deutschen, die ja ein Zuhause hatten. Aber auch hier glaubte man den Lügen der Engländer.

Am 28. Mai bekamen Pannwitz und einige seiner deutschen Offiziere den Befehl, ihre Pistolen abzugeben und sich zur Verlegung in ein anderes Lager fertigzumachen. Die meisten kamen dem ohne Widerspruch nach, Goess und Salm-Horstmar jedoch sorgten für die rasche Evakuierung von rund 250 Deutschen von Regiment 6 nach St. Veit, wo die Laster für sie bereitstanden. Goess selbst setzte sich dann nach Hause ab, wohin er es nicht weit hatte, während Salm-Horstmar und die meisten anderen Mauterndorf erreichten, wo sie von ihren deutschen Vorgesetzten schnell neue Papiere ausgestellt bekamen und sich unter die anderen mischten. Wenigstens sie waren in Sicherheit, desgleichen weitere 250 Deutsche, die auf andere Weise geflohen waren, nachdem sie individuelle Warnungen von englischen Soldaten erhalten hatten. Über 500 deutsche Korpsangehörige aber blieben bei Pannwitz, ebenso rund 18000 Kosaken.

Gehorsam trat der General dann mit seinen Deutschen zur Verlegung an. Sie stiegen in Wagen und wurden davongefahren – nicht in ein anderes Lager, sondern nach Judenburg an der Mur, rund hundert Kilometer nördlich von Klagenfurt. Eine Flußschlucht teilt die kleine Stadt, und die Brücke darüber bildete die Grenze zwischen den beiden alliierten Armeen. Leutnant V. B. English, Führer eines Royal-Artillery-Kommandos, das die Brücke bewachte, erinnert sich, daß Pannwitz in einem weißen Geländewagen ankam.

Als er über die Brücke fuhr, folgte English zu Fuß und blieb am Ende des neutralen Bodens stehen, unmittelbar vor der sowjetischen Seite.

So konnte er die Übergabe gut beobachten: »Pannwitz war sehr groß. Er reckte sich zu voller Höhe auf und sah sich dann um. Und da schien ihm zum ersten Mal aufzugehen, was los war. Dann, während aller Augen auf ihn gerichtet waren, ging er ganz langsam auf die Russen zu und salutierte schließlich. Er ließ sie warten und hatte sich großartig in der Gewalt.« Der offizielle englische Bericht vermittelt einen ähnlichen Eindruck: »Für die Sicherung sorgte die 139. Infanterie-Brigade, und mit welch gutem Erfolg, mag daran ermessen werden, daß selbst General von Pannwitz, als er aus dem Wagen stieg, der ihn über die sowjetische Grenze gebracht hatte, offensichtlich überrascht war, die Russen zu sehen, die Arme hochwarf und ausrief: ›Mein Gott!‹«

Ein weiterer junger englischer Offizier, der sich in diesem Augenblick an der Brücke befand, war P. C. Cockell. Er hatte die Aufgabe, sich mit zwei notdürftig als Fahrer verkleideten Russischdolmetschern an der Seite aufzuhalten und darüber zu berichten, was die Sowjetoffiziere zu den Übergebenen sagten. Seiner Erinnerung nach machte das Ganze mehr den Eindruck eines feierlichen Willkommens als einer Massenverhaftung gefährlicher Verbrecher. Aus Lautsprechern ertönte russische Musik, Fahnen wehten, und es waren Fotografen da, die Szene festzuhalten. Er entsinnt sich auch einer »großen sowjetischen Militärkapelle«, die anmarschiert kam, die geschlagenen Feinde zu begrüßen, zweifellos neugierig, die hohen Kosakenoffiziere zu sehen, deren Namen in Rußland gut bekannt waren. Sowjetische Offiziere zählten dann die Gefangenen an Hand der eben erst von den Engländern erhaltenen Listen nach. Cockell sah, wie ein sowjetischer Offizier auf einen großen und eleganten Kosaken mit den echt freudig klingenden Worten zuging: »Kennen Sie mich noch? Ich war früher bei Ihnen Stallbursche!« Er fand die Kosakenoffiziere »recht imposante Gestalten«, und es beeindruckte ihn, wie sie in vollem Bewußtsein dessen, was ihnen bevorstand, die Sowjetoffiziere mit Verachtung behandelten.

English fragte einen Sowjetoffizier, was mit den Kosaken geschehen würde, und bekam zur Antwort: »Die Offiziere werden erschossen. Die einfachen Soldaten kommen bloß nach Sibirien.« Doch habe ihn das, so erzählt er, seinerzeit ziemlich kaltgelassen.

»Es herrschte allgemein die Ansicht, mit einer so riesigen Zahl von Menschen – es waren ja Zehntausende – könnten sie doch nichts wirklich Schlimmes machen. Wir glaubten, sie würden nur ein, zwei Exempel statuieren, so wie wir mit Lord Haw-Haw, und daß es damit dann sein Bewenden hätte. Wir waren eben leider noch sehr jung und außerdem mit Geschehen übersättigt. Jeden Tag sahen wir ganze Völkerwanderungen: Flüchtlinge, Kriegsgefangene, zu Hunderttausenden. Doch das schien nicht wichtig. Wirklich wichtig waren Dinge wie: ›Ob ich für das Tennis-Match heute nachmittag dienstfrei kriege?‹ Es klingt schrecklich gefühllos, aber ich fürchte, das waren wir auch. Und was die Kosaken betraf, so wußten wir eigentlich gar nicht, was mit ihnen war oder was da überhaupt vor sich ging. In gewisser Weise bin ich ganz froh darüber, denn hätte ich es gewußt – ich weiß nicht, was ich dann getan hätte. Und jetzt, wo ich Bescheid weiß, halte ich es für eine schreckliche Tragödie.«

Auch Cockell erkundigte sich, was die Kosaken erwarte, und ihm wurde ebenfalls geantwortet, die Offiziere bekämen die Kugel, die gewöhnlichen Soldaten aber würden umerzogen. Wie viele von den Offizieren liquidiert wurden, läßt sich nicht mit Sicherheit sagen (öffentlich verkündet wurde nur das Todesurteil für Pannwitz selbst, und zwar in der *Prawda* vom 17. Januar 1947). Erwiesen aber ist, daß die »Umerziehung« der Kosaken für jeden von ihnen zehn Jahre dauerte und in Stalins berüchtigten Arbeitslagern stattfand. Und ebenso ist es eine Tatsache, daß viele der Opfer überhaupt nicht hätten repatriiert werden dürfen, nicht einmal nach der fragwürdigen Jalta-Vereinbarung. Weder bei Pannwitz und den zu seinem Korps gehörenden Deutschen noch bei den russischen Altemigranten handelte es sich um sowjetische Staatsangehörige, und ihre Auslieferung war eindeutig ungesetzlich.

Cockell sagt heute: »Rein in die Geschichte kam ich voll

Ahnungslosigkeit, raus aber voll Grausen. Mir dämmerte plötzlich, daß ich bei etwas Entsetzlichem mitspielte.« Vor allem empörte ihn der Betrug. Seine Vorgesetzten stellten sich jedoch auf den Standpunkt, daß es allein mit Hilfe dieses Betruges möglich gewesen sei, das Korps zu übergeben, ohne daß zahlreiche Engländer und Kosaken ihr Leben lassen mußten. Wie die folgenden Kapitel deutlich machen, wäre es zu schrecklichen Szenen gekommen, hätten die Kosaken und Deutschen gewußt, welches Schicksal sie erwartete. Eben deshalb hatten die führenden britischen Offiziere Pannwitz ein Märchen nach dem anderen erzählt. Sie waren ihnen abgenommen worden, und so hatte, rein militärisch gesehen, die Operation gelingen können.

5 DIE KONFERENZ, DIE NIEMALS STATTFAND

Daß die Übergabe der anderen Kosakengruppe – der 25 000 Mann von Domanow – genauso reibungslos verlaufen würde, war keineswegs sicher. Am 28. Mai hielt Domanow um elf Uhr eine Ansprache an seine Offiziere und erklärte ihnen, sie müßten alle an der am Nachmittag stattfindenden Konferenz teilnehmen. Seine Worte lösten einen Hagel von Fragen aus. Zum Beispiel, was man für Gepäck mitnehmen müsse. Domanow antwortete, gar keines, nicht einmal die Mäntel, denn man sei ja am Abend wieder zurück in Lienz.[1] Als ein Offizier einwarf: »Warum machen wir uns nicht davon, hinein in die Berge?«, erteilte der General ihm direkten Befehl, mit den anderen zusammenzubleiben.[2] Er sei überzeugt, daß kein übler Trick dabei wäre; schlimmstenfalls stehe ihnen nur ein regelrechtes Kriegsgefangenenlager bevor. Hinter Stacheldraht zu sein, wäre zwar unangenehm, ließe sich aber ertragen. Am besten wäre natürlich, sie kämen nach Lienz zurück, die Division bliebe intakt, und der Kampf gegen die Sowjetunion ginge unter amerikanischer und englischer Flagge weiter.

Kosaken, die die Ereignisse überlebt haben, finden es heute schwer, zu erklären oder auch selbst zu begreifen, wie sie auf die List hereinfallen konnten. Ihre Wachsamkeit war eingeschläfert – die Engländer waren so höflich, und nach den Unbilden des Winters in den italienischen Alpen lebte es sich in der Internierung beinahe schon luxuriös. Das plötzliche Ende des Krieges verwirrte sie, und sie wollten so gern glauben, es bedeute nicht auch das Ende ihres Kreuzzuges. Manche von ihnen geben Domanow die

Schuld: Er habe sie nicht nur verleitet, sondern ihnen sogar befohlen, den englischen Offizieren zu gehorchen. Ja sie deuten an, er hätte von dem Auslieferungsvorhaben gewußt und bei dem englischen Betrug mitgemacht, weil er hoffte, dadurch die eigene Haut zu retten. Ein Kosake hat geschrieben: »Im Verlauf der Verhöre in sowjetischen Lagern sagte Domanow dem Vernehmungsleiter, Oberst Swinjew, in Gegenwart von Zeugen, er habe von der bevorstehenden Repatriierung Kenntnis gehabt . . . Bei diesem Verhör waren auch andere ausgelieferte Offiziere dabei, und als sie das hörten, gerieten sie in solchen Zorn, daß Domanow von ihnen isoliert werden mußte, damit sie ihm nichts antaten.«[3]

Auch Ataman Pawlows Freund Pjotr Donskow sieht in Domanow einen Verräter und Sowjetagenten; in einem Brief an den Verfasser gibt er zu verstehen, Domanow, der als Neuemigrant von 1943 in jedem Fall repatriierungspflichtig war, habe den Engländern geraten, die Altemigranten mit auszuliefern, weil er sich davon versprach, Gnade und Gunst bei den Sowjets zu finden, in deren Hände er fallen sollte. General Naumenko hat dem Verfasser erklärt: »Ich habe Domanow nie getraut und ihn auch nicht besonders gemocht. Er war deshalb so rasch zum General befördert worden, weil er sich bei der Waffen-SS und den übelsten Elementen der Wehrmacht angebiedert hatte. Manche glauben, er habe von der Auslieferung gewußt, doch ist das nicht erwiesen.« Unter der Glasglocke der kosakischen Emigrantenpolitik schwelt diese Kontroverse noch heute. 1953 veröffentlichte eine Gruppe von Deportationsopfern einen Brief, der Domanow in Schutz nahm.[4]

Die meisten Kosaken meinen, die Tatsache, daß sie derart hatten düpiert werden können, müsse mehr mit der Perfidie der Engländer als mit der Schlechtigkeit Domanows erklärt werden. »Soviel Lug und Trug«, schreibt ein Kosake, »ging über das Vorstellungsvermögen russischer Offiziere, die in der noblen Tradition der Kaiserlichen Armee großgeworden waren.« Naumenko sagt: »Russische Offiziere sind gewohnt, dem Wort eines Offiziers zu glauben, und sie konnten sich einfach nicht denken, daß die Engländer so etwas tun würden.« Krasnows Großneffe Nikolai schreibt: »Niemand

25. Kosakenoffiziere nehmen eine Parade ab. Vorn an ihren Pelzmützen ist der deutsche Adler zu erkennen.

26. Ein Spähtruppführer der Kubankosaken erstattet Bericht.

27. Ehemals Rotarmisten – heute Unterführer in einem Ostbataillon. Besprechung eines Stoßtruppunternehmens.

28. Unter den von den Alliierten in der Normandie kriegsgefangenen Wehrmachtsoldaten befinden sich auch viele ehemalige Rotarmisten. Das Abzeichen auf dem Ärmel des Gefangenen vorn rechts läßt ihn als Angehörigen einer georgischen Einheit erkennen; der Kragenspiegel des Mannes vorn links identifiziert ihn als Angehörigen der Wlassow-Armee.

29. Auf dem Weg ins Gefangenenlager – Kosaken reiten durch ein österreichisches Dorf.

30. Übergabe der Waffen an die britische 8. Armee bei Klagenfurt.

machte sich klar, daß das britische Oberkommando eines solchen Betruges und so absoluter Gemeinheit fähig war.« Ein alter Emigrant habe zu ihm gesagt: »Kriegsgefangene der Angelsachsen zu sein, wäre nicht das schlechteste. Die Engländer sind Gentlemen. Da haben wir's nicht mit diesem Gefreiten Hitler zu tun, sondern mit Offizieren Seiner Majestät des Königs. Ein englischer Offizier, und sei er Feldmarschall, gibt sein Wort niemals nur für sich – er spricht für das Oberkommando, ja für den Thron!«[5]

Lügen und Betrügen gehören sicherlich zur modernen Kriegführung, und es besteht kein Grund zu der Annahme, daß die Kosaken, die den Krieg ja noch leidenschaftlicher führten als die anderen, sich dieses Kampfmittels nicht ebenfalls bedient hätten. Doch es war eindeutig so, daß die gute Behandlung durch die Engländer sie verführte, ihnen zu trauen. Am Morgen des 28. Mai hatte Butlerow ein ungestörtes Gespräch von Mann zu Mann mit Davies. Er fragte ihn: »Sie wissen, ich habe Weib und Kind, und heute nachmittag fahre ich zu dieser Konferenz von euch – bitte sagen Sie mir: Kommen wir zurück oder nicht?«

Auch an diesen Augenblick denkt Davies nur mit Schrecken zurück. Er stand vor der Wahl: entweder Butlerow, mit dem er sich angefreundet hatte und den er gern mochte, zu belügen oder seinen Befehl, die Wahrheit auf keinen Fall laut werden zu lassen, zu mißachten. Davies meint: »Ich hätte ihm sagen können: ›Holen Sie Ihre Familie, bringen Sie sie in mein Quartier, und bleiben Sie den Tag über dort.‹ Vielleicht hätte ich das auch tun sollen.« Er hätte so das Leben seines Freundes retten können, doch er habe sich überlegen müssen: Was würde Butlerow tun? Konnte er diese vertrauliche Mitteilung bei aller Ehre für sich behalten? Würde die Treue zu seinen Mitoffizieren ihn nicht zwingen, ihnen zu sagen, was er erfahren hatte? Sich und seine Familie retten, die Waffenkameraden aber ins Verderben gehen lassen, so könnte nur ein Feigling handeln.

Dmitri Frolow gehörte zu den wenigen Offizieren, die davon überzeugt waren, daß es gar keine Konferenz geben würde. Nach seinem Streit mit Domanow kehrte er zu seiner Familie in den

Barackenblock zurück, wo die Popen lebten, ein kleines Stück ab vom Hauptlager. So bekam er den Befehl, sich zur Abfahrt bereit zu machen, nicht mehr mit. Er erfuhr ihn durch einen Kosakenoffizier, der gegen Mittag bei ihm erschien und ihn aufforderte, zum Atamanenstab zu kommen. Frolow erklärte, er denke nicht daran, Folge zu leisten. Als die Kosaken ihn mit Gewalt zwingen wollten, zückte er einen Revolver, den er trotz des Entwaffnungsbefehls nicht abgegeben hatte. Die Kosaken zogen unter schrecklichen Drohungen ab. Frolow war nun ganz verzweifelt: überzeugt, daß es sich um eine Falle handelte, entschlossen, nicht hineinzulaufen, und doch ganz allein in seiner Not – nicht nur von seinem General, sondern jetzt, da er sich einem direkten Befehl widersetzt hatte, auch von seinen Offizierskameraden geächtet. Die Popen redeten auf ihn ein: Seine Befürchtungen seien grundlos, und er solle an seine Familie denken, denn wenn alles gutging und die Kosaken unter britischem Kommando zusammenblieben, würde er das Wohlwollen Domanows brauchen: als Oberst könne er erwarten, seinem Rang entsprechend eingesetzt zu werden, jedoch nur wenn er die gehörige militärische Disziplin wahre und mit zu der Konferenz fahre. Die Auseinandersetzung hielt noch an, während sich die anderen bereits zur Abfahrt sammelten.

Ein paar ebenfalls mißtrauische Kosakenoffiziere nutzten diese letzte Chance, sich seitwärts in die Berge zu schlagen. Doch bot die Desertion nicht eben verlockende Aussichten. Was für eine Zukunft konnte man da schon haben – ohne Papiere, ohne Lebensmittelkarten, ohne Geld, ohne Sprachkenntnisse, mutterseelenallein in einem gerade erst besetzten Land, das von Bewaffneten wimmelte? Um nicht zu verhungern, müßte man stehlen, aber wie lange würde man sich auf diese Weise über Wasser halten können? In jenen ersten Tagen nach Kriegsende streiften noch bewaffnete Nationalsozialisten umher und folglich auch viele Sicherheitspatrouillen, und die waren schnell dabei, zu schießen. Und wo sollte man hin? Nirgends war man willkommen, nirgends hatte man ein Fleckchen, das sich Heimat nennen ließ. Das Leben eines in diesen Bergen auf sich selbst gestellten Kosaken wäre elend und so gut wie gewiß nicht von langer Dauer. Nur in allerletzter Not würde er seine Einheit verlassen, die einzige Gesellschaft, die ihn anerkannte und ihm ein Zugehörigkeitsgefühl verlieh. Die Kosaken würden zusammenbleiben, es sei denn, sie hätten allen Grund zu der Annahme, daß die Engländer sie verraten wollten.

Genauso aber darf man sicher sein, daß sie, hätten sie die Wahrheit gewußt, massenhaft desertiert wären. John Greig, damals Leutnant im 46. Reconnaissance Regiment, das in Neumarkt in der Steiermark, unweit von Judenburg, rund 1000 Kosaken bewachte, sagt:

»Wir paßten ein paar Wochen lang auf sie auf und fanden sie einen sehr angenehmen Menschenschlag. Sie erzählten uns von ihrer Angst, nach Rußland zurückgeschickt zu werden, aber wir sagten: ›Ach wo, so was tun Engländer nie!‹ Dann bekamen wir diesen Befehl, daß sie innerhalb von drei Tagen alle auszuliefern seien. Wir waren entsetzt. Unsere Soldaten kamen immer wieder zu uns und fragten: ›Stimmt es, was die Kosaken sagen – daß wir sie ausliefern und sie dann alle erschossen werden?‹ Bis zum Erhalt des Befehls hatten wir das aber wirklich nicht für möglich gehalten. Wir glaubten allgemein, es würde ihnen irgendwo ein Platz zum Leben gesucht. Nie habe ich meine Leute so erschüttert gesehen wie bei dieser Geschichte. Und sie waren schon jahrelang mit mir zusammen. Sie waren an den Krieg gewöhnt, hatten den Feldzug von Salerno an mitgemacht. Daß all diese Menschen kaltblütig dem Tode ausgeliefert werden sollten, erfüllte sie mit Grausen.«

Der Unterschied zwischen diesen und anderen Fällen war, daß Greig die Sache mit seinen Offizierskollegen besprach und alle übereinkamen, den Kosaken reinen Wein einzuschenken. »Wir waren alle derselben Meinung. Ich persönlich teilte dann dem kosakischen Dolmetscher, der Französisch sprach, mit, daß wir Befehl hätten, sie alle auszuliefern. Ich mache weder ein Hehl daraus, noch schäme ich mich dessen.« Was er und seine Kameraden getan hatten, war eindeutig Insubordination. Doch handelte es sich um eine kleine Einheit mit nur einer Handvoll Offiziere, die sich einer auf des anderen Diskretion verlassen konnten.

Die Kosaken in Neumarkt wurden nicht streng bewacht, und sobald sie Bescheid wußten, begannen sie sich abzusetzen. Jeden Morgen stellten die Wachen eine Verringerung ihrer Zahl fest. Sie unternahmen nichts, die Flucht zu stoppen. Als der gefürchtete Tag kam, war die Hälfte der Kosaken weg. Bei jenen, die noch da waren, handelte es sich zum nicht geringen Teil um Offiziere, denn die scheuten vor dem Desertieren mehr zurück als die anderen. Das war doppelt tragisch, da in dem englischen Befehl ja betont wurde, es komme vor allem darauf an, sämtliche Offiziere auszuliefern; an diesen sei den Sowjets besonders gelegen. Selbst ganz am Schluß, als die Zurückgebliebenen bereits zum Abtransport zusammengetrieben wurden, wollten sie noch immer nicht glauben, daß die Engländer ihnen das tatsächlich antun würden. Sie sagten das wohl auch den englischen Soldaten, denn von denen kamen einige zu Greig und erklärten, wie widerlich sie das Ganze fänden und daß sie damit nichts zu tun haben wollten. Greig sagt: »Ich antwortete ihnen, tja, das sei so eine Sache, aber wir müßten es nun mal tun. Und wir taten es auch.«

Während in Neumarkt viele fliehen konnten, versuchte und schaffte das in Lienz nur eine Handvoll. Man hatte hier stärkere Sicherheitsvorkehrungen getroffen. Sofort nach Bekanntwerden der beabsichtigten Auslieferung war an die englischen Soldaten Befehl ergangen, stets bewaffnet und nie allein zu gehen. Massenfluchten hätten den Besatzungstruppen beängstigende Probleme gebracht. Die Russen würden annehmen, die Engländer drückten bewußt die Augen zu – was in Neumarkt ja auch tatsächlich der Fall war. Ganz bestimmt würden sie Protest erheben und wahrscheinlich Ärger machen, weil sie argwöhnten, der Westen wolle sich dieser Leute, ihrer Todfeinde, bei einem künftigen Angriff auf die Sowjetunion bedienen. Außerdem würden die entflohenen Gefangenen als umherstreifende Banden die Gegend unsicher machen und unter der Zivilbevölkerung Angst und Schrecken verbreiten. Das Wiedereinfangen von Zehntausenden solcher Männer würde die ohnehin überlastete und kriegsmüde britische Armee Monate gefährlicher Arbeit kosten. Wichtigster Gesichtspunkt aber war wohl, jedenfalls aus der Sicht der Befehlshaber, daß ein General, der dergleichen geschehen ließ, sich den Zorn Churchills zuziehen würde. Überlegungen dieser Art hatten die führenden englischen Offiziere anscheinend noch darin bestärkt, mit dem Mittel des Betruges zu arbeiten, weil sich mit ihm Chaos und Gefahr vermeiden ließen.

Und so waren dann, als am 28. Mai um 13 Uhr die englischen Lastwagen kamen, die Kosakenoffiziere gehorsam angetreten, um sich zu der »Konferenz« fahren zu lassen. Domanow und Butlerow, der noch als sein Dolmetscher fungierte, wurden in einem Stabswagen zu einem ein paar Kilometer entfernten Sammelpunkt gebracht, wo bewaffnete englische Offiziere schon auf sie warteten und sie dann getrennt nach Spittal eskortierten. Nikolai Krasnow verabschiedete sich mit Küssen von seiner Frau und seiner Mutter. Um sie aufzuheitern, bat er sie, sechs Eier zu besorgen, damit er ein Omelett haben könne, wenn er am Abend heimkehrte. »Es dauerte elf Jahre, bis ich dieses Omelett bekam«, schreibt er.[6]

Ein paar höhere Offiziere stiegen vorn bei den Fahrern ein, die übrigen nahmen hinten in den Dreitonnern Platz. Noch gab es keine Wachen; Dmitri Frolow, der die Szene aus einem nahen Wald beobachtete, begann zu glauben, er habe sich vielleicht doch geirrt. In dem englischen Bericht heißt es: »Alle 1475 Offiziere, mit Ausnahme eines diensthabenden Offiziers je Einheit und einiger weniger, die den Befehl nicht erhalten hatten, wurden plangemäß zu dem vereinbarten Treffpunkt gebracht.« Dies war dieselbe Stelle, wo ein paar Minuten zuvor Domanow und Butlerow in Empfang genommen worden waren. Hier wurden auf jeden LKW zwei Mann mit leichten Maschinengewehren postiert, und zwar oben auf das Metalldach der Fahrerkabine, so daß sie den planenbedeckten Laderaum des Wagens überschauen und die darin befindlichen Männer ins Visier nehmen konnten. Die Laster fuhren dann los in Richtung Spittal, jede Gruppe eskortiert von mehreren Panzerwagen.

Frolow war mit einem Bekannten durch den Wald bis in die Nähe dieses Treffpunkts geritten: »Wir standen dort am Waldessaum und schauten zu. Jemand gab ein Zeichen, und die LKW setzten sich langsam in Bewegung. Gleichzeitig kamen lauter leichte Panzerwagen und Kräder, die sich gleich uns im Wald versteckt hatten, herausgefahren und schoben sich zwischen die Laster mit unseren Leuten drin – zwischen jeden zweiten oder dritten LKW jeweils ein Panzer. Alexej und ich hatten denselben Gedanken: ›Wozu der Begleitschutz, noch dazu ein so starker?‹ Die Engländer hatten dort als Hinterhalt gelauert. Wir warteten noch ein Weilchen im Walde und ritten dann zurück, um den andern zu berichten, was wir gesehen hatten.«

Inzwischen war es 13.30 Uhr. Die Kosakenoffiziere waren fort, und laut einem weiteren Befehl von Brigadier Musson war jetzt der Augenblick gekommen, die im Drautal stationierten gewöhnlichen Soldaten über die angelaufene Aktion zu informieren. Kommandierende Offiziere sollten den Mannschaften folgende Rede halten:

»Gemäß einer von den alliierten Regierungen getroffenen Vereinbarung sind alle alliierten Staatsangehörigen in ihre Länder zurückzuführen. Das bedeutet, die zur Zeit im Brigadegebiet befindlichen Kosaken und Kaukasier werden nach Rußland zurückgeschickt. Einige von ihnen sind zur Rückkehr bereit – zahlreiche Kaukasier haben sich um dieselbe bereits beworben –, insgesamt aber wird die Maßnahme unpopulär sein. Zwecks Vermeidung von Schwierigkeiten innerhalb des Gebietes der Einheit werden heute die Offiziere von den Mannschaften getrennt. Der Abtransport der letzteren sowie der Frauen und Kinder erfolgt, sobald Bahn- und Kfz-Kapazität dies gestatten. Was mit den Pferden und anderen Tieren wird, darüber haben wir derzeit noch keine genauen Instruktionen. Pferdewagen können auf den Zügen nicht transportiert werden, müssen also zurückbleiben.

Diese Aufgabe wird gewiß nicht leicht sein. Wir sprechen nicht ihre Sprache, und selbst wenn sie sich unseren Anweisungen widerspruchslos fügen, ist es ein ungeheures Unternehmen. In Sonderheit wird, da viele Frauen und Kinder dabei sind, der eine oder andere von Ihnen Mitleid gegenüber diesen Leuten empfinden, aber Sie dürfen nicht vergessen, daß sie für die Deutschen die Waffen ergriffen haben und dadurch mehr Truppen zum Kampf gegen uns in Italien sowie an den anderen Fronten frei wurden. Es besteht kein Zweifel daran, daß sie mit den Deutschen paktiert haben, weil sie hofften, in Rußland wieder an die Macht zu kommen. Als sie sahen, daß dies nicht möglich war, versuchten sie, sich in unseren Augen zu rechtfertigen.

Die Russen haben erklärt, daß sie beabsichtigen, diese Leute in der Landarbeit einzusetzen und sie zu anständigen Sowjetbürgern zu erziehen. Es sind nicht die geringsten Anzeichen dafür vorhanden, daß es einen Massenmord an ihnen geben werde. Tatsächlich brauchen die Russen für ihr Land mehr Menschen. Denken Sie an das, was ich gestern zu Ihnen sagte. Sie haben eine sehr große und sehr unangenehme Aufgabe vor sich. Versuchen wir, sie fest und entschlossen auszuführen, und ohne daß es zu Blutvergießen kommt; ist es jedoch nötig, zu Gewalt Zuflucht zu nehmen, dann tun Sie das ohne Zögern und Furcht. Seien Sie gewiß, daß ich bei allem, was Sie im Zuge dessen tun müssen, voll und ganz hinter Ihnen stehe.«

Musson sagt heute, die Fakten und Anweisungen in diesem Dokument seien ihm von höherer Stelle gegeben worden und er habe sie lediglich bekanntgemacht: »Ich trage die Verantwortung für den Befehl, gewiß, aber die darin enthaltenen Gedanken stammten nicht von mir, ich gab sie nur weiter.« Doch woher der Befehl auch stammen mochte, er enthielt soviel Dubioses, daß man nicht einfach darüber hinweggehen kann. Er verschwieg zum Beispiel, daß viele der Kosaken und Kaukasier keine sowjetischen Staatsbürger waren und folglich gar nicht unter das Auslieferungsabkommen fielen. Und es wurde auch weder erklärt, warum die Frauen und Kinder leiden sollten, weil die Männer für Deutschland Waffendienst geleistet hatten, noch auf die schlichte Tatsache verwiesen, daß die Männer sich nicht aus Liebe zu Hitler den Deutschen angeschlossen hatten, sondern weil allein er einen Weg zur Befreiung von Stalins Herrschaft zu zeigen schien, mit der sie schlimme persönliche Erfahrungen gemacht hatten.

Ob das britische Oberkommando wirklich glaubte, die Kosaken erwarte daheim lediglich eine »Erziehung«, kann man natürlich nicht wissen, falls aber ja, dann war das naiv, um es gelinde auszudrücken. Die Regierung selbst hatte da keine Illusionen, wie aus

Anthony Edens Kabinettspapier vom 3. September 1944 hervorgeht, worin von der »Wahrscheinlichkeit« gesprochen wird, »daß wir, wenn wir der sowjetischen Regierung nachkommen und all diese Gefangenen an sie ausliefern, ohne Rücksicht darauf, ob sie wollen oder nicht, einige von ihnen in den Tod schicken«. Angesichts dieser sowie anderer aktenkundiger Äußerungen der britischen Regierung ist schwer zu verstehen, daß ernsthaft gemeint wurde, von einer Liquidierung der Gefangenen könne keine Rede sein. Von den englischen Soldaten an Ort und Stelle waren viele vom Gegenteil überzeugt, und Gründe für diese Annahme gab es genug.

Ebensowenig ist klar, was mit »anständigen Sowjetbürgern« gemeint war. Vielleicht hatten die Initiatoren des Befehls dabei das schlichte Volk der Sowjetunion im Sinn, das sein Vaterland so tapfer und trefflich gegen die faschistischen Eindringlinge verteidigt hatte. Aber sie mußten doch wohl auch wissen – bei ihren Vorgesetzten in London durfte man das als sicher voraussetzen –, daß die Sowjetregierung unter Stalin seit vielen Jahren die Unterdrückung und Ermordung Unschuldiger in einem Ausmaß praktizierte, daß schon das Wort »sowjetisch« in Verruf geraten war. Im Jahre 1945 stellte der Begriff »sowjetische Anständigkeit« nach allen Maßstäben menschlicher Gerechtigkeit eine höchst zweifelhafte Größe dar, und daß eine britische Behörde ihr Vorhaben mit der Abweichung von diesem »Ideal« rechtfertigte, war geradezu grotesk.

Die Ansprachen wurden gehalten, und so wußten nun alle englischen Soldaten Bescheid – mit Ausnahme der LKW-Fahrer, die zu dieser Stunde nach Spittal unterwegs waren; vor der Abfahrt hatte die Wahrheit auf keinen Fall laut werden dürfen. Archie Reid, der zu jenen Fahrern gehörte, erzählt: »Wir hatten nur gesagt bekommen, daß wir diese Offiziere zu einer Konferenz bringen sollen. Doch war ich damals bloß gemeiner Soldat, und als solcher erfährt man ja nie, was wirklich gespielt wird. Die Fahrt war ganz friedlich. Im Häuschen vorn hatte ich zwei Kosaken sitzen, aber die waren genauso ahnungslos wie ich. Hinterher hörten wir, es sei eine List gewesen, ihre Führer aus dem Weg zu schaffen.« Ein anderer Fahrer, James Davidson, berichtet: »Bei mir vorn saß ein kosakischer Oberst mit seiner Frau. Er sprach recht gut Englisch. Er fragte mich nach meinem Namen, und ich sagte, ich heiße Jimmy, und so nannten sie mich dann die ganze Fahrt über. Uns sind weder eine Eskorte noch irgendwelche Bewaffneten aufgefallen. Die müssen nicht zu sehen gewesen sein. Soweit ich wußte, fuhren die Kosaken zu einer Konferenz.«

Andere Kosaken sahen die Panzerwagen zwar und waren dadurch beunruhigt, doch ließ sie das weder ihren Optimismus noch ihr Selbsttäuschungsvermögen verlieren; beide schienen unerschöpflich zu sein. »Das ist nur ein Begleitschutz. Es müssen Partisanen in diesem Gebiet sein«, erklärte ein Kosakengeneral seinen Offizieren.[7] »Hier treiben Banden von Waffen-SS ihr Unwesen«, sagte ein englischer Offizier zu Nikolai Krasnow.[8] Tatsächlich machten noch fanatische Kommunisten und Nationalsozialisten die Gegend unsicher, und die einen wie die anderen stellten für die britischen Truppen eine Bedrohung dar. Dem Kosakenoffizier Alexander Schparengo gab der seltsame Umstand zu denken, daß man sämtliche Offiziere zusammenrief statt nur einiger Sprecher. Während der Fahrt nach Spittal beruhigte er sich mit Überlegungen wie: »Vielleicht werden in den westlichen Armeen Fragen auf eine neue, demokratische Weise entschieden, von der ich nichts verstehe. Vielleicht hat jeder Offizier, unabhängig von Rang oder Dienststellung, das Recht, seine Meinung zu äußern und seinen Standpunkt zu behaupten. Vielleicht werden strittige Angelegenheiten durch Abstimmung entschieden.«[9] Das würde erklären, warum jeder einzelne teilnehmen mußte.

Anschaulich beschreibt Schparengo, wie er, während ihm solche Gedanken durch den Kopf jagten, um die Entscheidung rang, ob er von dem LKW springen sollte oder nicht: Tat er es, würden sie auf ihn schießen? War die Konferenz echt, hätten sie keine Veranlassung dazu. War sie es nicht, wagten die MG-Schützen wohl schwerlich, das Feuer zu eröffnen, weil das zeigen würde, daß sie nicht zum Schutze der Kosaken da waren, sondern um ihre Flucht zu verhindern. In den Wagen würde dann Panik ausbrechen. Schparengo überdachte das alles und kam zu der Überzeugung, daß ihm der Absprung gelingen könne. Doch dann schoben sich wieder

Bedenken davor: Wie stünde er da, wenn die Engländer die Wahrheit sprachen und seine Offizierskameraden in ein paar Stunden alle nach Lienz zurückkehrten? Man würde ihn für einen Narren halten, ja schlimmer noch, für einen Feigling und Deserteur. »Und was kann einem Offizier an größerer Schande widerfahren? Doch andererseits ist auch der kein guter Offizier, der sich wie ein Lamm zur Schlachtbank ins Ungewisse führen läßt.« Plötzlich habe es bei ihm »geklingelt«, er sei hinten vom Wagen gesprungen und in den Wald hineingerannt. Der Konvoi sei einfach weitergefahren. »Ich kann nur schwer beschreiben, wie ich den Rest des Tages zubrachte. In der einen Minute hatte ich das Gefühl, das Richtige getan zu haben, in der nächsten warf ich mir Feigheit und Charakterlosigkeit vor.«

Die Tatsache, daß Schparengo nur einer von sehr wenigen war, die aus dem Geleitzug zu fliehen versuchten, zeigt: Die Kosaken wollten selbst jetzt noch nicht glauben, daß das Schlimmste bevorstand. Das plötzliche Auftauchen einer bewaffneten britischen Wache überzeugte zwar viele, daß die Konferenz eine Finte war, aber das mußte nicht zwangsläufig bedeuten, daß sie ausgeliefert werden sollten. Höchstwahrscheinlich würden sie gewöhnliche Kriegsgefangene werden, wobei es dann Untersuchungen und Verhöre geben könnte, um festzustellen, wer sich der Grausamkeit oder irgendwelcher Kapitalverbrechen schuldig gemacht hatte. Die schwarzen Schafe unter den Kosaken – und nach ihrem eigenen Zugeständnis gab es einige – würden dann vor Gericht gestellt und bestraft. Die anderen ließe man sicher frei. Die Altemigranten dürften dorthin zurückkehren, wo sie vor dem Kriege in Westeuropa ihr Heim gehabt hatten, die übrigen würde man irgendwo ansiedeln.

Als Domanow in dem Stabswagen um 14.30 Uhr in Spittal ankam. hatte sich die Schreckensnachricht jedoch bereits verbreitet. Er wurde zu einer Offiziersmesse geführt und dort in einem kleinen Zimmer eingeschlossen. Gegen 15 Uhr begannen die kaukasischen Offiziere einzutreffen und etwa eine halbe Stunde später auch die Kosaken. James Davidson erzählt: »Wir fuhren mit ihnen in eine Stacheldrahtumzäunung hinein, die wie ein großer Käfig aussah, und sobald sie da drin waren, umstellte uns eine Wache. Der neben mir sitzende Kosakenoberst fragte: »Was sollen die bewaffneten Wachen?« Ich sagte ihm, das wüßte ich auch nicht. Die LKW wurden einer nach dem anderen entladen. Man unterzog die Offiziere einer Leibesvisitation und fand bei vielen Messer oder andere als Waffen zu verwendende Gegenstände, die man ihnen sofort abnahm. Dann wurden sie in ihre Baracken innerhalb des Stacheldrahts geführt. Jeder Mann erhielt eine Schlafdecke, einen Trinkbecher und einen Löffel.

Captain G. A. Lavers, Adjutant der 1. Kensingtons, der für die Wachsicherung verantwortlichen Einheit, erließ Befehl an seine Leute: »Jeglicher Versuch zum Widerstand wird mit gezieltem Feuer erwidert. Selbstmordversuche seitens der Offiziere sind zu unterbinden, sofern dies nicht mit irgendwelcher Gefahr für unsere Soldaten verbunden ist; besteht eine solche auch nur in geringstem Maß, ist der Selbstmord geschehen zu lassen.«[10] Man darf also annehmen, daß er und sein Kommandeur, Colonel B. L. Bryar, von der Verzweiflung der Kosaken wußten und mit allen Eventualitäten rechneten.

Bryar ging zu Domanow in die Offiziersmesse und gab ihm diverse Anweisungen: Solange sie sich noch in britischen Händen befänden, sei er, Domanow, für die Disziplin seiner Offiziere verantwortlich; er solle jeweils einen ranghohen Offizier zum Barakkenältesten ernennen und dafür sorgen, daß heute abend und morgen früh in der Küche Essen gefaßt werde; um 19.30 Uhr dürfe er Ansprachen an seine Leute halten, und zwar je fünf Minuten für eine Gruppe von 500 Mann; damit müsse er um 20.20 fertig sein, denn um 20.30 erfolge die nächtliche Einschließung aller Kosaken und Kaukasier in ihren Baracken; um 4.30 sei Wecken, um 5.00 Frühstück, um 5.30 Sachenrückgabe, um 6.00 Namensappell; die Verladung in die LKW müsse um 6.30 beginnen und um 6.50 beendet sein; Punkt 7.00 Uhr starte die Wagenkolonne mit sämtlichen Offizieren an Bord in Richtung Judenburg, wo die Übergabe an die sowjetischen Dienststellen erfolge.

Laut den britischen Berichten erklärte Domanow Bryar, er wolle sein Bestes tun, diese Anweisungen auszuführen – was auf den ersten Blick der Theorie Gewicht zu verleihen scheint, Domanow sei in die Pläne der Engländer eingeweiht gewesen und habe ihnen bei der Repatriierung geholfen, weil er wohl hoffte, sich damit bei den Sowjets wieder anbiedern, zumindest aber seine eigene Haut retten zu können. Doch wie die Berichte weiter verzeichnen, scheiterten seine Anstrengungen um Aufrechterhaltung der Disziplin, und zwar »infolge der Wirkung, die seine Ansprachen mit der Eröffnung, daß sie am nächsten Tag den verbündeten russischen Streitkräften übergeben würden, auf seine Offiziere hatte«. Die Kosaken waren den ganzen Tag über immer mißtrauischer geworden. Ein Ereignis nach dem anderen schien ihre schlimmsten Befürchtungen zu bestätigen. Am Vormittag noch frei, entwaffnet zwar, aber als Streitmacht intakt und mehr als bereit, der Sache des Westens zu dienen, waren sie innerhalb weniger Stunden auf Wagen verladen, abtransportiert und eingesperrt worden. Aus den Akten geht jedoch hervor, daß der Großteil noch immer nicht von der Auslieferung überzeugt war. Selbst hinter dem Stacheldraht blieben sie einige Zeit voller Hoffnung. Domanows Fünfminutenreden wirkten dann wie Keulenschläge. Hinterher hatten manche Offiziere einen solchen Schock, waren so getroffen, daß sie sich nur noch apathisch ins Unvermeidliche fügen konnten. Andere aber wurden, wie die nächsten Stunden zeigen sollten, zu Verzweiflungstaten getrieben.

Leutnant Dennis, der die vergangenen zwei Wochen mit der Beaufsichtigung von General Schkuros Kosaken in Spittal beschäftigt gewesen war, befand sich zu dem Zeitpunkt, als den Gefangenen die Nachricht bekanntgegeben wurde, innerhalb des Stacheldrahts; er war gerade beim Austeilen der Verpflegung. Eine plötzliche Veränderung ging mit den Männern vor, die er kennen- und schätzengelernt hatte. Als er einem Kosakenoffizier, den er gut kannte, eine Kiste mit Rationen übergeben wollte, kam der zu seiner Verblüffung aggressiv auf ihn zu und schrie ihn an, er könne sich sein Essen an den Hut stecken. Bisher hatte Dennis die Kosaken nur als glückliche, strahlende Menschen erlebt, jetzt aber waren ihre Gesichter aschgrau.

Dennis' Leute hatten zwar Schnellfeuerwaffen, doch sie waren nur insgesamt fünf oder sechs Mann, und er begann, um seine eigene Sicherheit zu fürchten: »Sie griffen uns nicht direkt an, wirkten aber sehr drohend. Es sah aus, als wollten sie ihre Wut an uns auslassen. So bildeten wir einen MG-Schützen-Kreis und zogen uns rückwärts in Richtung Tor zurück. Über die Schulter rief ich den Männern dort Bescheid zu, und dann stießen wir mit dem Furagelastwagen rückwärts raus.«

Englische Soldaten besetzten die Wachtürme an den Ecken des Lagers und patrouillierten die ganze Nacht hindurch am Stacheldraht entlang. Nach A. K. Leniwow, einem Kosakenoffizier, der mit dem Leben davongekommen und zum Chronisten der Tragödie geworden ist, war aus den Baracken fast alles bewegliche Inventar – Tische, Stühle, Betten und andere Einrichtungsgegenstände – entfernt worden, damit es nicht zur Selbstverstümmelung oder am nächsten Morgen zum Widerstand benutzt werden konnte. »Drinnen wurde es so wild wie in einem Wespennest. Jeder englische Soldat innerhalb des Stacheldrahts wäre in Stücke gerissen worden«, sagt Dennis.

Leniwow schreibt, einige Kosakenoffiziere hätten sich die ganze Nacht hindurch damit ereifert, die Bestrafung jener aus ihren Reihen zu fordern, die für die Lage verantwortlich seien.[11] Damit war vor allem General T. I. Domanow gemeint. Doch das waren die Hitzköpfe; den meisten gelang es, einigermaßen Selbstbeherrschung zu wahren. Der alte General Krasnow setzte eine Petition in Französisch auf, worin er darlegte, warum die Kosaken die Waffen gegen die Sowjetunion ergriffen hatten. Laut seinem Großneffen bat er darum, ihn persönlich als verantwortlich für das Verhalten der Kosaken auf dem Schlachtfeld zu betrachten. Er verlangte ein ordentliches Gerichtsverfahren sowohl für sich selbst wie für jeden eines Verbrechens gegen die Menschlichkeit beschuldigten Kosaken.[12]

Mit zahlreichen Unterschriften versehene Kopien dieses Dokuments wurden gerichtet an König Georg VI., Churchill, den Erzbischof von Canterbury, die Vereinten Nationen und das Internationale Rote Kreuz. Man wollte sie bei Tagesanbruch abgeben und Bryar bitten, die Texte sofort nach London und Washington zu funken, damit die Bittschriften berücksichtigt werden und die Antworten noch vor dem Übergabetermin eintreffen könnten. Eine andere Gruppe Kosaken rief einen Wachsoldaten heran und sagte ihm, er solle Leutnant Dennis holen. Dieser kam mit seinem Dolmetscher an den Stacheldraht. Sie baten ihn, ihre Frauen und Kinder nach Spittal zu bringen, damit sie sich ein letztes Mal sehen könnten, und falls es keinen anderen Ausweg gebe, solle man sie lieber alle hier und jetzt erschießen, als sie der Roten Armee auszuliefern.

Dennis lehnte natürlich ab. Er sagte ihnen, er sei nur Leutnant und habe nicht die Möglichkeit, die Familien herzubringen. Die Stimmung der Kosaken schlug von verzweifelter Wut in Apathie um. Sie baten Dennis, ihnen einen orthodoxen Priester zu besorgen, wozu er sich bereit erklärte. »Sie wurden ganz ruhig, schienen sich ins Unvermeidliche zu fügen, sagten mir sogar, sie verstünden meine Situation – ich hätte ja nur Befehle auszuführen.«

Wie viele Kosaken sich in jener Nacht das Leben nahmen, wird man wohl nie genau herausbringen. Laut Leniwow töteten sich drei – darunter der Kommandeur von Domanows 1. Infanteriebrigade, Generalmajor Silkin – durch Aufschneiden der Pulsadern mit Fensterglasscherben, und einige weitere erhängten sich. Dennis bestätigte das: »Ich erinnere mich noch an den ersten Selbstmord, den wir hatten. Der arme Kerl hatte sich mit einer elektrischen Leitung an der Barackentür aufgehängt. Und dann waren da noch welche, die sich mit Glassplittern die Hals- und Pulsschlagadern aufgeschnitten hatten.«

Bestätigt wird das ferner durch zwei britische Berichte, die weder Dennis noch Leniwow zugänglich waren. Im ersten wird aufgezählt: »Ein Offizier tot aus dem Lager getragen; hatte sich in der Nacht die Kehle durchschnitten. Ein Offizier bewußtlos herausgetragen; hatte sich an einer Tür erhängt.« Im zweiten heißt es: »In der Nacht vom 28. zum 29. Mai begingen zwei Offiziere Selbstmord durch Erhängen mit WC-Ketten.« Dennis' Erinnerung nach waren es nicht nur zwei oder drei Selbstmorde, sondern vielleicht sogar ein ganzes Dutzend. Die Toten wurden aus den Baracken getragen und von ihren Offizierskameraden in der Nähe des Haupttores auf Decken gelegt, damit die Engländer sie am Morgen sähen.[13] Dennis entsinnt sich einer »langen Reihe von Leichen, die auf einer grasbewachsenen Böschung lagen«.

Bei Sonnenaufgang waren die Kosakenoffiziere vor ihren Baracken versammelt und berieten verzweifelt, ob sich nicht doch noch ein Weg der Rettung finden lasse. Die englischen Soldaten auf den Wachtürmen und rings um den Stacheldraht schienen ebenfalls nervös zu sein. Irgendwie mußten die Kosaken ja auf die Fahrzeuge gebracht werden, und das war sicher nicht leicht. Es kam sogar zu einer kleinen Rebellion unter den britischen Wachen. »Einige hatten gehört, wie die Kosaken aufs Kreuz gelegt worden waren«, erzählt Dennis, »und sie begannen zu meutern, indem sie erklärten, sie dächten nicht daran, sie auf die Wagen zu zwingen, und dergleichen mehr. Sie waren aufgebracht und hielten mit Kraftausdrücken nicht zurück. Ich ging hin und sagte ihnen, mir gefiele das ebensowenig wie ihnen, aber wir hätten nun mal den Befehl und müßten ihn auch ausführen.« Der Aufstand fiel in sich zusammen.

Ein Pope traf mit einem Koffer ein, worin sich ein Altartuch und andere religiöse Requisiten befanden, und um 5.50 Uhr baten einige Kosaken Bryar, einen Gottesdienst abhalten zu dürfen. Es wurde ihnen unter der Bedingung gewährt, daß es dadurch zu keiner Verzögerung der Verladung komme, mit der in einer Stunde begonnen werden sollte. Der Pope baute innerhalb der Umzäunung seinen behelfsmäßigen Altar im Freien auf. Bryar schrieb in seinem Bericht: »Ihr Gottesdienst war ungemein eindrucksvoll und der Gesang großartig.« Dennis sagt: »Es hatte etwas so Intimes, daß ich mich abwandte. Ich mochte die armen Seelen nicht beobachten.«

Leniwow, der sowohl Opfer wie Augenzeuge war, beschreibt die Szene natürlich weit gefühlvoller: »Tausende Kosakenoffiziere aller Ränge, die vor der Zwangsauslieferung durch die Engländer an die Sowjetunion standen, knieten am Boden, viele in Tränen aufgelöst, und schickten ihre Gebete zu Gott empor, während die Läufe der englischen Gewehre auf sie gerichtet waren . . . Ein improvisierter Chor aus Tausenden von den Engländern zum Tode verurteilten Kosakenoffizieren kniete dort, dicht gedrängt vor dem

Stacheldrahtzaun, und sang die alten Gebete ... Hoch hob der Kosakenpope seine Hand und besprengte die Gläubigen mit Weihwasser, läuterte so ihre demutsvollen und gramgebeugten Seelen.«[14]

Punkt 6.30 Uhr kamen die Lastwagen. Einer wurde rückwärts gegen das Lagertor gefahren, um den Ausgang zu versperren. Bryar ging zu der Baracke, in der die Generäle und höheren Offiziere die Nacht verbracht hatten, und sagte ihnen, es sei Zeit, die Fahrzeuge zu besteigen. Domanow weigerte sich und erklärte, er habe über die Kosakenoffiziere keine Befehlsgewalt mehr. Die Engländer sahen jetzt, daß an eine geordnete, zwischenfallsfreie Übergabe nicht mehr zu denken war und daß Domanow weder länger helfen wollte noch konnte. Leniwow schreibt, die Atmosphäre sei so emotionell geladen und so angespannt gewesen, daß er glaubte, die Wachen würden jeden Augenblick die Beherrschung verlieren und einfach in die Menge hineinschießen. Bryar teilte Domanow über dessen Stabsoffizier (vermutlich Butlerow) mit, »er gebe ihm zehn Minuten Zeit, sich anders zu besinnen, und wenn der General sich dann noch immer weigere, würde zu Methoden gegriffen, die seinen und seiner sämtlichen Offiziere Abtransport gewährleisteten«.

Nach Ablauf der zehn Minuten forderte Bryar Domanow abermals auf, herauszukommen. Als keine Reaktion erfolgte, befahl er einem Zug der 1. Surreys, in die Umzäunung hineinzurücken. Sie sollten sich der klassischen Taktik der Demonstrationszerstreuung bedienen: sich die Anführer vornehmen. Und so gingen sie zu der Baracke der hohen Offiziere und begannen, diese einzeln herauszuzerren. Laut einem englischen Bericht »war das kein leichtes Unterfangen, da sie alle mit ineinander verhakten Armen und Beinen auf dem Boden hockten. Ein russischer Offizier biß einem Kompanie-Sergeant ins Handgelenk. Verständlicherweise bewog das diesen sowie die englischen Soldaten um ihn herum, zu härteren Methoden zu greifen. Sie machten freigebigen Gebrauch von Gewehrkolben, Hackenstielen und Bajonettspitzen, so daß einige russische Offiziere bald halb bewußtlos waren.«

Laut Leniwow wurde auf diese Weise zehn Minuten lang auf die führenden Offiziere eingeschlagen – die alle unbewaffnet und meist älteren Jahrgangs, teils sogar schon über sechzig waren –, und dann schleifte man einen nach dem anderen zu dem Lastwagen, Domanow als einen der ersten. Bryar schreibt: »Dieses Schauspiel hatte die gewünschte Wirkung, und von dem Augenblick an ließen sich die Kosakenoffiziere widerstandslos auf die Fahrzeuge laden.« Aus diesen Worten geht wohl klar hervor, daß der Einsatz von Schlag- und Stichwaffen nicht aus der Hitze des Augenblicks heraus oder als Vergeltung dafür erfolgte, daß einem Engländer in die Hand gebissen worden war, sondern daß es sich um vorsätzliche Gewaltanwendung handelte, um jeden Widerstand im Keim zu ersticken. Die Kosaken sollten, wenn sie das Prügeln sahen, endlich begreifen, daß die Soldaten vor keinem Mittel zurückschrecken würden, sie auf die Lastwagen zu bekommen, und daß mit ihnen, so sie nicht freiwillig gingen, genauso verfahren würde. Von einem englischen Offizier, der an der Aktion teilgenommen hat, ist dem Verfasser versichert worden, man hätte lediglich ein »Minimum an Gewalt« angewendet, doch verträgt sich das schlecht mit dem erwähnten englischen Bericht, in dem ja »freiwilliger Gebrauch von Gewehrkolben, Hackenstielen und Bajonettspitzen« erwähnt wird. Bestimmt wäre es möglich gewesen, die Kosaken auch ohne Schläge auf die Wagen zu bringen. Schließlich waren sie ältere Leute und körperlich sicher schwächer als die jungen englischen Infanteristen. Gewiß, es hätte Verzögerungen und Unbequemlichkeiten gegeben, aber wenigstens wäre die Arbeit getan worden, ohne sich dabei Methoden zu bedienen, die selbst in Anbetracht der Rauheit der Zeit und der kriegsbedingten Abstumpfung menschlichen Feingefühls brutal genannt werden müssen.

Viele Offiziere hatten etwas von der Jalta-Vereinbarung läuten hören, und sie mutmaßten, diejenigen unter ihnen, die sowjetische Staatsbürger waren, würden auf jeden Fall ausgeliefert. Sie glaubten, es werde individuelle Überprüfungen geben, »die Wölfe von den Schafen zu scheiden«. Leniwow schreibt, während der Verladung seien nicht wenige Kosaken zu englischen Offizieren gegangen und hätten Nansen-Pässe und andere Ausweise vorgezeigt, aus denen hervorging, daß die Besitzer seit 1920 nicht mehr in Rußland gewesen waren.[15] Bryar und seine Leute – zweifellos beeinflußt durch General Keightleys Befehl, individuelle Fälle nicht zu berücksichtigen, »es sei denn, sie werden mit besonderem Nachdruck geltend gemacht«, und in allen Zweifelsfällen »die Betreffenden als sowjetische Staatsangehörige zu behandeln« –, lehnten solche Berufungen jedoch ab und gewährten insgesamt nur vier Ausnahmen.

In dem englischen Bericht wird behauptet, es seien Schritte unternommen worden, jene Leute auszusondern, die offenkundig keine Sowjetbürger waren; allerdings hätten »das Fehlen von Dokumenten sowie die Eile und Heimlichkeit, mit der die Abtransporte durchgeführt werden mußten, eine gründliche Einzelüberprüfung unmöglich gemacht«. Im Falle der Generäle wie Schkuro, Krasnow, Klytsch Girej und Pannwitz kann aber nicht einmal dieser bescheidene Anspruch geltend gemacht werden. Bei ihnen handelte es sich um wohlbekannte Leute. Schkuro war 1919 für seine Verdienste im Ersten Weltkrieg eine hohe englische Auszeichnung für Militärs verliehen geworden, nämlich das Komturkreuz des Bath-Ordens; seitdem war er Emigrant. Bei Pannwitz stand die Frage überhaupt nicht, ob er russischer oder sowjetischer Nationalität sei – er war einwandfrei Deutscher. Bleibt also nur der Schluß, daß die Entscheidung, diese Männer in Verletzung der Jalta-Vereinbarung zu repatriieren, auf Grund von Keightleys Meinung gefällt wurde, daß der Roten Armee vor allem daran gelegen sei, die höheren Offiziere in die Hand zu bekommen, und daß sie deren Auslieferung als Zeichen britischen Wohlverhaltens ansehen würde; also sei es wichtiger, die Sowjets nicht zu verstimmen, als den Regeln der Vereinbarung nachzukommen.

Nur durch minimale Gesten konnten die Engländer die Schrekken des Abtransports ein wenig lindern. Major K. Rowlette, der in der Versorgungsabteilung saß, erzählt: »Ich rief die Division an, ich bräuchte tonnenweise Wodka.« Der Alkohol wurde auch sogleich geliefert und auf die Laster geladen, zur Verteilung unterwegs, zusammen mit reichlicher Marschverpflegung. Noch in Sichtweite des Lagertors sprang ein Kosak von einem der Wagen, aber die Kolonne wurde schnell zum Halten gebracht und der Mann wieder eingefangen. Major Thomas Goode, kommandierender Offizier der Panzereskorte, die dann auf der Bildfläche erschien, berichtet: »Als wir ankamen, waren sie bereits zusammengetrieben und auf Laster verteilt. Meine 21 Panzerwagen schoben sich überall zwischen sie. Die MG-Schützen waren angewiesen, sie am Ausrücken zu hindern.« Nach ein paar Kilometern habe ein zweiter Kosak zu fliehen versucht, »aber den brachte eine MG-Garbe dazu, es sich anders zu überlegen«.

Geoffrey Pickard, ein weiterer Offizier der Eskorte, erinnert sich, daß er Befehl gehabt habe, nur Feuer zu geben, um Fluchtversuche zu vereiteln, nicht aber gezielt zu schießen: »Direkt angelegt haben unsere Gewehrführer sicher auf keinen der Flüchtenden. Es war ganz leicht, bloß den Sand ein bißchen um ihre Füße spritzen zu lassen. Gewöhnlich reicht das, jemand zu stoppen, der über ein Feld rennt. Und so war es auch hier – wir holten sie alle wieder zurück. Wohlgemerkt: Wäre uns klar gewesen, was ihnen blühte, hätten wir sie laufenlassen. Wir wußten ja weder, wer diese Leute waren, noch was wir da eigentlich taten. So machten wir bloß immer nach, was die andern machten, und ehe wir recht begriffen, an was für einem Spiel wir uns da beteiligten, war's schon aus. Der Gedanke, daß wir die Kosaken ihrem Tod ausgeliefert hatten, drehte meinen Leuten den Magen um, und wäre das ein zweites Mal von uns verlangt worden, hätte es wahrscheinlich Unruhen gegeben. Aber es war nur dieser eine Tag.«

Um der Roten Armee zu zeigen, wie peinlich genau sie ihr Versprechen einhielten, hatten die Engländer ihren Opfern befohlen, ihre Uniformen und Rangabzeichen zu behalten. Die Sowjets sollten sogleich erkennen, welche von ihren Feinden die Führer waren, in Sonderbehandlung zu nehmende Leute. Auf den

LKW konnte der Befehl dann aber nicht mehr durchgesetzt werden. Während der Fahrt rissen sich alle Kosaken die belastenden Abzeichen ab und warfen sie weg, so daß die Straße nach Judenburg bald mit glitzernden Schulterstücken und Offizierssternen besät war. Außerdem drängten die den Wachen ihre Wertsachen auf – Geld, Fotoapparate, Uhren und Schmuck –, anfangs in rührenden Versuchen zur Bestechung, sie doch fliehen zu lassen, später aber bloß noch, um die Sachen loszuwerden oder gegen ein paar Zigaretten einzutauschen. Sie wußten, daß die Rotarmisten ihre neuen Gefangenen als erstes durchsuchen und ihnen jedes Stück von Wert abnehmen würden. Laut Leutnant English betrieben manche von den Wachen einen »schwunghaften Tauschhandel«: Zigaretten gegen Kameras und Armbanduhren.

Der Konvoi fuhr nach Judenburg hinein und hielt an der großen Eisenbrücke über die Mur, der Grenzlinie zwischen der englischen und der sowjetischen Besatzungszone. Die Russen auf der anderen Seite waren bereit, und die Lastwagen fuhren zur Entladung einzeln über die Brücke. Sergeant D. Charters beschreibt in seinem Bericht einen Vorfall, zu dem es dabei kam: »Während unsere LKW hielten, bat ein Mann, austreten zu dürfen. Dies wurde ihm gestattet. Da sprang er plötzlich über das Brückengeländer, wo es sehr tief hinunterging. Er wurde später aufgelesen.« Major Goode sah diesen Selbstmordversuch zwar nicht direkt, wohl aber, wie er sich ausdrückte, sein »Ergebnis«. In seiner Meldung schrieb er: »Ein Offizier sprang einen dreißig Meter tiefen Abgrund hinunter, wurde aber heraufgeholt und zerschmettert und sterbend den sowjetischen Streitkräften übergeben.« Goode fuhr fort: »Während der Ausladung der Kosaken, unmittelbar nach ihrer Übernahme durch die sowjetische Wache, schnitt sich ein Offizier mit einer Rasierklinge die Kehle durch und sackte mir sterbend auf die Füße.« Leniwow schreibt, an der Brücke hätten fünf Mann Selbstmord verübt, laut Charters' Bericht waren es dagegen nur diese zwei; alle anderen seien »ohne Zwischenfall hinübergelaufen«.

Goode ging über die Brücke und schaute zu, wie die Sowjets

ihre Gefangenen empfingen. Die Engländer hatten Listen erstellt, und das sowjetische »Empfangskomitee« kannte viele der Kosakenoffiziere namentlich, vor allem Krasnow und Schkuro, die im Bürgerkrieg Generäle auf seiten der Weißen gewesen waren. Goode schreibt, die Sowjetoffiziere schienen hocherfreut, so berüchtigte Personen übergeben zu bekommen, unter denen sich einige der größten Unholde von fünfundzwanzig Jahren sowjetischer Folklore befanden. Es war eine Dolmetscherin im Hauptmannsrang da, die gut Englisch sprach. Als Goode sie fragte, was mit den Kosaken werde, erklärte sie, die höheren Offiziere würden »umerzogen«, die unteren Ränge zur Arbeit beim Wiederaufbau zerstörter sowjetischer Städte eingesetzt.

Die gleiche Frage stellte er einem anderen Offizier, der allerdings nur ein paar Brocken Englisch beherrschte. »Er machte bloß eine Grimasse und fuhr sich mit dem Finger quer über die Kehle«, sagt Goode. Er hatte zwei Antworten erhalten, die einander widersprachen, aber welcher er glaubte, steht außer Zweifel: »Nach dem Gespräch auf der Brücke war mir völlig klar, daß es für keinen von ihnen Hoffnung gab. Bis dahin hatten wir uns wohl gar nicht recht klargemacht, was hier vor sich ging. Ich jedenfalls nicht. In jener ersten Nacht in Spittal habe ich überhaupt nicht nachgedacht. Hinterher dafür um so mehr. Wie man die Dinge jetzt sieht, hätte man wahrscheinlich wegschauen und sie fliehen lassen müssen. Aber damals kam uns das gar nicht in den Sinn. Unsere Befehle waren so eindeutig.«

Er erinnert sich, zwei Wochen später einem Gardeoffizier begegnet zu sein, der eine ähnliche Aufgabe zu erfüllen gehabt hatte. Er erzählte Goode, als eine Gruppe von Kosaken ausrückte, hätten seine MG-Schützen zwar Feuer gegeben, aber absichtlich zu hoch oder zu weit seitlich gezielt; die Flüchtigen verschwanden in den Bergen, und niemand mühte sich ernstlich, sie aufzuspüren. »In gewissem Sinn haben Leute wie dieser Offizier Befehlsverletzung begangen«, findet Goode, »aber vielleicht taten sie recht damit.« Er meint, manche Offiziere hätten durchaus die Möglichkeit gehabt, »die Hintertür offenzulassen und woanders hinzuschauen« – was besser war als eine direkte Befehlsverweigerung, die ihm als Soldat widerstrebt hätte und ohnehin nutzlos gewesen wäre, weil er dann ja damit rechnen mußte, durch einen fügsameren Mann ersetzt zu werden.

Viele an der Operation beteiligte englische Soldaten stellen sich solche Fragen noch heute, während andere sich mit dem Gedanken zufriedengeben, sie hätten ja lediglich einen Befehl wortgetreu ausgeführt. Leutnant J. T. Petrie aus Goodes Eskorte zum Beispiel gehörte zu jenen, die (laut seinem eigenen Bericht) »bei der Verladung der höheren Offiziere mit Bajonettspitzen nachhalfen«. Er ist genau wie Alec Malcolm der Ansicht, die Kosakenauslieferung sei lediglich ein Auftrag gewesen, der ausgeführt werden mußte: »Natürlich war das alles andere als angenehm, aber das ist im Krieg vieles. Und wir hatten ganz klare Instruktionen. Es war uns gesagt worden, es handle sich um eine Anweisung von Churchill persönlich; örtliche Brigadekommandeure erklärten uns das so, und wir führten eine einsatzmäßige Verlegung der Gefangenen von A nach B durch. Was ich selbst bei diesem Auftrag empfand, diese Frage möchte ich nicht beantworten. Was mit ihnen wurde, nachdem wir Judenburg verlassen hatten, weiß ich nicht, und ich will mich da sowieso raushalten, weil ich keine Meinung dazu habe.«

Diese Ansicht, daß ein Soldat Befehle auszuführen habe, ohne nach dem Warum zu fragen, wird von den meisten höheren Offizieren geteilt. Musson hat dem Verfasser erklärt: »Nach all dem müssen Sie Churchill fragen, nicht Musson oder Keightley. Was wir darüber denken, ist unerheblich.«

Die Kosakenoffiziere befanden sich nunmehr in sowjetischen Händen, rund 2000 Mann: 1500 aus Domanows Gemeinschaft und 500 von Pannwitz' Kavalleriekorps. In Lienz waren Unruhe und Angst ausgebrochen, als die Offiziere nicht wie versprochen am Abend des 28. Mai zurückkamen. Da sie Massenfluchten befürchten mußten, konnten sich die Engländer aber noch immer nicht erlauben, mit allen Fakten herauszurücken. M. N. Leontijewa, eine der kosakischen Dolmetscherinnen, hat geschrieben: »An jenem Abend wurde gemunkelt, die Offiziere seien sämtlich an die Sowjets ausgeliefert worden. Major Davies stritt das energisch ab. Er war so höflich und leutselig wie eh und je, doch als sich die Wahrheit nicht länger verschleiern ließ, erzählte er uns mit Tränen in den Augen, daß auch er von seinen Vorgesetzten getäuscht worden sei. Er komme sich ganz gemein vor, die ihm so lieb gewordenen Kosaken und Kosakinnen belogen zu haben, aber er hätte einfach nicht gewagt, gegen seinen Befehl zu handeln.«[16]

Aber selbst am nächsten Morgen, als ihre Offiziere bereits nach Judenburg unterwegs waren, wollten die Lienzer Kosaken dies noch nicht recht glauben. Davies hatte ihnen zwar gesagt, die Offiziere kämen nicht zurück, aber das mußte ja nicht unbedingt bedeuten, daß sie ausgeliefert würden. Am wahrscheinlichsten war, daß die Engländer sie in ein regelrechtes Kriegsgefangenenlager steckten. Und selbst wenn sie die Offiziere tatsächlich den Sowjets übergaben, hieß das nicht, daß sie das mit den anderen – Tausenden einfacher Männer, Frauen und Kinder – ebenso machen würden. Vor dieser Möglichkeit verschlossen die Kosaken selbst jetzt, da sie wußten, daß sie getäuscht worden waren, noch immer die Augen.

Es gab noch rund hundert Offiziere, die aus diesem oder jenem Grund nicht mit den anderen nach Spittal gefahren waren, außerdem dreißig bis vierzig Popen. An jenem Morgen fuhren Lautsprecherwagen auf und gaben bekannt, alle nicht zu der Konferenz gegangenen Offiziere hätten sich bei einer bestimmten Dienststelle zu melden. Einige kamen dem Befehl nach, andere flohen ins Gebirge, weil sie überzeugt waren, wenn sie blieben, wäre es nur noch eine Frage der Zeit, bis sie geholt und ihren Kameraden nachgeschickt würden. Am 30. Mai wurde durch Lautsprecher verkündet, jeder Offizier, der sich bis zwölf Uhr mittags nicht melde, werde vor ein Kriegsgericht gestellt. Als Dmitri Frolow das hörte, war er verzweifelt. Im Gegensatz zu den meisten seiner Freunde war er überzeugt, daß die Engländer sie an die Sowjets ausliefern wollten. Doch wenn er sich weiter versteckt hielt, würde man ihn doch irgendwann erwischen, und seine

Familie hätte zu leiden. Er hatte eine Frau sowie zwei Töchter von vierzehn und elf und einen Jungen von fünf Jahren.

Frolow beschloß, sich zu melden, und so packte er einen Rucksack und begab sich mit seinen Angehörigen zum Lager Peggetz: »Am Appellplatz stand ein Lastwagen mit zwei Soldaten, einem Fahrer und einem englischen Offizier – einem jungen Leutnant mit roten Haaren, etwa zwanzig Jahre alt. Es muß zwölf Uhr gewesen sein, also Ende der Meldefrist für uns, und er wartete darauf, dem Wagen mit den bereits darin sitzenden Kosaken das Zeichen zur Abfahrt zu geben. Ich hatte meinen Rucksack schon in den LKW getan und war noch dabei, meine Frau und meine Kinder zum Abschied zu küssen, da nahm mich dieser Offizier beim Arm und führte mich von dem Wagen weg, so daß ich nicht einsteigen konnte. Er gab das Zeichen, und der Lastwagen fuhr ab – mit meinem Rucksack, aber ohne mich. Meine Frau hatte geweint, als wir uns verabschiedeten. Er muß gewußt haben, was uns bevorstand, und hatte wohl Mitleid mit uns. Jedenfalls rettete er mir das Leben.«

Dreiundachtzig andere Kosaken, alles Nachzügler der Hauptgruppe, hatten jedoch weniger Glück. Sie wurden nach Spittal gebracht und dort am 31. Mai verladen. Leutnant Dennis Hemming, dem diese von ihm so bezeichnete »Elendsfuhre« unterstand, gibt eine lebendige, leicht belustigende Schilderung der dann folgenden Vorgänge: »Der Konvoi bestand aus drei Dreitonnern, in denen die Offiziere saßen, mit je einem befehlshabenden Korporal. Den Schluß bildete ein Schützenpanzer mit aufgebockten leichten MGs und mit Befehl, auf jeden Gefangenen zu schießen, der zu fliehen versuche.« Unterwegs gab es einen Aufenthalt, und deshalb fuhr Hemming voraus, um die Russen über die Verspätung zu informieren. Er hatte ein paar Säbel bei sich, die während früherer Durchsuchungen abgenommen worden waren. Kosakensäbel sind oft mit Edelsteinen besetzt und folglich sehr wertvoll. Die Sowjetoffiziere in Judenburg wußten von ihrer Existenz und fanden, sie müßten zusammen mit den Gefangenen ausgeliefert werden. Sie hatten sie eigens angefordert.

Hemming fuhr über die Brücke bis zur Schranke, wo ihm ein russischer Oberst entgegenkam. Er gab diesem die Liste der Gefangenen, die eintreffen sollten. Doch des Obersten erste Frage galt den Säbeln. Hemming schreibt: »Ich händigte ihm dieselben aus, aber als er sah, daß es bloß Feldsäbel waren, machte er ein ganz enttäuschtes Gesicht; anscheinend hatte er Paradestücke erwartet. Zwei dabeistehende russische Offiziere griffen sich jedoch jeder einen Säbel und stürmten wie wild die Straße hinunter, vollführten Luftsprünge, schwenkten ihre neuen Besitztümer und stießen Schlachtrufe aus, sehr zum Gaudium der umherstehenden russischen Offiziere und Mannschaften.«

Der Oberst sagte zu Hemming, er solle zusehen, die Gefangenen bald zu bringen, denn es warte ein sowjetischer General auf sie. Hemming beschleunigte die Ausladung:

»Kaum war die Gruppe an der russischen Schranke angelangt, fuhren zwei schwere Mercedes-Wagen vor, und jedem entstieg ein General. Nach allseitigem Salutieren befahlen sie, die Gefangenen lastwagenweise antreten zu lassen. Ihren Mienen nach zu urteilen, hatten diese inzwischen das Gefühl, ihrem Schicksal überantwortet zu sein. Die von viel Begleitung umringten Generäle sprachen mit ein, zwei einzelnen Gefangenen. Dann hielt der eine General eine große Rede. Er sagte ihnen, sie wären unfolgsam gewesen, aber sofern sie täten, was von ihnen verlangt werde, und gleich jedem anderen Mitglied der Sowjetgesellschaft arbeiteten, geschähe ihnen nichts. Man konnte die ungeheure Erleichterung in den Gesichtern der Gefangenen sehen, als sie zu einer Einfriedung abgeführt wurden.«[17]

Auch andere englische Offiziere sprechen von einem fast schon freundlichen Empfang der Kosakenoffiziere auf der sowjetischen Brückenseite. Goode sagt, zur Übernahme der Hauptgruppe am 29. Mai sei fast ein Bataillon Rotarmisten dagewesen; man habe die Gefangenen dann formiert und sei mit ihnen zu einer nahen Fabrik abmarschiert. »Außerdem war da noch eine Gruppe höherer Offiziere, die anscheinend nicht zu dem Bataillon gehörten. Ob es sich um Presse- oder Politoffiziere handelte, weiß ich nicht, aber sie wirkten gebildeter als die andern. Einige von ihnen schossen Fotos.« Es war in der Tat ein historischer Augenblick: die Rückkehr der bittersten Feinde der Sowjetunion in russische Gewalt. Nur natürlich, daß die aktiven Sowjetoffiziere für ihre geschlagenen Landsleute nicht bloß Haß wegen ihrer Kollaboration mit Hitlerdeutschland, sondern auch ein bißchen Mitgefühl empfanden. Ihre Freundlichkeit mag Täuschung gewesen sein, um die Engländer glauben zu machen, die Kosaken würden human behandelt, vielleicht aber war sie zum Teil wirklich echt. Schließlich waren es ja nicht die Soldaten, die mit diesen Gefangenen abzurechnen hatten. In ein paar Tagen würden sie Stalins NKWD übergeben, und mit der Freundlichkeit wäre es vorbei.

6 MASSENDEPORTATION AUS DEM DRAUTAL

Immer noch lagerten mehr als 20 000 Kosaken im Tal der Drau zwischen Lienz und Oberdrauburg: Unteroffiziere, gemeine Soldaten, Priester, Zivilflüchtlinge, Frauen und Kinder. Eine Dolmetscherin namens Olga Rotowaja war bei der Verladung der Offiziere am 28. Mai zugegen: »Einige ihrer Ehefrauen schrien und baten mich als Dolmetscherin, die britischen Offiziere zu fragen, ob ihre Ehemänner wiederkommen würden. ›Natürlich werden sie‹ sagte mir der Offizier. ›Die Konferenz beginnt um drei Uhr. Sie wird eine Stunde dauern oder anderthalb. Gegen fünf oder Viertel nach fünf werden die Offiziere wieder im Lager zurück sein. Versuchen Sie, die Frauen zu beruhigen. Sie haben keinen Grund zum Weinen.‹«[1]

Doch der Abend verstrich, und von den Führern der Kosaken war nichts zu sehen. Gegen acht Uhr wurde Olga Rotowaja gerufen, weil einige britische Offiziere sie als Dolmetscherin brauchten. »Wo sind die Offiziere?« fragte sie. »Sie kommen nicht mehr zurück,« war die Antwort. »Wo sind sie denn?« – »Wir wissen es nicht.« Sie sagte dann: »Sie haben uns viermal versprochen, daß sie heute abend zurück sind. Soll das bedeuten, daß Sie uns getäuscht haben?« Hierauf antworteten die Offiziere – wie Rotowaja berichtet –: »Wir sind nur britische Soldaten, und führen lediglich die Befehle unserer Vorgesetzten aus.«

Es ist kaum verwunderlich, daß die Kosaken nunmehr fürchten mußten, daß das Schlimmste geschehen war. Die Ausflüchte der britischen Offiziere und das Fehlen des Verbindungsoffiziers Major

Davies, der sonst ständig in engem Kontakt mit ihnen stand, erregten den Argwohn der Kosaken, daß ihre Bewacher etwas vor ihnen zu verbergen hatten. Eine andere Dolmetscherin, M. N. Leontijewa, fragte die britischen Offiziere am nächsten Tag ganz offen, ob die Kosakenoffiziere ausgeliefert werden sollten oder nicht. Man versicherte ihr, das werde nicht geschehen.[2] Sie würden zwar nicht nach Lienz zurückkehren, seien aber in Sicherheit und gut aufgehoben. Es bestünde keine Notwendigkeit, ihnen Verpflegung oder Kleidung zukommen zu lassen, da alles vorhanden sei. Ihre persönliche Habe solle ihnen nachgesandt werden.

Das war eine unwahrscheinliche Geschichte; aber die Kosaken konnten nicht sicher wissen, daß sie falsch war. Der natürliche Optimismus ließ einige von ihnen noch eine kleine Weile weiter im Narrenparadies. Über diese Nacht schrieb Leontijewa: »Es war eine schlaflose Nacht der Qualen.« Aber vom britischen Standpunkt aus war es lebenswichtig, die Wahrheit so lange wie möglich zu verbergen. Es gab einfach nicht genügend Leute, um 20 000 Menschen zu bewachen, die auf großer offener Ebene verstreut waren. Einige hatten das Tal bereits verlassen und lebten wild in den Bergen. Wenn die Nachricht einmal durchgesickert war, würde ein Strom daraus werden.

Rusty Davies erhielt die höchst unangenehme Aufgabe, die Nachricht zu verbreiten, und er erinnert sich noch sehr genau daran: »Sie hatten eine Art Lagerausschuß, und ich bat die Führer des Ausschusses, zusammenzukommen. Sie nahmen mit Entsetzen auf, was ich ihnen sagte; und ich selbst war wie versteinert, offen gestanden. Wenn ich zurückblicke, wird mir klar, daß sie mich hätten in Stücke reißen können, wenn sie gewollt hätten. Aber ich war völlig unbefangen. Ich ging einfach mitten hinein. Sie schrien mich nicht an und taten mir nichts, sondern verlegten sich aufs Bitten. Sie konnten nicht glauben, daß ich ihnen so etwas antun würde. Sie hatten ja vollständiges Vertrauen zu mir. Das ist das Entsetzliche daran. Deshalb war mir so fürchterlich elend bei der ganzen Angelegenheit.«

Zoe Polaneska, die junge Russin, erinnert sich: »Ich hielt mir die Ohren zu und sagte: ›nein, das will ich nicht hören.‹« Davies versuchte, die Kosaken zu besänftigen und zu beruhigen. Er sei ermächtigt, sagte er, ihnen mitzuteilen, daß die sowjetischen Behörden das Versprechen gegeben hätten, alle Repatriierten menschlich und anständig zu behandeln. Die Kosaken mußten über eine derartige Naivität fast lachen. Sie bestürmten ihn mit Fragen: Ob er wüßte, was die Sowjetmacht getan hatte? Ob er wüßte, wie viele Millionen im Zuge der Zwangskollektivierung getötet worden seien? Oder Hungers gestorben waren? Ob er von den Massendeportationen und den Säuberungen wüßte? Glaubte er *wirklich*, daß man Stalins Worten trauen konnte? Davies wußte auf solche Fragen keine Antwort. Er wußte, daß das sowjetische Volk vier Jahre lang tapfer gegen den Nazi-Aggressor gekämpft hatte. Vier Jahre lang hatten die britischen Zeitungen das Hohelied Stalins gesungen. Was sollte er glauben?

Davies sagte, er werde es ihnen so leicht wie möglich machen. Er werde darauf achten, daß Familien zusammen bleiben könnten. Sie würden alle gut zu essen bekommen für die Reise und aus dem Vorratslager Extrakleidung. Er werde alles tun, um in diesen Einzelheiten behilflich zu sein; nur über die Hauptsache konnte er selber gar nichts entscheiden. Sie müßten zurück in die Sowjetunion. Das waren seine Befehle. Da brachten ihm die Kosaken eine alte Frau. Sie streckte ihre Hände aus, an denen keine Fingernägel mehr waren. »Die Folterer des NKWD – dorthin wollen Sie uns zurückschicken!« sagte sie ihm durch einen Dolmetscher. Davies war tief bewegt, aber was konnte er machen?

Es war zwei Tage vor dem Abtransport. Dazu heißt es im amtlichen Bericht der Engländer: »Das Lagergelände wurde mit allen verfügbaren Männern von uns bewacht; aber es war unmöglich, zu verhindern, daß eine beträchtliche Anzahl von Kosaken und Kaukasiern in den nächsten Tagen in die nahen Berge verschwand.« Einer von ihnen war Gregori Schelest, der heute in den Vereinigten Staaten lebt. Ein britischer Soldat mißachtete seine Befehle und erzählte ihm, was mit den Offizieren geschehen war, noch ehe Davies offizielle Mitteilung machte: »Einige Soldaten wollten uns sogar helfen. Sie sagten uns die Wahrheit. Ich hatte meine Frau und meinen kleinen Gregori bei mir, der erst neun Monate alt war. Ich beschloß, daß wir unser Heil in der Flucht suchen sollten. Hunderte taten es uns gleich. Wir wollten lieber im Wald wie Tiere verrecken, als uns an die Kommunisten ausliefern zu lassen.« Prokofi Wassilenko machte es ebenso. Er nahm seinen Rucksack und lief in die Wälder, die die niederen Hänge der Berge ringsum bedeckten. Das Wetter war sehr gut, die Nächte warm und das Leben schien recht lebenswert. Es gab mehrere Bäche, die Frischwasser lieferten, und Nahrung war bei den ortsansässigen Bauern zu erhalten.

Aber die große Mehrheit, über 20 000 Menschen, zog es vor, im Tal zu bleiben und sich den Befehlen zu widersetzen. Ihre Offiziere waren verschwunden; daraufhin ernannten sie einen älteren Sergeanten namens Kusma Polunin zu ihrem vorübergehenden »Ataman«. Polunin erwies sich als guter Organisator. Er richtete eine Bittschrift an Alec Malcolm, den Kommandanten der wachhabenden Truppe in dem Gebiet. Er begann darin folgendermaßen: »Wir Russen, Kosaken, die Rußland aus EIGENEM WILLEN verlassen haben und der deutschen Armee beigetreten sind – nicht, um deutsche Interessen zu verteidigen, sondern mit dem Willen, AUSSCHLIESSLICH GEGEN DIE SOWJETUNION ZU KÄMPFEN, erklären, daß unsere Rückkehr in die Sowjetunion absolut unmöglich ist.«

In der Bittschrift hieß es, viele Kosaken hätten Verwandte in den Vereinigten Staaten und in Europa, derentwegen sie Gefängnis und Folter in der Sowjetunion erlitten hätten. Viele andere waren nach langem Leiden als Gefangene des nationalsozialistischen Deutschland gestorben. Deshalb waren sie froh gewesen, in die Hände der Engländer zu fallen. »Wir wünschten uns den Schutz der britischen Regierung, von der wir Rettung erhofften«, schrieben sie, wenn aber dieser Schutz unmöglich sei, »ziehen wir den Tod der Heimkehr in das sowjetische Rußland vor, wo wir zu langsamer, aber systematischer Vernichtung verdammt sind«. Sie baten Malcolm, die Bittschrift an das englische Parlament und den amerikanischen Kongreß weiterzuleiten.

Noch größere Verzweiflung diktierte ein anderes Schreiben der in Dellach in der Nähe stationierten Kaukasier: »Die vergangenen 25 Jahre hatten wir keinen Ort, an dem wir in Rußland bleiben konnten. Wir wurden von einem Ort zum anderen vertrieben, in Hunger und Kälte, mit unseren Greisen, Frauen und Kindern. Wenn Sie jetzt irgendein Erbarmen mit diesen Menschen haben, senden Sie sie nicht nach Rußland zurück, was für sie den sicheren Tod bedeuten würde.« Die Kaukasier baten darum, in irgendein von den Briten kontrolliertes Territorium geschickt zu werden. Sie würden alle Befehle erfüllen und den Briten treu dienen. Aber die Bittschrift schloß: »Wenn unsere Forderungen nicht erfüllt werden und Sie alle Kaukasier in ein Konzentrationslager nach Rußland schicken wollen, dann erschießen Sie uns bitte alle zusammen, wie wir hier sind.«

Leontijewa schreibt: »Major Davies nahm diese Bittschriften an, aber wir müssen annehmen, daß sie nicht weiter als bis zu seinem Papierkorb kamen.« Das ist nicht wahr, Davies hat alle Petitionen tatsächlich an seine Vorgesetzten weitergegeben, wenngleich er nicht wußte, was danach damit geschah, und wenn sie London oder Washington erreichten, war es zu spät, um noch irgend etwas für sie zu tun. Davies besuchte die Lagerbehörden regelmäßig, wobei er die Kosaken beschwor, vernünftig zu sein und sich ins Unvermeidliche zu fügen. Diese Besuche waren ihm immer äußerst zuwider. Da Butlerow weg war, diente ihm jetzt Olga Rotowaja als Dolmetscherin, deren Hochzeit vor kaum zwei Wochen er mit vorbereitet hatte.

Bei einer dieser Besprechungen bat sie Davies um nähere Einzelheiten über die angedrohte Deportation: Würden auch die alten Emigranten zurückgeschickt? Ja, auch sie. Dann müßte sie, Olga, auch gehen? Ja, so war das. Rotowaja bat Davies, sich nach den anderen umzusehen, die dem Treffen beiwohnten. Die Männer weinten, sagte sie ihm. »Ich kann das nicht sehen«, antwortete Davies. Rotowaja fährt fort: »Seine Hände zitterten. Er rauchte eine nach der anderen und zerknüllte andauernd Zettel, auf denen Befehle geschrieben waren. Wir hatten Tränen in den Augen. Sogar die Männer schluchzten. Ich versuchte alles, um Major Davies zu überzeugen, daß unsere Rückkehr in die Sowjetunion unmöglich war, weil die Bolschewisten uns fürchterliche Leiden zufügen würden. Es war aber alles nutzlos. Er hatte nur eine Antwort: ›Ich bin nur Soldat, und ich muß die Befehle annehmen, die ich von meinen Vorgesetzten erhalte. Es hängt nicht von mir ab. Ich bin bereit, alles zu tun, damit keine Familien auseinandergerissen werden.‹«

Das war ein starkes Argument. Davies sagte den Kosaken, wenn sie dem Befehl gehorchten, würden sie für die Reise gut verpflegt werden und die Familien könnten zusammenbleiben. Wenn sie sich widersetzten, würden sie gewaltsam abtransportiert werden. Eltern würden von ihren Kindern getrennt werden. Sicher wollten sie es dazu nicht kommen lassen? Aber das konnte die Kosaken in keiner Weise beeindrucken. Sie hatten bereits beschlossen, was sie am Tage des drohenden Abtransports tun würden: sie würden im Freien einen gewaltigen Gottesdienst abhalten. »Wir würden auf dem Felde beten, wir würden ohne Unterlaß, ohne Pause beten. Wir waren überzeugt, daß die Briten keine Menschen anfassen, die beten«, schreibt Rotowaja.[3]

Es war klar, daß die Engländer nicht beabsichtigten, Gewalt anzuwenden. Solange sie und ihre Freunde fest blieben, meinte sie, wären die Briten nicht in der Lage, sie fortzubringen. Für die Soldaten mußte es schon vom Gefühl her unmöglich sein, Menschen körperlich anzugreifen, die sie bis dahin freundlich behandelt und liebgewonnen hatten. Die Kosaken waren von der guten Behandlung, die sie erfahren hatten, derart beeindruckt, daß sie das als Zeichen britischer Sympathie und Achtung deuteten. Sie waren sich nicht darüber klar, daß die Rolle, die sie im Kriege gespielt hatten, von London und Washington als niederträchtig und verräterisch angesehen wurde.

Sie sahen nicht, daß es sich bei den Argyll and Sutherland Highlanders um Soldaten handelte, die durch jahrelange erbitterte Kämpfe abgehärtet waren, die mit äußerster Disziplin ihre Befehle erfüllen würden, auch solche, die sie selbst nicht verstanden und die sie persönlich verabscheuten.

Die Kosaken traten in den Hungerstreik. Sie sagten den Briten, sie wollten keine Lebensmittellieferungen mehr, da sie »entschlossen« seien, »im Hinblick auf die zu erwartenden Leiden zu fasten«.[4] Die Briten brachten nichtsdestoweniger die Verpflegung: Brot, Zucker, Kekse und Fleischkonserven. Einiges davon schütteten die Kosaken auf den Boden. Dosen wurden geöffnet, der Inhalt weggeworfen. Der Rest der Verpflegung wurde zu Haufen gestapelt und bewacht, um zu gewährleisten, daß alles unangetastet blieb. Nur die Kranken erhielten zu essen. Der Rest blieb hungrig. Auch den kleineren Kindern wurde von ihren Eltern das Essen verwehrt.

Sie nähten sich zahlreiche schwarze Flaggen und hängten sie aus ihren Zelten. Schwarze Fahnen wurden auch an den Lagerbegrenzungen aufgestellt und an den Verpflegungsstapeln. Sie malten Transparente und nagelten sie um das Areal herum auf; mit Inschriften wie »Besser hier tot als zurück in die UdSSR!!« Die russisch-orthodoxe Liturgie wurde in den vielen Zeltkirchen im Gebiet von Lienz ohne Unterlaß gelesen. Religiöser Eifer entfaltete sich zunehmend, und die Führung der Kosaken ging jetzt in die Hände der dreißig oder vierzig Priester über; denn das waren die einzigen verbliebenen Offiziersränge. Jetzt waren die strenggläubigen Kosaken allmählich soweit, den Tod als Möglichkeit in Betracht zu ziehen. Daß sie selbst oder, schlimmer noch, ihre Kinder in die Hände der Atheisten fallen sollten, war für sie der fürchterlichste Gedanke überhaupt, denn das würde den Verlust ihrer unsterblichen Seelen bedeuten. In den Augen Gottes mochten Mord oder Selbstmord noch besser sein als das, was die Briten mit ihnen vorhatten.

Lastwagen trafen ein, um die persönliche Habe der Offiziere einzusammeln. Die Kosaken weigerten sich, die LKW zu beladen; die Briten mußten das also selber in die Hand nehmen und mühten sich ab, so gut es ging, denn niemand von ihnen wußte, was zu wem gehörte und wo die Offiziere jeweils gewohnt hatten. Nach einer Weile sprachen die Kosaken die Soldaten an. Sie fragten sie, wo das Gepäck hinkäme. Die Soldaten erwiderten, sie wüßten es nicht, nur, daß die Sachen den Offizieren ausgehändigt würden, woraufhin die Ehefrauen eilig verzweifelte Briefe an ihre Männer schrieben; diese Zettel wurden den Soldaten zur Übermittlung ausgehändigt, oftmals mit rührenden kleinen Lebensmittelpäckchen. Die Soldaten nahmen die Briefchen aus Freundlichkeit an, aber natürlich erreichten sie nie die kosakischen Offiziere, die sich bereits in sowjetischer Hand befanden.[5]

Wenn es soweit ist, dachte Davies, werden die Kosaken einsehen, daß es keinen Ausweg gibt und werden freiwillig gehen. Er erwartete zwar Schwierigkeiten und Szenen, nicht aber ernstlich Gewalt. Er erklärte ihnen, sie würden gehen müssen, wenn möglich in ordnungsgemäßer Weise, notfalls aber mit Gewalt. Sicher mußten sie ihm glauben und einsehen, daß Widerstand die Dinge nur verschlimmern würde. Bedauerlicherweise glaubten die Kosaken dem Major aber nicht. Das lag daran, daß er sie schon zu oft irregeführt hatte. Natürlich hatte er dies entweder in Unkenntnis oder in Ausführung direkter Befehle seiner Vorgesetzten getan. Nichtsdestoweniger hatte er sie irregeführt, und ihre Rückkehr in die Sowjetunion war um so unglaubhafter, als sie nicht annehmbar war. Ihre Stimmung war für Gerüchte offen, die im Lager herumgeisterten: daß ein Krieg zwischen der Sowjetunion und den Westmächten ausbrechen würde, daß die britischen Soldaten auf ihrer Seite stehen und sich weigern würden, ihnen gegenüber Gewalt anzuwenden, daß ihre Offiziere in einem nahe gelegenen britischen Lager gehalten würden und bald zurückkämen.[6] Nichts von dem stimmte. Die britischen Soldaten hatten zwar vorher gewußt, daß ihre Aufgabe unangenehm sein würde, aber daß die ordnungsgemäße Erfüllung im britischen Interesse läge. Sie gingen daran, ihre Befehle zu erfüllen.

Einige Kilometer östlich von Lienz war das Lager der Kaukasier; sie wurden für den ersten Transport ausgewählt. Diese Einheiten waren der Sowjetunion nicht derart feindlich gesinnt wie die Kosaken. Einige hatten sich sogar bereit erklärt, freiwillig heimzukehren. Man nahm an, sie würden im allgemeinen weniger widerspenstig beim Heimtransport sein. Am Nachmittag des 30. Mai begab sich eine Kompanie der 5. Buffs unter Major B. McGrath zum kaukasischen Lager, um die Insassen zur Station Dellach zu bringen, wo Züge auf ihren Transport in die sowjetische Zone warteten. Sie hatten Befehl, sich um 14 Uhr bereitzuhalten, aber McGrath mußte bemerken, daß für den Aufbruch wenig vorbereitet war. Statt dessen fanden sie 200 Menschen – Männer, Frauen und Kinder – in einem kreisförmigen Haufen zusammengeballt. Für McGrath schien es, »als hätten sie keine Absicht, aufzubrechen, denn sie zeigten eine schwarze Fahne und sangen Choräle und klagten«.

McGrath fuhr fort: »Ich habe vier Dreitonner bestellt, die sie aufnehmen sollten, und zwanzig Mann, die sie in die LKW verladen sollten. Das Wehklagen schwoll an, und einige ließen verlauten, sie wollten lieber erschossen werden als in die UdSSR zurückkehren. Mit großer Schwierigkeit wurden einige wenige gewaltsam auf die LKW verladen, aber es war unmöglich, sie zu hindern, wieder herunterzuspringen – was sie allesamt taten. Es hatte den Anschein, als wenn bestimmte Personen die Führer dieses Sitzstreiks waren, und um ein Exempel zu statuieren, befahl ich vier meiner Leute, einen herauszugreifen und auf den LKW zu laden. Er wehrte sich jedoch derart heftig, daß ich gezwungen war, ihm mit einem Schraubenschlüssel einen Schlag auf den Kopf zu geben.«

Die Folge dieses Schlages war nach McGraths Worten »Ernüchterung« bei den übrigen Kaukasiern, die sich dann voneinander lösten und ohne weitere Schwierigkeit zu einem Platz nahe der Eisenbahnstation gebracht wurden, um auf ihren Abtransport am nächsten Morgen, dem 31. Mai, zu warten. Ein britischer Offizier und 45 Soldaten begleiteten eine Zugladung von 1737 Kaukasiern, die Dellach um 10 Uhr vormittags verließen. Acht Stunden später überquerte der Zug die Grenze bei Judenburg, wo die Übergabe stattfand. Eine weitere Ladung von 1414 Kaukasiern wurde am nächsten Tag übergeben. Am 31. Mai wurden außer den Kaukasiern etwa 7000 Kosaken aus dem Pannwitzschen Kavalleriekorps übergeben. An jenem Tag gab es wenig ernste Zwischenfälle. Die

Kaukasier waren nicht so fest entschlossen, sich dem Transport zu widersetzen, während die Kosaken des Kavalleriekorps mit Erfolg über das, was ihnen bevorstand, im Ungewissen gelassen worden waren.

Ursprünglich sollte die Übergabe der Kosaken aus dem Gebiet von Lienz auch am 31. Mai beginnen, aber auf Verlangen der sowjetischen Behörden wurde ein Tag Aufschub eingelegt, denn die Russen hatten mit den übrigen 8500 alle Hände voll zu tun. Es war am frühen Morgen des 1. Juni, als die Deportationen auf der ganzen Länge des Drautales einsetzten, Leutnant E. B. Hetherington kam mit einer Kompanie der Royal West Kents zu einem Lager in der Nähe von Oberdrauburg und mußte ebenso wie McGrath feststellen, daß für den Abtransport keinerlei Vorbereitungen getroffen worden waren. Er rief den zuständigen Kosakenführer und befahl ihm, seine Leute zum Fertigmachen zu bewegen. Der Kosak weigerte sich und fügte hinzu, er wolle lieber erschossen werden als heimzukehren, woraufhin ihn zwei britische Soldaten ergriffen und mit Gewalt zum Zug brachten. Hetherington beobachtete dann, wie sich das Gros der Kosaken »am Ende des Lagers zusammenballte, wobei die Außenstehenden mit verschränkten Armen einen Ring bildeten, um zu verhindern, daß unsere Soldaten eindringen konnten«.

Der Leutnant befahl seinen Leuten, die Bajonette aufzusetzen, »um die Kapitulation der Kosaken zu erreichen«, aber die einzige Antwort der Kosaken bestand darin, daß sie ihre Hemden aufrissen und die Soldaten aufforderten, sie zu erstechen. Eine verbale Aufforderung durch einen Dolmetscher führte nur zu Schreien und Pfiffen. Hetherington entschied sich dann, die klassische Technik, durch Entfernung der Rädelsführer die Masse unter Kontrolle zu bringen, anzuwenden. Er sagte seinen Leuten, sie sollten »sich auf die widerspenstigsten Elemente stürzen«. Aber, so berichtete er, »dies war leichter gesagt als getan, denn man brauchte vier oder sechs Mann, um mit einem Kosaken fertig zu werden«. Man ging mit Hackenstielen vor, um den äußeren Ring zu durchbrechen und Leute aus der Menge zu lösen – ein Vorgehen, das »zwar langsam, aber sicher zum Erfolg führte«. Das einzige Problem bestand darin, eine ausgebrochene Gruppe einzufangen, die sich in die nahen Wälder flüchten wollte. Die Soldaten eröffneten das Feuer und schossen zwei Kosaken tot. Daraufhin ging die Verladung ohne weiteren Zwischenfall weiter, und eine weitere Zugladung Kosaken wurde ins sowjetisch besetzte Gebiet geschickt.

In einem anderen Lager hatte das 2. Bataillon der Royal Inniskilling Fusiliers noch größere Mühe. Ihr kommandierender Offizier David Shaw berichtet: »Es war schrecklich. Wir mußten sie mit Gewalt packen und mit vorgehaltenem Bajonett in die Züge verladen.« Leutnant R. Shields befehligte eine Kompanie, die etwa 800 Kosaken am Morgen des 1. Juni verladen sollte. Es heißt in seinem Bericht: »Ich war Zeuge vieler bestürzender Zwischenfälle aus fanatischer Furcht; die Kosaken fühlten die auf sie wartende Zukunft als Bedrohung – manche Männer streckten sich auf dem Boden aus, entblößten ihre Brust und verlangten, erschossen zu werden; Frauen wurden hysterisch.« Er und ein weiterer Offizier – Captain Campbell – sahen sich einer Masse Kosaken gegenüber, die mit ineinander verschränkten Armen auf dem Boden saßen und sich weigerten aufzustehen; sie wollten lieber sterben, statt den Roten ausgeliefert zu werden.

Shields' Bericht erwähnt dann die folgende schreckliche Szene: »Captain Campbell hatte beschlossen, keine Rücksicht mehr zu nehmen und auf Überredungskünste zu verzichten, um sie zum Aufstehen zu bewegen. Hier mußte Gewalt angewandt werden. Die Soldaten befestigten ihre Bajonette und begannen, die Masse in kleine Gruppen zu zerteilen. Das erwies sich als keine leichte Aufgabe. Es folgte eine zehnminütige Schlägerei mit Stöcken und Gewehren, und man ging sogar so weit, mit der Bajonettspitze vorzugehen, und nicht immer zimperlich. Jetzt waren die Männer schon sehr erregt, und dann eröffnete einer das Feuer mit einem MG. Hierauf hatten die Truppen gewartet. Sie feuerten über die Köpfe der Kosaken hinweg oder vor ihnen in den Boden. Es spielten sich ziemlich wilde Szenen ab.«

Wie durch ein Wunder wurde niemand von den Kugeln getroffen.

Die Demonstration der Gewalt bewog nur einige wenige Kosaken, sich in Richtung der Lastwagen zu begeben, die sie zum Zug bringen sollten. Die meisten wollten sich nicht in Marsch setzen, trotz der rauhen Behandlung. Wie gewöhnlich griffen die Soldaten einen Rädelsführer heraus, der die Kosaken zu größerer Standhaftigkeit aufforderte, und bemühten sich ganz besonders, diesen Mann zu unterwerfen. Nach dem Bericht von Shield »blutete der Mann, als er zu den LKW geschleppt wurde, bereits von den vielen Schlägen, und sein Ledermantel, der vor dem Kampf noch gut erhalten war, hing jetzt in Fetzen ebenso wie die Jacke und sein Hemd«.

Sobald dieser Mann entfernt war, waren die Kosaken zu keinem Widerstand mehr fähig; die Schläge und die vor ihnen in den Boden pfeifenden Kugeln hatten ihre Wirkung getan. Drei Viertel von ihnen setzten sich murrend in Richtung der LKW in Bewegung. Doch eine Gruppe von etwa 200 Mann versuchte, sich in den nahe gelegenen Wald zu flüchten. Shields schreibt: »Derartigen Versuchen wurde mit MG-Feuer begegnet.« Kaum einer erreichte den Wald, und die meisten von denen, die es schafften, wurden wieder eingefangen. Drei Kosaken wurden durch das Gewehrfeuer getötet. Die Soldaten benötigten zwei Stunden, um dieses eine Lager zu räumen.

David Shaw dazu: »Wir haben dadurch alle einen gewaltigen Schock bekommen. Es war ein fürchterlicher Befehl, der gegeben werden mußte, und unter meinen Leuten gab es eine Menge Mitgefühl.« Nach diesen Zwischenfällen begab er sich zu Robert Arbuthnott, um sich zu beschweren. Was er dort zu hören bekam, brachte ihn auf: ausgerechnet sein Bataillon war speziell für den schmutzigen Auftrag ausgewählt worden, weil es sich um Iren handelte. Der General äußerte dazu: Seiner Ansicht nach würden die Iren wahrscheinlich weniger Widerwillen zeigen oder weniger Schwierigkeiten machen als ein englisches Bataillon. Shaw war schockiert und beleidigt. Aber, so sagt er, »General Arbuthnott gab mir direkten Befehl, den ich auszuführen hatte. Die Männer begehrten in jeder Weise dagegen auf, aber schließlich gehorchten auch sie den Befehlen. Es war schrecklich. Ich erinnere mich noch, wie diese Frauen – einige von ihnen schwanger – sich am Boden wälzten und schrien. Meine Männer legten ihre Gewehre zu Boden, hoben die Frauen in den Zug, verschlossen die Türen und standen solange neben dem Zug, bis er sich in Bewegung setzte, mit den schreienden Frauen an den Fenstern.«

Fünfzig Kilometer nördlich von Klagenfurt hatte Captain J. S. Lowe von der 12. Honourable Artillery Company ähnliche Schwierigkeiten bei dem Versuch, seine Kosaken zu überreden, auf die Lastwagen zu steigen. Ursprünglich hatten sich ihm persönlich Ende Mai 2000 Kosaken ergeben; sie hatten noch drei Wochen nach Kriegsende mit ihrer Kapitulation gezögert, aber die Sicherheitsvorkehrungen waren lockerer als im Gebiet von Lienz, weshalb viele von ihnen verschwanden, bevor im Juni die Befehle eintrafen, alle Ränge auszuliefern. Es wurden zehn Dreitonner zur Verfügung gestellt, um etwa 300 von ihnen nach Judenburg zu bringen.

Lowe hatte die Verladung unter sich. Er erinnert sich: »Sie wußten, wohin es mit ihnen gehen sollte, und weigerten sich, die LKW zu besteigen. Sie verharrten in ihren Zelten. So schlugen wir auf die Zelte ein, während sie noch drinnen waren. Als sie dann im freien Lagergelände waren, spürten wir, daß wir ohne Demonstration der Gewalt nichts erreichen würden; wir montierten also einen Flammenwerfer auf einen Maschinengewehrträger und schossen in die Lagerstraße zwischen den Zelten Flammenstöße. Danach stiegen die Kosaken auf die Laster.«

Lowe gehörte nicht zur Eskorte; bei seiner Rückkehr war er erschüttert, als er hörte, daß mehrere Kosaken Selbstmord verübt hatten. Er sagt: »Ich glaube, insgesamt haben sich drei Mann in den Wagen selbst umgebracht, einer sprang in Judenburg von der Brücke. Anhand der Blutspuren, die einer meiner Leute hinterher auf der Ladefläche der LKW erblickte, konnte man annehmen, daß sie sich die Hals- oder Pulsschlagadern zerschnitten hatten.« Daraufhin wurde dem Brigadier Clive Usher Meldung gemacht, der alle weiteren Transporte einstellen ließ. Lowe dazu: »Wir waren alle aufs äußerste erschüttert nach jenem Tag mit dem Flammenwerfer und den Selbstmorden; und wir haben grundsätzlich gesagt: ›Nie wieder.‹« Diejenigen Kosaken, die das Glück hatten, um einen Transport herumzukommen, blieben einige Tage bei der Einheit, ehe sie in ein allgemeines Internierungslager kamen. Einige hundert blieben monatelang bei den Briten und arbeiteten als Burschen oder Pferdepfleger.

Aber so erschütternd diese Szenen der Gewalt waren, scheinen sie doch gering im Vergleich zu den Geschehnissen in Lienz, wo das Bataillon der Argyll and Sutherland Highlanders die Kontrolle hatte. Das Grauenvolle der Lienzer Ereignisse lag darin, daß hier 4000 Frauen und 2500 Kinder dabei waren und das Ganze fast an Völkermord grenzte, da es sich um die Liquidierung eines großen Teils der emigrierten Kosakennation handelte. Die Geschichte wurde damals weder in der englischen noch amerikanischen Presse erwähnt. Beide Seiten – sowohl die Sowjetunion als auch der Westen – legten Wert darauf, daß die ganze Frage der zwangsweisen Repatriierung geheimgehalten wurde, und die Journalisten folgten immer noch den Anweisungen der Regierungsstellen.

Vor der Veröffentlichung der britischen Dokumente über die Vorgänge von 1945 im Jahre 1972 gab es keine genaue Kenntnis jener Vorgänge. Russische Emigranten haben zwar detailliert über die Geschichte geschrieben, aber ihre Erzählungen sind natürlich emotional gefärbt und oft übertrieben. Da war die Rede von Großbritanniens »großem Verrat« an den Kosaken, ohne daß erklärt wurde, warum Loyalität oder Freundschaft durch die Briten für Männer gezeigt werden sollte, die auf Hitlers Seite gekämpft hatten. Sie beschrieben Churchill als Kriegsverbrecher,[7] ohne den Versuch, das Abkommen von Jalta über die Repatriierung zu analysieren bzw. die Gründe, die dazu gezwungen hatten.

Der ehemalige Kosaken-Ataman Wjatscheslaw Naumenko nannte den 1. Juni »den Tag, der – zusammen mit dem Wort Lienz – mit blutigen Lettern in die Geschichte des kosakischen Volkes eingeschrieben ist«. Und er prophezeit: »Dieser Tag wird alle Zeit in unserem Gedächtnis bleiben als Tag der Grausamkeit und Unmenschlichkeit ohnegleichen, verübt von den westlichen Alliierten in Gestalt der britischen Armee gegen das wehrlose Kosakenvolk an den Ufern der Drau.«[8] Aber er sieht das Ereignis nicht im Zusammenhang des Zweiten Weltkrieges und vergißt den Vergleich mit den noch viel größeren Scheußlichkeiten, die die Faschisten an anderen Völkern verübt hatten.

Obgleich die Kosaken keinen Anspruch auf Loyalität seitens der Alliierten hatten, hatten sie doch als Menschen das Recht, korrekte, anständige Behandlung durch die Armee zu erwarten, die ihre Kapitulation als Kriegsgefangene angenommen hatte. Auf dieser Basis muß man die britischen Dokumente über die Angelegenheit prüfen, nachdem sie heute zugänglich geworden sind. Alec Malcolm schrieb einen Bericht, der mit den folgenden Worten beginnt: »Ich ging am 1. Juni um 7.30 Uhr zusammen mit Major Davies zum Lager Peggetz ... Im Lager sah ich eine große Menschenmenge, mehrere Tausend, zusammengepfercht in einem abgesperrten Karree, mit Frauen und Kindern darunter, umgeben von Männern. Rund um diesen ganzen Haufen befand sich ein gleichmäßig verteilter Kordon Uniformierter. Etwa 15 bis 20 Geistliche im Ornat waren an einer Stelle in der Menge versammelt; trugen religiöse Bilder und Fahnen. Um 7.30 Uhr begannen diese Priester, einen Gottesdienst zu zelebrieren, in dem die ganze Menge Choräle sang. Es war offensichtlich, daß diese Form des Widerstands aufs beste organisiert war.«

Malcolm hatte recht. Am Vorabend hatten die Priester beschlossen, die Kosaken zu einem gewaltigen Gottesdienst unter freiem Himmel zusammenzurufen. Wassili Gregorjew, der höchste Geistliche, war gegen diese Idee, da er nicht wollte, daß so viele Menschen an einem Ort versammelt seien. Er war der Meinung, dies würde es den Soldaten erleichtern, sie mit einem Schlag einzufangen und zu verladen. Aber er wurde von anderen Kosakenführern und Priestern überstimmt, die der Ansicht waren, daß eine religiöse Zeremonie die Durchführung des Abtransports verhindern könnte. Der moralische Druck auf die Briten würde dadurch erhöht werden. Niemand störe gern einen Menschen, während er betete, glaubte man. Um 6 Uhr früh schritten die Priester in einer Prozession rund um das Lager und forderten die Leute zum Mitgehen auf, bis sich nach Davies' Schätzung 4000 Kosaken in einem Quadrat befanden, das an drei Seiten von einem hohen Bretterzaun umgeben war.

Sowohl die Kosaken als auch die Soldaten erinnern sich noch heute lebhaft an die Szene. Oberhalb der Menge erhob sich eine hölzerne Plattform mit einem Behelfsaltar und einem großen Kreuz. Um das Podium standen die Priester in buntschillernden Gewändern. Wassili Gregoriew psalmodierte die Gebete der orthodoxen Liturgie vor, und die Menge wiederholte sie. Archie Reid, einer der Soldaten, erinnert sich: »Da war ein ganz bestimmter Priester, um den sich offenbar alles drehte. Er hatte ein Tabernakel errichtet und hielt eine Predigt. Sein Wort war Gesetz. Sie wären friedlicher gegangen, wenn er geschwiegen hätte.« Andere meinen, sich an eine fast karnevalistische Szene zu erinnern: die Farben der Ikonen und religiösen Fahnen, dann die an allen Gebäuden befestigten schwarzen Flaggen, dazu die Menschenmassen mit ihrem Gesang.

Davies wandte sich durch einen Dolmetscher an die Menge mit der Ankündigung, jetzt sei die Zeit zum Abtransport gekommen. Er schreibt, daß »die einzige Wirkung darin bestand, daß die Leute fester zusammenrückten«. Er teilte ihnen mit, sie hätten noch eine halbe Stunde Zeit, um ihren Gottesdienst zu beenden, und als diese Frist verstrichen war, gab er ihnen noch eine weitere halbe Stunde. Aber es hatte keineswegs den Anschein, als ob die Gebete ein Ende nehmen würden. Davies wurde dann klar, daß »ein Appell an die Menge, freiwillig aufzubrechen, nutzlos war und daß sie mit Gewalt von der Stelle gebracht werden mußten«.

Er formierte seine Leute an der zaunlosen Seite des Platzes. Einige hatten Hackenstiele, andere scharf geladene Gewehre. Die Gewehrträger hatten an ihren Koppeln Bajonette hängen. Er gab ihnen Befehl, sie aufzusetzen. Er berichtet: »Ich hatte mir tüchtige und erfahrene Soldaten ausgesucht. Beim Aufsetzen der Seitengewehre sorgte ich dafür, daß es wie eine perfekte Exerzierübung klappte, wie bei den Wachen vor dem Buckingham Palace. Ich war sicher, daß hiermit der Trick gelingen würde. Die Kosaken konnten die Gewehre mit den Bajonetten sehen und mußten meiner Meinung nach klar erkennen, was das bedeuten sollte. Ich hielt danach weiteren Widerstand nicht mehr für möglich.«

Davies täuschte sich. Sogar als die Soldaten mit Kolben und Bajonetten in die Menge vorstießen, fuhren die Kosaken mit ihren Gebeten fort und rührten sich nicht von der Stelle. Wie eine Herde Tiere angesichts eines Angriffs durch Raubtiere schützten sie ihre Frauen und Kinder, die sie in ihrer Mitte hielten, indem am Rande junge Männer eine Schutzkette bildeten, um die anderen zu verteidigen. Nach Davies' Worten »bildeten die Leute eine feste Masse, die auf den Knien hockend mit ineinander verschränkten Armen im Gebet fortfuhr«. Die Soldaten versuchten, einzelne Kosaken herauszugreifen und sie von dem Haufen wegzuziehen. Iwan Martinenko erinnert sich, wie sie zitterten und zusammenzuckten, als die Soldaten sie angriffen, aber sie waren nicht in der Lage, auch nur einen einzigen herauszureißen.

Die Soldaten hatten eine derartige Situation niemals erlebt und waren restlos überfordert. Einige von ihnen gingen zu Davies zurück. »Sie wollen nicht gehen, Sir«, berichteten sie ihm in höchster Aufregung. Davies' Befehle waren eindeutig. Er sagte seinen Leuten, daß die Kosaken gehen müßten – ob sie wollten oder nicht. Die Männer gehorchten ihm und machten kehrt, waren aber äußerst verwirrt und blickten Davies an, als wollten sie sagen: »Meinen Sie das wirklich so?« Davies war irritiert. Er wußte aus Erfahrung, daß sie nie einen Augenblick gezögert hatten, wenn es sich darum handelte, in der Schlacht eine Stellung anzugreifen. Archie Reid berichtet: »Man hatte uns gesagt, sie hätten für die Deutschen dreckige Arbeit gemacht und daß wir sie als unsere Feinde ansehen sollten. Aber als es dann soweit war, erschienen sie uns gar nicht so. Es war wirklich keine angenehme Aufgabe.«

Davies' nächster Plan bestand darin, einen seiner Züge in die Menge zu schicken, um eine Ecke zu isolieren: »Ein Zipfel von etwa 200 Mann wurde abgeschnitten. Ich befahl den beiden anderen Zügen, zwischen diesen Zipfel und den Rest der Menge einzudringen, um sicherzustellen, daß niemand aus dem Zipfel entweichen konnte und niemand den ersten Trupp daran hinderte, mit dem Verladen dieser Leute auf die Lastwagen anzufangen.« Die Kosaken sollten schließlich in einen Zug geschlossener Güterwagen verladen werden, der einige hundert Meter weiter stand. Es gab keinen Bahnsteig, und man hatte Holzschwellen übereinandergeschichtet, um den Höhenunterschied zu überbrücken und eine Treppe zum Aufsteigen für die Kosaken errichtet. Aber zunächst bestand das Problem darin, die Kosaken auf die Dreitonner zu verladen und an die Bahnlinie zu bringen.

Normalerweise waren die Ladeflächen dieser Laster durch Planen verdeckt, die fest über die kuppelförmig gewölbten Eisenstreben gezogen wurden; aber diesmal waren die Planen entfernt worden. Bei offenen Seiten und Hinterklappen würde es leichter sein, die Leute einzuladen.

Bis jetzt hatten die Soldaten kaum Gewalt angewandt. Man hatte gezogen und gezerrt, aber Schläge hatte es noch nicht gegeben. Oberst Malcolm hat die ganze Episode dem Autor beschrieben »wie eine jener Demonstrationen vor der amerikanischen Botschaft in Grosvenor Square, wie einen Sitzstreik«, und bis zu diesem Punkt stimmt seine Schilderung. Was aber dann geschah, brachte die ganze Auseinandersetzung auf eine andere Ebene. Emigrierte Kosaken haben darüber mit Leidenschaft und in aller Länge berichtet. Es ist natürlich, daß sie die Greuel und die Gewaltanwendung der Szene übertrieben. Die Briten haben sich darüber bisher ausgeschwiegen, und manche versuchen immer noch, das Drama zu verniedlichen. Aber sowohl Malcolm als auch Davies beschrieben die Ereignisse unmittelbar darauf, und es ist – dank ihrer Berichte – bekannt, wie schrecklich die dann folgenden Szenen waren.

Davies berichtet, wie die isolierten zweihundert Kosaken verladen wurden: »Als einzelne am Rande des Haufens weggerissen wurden, drängte der Rest zu noch festerer Masse zusammen, und als sie von Panik erfaßt wurden, kletterten sie in verzweifeltem Bemühen, von den Soldaten wegzukommen, übereinander hinweg.

Das Ergebnis war eine Pyramide schreiender, hysterischer Menschen, unter denen eine Anzahl von Leuten in der Falle saßen. Die Soldaten bemühten sich in aller Hast, diese Masse zu zerteilen, um das Leben der darunter eingeklemmten Menschen zu retten, und mit Hackenstielen und Gewehrkolben schlug man auf Arme und Beine, um einzelne zu zwingen, ihren Halt zu lockern.«

Diese Szene machte nachhaltigen Eindruck auf andere englische Soldaten. Duncan McMillan sagt: »Das Ganze ging so weiter, und in der Mitte war die Pyramide schon höher, als ein Mann reichen konnte.«

Archie Reid, jetzt Farmer in Schottland, erzählt: »Nicht die Soldaten drückten sie zu Tode, sie erdrückten sich gegenseitig. Sie waren wie eine Schafherde im Nebel, einer auf dem anderen gestapelt. Ich glaube, etwa sechs wurden dabei erstickt.« Davies schreibt in seinem Bericht, daß alle Kosaken seiner Gruppe zwangsweise verladen wurden, zwei starben an Erstickung.

Dmitri Frolow, einer der wenigen Kosakenoffiziere, die die Ereignisse an Ort und Stelle miterlebten, berichtet: »Sie warfen uns wie Kartoffelsäcke auf die Lastwagen. Ich weiß noch, wie sie mit der 17jährigen Tochter von Sergeant Pastrjulin verfuhren, einem hübschen Mädchen. Sie wurde an der Seite eines LKW kopfüber aufgeladen. Ich sah dann, wie sie sich erhob, sich mit der einen Hand an den Eisenstreben stützte, mit der anderen den Kopf hielt, mit dem sie auf der Ladefläche aufgeschlagen war.«

Die Priester setzten ihre Messe fort. Frolow fährt fort: »Ein Soldat kam zu Pater Pantelejmon. Er ergriff den Priester am Gewand und wollte ihn aus der Menge ziehen. Pantelejmon hielt ihm sein Holzkreuz entgegen, um ihn zu verscheuchen. Der Soldat wich zurück.«

Frolow beobachtete dann einen Soldaten, der einen etwa fünfjährigen Jungen auf der Schulter zu den Lastern trug. Der Junge trug Kosakenuniform, strampelte und schrie, und Frolow bemerkte zu seinem Schrecken, daß es sein eigener Sohn Wolodja war. Er verlor die Kontrolle über sich selbst und rannte von der Menge weg; aber als er näher kam, wurde ihm klar, daß es gar nicht sein

Sohn war, er sah ihm nur ähnlich. Er kehrte um und wollte die Masse weiter schützen, wurde aber von einigen Soldaten ergriffen, die ihn zu den Lastern bringen wollten. Da brachen einige junge Kosaken aus der Menge aus und befreiten ihn. Die jungen Kosaken schlossen wieder den Ring um die Gruppe und taten ihr Bestes, um ihre Landsleute gegen die Angriffe der Soldaten zu schützen. Frauen und Kleinkinder waren offenbar leichter einzufangen und konnten mit geringerer Gewalt verladen werden. Oftmals mußte der Vater dabei zusehen. Wie Frolow mochte er dann vorübergehend blindwütig werden bei dem Gedanken, daß seine Frau oder sein Kind ohne ihn in die Sowjetunion gebracht würde. Viele Kosakenmänner stürzten sich aus dem Haufen heraus, um einen Verwandten zu retten, und waren dann eine leichtere Beute für die Soldaten.

Zoe Polaneska befand sich im Hintergrund der Menge. Zunächst wurde ihr nicht recht klar, was geschah; sie merkte nur, wie sie mit immer größerem Druck gegen die Hütten und den starken Bretterzaun gedrängt wurde, der die Versammlung zum Teil umschloß. Als sie merkte, wie die Soldaten ihre Landsleute wegschleppten, war ihre erste Reaktion ein Schock: Das waren also die britischen Soldaten, die sie so freundlich behandelt hatten!? Warum waren sie jetzt so grausam ihr gegenüber geworden? »Sie benahmen sich so abscheulich, daß ich glaubte, sie hätten den Verstand verloren«, erzählt sie heute. Aber es dämmerte dunkel in ihr auf, daß die Soldaten etwas taten, was für sie ganz unnatürlich war. Es mußte einen zwingenden politischen Grund geben, eine Kraft außerhalb ihrer Kontrolle und ihres Verstehens, die sie zu diesem überraschenden Vorgehen zwang.

In seinem Buch »Der große Verrat«, das General Naumenko diesen Ereignissen widmet, schreibt er: »Die Soldaten schlugen die Kosaken mit den Kolben auf den Kopf. Das Blut spritzte, und als die Männer das Bewußtsein verloren hatten, hoben die Soldaten sie auf und warfen sie auf die Lastwagen . . . Einige von ihnen gewannen das Bewußtsein wieder und sprangen von den LKW herunter, woraufhin sie erneut ergriffen, geschlagen und wieder zurückgeworfen wurden. Sobald ein LKW voll war, stiegen zwei Maschinengewehrschützen auf, und sie wurden zur Eisenbahnlinie gefahren, wo sie in die wartenden Güterwagen hinübergeworfen wurden.«[9]

Seine Behauptungen werden von Oberst Alec Malcolm und allen Offizieren und Mannschaften des 8. Bataillons der Argyll and Sutherland Highlanders scharf zurückgewiesen. Malcolm sagt: »Die Kosaken waren für ihr Land Verräter, und deshalb mußten sie ihre Strafe erhalten. Was wäre, wenn Hitler in Schottland eingedrungen wäre, und verschiedene Schotten freiwillig auf seiner Seite gekämpft hätten? Sie wären nach dem Kriege selbstverständlich bestraft worden.« Seiner Meinung nach wandten seine Männer beim Verladen der Kosaken auf die Züge ein absolutes Minimum an notwendiger Gewalt an. Er schreibt: »Ich glaube sicher, daß die politische Entscheidung, die Kosaken zu repatriieren, rechtens war und daß es die einzige Lösung war, der man damals zustimmen konnte.«

Als man ihm ein erschütterndes, schreckliches Gemälde der Szene zeigte, das ein Kosaken-Emigrant 1957 gemalt hatte*, bezeichnete er die Arbeit als »töricht« und »eine absolute Karikatur«. Malcolms Meinung zufolge besteht die Gefahr, die ganze Angelegenheit übermäßig zu dramatisieren. Es geschah erst drei Wochen nach Ende des sechsjährigen Krieges, schreibt er. In jenen sechs Jahren hätten er und seine Männer viele schwierige und unangenehme Befehle auszuführen gehabt, auch solche, die den Tod von Freunden oder Kameraden in Waffen zur Folge hatten. Er betrachtet die ganze Angelegenheit lediglich als »einen unangenehmen Auftrag, der ausgeführt werden mußte«.

Aus Gesprächen mit britischen Soldaten, die an der Operation teilnahmen, geht hervor, daß der kosakische Maler S. G. Korolkow sich bei der Darstellung der Szene gewisse Freiheiten herausnahm. Beispielsweise erinnert sich niemand an einen Soldaten, der sein Gewehr wie eine Keule geschwungen hätte. Davies weist

* Siehe Abbildung 37.

darauf hin, daß auf den Gewehren Bajonette saßen und daß es zu gefährlich, wenn nicht sogar unmöglich war, die Waffe in dieser Weise zu schwingen. Es gab auch keine Tanks mit Panzerketten am Ort, wie sie der Künstler gemalt hat. Davies sagt jedoch, abgesehen von bestimmten Einzelheiten dürfte das Gemälde ein »ziemlich getreues Bild« des Geschehens wiedergeben.

Keiner der für dieses Buch befragten Offiziere oder Mannschaften teilt Malcolms Ansicht, daß die Kosaken nach Rußland mit Gewalt zurückgebracht werden mußten. Kenneth Tyson, Bataillonspfarrer, bezeichnet die Operation als »üblen Vorgang«. Davies sagt: »Ich denke immer noch mit Schaudern daran.« Duncan McMillan sagt: »Sie hätten niemals zurückgesandt werden dürfen.« John Pinching, Sanitätsoffizier des Bataillons, sagt gleichfalls: »Sie hätten nie zurückgeschickt werden dürfen. Wir hatten alle ein sehr schlechtes Gefühl dabei.« Diese Gefühle wurden von den einfachen Soldaten geteilt, die diese Aufgabe für »unsoldatisch« hielten, die ihnen nicht hätte erteilt werden dürfen.

Alle Interviewten teilen allerdings Malcolms Ansicht, daß es keine *willkürliche* oder *unnötige* Gewalt bei der Verladung in die Züge gegeben habe, erkennen aber an, *daß* Gewalt angewandt wurde.

Es handelte sich bei ihnen darum, daß sie – sobald einmal der Befehl ergangen war – keine andere Möglichkeit hatten, als die Kosaken zu verladen. Ihre einzige Alternative war Ungehorsam, und das wollten sie nicht. Tyson schreibt, daß die Soldaten »sich gegenüber herzzerreißenden Protesten blind und taub stellen mußten, um unnachgiebig vorzugehen und Gewalt anzuwenden«. Der genaue Grad angewandter Gewalt ist schwer zu präzisieren. Niemand bezeifelt, daß die Kosaken – Männer, Frauen und Kinder – auf die Lastwagen und in die Züge gezogen, gezerrt und getragen, jedenfalls mit körperlicher Gewalt angepackt wurden. Aber, wie Malcolm angab, diese Methode wird häufig von der Polizei angewendet, wenn es sich darum handelt, in Friedenszeiten Sitzstreiks aufzulösen. Wenn dies das ganze Ausmaß der Gewaltanwendung gewesen wäre, bestünde kaum Grund zur Klage.

31. Feldmarschall Harold Alexander, der Kommandeur der britischen 8. Armee.

33. Major ›Rusty‹ Davies.

32. Generalleutnant Charles Keightley.

34. Appell bei einem Lager im Drautal, Mai 1945.

35. Ein seltenes Dokument aus der amerikanischen Armeezeitschrift ›Stars and Stripes‹ vom 6. März 1946: Ein russischer Kriegsgefangener in Plattling nach einem Selbstmordversuch. Siebzehn Messerstiche hatte er sich beigebracht, um der Zwangsrepatriierung zu entgehen.

day, March 6, 1946 THE STARS AND STRIPES

tlee Urges Approval of Million-Man

mitments d As Need Big Force

Signal Corps photo by Herod

HURT: Russian repatriate Constantine Gustonon grimaces with pain after he slashed himself on the chest some 17 times in a suicide attempt to avoid being returned to Russia. He is held by Capt. Kenny Gardner, of the 66th Inf. Regt.. Gustonon's was the first case of attempted suicide among the deportees from Plattling to Russia as PWs.

Jap School F Teaching Mil

YOKOHAMA, Mar —A patrol of the U Div. found Japanese dren in an inland tov ceiving military train

When the princip primary school was to the military training, that he had not rec anese government or so and was reluctant with the patrol's req Military authorities mised to take energ

Iran Pre Lodges Pr

From Press Disp

Iranian Premier Qa taneh was reported have left Moscow afte protest against Russia evacuate Red Army tr the March 2 treaty d cording to dispatches Middle East.

London sources howe that Qavam, who was Stalin in the presence Commissar V. M. M carrying back to Teh terms for the withdra troops.

Qavam said Monday his negotiations were difficult." He is said t ing to Iran without a cord, unless some agr reached at the last m

In Washington, the bassador asked the U Russia's failure to w troops

Aber es war nicht das ganze Ausmaß der Gewaltanwendung. Vielleicht das wichtigste Beweisstück findet sich in Malcolms eigener Aufzeichnung. Er schrieb: »Es war erforderlich, die Männer hart zu schlagen, damit sie gingen.« Er berichtet im einzelnen, daß die Soldaten die Kosaken – vor allem die jungen, die die übrigen bewachten – ins Gesicht schlugen, um eine Gasse zu öffnen, damit die Soldaten Leute ergreifen und verladen konnten. Er gibt auch zu, daß einige Kosaken Bajonettstiche erhielten, betont aber, daß das zufällig geschah. Tatsächlich ist es wahrscheinlich, daß derartige Zwischenfälle leicht geschehen konnten, sobald die Soldaten begonnen hatten, Kosaken mit dem bajonettbewehrten Gewehr, und zwar mit dem Kolben, zu schlagen. Alles in allem ist klar, daß Malcolms eigener Bericht über die Szene wenig Assoziationen zu »Sitzstreiks am Grosvenor Square« im Frieden weckt und daß diese Kosaken ohne hartes Anpacken und Schlagen nicht zu verladen gewesen wären.

Im Hintergrund der Menge wurde Zoe Polaneska immer fester gegen die Wand einer der Hütten gedrängt. Vorn drängte jedermann nach innen, um den Häschern zu entgehen, und diejenigen im Hintergrund waren in Gefahr, zerquetscht zu werden. Zoe wurde jetzt durch den Druck der Menge bis zur Höhe eines der Fenster gehoben. Sie wurde gegen das Fenster gedrückt, bis plötzlich die Scheibe splitterte. Sie fiel mit dem Oberkörper in den Innenraum, ihre Beine blieben draußen, dabei schnitten sie sich in die Reste der Scheibe ein. Sie berichtet: »Meine Beine waren in Streifen geschnitten. Blut floß herab, und ich konnte sie nicht mehr fühlen – das war meine größte Angst. Ich lag einfach nur so da, bis jemand kam und meine Beine über den Fensterrahmen in die Hütte hinein warf.«

Der Druck der Menge wirkte auch auf den Bretterzaun, und schließlich wurde das Gewicht der herandrängenden Leiber so stark, daß er nachzugeben begann. Plötzlich brach er zusammen. Die Menschen ergossen sich durch die Lücke wie Lava aus einem ausgebrochenen Vulkan. Nach Olga Rotowajas Worten »zerstoben sie in alle Winde wie gejagte Hasen«. Sie selbst wurde nahe der

Stelle, wo der Zaun gebrochen war, zu Boden geschleudert: »Die Leute rannten an meinen Füßen vorbei, offenbar ohne jede Selbstkontrolle. Alles ging jetzt durcheinander: die Gesänge, die Gebete, das Stöhnen und Weinen, die Schreie der armen Leute, die den Soldaten in die Hände gefallen waren, das Weinen der Kinder und die Kraftausdrücke der Soldaten. Jedermann wurde geschlagen, selbst die Priester, die ihre Kreuze über dem Kopf hielten und weiter beteten. Ich betete zu Gott, mir auf die Füße zu helfen. Ich konnte mich aufrappeln und mit der Menge durch den gebrochenen Zaun in ein anderes Feld außerhalb des Lagers flüchten. Dort waren viele Menschen, angeführt von den Priestern; sie fielen auf die Knie und fuhren mit dem Gebet fort. Andere rannten in Richtung Brücke, die den Fluß überquerte, und flohen zu den Bergen. Alle hatten den gleichen Gedanken: ›Bald bin ich an der Reihe. Sie werden mich fassen und in den Laster schmeißen. Eine kurze Reise, und dann werde ich dort sein: Im Angesicht meiner bolschewistischen Henker.‹«

Es verwundert nicht, daß dieser Albtraum viele Kosaken auf Selbstmordgedanken brachte. Frolow sagte: »Ich kam in die Wälder und sah mehrere Menschen an den Bäumen hängen.« Dies wird von mehreren britischen Soldaten bestätigt, einschließlich Davies, und es kann keinen Zweifel geben, daß eine Anzahl Kosaken auf diese Weise starb. Schrecklicher aber waren die Selbstmorde, die sich auf der Drau-Brücke ereigneten. Nach dem Durchbrechen des Zaunes befanden sich viele Kosaken vorübergehend in einem unbewachten Gelände. Sicher gab es auch dort Soldaten, aber in dem Augenblick war die Menge nicht umzingelt. Rotowaja schreibt: »Der Fluß schien unsere einzige Rettung zu sein. Einfach in den reißenden Strom springen, und alles hätte ein Ende.« Viele Leute rannten zur Brücke, die meisten mit dem Ziel, in die Höhen zu fliehen, aber einige beschlossen, ihrem Leben ein Ende zu machen.

Aber auch die Soldaten liefen zur Brücke, um die Leute aufzuhalten; doch viele Kosaken waren schon hinüber, ehe eine wirksame Schranke errichtet werden konnte. Eine von ihnen war Zoe Polaneska. Sie erinnerte sich, daß sie mit einem Stück Hemd ihre Beine zu verbinden versuchte, die stark bluteten, und daß die Soldaten MG-Salven über die fliehenden Kosaken schossen, um sie zum Halten zu bringen. Aber sie strömten über die Brücke wie die Ameisen, und im Nu waren sie hinter den Bäumen verschwunden. Von hier aus sah sie mit eigenen Augen, wie Frauen mit ihren Kindern von der Brücke ins Wasser sprangen.

Die Erinnerungen an diese fürchterliche Szene sind besonders lebhaft. Tyson sah Soldaten, die auf der Brücke nach links und rechts rannten und ihre Gewehre seitlich, wie um ein Gitter zu bilden, hielten, um die Menschen von der Brücke zurückzudrängen. Davies berichtet: »Ich glaube, die Soldaten sind dabei ziemlich grob geworden und haben die Leute buchstäblich zurückgestoßen, um sie von der Brücke fernzuhalten, damit sie sich nicht ins Wasser stürzten.« Frolow sagt: »Ich sah, wie Soldaten Menschen mit Stangen und Seilen zu retten versuchten.« Einem Soldaten gelang es, eine Frau mit einem Seil zu erwischen und herauszuziehen. Ich sah, wie er sie umarmte. Er hatte Tränen in den Augen.« Die Soldaten taten, was sie konnten, aber es war ein breiter, reißender Fluß, aus dem viele Felsklippen herausragten. Sie konnten nicht alle retten.

Was die Soldaten am meisten entsetzte, war, daß sich die Kosaken nicht nur selbst ertränkten, sondern ihre Kinder mit in den Tod nahmen. Ein solcher Fall wird von dem emigrierten Schriftsteller Fjodor Kubanski beschrieben: »Eine junge Frau mit zwei kleinen Kindern lief an das Ufer. Sie umarmte das erste Kind einen Augenblick lang, dann warf sie es plötzlich in den Abgrund. Das andere Kind klammerte sich an ihren Rocksaum und rief: ›Mama, nicht! Mama, ich hab' Angst?‹ – ›Hab' keine Angst, ich bin bei dir‹, antwortete die Mutter außer sich. Ein Stoß mit den Armen, und schon flog das zweite Kind in die brausenden Fluten der Drau. Dann hob sie den Arm zum Kreuzeszeichen: ›Herr, nimm meine sündige Seele‹, rief sie, und ehe ihre Hand ihre linke Schulter berührt hatte, war sie ihren Kindern hinterhergesprungen. Sie war im Nu von den wirbelnden Fluten des Stroms verschlungen.«

Derart emotional geschriebene Berichte zeigen, wie tief Furcht und religiöse Hysterie saßen, die die Masse der Kosaken an jenem Tag ergriffen hatten. Die fürchterliche plötzliche Wende der Ereignisse – das Verschwinden der Offiziere, der heftige Angriff durch die Männer, die sie immer als Freunde betrachtet hatten, die Gebete und Ermahnungen ihrer Priester, die alles verzehrende Angst vor den sowjetischen Behörden – hatte ihren Selbsterhaltungstrieb gestört und zum Todestrieb gewandelt. Für den Augenblick waren sie echt überzeugt, daß das Leben in der Sowjetunion schlimmer als der Tod war. Das Wissen darum, daß ihre Feinde überzeugte Atheisten waren, verstärkte nur die religiöse Hysterie und erfüllte sie mit Furcht um ihre unsterblichen Seelen ebenso wie um ihr Leben. Sie haßten das Sowjetsystem nicht nur wegen der körperlichen Qualen, die es so vielen von ihnen in der Vergangenheit zugefügt hatte, sondern ebenso für seine Entschlossenheit, die christliche Religion auszurotten. Die Bolschewisten würden sie nicht nur töten, meinten sie, sondern auch im Geistlichen vernichten, was noch schlimmer war.

All das lag der Entscheidung der Kosakenmütter zugrunde, ihre Kinder mit in den Tod zu nehmen. Sie wußten, daß ihre kleinen Kinder nicht sterben müßten, während sie selbst vermutlich umgebracht würden oder in einem Arbeitslager ihrem Tode entgegenzusehen hätten. Die Kinder würden ihren Eltern weggenommen, in staatlichen Heimen erzogen und mit der Ideologie von Marx, Lenin und Stalin gefüttert werden. Sie würden lernen, die christlich-orthodoxe Religion zu hassen und alles abzulehnen, wofür ihre Eltern gekämpft hatten. Da ihre Gefühle durch die Erleuchtung der Massengebete und ihren Glauben, daß der Tod nahe sei, entbrannt waren, empfanden die Kosaken eine solche Vorstellung noch unerträglicher als die körperliche Gewalt. Sowohl vom Logischen als auch vom Emotionalen her war die Situation reif für den Kindermord. General Naumenko schätzt, daß zwanzig bis dreißig Menschen auf diese Weise in den Fluten der Drau umkamen.[10] Sicherlich waren es nicht ganz so viele, aber gewiß einige, vielleicht an die zehn.

Davies' schlimmste Erinnerung, die von vielen anderen

Augenzeugen bestätigt wird, ist die an einen Kosaken, der zuerst seine Frau und seine drei Kinder erschoß, dann sich selbst. Er fand sie persönlich in einer tiefen Kuhle, die Frau und die Kinder lagen nebeneinander auf einem Grasfleck, der Mann lag ihnen gegenüber; er hatte noch den Revolver in der Hand. Davies sagt: »Ich glaube, das machte mir den ganzen Schrecken der Sache klar, daß ein Mann etwas Derartiges vollbringen konnte.« Er erinnert sich noch seines Schauderns angesichts der Leichen: Wie konnte ein Mensch diese vier Leute umbringen? Sollte er sie alle zusammengebracht und dann rasch nacheinander erschossen haben? Davies hielt das für unwahrscheinlich. Wenn er es auf diese Weise getan haben sollte, dann in höchster Verwirrung und ohne Selbstkontrolle. Die Körper wären nicht derart sorgfältig aufgereiht gewesen. Der Mann mußte anders vorgegangen sein, schloß Davies: Er nahm erst ein Kind zu der Graskuhle, tötete es, ging weg und nahm das nächste Kind, brachte es auch um, und so weiter, bis alle vier tot waren und er sicher sein konnte, daß kein Familienmitglied in die Hände der Sowjets fallen würde. Naumenko berichtet, daß der Mann Pjotr Mordowkin hieß, seine Frau Irina.[11]

Davies begab sich nun zur Hauptgruppe der Priester, die seiner Ansicht nach den Kern des Widerstands bildeten, und sprach über einen Dolmetscher zu ihnen. Er berichtete von dem fürchterlichen Anblick, den er gerade gehabt hatte, und bat sie, die Menge mit unter Kontrolle zu bringen, damit es nicht noch mehr Todesfälle gäbe. Die Priester weigerten sich kategorisch. Zu diesem Zeitpunkt war Davies ganz auf sich allein angewiesen, weil Malcolm sich zum Standort des Zuges begeben hatte, um dort die Verladung zu überwachen. Er fühlte sich verlassen und ziemlich hilflos, ein einfacher Major mit nur einer Kompanie von Männern unter seinem Befehl, von denen erwartet wurde, eine Menge von vielen tausend Hysterikern zu kontrollieren, die vor dem Selbstmord stand. Er empfand auch plötzlich einen Funken Groll gegen die Priester, die immerhin für das Chaos verantwortlich waren und in seinen Augen angesichts des Todes ihrer Landsleute eine Art Kavaliershaltung einzunehmen schienen. Lastwagenladungen von Kosaken fuhren immer noch in Richtung der Eisenbahnlinie ab, und Davies forderte mehrere Priester auf, mit ihnen zu gehen. Alle Priester lehnten ab. Davies war der Meinung, sie müßten – da sie ihre Herde zur Gewalt angestachelt hätten – jetzt auch bereit sein, sie zu begleiten, sie auf der Fahrt zu betreuen und ihr Geschick zu teilen. »Wir hielten nicht allzuviel von den Priestern. Sie waren größtenteils schuld an den vielen Zwischenfällen, an den Toten«, sagt Mussson. Doch in Wahrheit taten die Priester nichts weiter, als den Wünschen ihrer Herde zu folgen. Sie führten die Menge an, aber die Menge folgte ihnen nur allzu bereitwillig in einen Zustand religiösen Wahns.

Der Schrecken des Geschehens hatte auch auf die Soldaten seine Wirkungen. Tyson berichtet: »Sie waren emotional verwirrt durch ihre Aufgabe.« Auch Pinching bemerkte, daß einige der Soldaten tief betroffen waren, was beo so hartgesottenen Soldaten wie diesen, die in Nordafrika und Italien zahlreiche grausame Schlachten bestanden hatten, um so mehr überraschte. Für Soldaten ist es eine Sache, zu töten, oder zu sehen, wie die eigenen Freunde getötet werden oder man selbst in der Schlacht eine Verwundung erhält; aber es war für sie etwas völlig anderes, Gewalt gegen Kinder und Frauen üben zu müssen. Wie Davies in seinem Bericht schrieb, warfen sich »erschreckte hysterische Menschen vor den Soldaten auf die Knie mit der Bitte, vom Bajonett durchbohrt oder totgeschossen zu werden, anstatt die Lastwagen besteigen zu müssen«.

Tyson berichtet, daß einige wenige vollständig zusammenbrachen: »Einer oder zwei der Soldaten wurden damit einfach nicht fertig. Es waren welche darunter, die die Leute nur mit ihren Gewehrkolben voranschubsten – nicht auf sie einschlugen, sondern einfach nur schubsten –, während ihnen die Tränen übers Gesicht rollten. Das war das einzige Mal, daß ich jemals Argyll and Sutherland Highlanders in Tränen aufgelöst sah.«

Nichtsdestoweniger befanden sich die Soldaten unter militärischer Disziplin, und sie hatten direkte Befehle, die Kosaken zu verladen, notfalls mit Gewalt. Nach vieljähriger gemeinsamer

Kampferfahrung waren sie es gewohnt, Befehlen zu gehorchen, und obwohl dies eine neue Art von Befehl war, der sie mehr gefühlsmäßig als körperlich bedrohte, war der Schock noch nicht ausreichend, um Ungehorsam in Erwägung zu ziehen. Disziplin war zum Instinkt geworden, zu einem stärkeren Gefühl als normale menschliche Regungen, die gegen das aufbegehrten, was geschah. Trotz ihrer Zerrissenheit waren Davies und seine Leute der Ansicht, daß sie die Aufgabe erfüllen müßten. Davies schreibt: »Wir starteten also einen erneuten ›Angriff‹ auf die Menge. Als die Leute erneut mitten unter sich die Soldaten erblickten, wurden sie von Panik erfaßt und liefen, wie sie konnten, so daß die Soldaten schließlich ihre Gewehre einsetzten, um wenigstens nicht selbst überrannt zu werden. In dieser Phase griff einer aus der Menge nach dem Gewehr eines Soldaten, um durch einen Zug am Abzugshahn sich selbst zu erschießen. Die Kugel tötete einen abseits stehenden Burschen. In diesem Gewühl wurde außerdem ein Mann zu Tode getrampelt.«

Zoe Polaneska mit ihren immer noch blutenden Beinen versteckte sich inzwischen – zusammen mit einem anderen Mädchen – hinter Bäumen in den Bergen. Sie meinten, sicher zu sein, da sie im dichten Unterholz waren und genug Raum zur Verfügung stand.

Aber als die Soldaten schließlich die Brücke abgesperrt hatten, begab sich eine Gruppe von ihnen in die Berge hinauf, um nach den Entwichenen zu suchen. Die ansässigen österreichischen Bauern, denen die Vorstellung, Flüchtlinge hätten sich auf ihrem Gebiet versteckt, Angst einjagte, waren nur allzu bereitwillig, die Soldaten zu den Verstecken der Kosaken zu führen; und einer dieser Bauern zeigte ihnen auch, wo sich die beiden jungen Mädchen verbargen. Die Soldaten geleiteten die beiden bergab und über die Brücke, dorthin, wo der Zug stand.

In der von Major C. H. Burn befehligten »B Company« befand sich Corporal Donald Smith, der sich darum zu kümmern hatte, daß die Kosaken in den Zug kamen, und sicherstellen mußte, daß niemand entweichen konnte. Der Zug stand an einem unbeschrankten Bahnübergang über eine ungepflasterte Straße auf der die mit Gefangenen beladenen Lastwagen herunterkamen. Das Lager befand sich nur wenige hundert Schritte entfernt, und Smith konnte von dem Durcheinander hören. »Diese armen Teufel gehen zurück, um sich erschießen zu lassen«, sagte ihm ein Offizier. Dann kamen die ersten LKW an. Sie fuhren direkt zum Zug, wo sie vor den extra für diesen Zweck gebauten Einsteigetreppen hielten.

Smith erinnerte sich an »verschreckte, verzweifelte alte Menschen und schreiende Kinder« sowie an »zwei oder drei alte Leute mit weißem Haar und Bart, deren Köpfe von den Gewehrkolbenstößen bluteten«. Sie stiegen von den Lastern. Smith schreibt: »Wir halfen den Alten herunter, die durchweg beteten. Manche Kinder waren von ihren Eltern getrennt worden. Einige waren meiner Meinung nach so schwer geschockt, daß sie weder schreien noch beten konnten, sondern einfach in die Waggons kletterten, wo sie sich apathisch in eine Ecke setzten. Spätestens hier wurde mir ganz elend.«

Zoe Polaneska und ihre Freundin wurden zum Zug gebracht und in einen der Waggons gestoßen. Sie dachte daran, wieder herunterzuspringen, aber überall waren Wachen rundherum, sogar auf der anderen Bahnlinienseite, damit nicht Leute unter dem Zug hinwegtauchen und entfliehen könnten. Dann sah ein Offizier zu ihrem Glück das Blut an ihren Beinen. Er holte sie aus dem Zug und brachte sie zu einem Verbandsplatz. Ein britischer Sanitäter verband ihre Knie, und sie nahm die Gelegenheit wahr, ihm ihren deutschen Ausweis zu zeigen, aus dem ihre jugoslawische Staatsbürgerschaft hervorging. (Sie hatte dort einige Monate gelebt und neue Papiere erhalten.) Sie konnte dem Arzt weismachen, daß sie keine sowjetische Bürgerin war. Er wies sie in einen besonderen Lagerteil, in dem Nichtrussen gehalten wurden.

Sobald sie die Ambulanz verließ, wurde sie von einem Soldaten angehalten, der sie in den Zug zurückbringen wollte: »Es war wirklich schrecklich. Nur nach langer Auseinandersetzung mit den Wachen ließen sie mich los. Ich zeigte meinen Ausweis und erklärte, daß ich dort nicht hineingehörte. Schließlich sagte ein Offizier, ich sei ja gar keine Russin, und ich durfte bleiben. Ich war sehr glücklich darüber.« Ihre Freundin Sonja war nicht so glücklich. Sie gehörte zu denen, die sich immer noch in einem der Waggons befanden, als die Schiebetüren zugezogen und verschlossen wurden. Die Fenster waren klein, so daß die Gefangenen im Halbdunkel mit ihrer wenigen Habe auf dem Fußboden saßen, während sie die Abfahrt des Zuges Richtung Osten erwarteten.

Jetzt kam Davies auf den Plan und erblickte den haltenden Zug mit den schreienden Menschen darin, die auf das Signal zur Abfahrt warteten. Wegen des Hungerstreiks und des Befehls »nur Handgepäck« hatten die Gefangenen kaum etwas zu essen bei sich. Das beunruhigte Davies nicht allzusehr, denn es waren nur wenige Stunden bis Judenburg, wo sie von den sowjetischen Truppen übernommen werden würden. Es war ein heißer Tag, er ließ also drei Wasserkannen in jeden Waggon hinaufreichen. Das genügte auch. Aber, fragte sich Davies jetzt, was ist mit den Toiletten? Die Kosaken fuhren in Güterwagen ohne irgendwelche sanitäre Anlagen. Sie waren völlig eingeschlossen, und ihre einzigen Fenster befanden sich hoch oben in der Wand. Was also sollten sie tun, wenn sie ein menschliches Bedürfnis überkam?

Davies war darüber so beunruhigt, daß er diese Frage gegenüber einem der Offiziere anschnitt, der für die Züge verantwortlich war. »Oh, das ist schon in Ordnung«, war die Antwort, »in jedem Waggon steht ein Eimer«. Davies stellte sich blitzartig die typische Waggonladung vor: 30 Leute – Männer und Frauen zusammen, mit einigen älteren Frauen dabei, die Gattinnen von Sergeanten oder höheren Offizieren vielleicht, Frauen jedenfalls, die er persönlich kennengelernt hatte. Sollten sie nun etwa angesichts all der anderen neunundzwanzig in der Ecke des Viehwagens diesen Eimer benutzen? Ihm wurde bewußt, wie unmenschlich die Kosaken behandelt wurden, kaum besser als Tiere. Ihn schauderte.

Inzwischen war es 11.30 Uhr. Innerhalb von vier Stunden hatten die Soldaten nur 1252 Menschen in den Zug verladen, 500 weniger, als in Malcolms Befehlen angegeben. Zu diesem Zeitpunkt – schreibt Malcolm – setzte er der Verladung ein Ende »angesichts der unweigerlich damit verbundenen Übergriffe«. Aber an anderer Stelle im Tal wurde die Operation fortgesetzt, meist mit Gewalt, aber nicht mit derartiger Heftigkeit wie bei Lienz. Insgesamt wurden an diesem Tage 6500 Kosaken ostwärts geschickt.

Der Zug setzte sich in Bewegung, die Soldaten entfernten sich. Nur einige Wachen blieben zurück, und die nicht mitgefahrenen Kosaken trotteten mühsam zum Schlachtfeld von Lager Peggetz zurück. Zoe Polaneska beschreibt die Szene: »Die Fahnen und die Tribüne, wo die Priester gewesen waren, waren alle zusammengebrochen. Ich konnte mir alles ringsum ansehen und bemerkte Blutspuren, wo Leute umgebracht worden waren. Alle gingen herum, von einer Baracke zur anderen, wie in Trance, und hielten Ausschau nach Familienangehörigen. Einige Leute hatten den Ehegatten, einige die Kinder und einige ihre Ehefrauen verloren.« Aber sie war zumindest gerettet. Sie befand sich jetzt in einem Sonderteil des Lagers, das für nicht repatriierungspflichtige Kosaken reserviert war. Die übrigen würden in den nächsten Tagen abtransportiert werden.

Es gab nicht genug Soldaten, um das ganze Gelände zu bewachen, so daß in jener Nacht viele weitere Kosaken in die umliegenden Berge und Wälder verschwanden. Einer davon war George Morozoff. Er war Offizier gewesen und berechtigt, einen Revolver zu tragen; tatsächlich hatte er zwei besessen, und als der Befehl zur Abgabe aller Waffen erging, behielt er den zweiten. Er hatte mit angesehen, wie eine der Frauen sich zusammen mit ihrem Kind in den Fluß gestürzt hatte, und befand sich immer noch in einem Zustand der Raserei. Er sagte zu seiner Frau: »Wenn die englischen Soldaten uns erwischen, erschieße ich erst dich und dann mich. Aber ich will nicht zurück in die Heimat. Sie können uns tot zurückbringen.«

Am Abend begab sich Malcolm zu seinem Brigadier und erklärte ihm, er wolle die Operation am folgenden Tage nicht wiederholen. Doch sollte noch eine weitere Zugladung aus dem Gebiet Peggetz abgeholt werden, und Musson wollte keine Unterbrechung des Zeitplans. Malcolm versprach, die Befehle zu erfüllen, und es gelang ihm tatsächlich, weil in den folgenden Tagen keine ähnlichen Gewalttaten geschahen wie am 1. Juni; es gab nur leichten Widerstand. Der Wille der Kosaken war gebrochen. Während weiterhin einige in die Berge flohen, waren die meisten unfähig, den »Stamm« zu verlassen, selbst nicht in einem derartigen Augenblick der Gefahr. Nur einige wenige waren bereit, wie wilde Tiere im Wald zu leben, mit einem Rucksack voller Verpflegung und vielleicht einem Revolver als einziger Habe. Der Rest ergab sich in sein Schicksal; bei ihnen hatten religiöse Glut und Bereitschaft zum Widerstand dumpfer Teilnahmslosigkeit Platz gemacht. Am 2. Juni konnten die Soldaten 1858 Kosaken und am 3. Juni weitere 1487 abtransportieren.

Captain J. V. Baker war derjenige britische Offizier, der der Übergabeprozedur beiwohnte. In den ersten Juniwochen erhielt er täglich einen Passierschein zum Betreten der Sowjetzone, und jeden Tag fuhr er kurz vor der mutmaßlichen Ankunft des Zuges im Drau-Tal über die Straßenbrücke von Judenburg – nur in Begleitung seines Burschen, eines Fahrers und eines Dolmetschers –, um den Repatrianten Verpflegung zu bringen: »Jeder Zug hielt an einem Nebenbahnsteig, und ich mußte zum Empfang mit einer Abordnung der Roten Armee zur Stelle sein. Ich hatte eine Liste mit Ziffern drauf, um die (eintreffenden) Gefangenen abzuhaken.«

Die russischen Soldaten standen am Bahnsteig und erwarteten den Zug, je Waggon zwei Soldaten, je Zug 30 oder 40 Waggons, etwa 30 Gefangene in jedem Waggon. Auf Kommando öffneten sie die Schiebetüren, um die Leute herauszulassen. Baker hatte lediglich die Aufgabe, sie zu zählen und ihnen die entsprechenden Rationen auszuhändigen. Aber er war über den Zustand der Waggons entsetzt: »Sie waren darin wie Vieh eingepfercht mit nichts weiter als einem emaillierten Dreckeimer für ihre Bedürfnisse. Und es war schon ein gewohnter Anblick, in den Waggons Leichen zu finden, wenn man die Türen geöffnet hatte. In jedem Zug haben eine ganze Reihe von Selbstmorden stattgefunden.

Sie brachten sich auf unterschiedlichste Weise um. Die meisten hatten sich erhängt, mit einem Schal oder einem Stück Textil, das sie zu einem Seil verschlungen hatten, und dafür müssen sie natürlich die Hilfe der anderen in Anspruch genommen haben. Und einige von ihnen hatten sich Stacheldraht besorgt und die Kehle durchgeschnitten.

Die anderen hätten sicher einschreiten können, haben aber vermutlich gedacht: wenn es jemandes Wille ist, sich umzubringen, ist das für denjenigen vielleicht der beste Ausweg.«

Die Vertreter der Roten Armee behandelten Baker einwandfrei, hakten die Zahlen ab und nahmen die Verpflegungsrationen in Kästen in Empfang, darunter jeweils sieben Zigaretten pro Person. Die Gefangenen behandelten sie rauh, aber nicht brutal, jedenfalls nicht in Gegenwart Bakers. »Sie wurden gestoßen und geschoben, sie leisteten aber keinen Widerstand; sie kämpften nicht und versuchten auch nicht, zurückzugelangen oder zu fliehen. Sie waren alle vollständig folgsam, ihrem Schicksal ergeben.« Sie wurden rasch in Gruppen zusammengestellt und weggeführt. Aber, so berichtet Baker: »Ich fürchte, einige von ihnen gingen nicht allzuweit. Einige Minuten später hörten wir Schußsalven, und ich bin sicher, eine ganze Menge von ihnen wurde an Ort und Stelle erschossen – nicht gleich auf dem Bahnsteig selbst, aber um die Ecke hinter'm Wald. Zwar bin ich nicht absolut sicher, daß die von uns gehörten Salven den Gefangenen galten, aber ich kann mir nicht vorstellen, daß zu dem Zeitpunkt aus irgendeinem anderen Grunde geschossen wurde.«

Der 3. Juni war ein Sonntag, und der von Kenneth Tyson abgehaltene Kirchengottesdienst an diesem Morgen blieb vielen im Gedächtnis haften. Davies berichtet: »Der ›Padre‹ hielt uns eine ganz fürchterliche Predigt. Mein Gott, er züchtigte unseren ganzen Haufen regelrecht. Als er geendet hatte, waren wir alle völlig benommen. Wir fühlten uns alle sowieso zerschmettert, und er trieb das noch weiter mit uns. Ich werde mich bis an das Ende meiner Tage daran erinnern.«

Wie die meisten britischen Soldaten, die anwesend waren, bestätigt Tyson, es sei »allgemein angenommen worden, daß all diese

Menschen von den Kommunisten bei der Ankunft am Bestimmungsort erschossen werden würden«. Er befand sich deshalb nach seinen eigenen Worten »in einem fürchterlichen Zustand«, als er zum Bataillon sprach, insbesondere von der »unpersönlichen Behandlung der Kosaken, die eine Beleidigung für jeden Betroffenen war«.

Tyson erinnert sich, daß er über das Markus-Evangelium, Kap. 6, Vers 34 sprach: »Als Er die Menge sah, wurde Er von Mitleid bewegt, denn sie waren wie Schafe ohne Hirte.« In seiner Predigt hieß es: »Ich habe all meine Gedanken über die Unbeständigkeit und die Notwendigkeit des Mitleids geäußert, selbst im Kriege.« Viele Soldaten hatten ihn in den vorangegangenen achtundvierzig Stunden beobachtet, wie er schwer verstört war bei dem Gedanken, daß sie Gewalt gegen Frauen und Kinder angewandt und Tausende wehrlose Menschen in den Tod getrieben hatten. Welches Recht hatten sie, Menschen in dieser außerordentlich rohen Weise zu behandeln, und welches Recht hatten ihre Vorgesetzten, von ihnen solche Dinge zu verlangen? Sie sagten Tyson, sie hielten die ganze Sache für »eine blutige Schande«.

Diese Soldaten teilten nicht Oberst Malcolms Ansicht, daß die Operation eben nur »ein anderer unangenehmer Job sei, der getan werden muß«. Im Gegenteil, die meisten Augenzeugen hatten Mühe, zu erklären, wie die ganze Sache sich von der gewöhnlichen Grausamkeit des Schlachtfeldes unterschied. Zum Beispiel sagt Davies: »Man kann während des Tages in eine Schlachthölle geraten, man mag eine Position errungen haben; wenn aber die Gefangenen auf einen zukamen, hat man sie doch nicht einfach abgeknallt. Man hat ihnen vielmehr erstmal eine Zigarette angeboten. Schließlich hat er sich aufgegeben, und das ist erstmal das Ende der Geschichte.« Er schauderte bei dem Gedanken, daß Männer, die sich freiwillig ergeben hatten und als Kriegsgefangene anerkannt worden waren, in den Tod geschickt wurden. Diese Vorstellung war nicht soldatenhaft.

Derartige Gefühle waren noch stärker bei denjenigen Soldaten, deren unangenehme Pflicht es war, die Züge in das sowjetisch besetzte Gebiet zu begleiten. Eine der mit dieser Aufgabe betrauten Einheiten der ersten Tage war das 2. Bataillon der London Irish Rifles, vermutlich wegen der merkwürdigen Bemerkung des Divisionskommandeurs, daß sich irische Truppen für diese Art Arbeit besser eigneten als englische. Der kommandierende Bataillonsoffizier, Oberstleutnant (später Generalmajor) H. E. N. Bredin, erinnert sich an den Empfang von Befehlen, daß alle russischen Kriegsgefangenen zu »repatriieren« seien, und an seine Überraschung darüber, wie heftig diese Männer gegen ihre Rückkehr in die Sowjetunion protestierten. Zunächst einmal waren seine Leute durch die erbitterten Vorwürfe und wilden Geschichten über die wahrscheinlich zu erwartenden Ereignisse verwirrt. Einige seiner Leute hätten den Kosaken den guten Rat gegeben, nicht töricht zu sein und nicht zu übertreiben.

Bredin berichtet: »Der brave alte britische Soldat jener Zeit konnte nicht begreifen, daß so etwas passieren könnte. Dann aber kamen unsere Männer als Zugbegleitung in die russische Besatzungszone, und bis zur Rückkehr unserer ersten Zugbegleitung hatten wir nichts davon gehört, daß Gefangene beiseite gebracht und erschossen würden.« Bredin selbst sah von derartigen Vorkommnissen nichts, sagt aber: »Ich sprach mit Leuten, die gesehen haben, wie Gefangene erschossen wurden, und meiner Meinung nach gab es klare Anzeichen, daß Erschießungen stattgefunden haben. Jedenfalls waren meine Männer dessen völlig gewiß, und wir hörten genug darüber, um sicher zu sein, daß dies nicht zu den Dingen gehörte, bei denen wir unsere Hand im Spiele haben sollten. Wir erhielten auch Meldung von Selbstmorden in den Zügen, daß Leute absprangen oder sich mit Fensterscherben die Kehle aufschnitten. Es ergab sich eine ziemlich ernste Situation gegenüber den Soldaten, die kurz davor waren, den Befehl zu verweigern: ›Tut mir leid, Sir, wir können Ihren Befehlen nicht gehorchen. Wir können nicht diese Menschen dorthin bringen, wo sie einfach ohne Gerichtsverfahren niedergemäht werden.‹«

Die London Irish Rifles war ein erfahrenes, hartgesottenes Regiment. In Bredins Bataillon standen 300 Mann, die den Afrika-

Stern trugen, und 200, die in der Schlacht zweimal verwundet worden waren. Es war für solche Leute ungewöhnlich, daß sie in dieser Weise bei ihrem kommandierenden Offizier vorstellig wurden.

Bredins Erinnerung nach war Vergleichbares während des gesamten Krieges nicht passiert. »Sie hatten während des Krieges eine Menge Schlächtereien erlebt, aber dies war etwas, wobei sie nicht mitmachen wollten«, sagte er. Er befragte seine Unteroffiziere, die den Ernst des Problems bestätigten, ebenso wie einige wenige deutsche Offiziere, jetzige Kriegsgefangene, die Kosakeneinheiten befehligt hatten. Er erinnert sich vor allem an einen der letzteren Gruppe, der perfekt Englisch sprach und ihm vor Beginn der Repatriierungsaktionen gesagt hatte: »Ich weiß nicht, ob Sie sich darüber im klaren sind; aber diese Kosaken werden kaltes Fleisch sein, sobald sie Ihren Zug verlassen haben.«

Bredin begab sich daraufhin zu seinen Vorgesetzten und berichtete ihnen, daß die Erregung hohe Wogen schlage und seine Leute am Rande der Gehorsamsverweigerung stünden. Doch er erhielt keinerlei klare Beurteilung der Angelegenheit. Vielmehr sollte das Bataillon der London Irish von seiner Wachpflicht auf den Repatriierungszügen entbunden und durch eine andere Einheit ersetzt werden. Bredin erklärt: »Sie haben vermutlich gedacht, ›Versuchen wir es mit einer anderen Truppeneinheit, die noch grün ist auf diesem Gebiet‹. Sehen Sie, bei dem Job brauchte es nur wenige Tage, um darin unterzugehen. Es war nicht leicht zu akzeptieren, daß derartige Dinge geschahen. Und ich glaube, deshalb hat man einfach eine Einheit jeweils nur einige Tage eingesetzt, bevor man sie gegen die nächste austauschte.«

Owen Frampton war ein weiterer britischer Offizier, den die zwangsweise Repatriierung an den Rand der Befehlsverweigerung brachte. Er hatte den Viehwagen unter sich, der aus Villach herübergeschickt wurde, um Kosaken aufzunehmen und über die Zonengrenze zu bringen. Er erinnert sich noch daran, wie die erste Zugladung Kosaken durch Villach fuhr und er diesem Vorgang nicht viel Aufmerksamkeit schenkte. Es wurden so viele Nationalitäten in so viele verschiedene Richtungen geschickt. Deshalb bestand für ihn kein Anlaß, an diesem speziellen Zug etwas Besonderes zu sehen. Erst als der Zug leer nach Villach zurückkam, packte ihn die Erschütterung:

»Ein österreichischer Bahnbeamter kam zu mir gelaufen und bat mich, einen Blick auf den Zug zu werfen. Ich kletterte in einen der Wagen und sah, daß es drinnen wie in einem Schlachthof aussah. Der ganze Zug war blutbespritzt. Es waren offene Planwagen, und ich sehe noch die Blutflecken vor mir, wo die Körper direkt den Gang zwischen den Sitzen entlang und die drei, vier Stufen heruntergezogen worden waren. Die Toiletten waren überall mit Blut beschmiert, und es sah so aus, als wenn sich die Leute darin eingeschlossen hatten – vermutlich um Selbstmord zu verüben.«

Wie Bredin sprach auch Frampton mit einigen Soldaten, die den Zug begleitet hatten. Ihre Schilderung lief darauf hinaus, daß der Zug nur wenige hundert Meter über die Grenze gefahren war, bevor er anhielt. Eine Reihe von Kosaken, hauptsächlich Offiziere, wurden dann aus dem Zug geholt und erschossen. Er hörte auch, daß Kosaken die Fensterscheiben zerbrochen und mit den Scherben Selbstmord begangen hätten.

Er erzählt: »Hiernach ließ ich alles stehen und liegen. Ich ging zu meinem Obersten und sagte ihm, daß ich das nicht weitermachen könne. Er wollte mich noch groß zusammenscheißen, aber schließlich ließ er's sein. Es kam zu keinen weiteren Konsequenzen für mich. Sie haben mich einfach ausgetauscht. Dreißig Jahre lang habe ich meinen Freunden diese Geschichte erzählt, aber keiner hat mir so richtig geglaubt. Ich nehm's ihnen nicht übel, denn es i s t unglaublich. Aber es ist geschehen!«

Die Deportationen wurden täglich bis zum 7. Juni fortgesetzt, als General Keightley berichten konnte: »Übergabe der Kosaken beendet mit Ausnahme der Herumstreunenden, die noch eingefangen werden müssen, und der Kranken, die noch in ärztlicher Behandlung stehen.«[12] Bis zu diesem Tage waren 35 000 Kosaken übergeben worden, 20 000 davon aus Domanows Einheiten im

36. Die Quäkerin Ethel Christie. Sie bewahrte eine russische Familie vor der Zwangsrepatriierung.

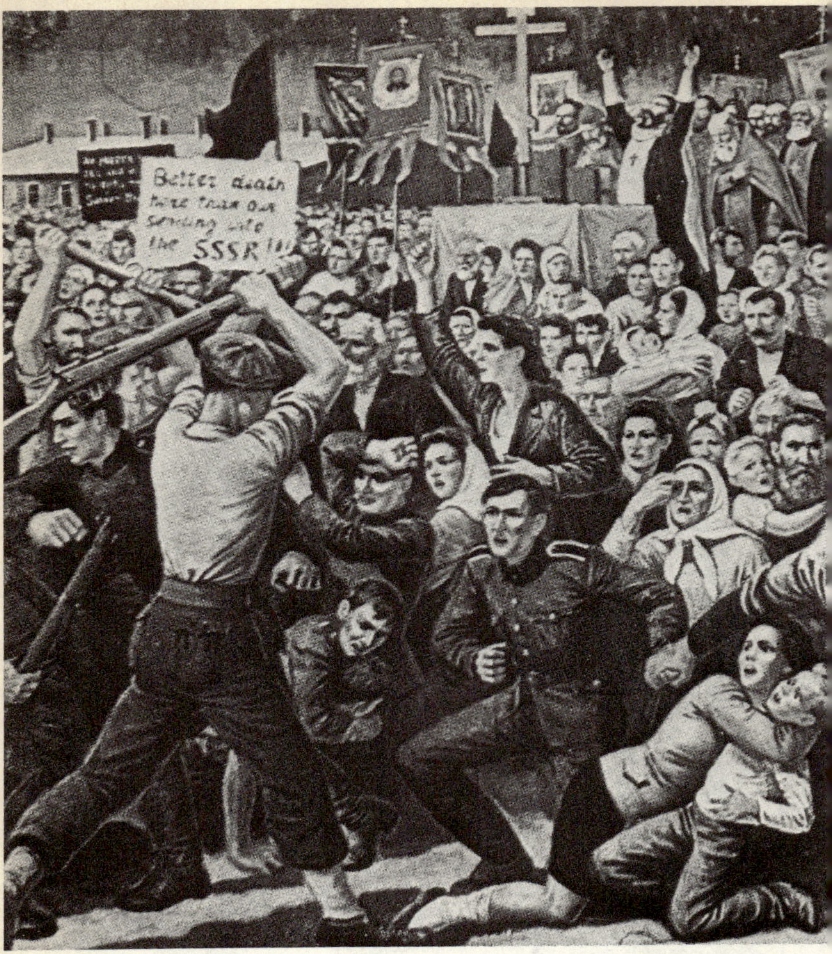

37. Der gewaltsame Abtransport der Kosaken bei Lienz am 1. Juni 1945 in der Erinnerung des Malers Sergej Korolkow. Der Autor ist der Meinung, daß Korolkow mit Ausnahme des Soldaten, der sein Gewehr als Keule schwingt, die Ereignisse jenes Tages wahrheitsgetreu wiedergibt.

Tal der Drau und der Rest aus anderen Teilen Österreichs. Eine überschlägige Zählung nach Köpfen und ein Vergleich mit verschiedenen Listen ließ erkennen, daß etwa 4000 sich in den zehn Tagen währenden Evakuierungsmaßnahmen aus den Lagern abgesetzt hatten. Die sowjetischen Behörden stießen rasch darauf und beschwerten sich. Die Briten fühlten sich verpflichtet, die Beschwerde als gerechtfertigt anzuerkennen und die erbittertsten Anstrengungen zu unternehmen, um die Flüchtigen einzufangen. Jedes Zögern, meinten sie, würde von den Sowjets als Ausdruck der Sympathie für Menschen betrachtet, die ihr Vaterland verrieten und Hitler unterstützten. Gerade in jener Zeit waren die britischen Generale auf beste Beziehungen zu ihren sowjetischen Kollegen angewiesen. Sie waren nicht bereit, jene in irgendeiner Weise zu provozieren.

Die britische Armee setzte also eine Suchoperation entlang des ganzen 25 Kilometer langen Tales an. Sie ließen sogar eine Abordnung von Offizieren der Roten Armee mitsuchen, und man mag daran ihr Interesse erkennen, zu zeigen, daß jeder Stein umgedreht worden war; sonst hätten sie diese bei den britischen Truppen unbeliebten Offiziere, die als Spione im Lager angesehen wurden, nicht teilnehmen lassen. In mancher Beziehung war das Gelände für Flüchtlinge ideal. Einige Meilen nördlich bzw. südlich des Flusses stieß man bereits auf hügeliges waldiges Gelände mit dichtem Unterholz, wo ein Mensch leicht unentdeckt bleiben konnte. Die Tage waren heiß, die Nächte warm. Das Leben in jenen Bergen konnte einladende Aspekte bieten.

Aber die Kosaken hatten nur noch wenig Energie bewahrt, um das beste aus ihrem Geschick zu machen. Es gab nur fünf Ausfallstraßen aus dem Tal, die rasch von britischen Einheiten abgesperrt waren. Es gab kaum ein Entrinnen in das Chaos Mitteleuropas nach der Kapitulation. Sie wußten alle, daß ihre Freunde und die Mitglieder ihrer Familien bereits in kommunistischer Hand waren; entsprechend war ihre Moral gesunken, zu niedrig für ein längeres Überleben in der freien Natur. Viele Männer hatten Ehefrau und kleine Kinder bei sich. Schon deshalb wären sie nie in der Lage gewesen, die Patrouillen zu überlisten, und auf jeden Fall brauchten ihre Kinder die nötigen Mahlzeiten.

Einige wenige hatten Glück. Gregori Schelest und seine Frau waren der Meinung, daß sie nicht in der Lage sein würden, ihr neun Monate altes Baby ohne Verpflegung aus dem Tal bei guter Gesundheit zu halten. Er nahm also den Säugling auf den Arm und ging bergab zur Brücke in der Hoffnung, hinüber zu gelangen und im Lager Peggetz Lebensmittel zu erhalten. Als er sich der Brücke näherte, bemerkte er die schwere britische Bewachung. Ein Panzerwagen stand an dem einen Ende quer und blockierte die Brücke. Schelest wußte nicht, was er tun sollte. Seine Freunde in den Bergen hatten ihm geraten: »Geh nicht. Sie werden dich fangen und nach Rußland zurückschicken.« Er hatte gehört, daß die Briten auf die Dauer versuchten, die »neuen Emigranten«, also diejenigen, die gerade aus der Sowjetunion gekommen waren, von den »alten Emigranten« zu scheiden, die nicht unter das Repatriierungsabkommen von Jalta fielen. Aber das half ihm nichts. Bis 1943 hatte er bei Krasnodar im Kuban gelebt. Er war unzweifelhaft sowjetischer Staatsbürger.

Er beschloß, das Risiko zu wagen, und ging auf die Brücke: »Das Baby war in schlimmem Zustand, verschmutzt und in Lumpen gehüllt. Der Wachsoldat erblickte uns und war überrascht. Statt uns anzuhalten oder den Weg zu versperren, ließ er einen der Wagen beiseite fahren, so daß wir vorbeikonnten. Dann schrieb er etwas auf ein Stück Papier und gab es mir. Ich weiß nicht, was drauf stand, aber es rettete unser Leben. Ich durfte ins Lager hinein und etwas zu essen holen, und solange ich das Stückchen Papier bei mir hatte, wurden wir von niemandem belästigt.«

Der Soldat hatte Schelest eine »Bescheinigung« gegeben, aus der fälschlicherweise hervorging, daß er nach 1939 nicht in der Sowjetunion gelebt hatte und deshalb nicht repatriierungspflichtig war. Damit konnte er seine Familie in das »sichere Gelände« von Peggetz bringen. Dabei gab es noch ein letztes Problem für ihn. Die »alten Emigranten« im »sicheren Gelände« fragten ihn nach seiner Herkunft, und als sie hörten, er käme aus der Sowjetunion, wurden sie mißtrauisch. Sie fragten ihn: »Wie bist du entkommen? Wieso hat man dich nicht zurückgeschickt? Warum bist du hier?« Sie glaubten nämlich, er sei sowjetischer Spion. Aber bald trafen weitere »neue Emigranten« ein, die ebenfalls falsche Bescheinigungen erhalten hatten. Er wurde dann als echt anerkannt.

Die Kosaken wußten jetzt, daß einige der britischen Soldaten ihnen gegenüber freundlich gesinnt waren und versuchten, ihnen zu helfen. »Ich verdanke jenem britischen Soldaten mein Leben. Ich wünschte nur, ich könnte ihn wiedersehen und ihm danken«, sagt Schelest. Er und seine Familie konnten schließlich in die Vereinigten Staaten ziehen und wohnen jetzt auf einer kleinen Farm in New Jersey. Sein kleiner Junge wuchs dort auf und diente der amerikanischen Armee in Vietnam. Er ist stolz darauf, daß er hart gearbeitet, seine Steuern bezahlt und im allgemeinen seine staatsbürgerlichen Pflichten erfüllt hat. Er sieht dies als eine Art Rückzahlung für den Glücksstrahl, der ihn 1945 traf.

Die übrigen Kosaken versuchten nach besten Kräften, im Freien zu überleben, aber aus physischer Erschöpfung und gebrochener Willenskraft fielen sie nur allzu leicht in die Hände der Suchtrupps. Kenneth Tyson begleitete einen solchen Trupp und hat beschrieben, was sich dabei ereignete. Sie kletterten über tausend Meter bis zum Spitzkofel bei Lienz hoch und stießen auf eine Gruppe von 50 Leuten, meist ältere Männer und Frauen, dabei auch ein paar jüngere Frauen und Kinder. Tyson wunderte sich über die umfängliche Ausrüstung, die sie bei sich hatten: »Kisten, Koffer, Bündel mit Bettzeug und allerlei Zeltausrüstung – ich wundere mich bis heute, wie sie derartige Gewichte tragen konnten und woher sie die Kraft nahmen, mit diesem Gepäck auf den nicht gerade kleinen Berg zu klettern. Und dabei waren es in der Hauptsache die Frauen, die geschleppt hatten! Ich verstehe nicht, wie ihnen das gelang, diesen alten Männern und Frauen mit ihren gewaltigen Kisten auf dem Rücken, altmodischen schwarzen Lederkästen. Ich half einer alten Frau herunter, und zeitweise bedauerte ich meine Hilfsbereitschaft, denn ich meinte, es nicht bis unten zu schaffen. Das Ding war mächtig schwer. Und dabei hatte sie *zwei* davon getragen, und zwar nicht abwärts, sondern auf steiler Klettertour nach oben! Ich kann nur vermuten, daß sie durch die blanke Verzweiflung getrieben wurden.«

Diese älteren Kosaken zeigten keinerlei Widerstand, als sie von der britischen Patrouille umringt waren. Sie machten einfach kehrt und gingen wieder bergab. Tyson entdeckte auf keiner Seite Feindseligkeit, einfach nur die müde Hinnahme der Rollenverteilung Gefangener und Häscher. Die einzige grobe Note dazwischen war die Gegenwart des Offiziers der Roten Armee, der sich dem Suchtrupp angeschlossen hatte und jetzt als Dolmetscher fungieren wollte. In englischer Uniform und mit einer Zuweisung durch das Brigade-Hauptquartier hatte er die Erlaubnis, britisch besetztes Gebiet zu betreten, nur erhalten, um den sowjetischen Behörden zu zeigen, welche gewaltigen Anstrengungen unternommen wurden, um entwichene Kosaken einzufangen und das Abkommen zu erfüllen. Er hatte wenig zu tun und mußte lediglich die von George Wood, dem britischen Patrouillen-Offizier, erteilten Befehle ins Russische übersetzen. Die Kosaken waren wie die Schafe und gehorchten diesen Befehlen unverzüglich. Aber die Soldaten lehnten den Sowjetoffizier ab, dessen Gegenwart ihnen ihre Aufgabe noch verhaßter machte. Auf dem Wege bergab entwichen einige Kosaken, und es wurde keinerlei Versuch unternommen, sie wieder einzufangen. »Im stillen wünschten wir ihnen Glück«, sagte Tyson.

Insbesondere die jüngeren Leute, vor allem die nicht von Ehefrauen oder Kindern belasteten, hatten die beste Chance, auf Dauer durchzukommen. Sie kletterten höher zum Gipfel hinauf und bewegten sich tagsüber in Gruppen von zehn oder zwölf entlang der Schneegrenze. Wenn sie rasteten, stellten sie Wachen auf, die sofort Alarm schlugen, sobald sie einer Patrouille ansichtig wurden, woraufhin sich die Gruppe im Wald versteckte. Nachts bei fallender Temperatur gingen sie bergab und lagerten an den niedrigeren Hängen oder besetzten leere Ferienhütten der Sommergäste. Geoffrey Pickard, der ebenfalls an mehreren Patrouillen teilnahm, erzählt, wie sie jeden Morgen die Hügel mit Feldstechern nach Qualmwölkchen abtasteten. »Sieh da, eine Kosakengruppe beim Frühstück« pflegten sie zu sagen, wenn die Suche erfolgreich war. Man versuchte dann, den Fleck auf der Karte zu markieren, und entsandte Suchtrupps zu beiden Seiten des Berges hinauf in der Hoffnung, die Gruppe zu umzingeln.

Die Österreicher waren noch viel mehr darauf bedacht, die Kosaken loszuwerden. Ihre Pferde waren über das ganze Tal zu Tausenden verteilt, zertraten die Gärten und grasten Weideland ab. Als die Verpflegung ausging, mußten die Kosaken stehlen, um zu überleben. »Den ganzen Sommer hindurch konnte man oft Lagerfeuer-Rauch aus den Tiefen der Wälder aufsteigen und eigenartige Gestalten in der Landschaft herumwandeln sehen«, erinnert sich Tyson. Anfänglich waren die Österreicher bereit, ihnen zu helfen. Gertraud Einetter, eine jetzt bei Oberdrauburg lebende Österreicherin, erzählt, wie Kosaken an ihre Tür klopften und um Verpflegung baten. Aber britische Soldaten waren unterwegs, um sie zu suchen. »Wir gaben den Kosaken«, erzählte sie, »Zeichen, sie sollten weglaufen und sich in den Heuschobern verstecken, wo sie manchmal die Nacht verbrachten und einige alte Kartoffeln sowie etwas heißen Tee ohne Zucker vorfanden; mehr hatten wir nicht übrig, denn wir hatten für uns selbst nichts«.

Aber die Österreicher merkten bald, daß die Lage schlechter zu werden drohte. Solange es Sommer war, konnten die Kosaken überleben, aber in wenigen Monaten würden sie sowohl Unterkunft als auch Essen benötigen. Der Schnee würde kommen und sie bergab in die bewohnten Gebiete treiben. Man fürchtete, daß diese Tausende fremder Leute sich zu Banditen entwickeln könnten, die das Land terrorisieren. Die Briten erhielten Hinweise auf die Verstecke der Kosaken und Hilfe bei der Suche. Am 4. Juni berichtete zum Beispiel ein Österreicher, es befänden sich an die hundert Kosaken an einer bestimmten Stelle in den Bergen. Leutnant C. J. Heather wurde mit acht Mann losgeschickt, um sie einzufangen. Die Kosaken bemerkten die Patrouille, als sie sich näherte. Sie liefen eine Bachrinne hinunter, um sich im dichten Unterholz zu verstecken. Heather reagierte rasch und heftig: »Wir feuerten einige Schuß ins Unterholz und riefen ›Kommen Sie her!‹.« Es kam keine Antwort, vielleicht weil nur wenige Kosaken Deutsch konnten und vielleicht noch nicht einmal die drei Worte. Heather gab dann Befehl, die gesamte Gegend mit Kugeln zu belegen. Das geschah, und das gewünschte Ergebnis wurde erreicht, denn die Flüchtlinge erschienen mit erhobenen Händen. Sie wurden talabwärts mitgenommen und in ein abgezäuntes Gefängnis gebracht, bis sie ostwärts transportiert wurden.

Eine weitere Patrouille, bestehend aus zwei Offizieren der Roten Armee und vier britischen Soldaten, machte sich am 8. Juni zu Pferd auf in die Berge. Sie erwischten eine Gruppe an den unteren Hängen und beschlossen, sich auf die Suche nach einigen hartnäckigeren Kosaken zu machen, die sich weiter oben befinden mußten. Sergeant A. Kennedy, der das Kommando hatte, wies seine Gruppe an, alte Sachen anzuziehen, die sie im Versteck der Gefangenen gefunden hatten. Sie trugen jetzt Kosakenkleidung, ritten Kosakenpferde, und zwei von ihnen sprachen russisch als Muttersprache. Auf diese Weise, meinten sie, hätten sie gute Chancen, in die Hauptgruppe der Entwichenen einzudringen und einen großen Fang zu machen.

Sie fanden die Gruppe, und beim Näherkommen geriet einer der Sowjetoffiziere dermaßen aus dem Häuschen, daß er völlig unsinnig seinen Revolver in die Luft abfeuerte. Die Kosaken rannten davon und ließen nur einige wenige, hauptsächlich Frauen und Kinder, die zum Laufen zu schwach waren, zurück. Ein Soldat machte in der Ferne einen Kosaken aus, legte das Gewehr auf ihn an, schoß und sah ihn fallen. Kennedy berichtete, daß man, »da sich der Kosak nicht erhob, annahm, er sei getötet worden«. Er und seine Leute waren nicht bereit, die Kosaken in den Wald zu verfolgen, weil sie wußten, daß einige noch bewaffnet waren und Widerstand leisten würden. Sie sammelten also die Zurückgebliebenen ein und trieben sie den Bergabhang hinunter.

Diese Berichte machen deutlich, daß britische Soldaten – die zwar persönlich mit den Kosaken fühlten und bereit waren, ihnen heimlich zu helfen – eifrig bei der Suche dabei waren und sogar

Schußwaffen einsetzten, sobald sie von Vertretern der Sowjetunion beobachtet wurden. Hier ist erneut die im westlichen politischen und militärischen Denken damals vorherrschende Stimmung zu entdecken, daß sowjetische Forderungen erfüllt werden mußten, auch wenn diese Forderungen unsinnig und grausam erschienen. Im Laufe des Juni wurden auf diese Weise 1356 Flüchtlinge wieder eingefangen. Das Kriegstagebuch gibt Auskunft, daß »viele davon sich freiwillig ergaben, weil sie die Gefangenschaft den Härten des Berglebens vorzogen«; andere aber wurden mit Waffengewalt gefangengenommen, und eine große Anzahl, die auf über 2000 geschätzt wurde, blieb verschwunden, entging den Patrouillen im Freien – in der Hoffnung auf irgendein Wunder, das sie vor den »sanften Gnaden« stalinistischer Schergen bewahren würde.

Am 16. Juni brachte ein Konvoi aus drei britischen und sechzehn deutschen Lastern unter dem Kommando von Captain Duncan McMillan 934 dieser wieder eingefangenen Kosaken auf sowjetisch besetztes Gebiet. Es waren scharfe Vorkehrungen getroffen worden, um jeden Fluchtversuch zu vereiteln. In jedem Lastwagen saßen mit Schnellfeuergewehren bewaffnete Soldaten, und am Ende des Konvois fuhren Scout-Wagen mit aufmontiertem MG. Aber niemand versuchte noch zu flüchten. Ihr Wille war gebrochen, sie hatten sich resignierend ihrem Schicksal ergeben. Sie erreichten abends die Grenze bei Judenburg, und McMillan wurde von sowjetischen Offizieren gebeten, die Gefangenen bis nach Graz – tief hinein in die sowjetische Zone – zu bringen, wo bereits größere Mengen zwangsrepatriierter Kosaken gehalten wurden.

Sie fuhren die Nacht durch und erreichten Graz gegen Morgen. McMillan erinnert sich, daß sie an einen kleinen Bahnhof geführt wurden, wo sich eine Einfriedung aus Stacheldraht befand. Er sah, wie die Kosaken von den Lastwagen abgeladen wurden. Sie wurden zunächst durchsucht. Ihnen wurden sämtliche Wertgegenstände, einschließlich Geld und Uhren, abgenommen, sogar die Lebensmittelpakete, die ihnen für die Reise mitgegeben worden waren. Dann wurden sie abgeführt. Kein britischer Soldat sah sie jemals wieder, und – wie McMillan sagt – »man brauchte nicht viel Phantasie, um zu wissen, was mit diesen Leuten geschehen sollte«. Viele britische Soldaten, die dort waren, bezeugten, daß sie kurz nach der Abführung der Gefangenen in der Nähe das Rattern von Maschinengewehren hörten. Kein Soldat hat tatsächlich *gesehen*, wie ein Gefangener erschossen wurde; man kann also nicht mit Sicherheit schließen, daß dies geschah, aber – wie einer der Fahrer, James Davidson, sagt: »Wir meinten, die MG-Salven mußten ihr Ende sein. Wir dachten, sie wurden einfach nach hinten gebracht und abgeschlachtet. Das war unsere allgemeine Ansicht.«

Die britischen Soldaten waren nun eine ganze Nacht gefahren und noch von dem fürchterlichen Gedanken gequält, daß sie an die tausend Menschen ihrer Hinrichtung überantwortet hatten, da sahen sie sich einem weiteren Problem gegenüber: die Angehörigen der Roten Armee machten einen entschlossenen Versuch, die deutschen Lastwagen zu beschlagnahmen und die deutschen Fahrer zu verhaften. In den Augen der Sowjets waren diese Männer samt Fahrzeugen Teil der Kosakendivision und deshalb sowjetisches Eigentum. »Wir hatten eine lebhafte Auseinandersetzung. Sie setzten auf jeden Laster einen russischen Soldaten, und ich setzte jeweils einen meiner Leute dazu«, erinnert sich McMillan. Jeder war bewaffnet, und ein gewaltsamer Zwischenfall drohte jeden Augenblick einzutreten, bis plötzlich die sowjetische Seite ihren Anspruch aufgab und die Briten zum Frühstück einlud.

Das Frühstück wurde eine gemütliche Angelegenheit. Man redete viel von alliierter Einigkeit und sprach dem sauberen Wodka unter vielen Toasts zu, obwohl es noch nicht einmal acht Uhr morgens war. Für die Briten war es nicht gar so schlimm, da dies das Ende ihres langen Tages war und sie sich noch ausruhen konnten, ehe die Heimfahrt begann. Für die Russen war es natürlich der Beginn des Tages, und die britischen Gäste wunderten sich über die Fähigkeit ihrer Gastgeber, so zu früher Stunde derartige Mengen starken Alkohols zu trinken. Anschließend bat man sie in einen Kornspeicher, wo sie schlafen konnten, was ihnen angesichts des alkoholisierten Frühstücks um so besser gelang. Einige wenige hatten Befehl erhalten, nüchtern zu bleiben, um auf die Lastwagen aufzupassen, damit kein weiterer Konfiszierungsversuch unternommen wurde. Sie wurden aufmerksam beobachtet und durften das Gebäude nicht verlassen. Am Nachmittag bestiegen sie wieder ihre Lastwagen und fuhren zum Drautal zurück, wobei sie die Demarkationslinie zum britischen besetzten Gebiet kurz vor Tagesanbruch erreichten.

Diese groteske Episode kennzeichnete das Ende der zwangsweisen Repatriierung der Kosaken aus dem Tal der Drau; aber in anderen, von V-Corps besetzten Gebieten ging sie weiter. Während der zweiten Junihälfte wurden bei Judenburg 13 350 Sowjetbürger an die Rote Armee übergeben, womit in den fünf Wochen seit 28. Mai insgesamt mehr als 50 000 Übergaben erfolgt waren.[14]

Etwa 35 000 hiervon waren aus denjenigen Kosakeneinheiten, die auf deutscher Seite gekämpft hatten. Erwiesenermaßen waren fast alle nicht bereit, nach Rußland zurückzukehren; viele von ihnen konnten nur mit körperlicher Gewalt repatriiert werden, und einige zogen den Selbstmord und teilweise die vorherige Ermordung ihrer Familienangehörigen der Auslieferung an die Russen vor.

Nach Ablauf des Monats Juni hörten die Deportationen vorübergehend auf, das lag aber nicht an einer Änderung der britischen Politik. Im Kriegstagebuch der 36. Infanteriebrigade heißt es dazu: »Künftig behandelten wir die Flüchtigen – obwohl wir noch viele von ihnen aufstöberten – wie Personen, die sich ergeben hatten, und lieferten sie nicht mehr an die Russen aus. Der Grund dafür war der, daß die Russen inzwischen mit der Anzahl der übergebenen Gefangenen zufrieden waren und keine weiteren mehr haben wollten.« Die britischen Entscheidungen in dieser Angelegenheit hingen aber immer noch von den Forderungen ab, die die Rote Armee stellte. Die Operation war beendet, und es traf ein Tagesbefehl von Musson ein, in dem jedermann in der Brigade zu der Zügigkeit und Wirksamkeit seines Einsatzes beglückwünscht wurde.

Nahe Lienz wurde ein kleiner Friedhof für die Gräber derjenigen Kosaken angelegt, die durch die Gewalttaten am 1. Juni 1945 getötet wurden. Er weist siebenundzwanzig Gräber auf – viel mehr, als in den britischen Unterlagen angegeben.

Aus den Dokumenten geht hervor, daß an jenem Tage im Tal der Drau fünf Personen beim Fluchtversuch erschossen, zwei zu Tode gequetscht und eine versehentlich erschossen wurden. Hierzu sind noch die fünf Opfer des Vaters, der seine eigene Familie erschoß, hinzuzuzählen sowie die drei in der Drau Ertrunkenen (von britischer wie kosakischer Seite wurden diese Zwischenfälle mehrfach bestätigt). Andere glaubwürdige Zeugen berichteten, daß noch mehr Kosaken Selbstmord durch Erhängen in ihren Hütten oder in den Wäldern begingen, aber man wird wohl nie erfahren, wieviel es in Wirklichkeit gewesen sind.

Von den am 29. Mai übergebenen Offizieren haben fünf Selbstmord verübt: zwei hängten sich an den Spülketten der Klosetts auf, einer schnitt sich während eines Nachtaufenthalts in Spittal die Kehle durch; ein weiterer schnitt sich an der Judenburger Brücke die Kehle mit einer Rasierklinge durch, und einer schließlich sprang von der Brücke und zerschmetterte auf den Felsklippen im Fluß. Nach Angaben britischer Wachsoldaten brachte sich eine unbekannte Zahl von Kosaken in den Zügen um, die sie ins sowjetisch besetzte Gebiet brachten. Die genauen Zahlen werden wohl nie bekannt werden.

Es war der Beginn vieler Jahre des Leidens nicht nur für die Kosaken, sondern auch für mehrere Millionen sowjetischer Bürger, die jahrelang unter nazistischer Kontrolle verbracht hatten – entweder als Kriegsgefangene oder als Zwangsarbeiter oder als Freiwillige bei den deutschen Truppen.

Die meisten von ihnen hatten nicht freiwillig mit den Deutschen kollaboriert, aber Russen und andere Slawen wurden vom Dritten Reich derart schlecht behandelt, daß viele von ihnen sich der fürchterlichen Wahl gegenüber sahen, entweder für den Feind ihres Heimatlandes zu arbeiten oder Hungers zu sterben. Nach dem Kriege war es unmöglich, mit Sicherheit zu unterscheiden, wer Kollaborateur und wer der Sowjetunion gegenüber loyal geblieben war. Es gab eine Vielzahl von Zwischenstufen.

Die sowjetischen Behörden konnten keinen Zweifel über die Loyalität der Kosaken haben, weil sie in deutscher Uniform gefangengenommen wurden und bereitwillig zugaben, daß sie auf deutscher Seite gekämpft hatten. Die Generale, vor allem Krasnow und Schkuro, waren bekannte Feinde der Sowjetunion und waren von den anderen rasch zu trennen. Innerhalb weniger Stunden mußten die beiden »Stars« vor dem obersten Offizier erscheinen. Nikolai Krasnow, der Großneffe des Generals, hatte befürchtet, daß sie einfach erschossen werden könnten, aber es ergab sich, daß das Treffen lediglich der Befriedigung professioneller Neugierde diente: »Ein Sowjetgeneral und mehrere ältere Obersten warteten auf sie in einem Häuschen, in dem die Offiziere ihre Unterkunft hatten. Sie hatten während des Krieges 1918 – 20 ›auf der anderen Seite der Front‹ und somit gegen meinen Großvater und Andrej Schkuro gekämpft. Es ergab sich eine lebhafte Unterhaltung, bei der man sich mehrerer Schlachten erinnerte – der Orte, wo sie geschlagen wurden, der Einheiten, die teilgenommen hatten, und der jeweiligen Ergebnisse. Die politischen und moralischen Aspekte der Frage wurden nicht angesprochen.«[14]

Die Generale wurden gut und höflich behandelt, wie das seitens der Berufssoldaten gegenüber ihren besiegten Feinden häufig der Fall ist. Nikolai Krasnow war darüber beunruhigt, daß sie seiner Meinung nach mit »übertriebener Höflichkeit« behandelt wurden. Die meisten nahmen an, daß diese Höflichkeiten aufhören würden, sobald die Gefangenen der Sicherheitspolizei übergeben würden; aber einige Sowjetoffiziere versuchten ihre Gefangenen sogar in dieser Hinsicht zu beruhigen. »Man wird Sie nicht allzu lange im Gefängnis halten. Man wird Sie verhören, sie werden herausfinden, was sie wissen müssen, und Sie dann gehenlassen«, sagte der Sowjetgeneral, als er sich verabschiedete. Nikolai Krasnow war beeindruckt. Er ist der Ansicht, daß der General ernsthaft geglaubt haben mag, was er sagte, daß eine neue Art freundlicher Toleranz in der Sowjetunion ausgebrochen war.

Domanow war in der schlimmsten Situation von allen. Monatelang hatte er Vorrang vor den »alten Helden« Krasnow und

Schkuro genossen, aber jetzt machte ihn sein Status als Sowjetbürger bei seinen sowjetischen Wächtern doppelt verhaßt. Viele von ihnen trafen eine Unterscheidung zwischen Domanow, der in der Sowjetunion erzogen worden war und dort gelebt hatte, und den anderen, die schon von jeher die Bolschewiki mit Zähnen und Klauen bekämpft hatten. Und während sie über Schkuros Bürgerkriegs-Erzählungen, wie er »die Füllung aus den Roten herausgeschlagen« hatte, fröhlich lachten[15], fanden sie für Domanow nur gelangweiltes Schweigen; er hatte keine solchen Geschichten zu erzählen. Die Kosakengenerale haßten Domanow noch mehr, wenn das überhaupt möglich war, weil sie ihm vorwarfen, er hätte den Briten bei der Deportation geholfen und bei dem Täuschungsmanöver mit ihnen unter einer Decke gesteckt. »Haben die Engländer ihm eine Belohnung für sein Schweigen versprochen?« fragte sich Nikolai Krasnow.[16] Die meisten Kosaken glaubten, daß es an dem war.

Am 30. Mai, dem Morgen nach ihrer Auslieferung an die Sowjets, nahmen die Generäle Aufstellung zur Abreise nach Graz. Leutnant von Himmighoffen, einer der deutschen Mitarbeiter des Generals von Pannwitz, wurde durch eine Salve hingerichtet, bevor der Transport Judenburg verließ; er hatte im Laufe der Nacht zu fliehen versucht.[17] Das geschah vor den Augen der oberen Kosakenoffiziere als Warnung, ihnen würde dasselbe geschehen, wenn sie den Fehler machten, einen ähnlichen Versuch zu wagen. Sie verbrachten die Nacht in Graz und fuhren am nächsten Tag nach Baden bei Wien weiter; in diesem Kurort befand sich das Zentrum der sowjetischen Spionage-Abwehr. Unterwegs erhielten sie ein ausgezeichnetes Frühstück, und General Krasnow fühlte sich wie eine Gans, die für den Weihnachtsbraten gemästet wird.

In Baden fand ein kurzes Verhör statt. Einmal wurden sie zu einem Gruppenphoto zusammengestellt. Man achtete darauf, daß sie korrekt in deutsche Uniformen gekleidet waren und alle passenden Medaillen und Schulterstücke trugen. Einige hatten ihre Abzeichen teilweise verloren; sie erhielten aus sowjetischen Beständen an konfisziertem Material Ersatz ausgehändigt. Auf diese Weise wurde ein authentisches Bild dieser wichtigen Männer für die Archive gewonnen. Am 3. Juni wurden einige von ihnen in ein Flugzeug gesetzt und nach Moskau geflogen. Am folgenden Tag brachte eine weitere Maschine die übrigen. Sie wurden unter sauberen Bedingungen und bei angemessener Verpflegung im Lubjanka-Gefängnis untergebracht. Jedermann, der Stalins »Gerechtigkeit« kannte, wußte, daß dies ein bedenkliches Zeichen war. Je sauberer seine Zelle, desto näher ist ein Gefangener dem Zeitpunkt der Hinrichtung.

Aber Verfahren und formelle Hinrichtung waren nicht die größte Gefahr für das Leben der Kosaken, sondern die Bedingungen der Gefangenschaft in den sibirischen Arbeitslagern. Die Masse der Gefangenen – Offiziere und andere Ränge – wurden nur wenige Stunden in einem Fabrikgebäude in Judenburg gehalten, ehe sie nach Graz abtransportiert wurden, wo sich ein großes Gefängnis befand. Hier wurden sie durchsucht, ihrer Uhren und sonstiger Wertsachen erleichtert und mit Hilfe der von den Briten übergebenen Listen identifiziert.[18] Nach einer Woche war es dann soweit, daß die lange Reise nach Osten beginnen konnte. Am 11. Juni wurden sie zur Bahnstation gebracht und zu je 40 in die Waggons verladen. Drei Tage lang verließen die Gefangenenzüge Graz und machten sich auf den Weg nach Ungarn, dann südwärts nach Rumänien und nördlich nach Rußland. Bis 25. Juni hatten mehrere Züge Kiew passiert und erreichten Moskau, wo während eines dreitägigen Aufenthalts Einzelheiten der Bestimmungsorte ausgearbeitet wurden. In diesen Tagen hörten die Gefangenen in den Waggons häufig Schußsalven der Artillerie, und manchmal konnten sie des Nachts großes Feuerwerk sehen. Die Hauptstadt feierte den Sieg.[19]

Die Züge nahmen dann die sibirische Eisenbahn Richtung Provinz Kemerowskaja, unmittelbar südlich von Tomsk, 1200 Kilometer östlich Moskaus. Die Gefangenen erhielten trocken Brot und Stücke von gesalzenem Fisch zu essen, doch da es Sommerzeit war, wiesen die erfahrenen Gefangenen den Fisch zurück, da die Wasserration nicht ausreichte und Durst eine noch größere Gefahr ist als Hunger. Das Wasserproblem ist den Überlebenden am stärksten in Erinnerung geblieben von dieser Fahrt: »Jeden Tag erhielt unser Waggon vier oder fünf Eimer Wasser für vierundneunzig Mann. Diese wurden in einen verrosteten Metallkessel gekippt, und sowie das geschehen war, färbte sich das Wasser braun. Ich stand am Kessel und maß pro Mann zwei deutsche Armeebecher Wasser zu. Die Männer tranken das sofort in einem Zuge herunter und warteten dann auf einen Anteil an dem dicken rosthaltigen Bodensatz.«[20]

Einmal hatte die Lokomotive einen Maschinenschaden, und der Zug stand mehr als einen Tag mitten in der offenen ausgedörrten Steppe und wartete auf Entsatz, während die Gefangenen geröstet wurden und ihre Zunge im Mund immer stärker anschwoll. Jeder Waggon hatte ein Fenster, eine kleine mit Stacheldraht verspannte Öffnung. Die stärkeren Gefangenen drängten sich nahe heran, blockierten die Öffnung und hüllten so das Innere des Waggons in erstickende Dunkelheit.

Einige wurden während des Tages von den Wachen getötet, viele andere starben an Krankheiten oder allgemeiner Schwäche aufgrund der fürchterlichen Bedingungen. Sooft sich etwas derartiges ereignete, verfluchten die Gefangenen die Briten als »jene, die für unser Elend verantwortlich sind«. Einer der Überlebenden schrieb: »Ich habe niemals jemanden auf die Amerikaner oder die anderen schimpfen gehört. Unsere ganze Wut, unser Haß und unsere Drohungen richteten sich gegen die Engländer.«[21]

Um den 10. Juli erreichten die Züge das Gebiet von Tomsk, und die Kosaken wurden an verschiedene Orte in der Nähe gebracht, wo Gefangenenlager im Bau waren. Der Zustrom war so gewaltig, daß weitere Aufnahmelager erforderlich wurden. Ein überlebender Kosakenoffizier, M. I. Kotsowski, schrieb: »Sie entluden uns aus dem Zug und brachten uns in ein mit Stacheldraht umgebenes Lager. Es bestand aus Barackenblocks, einem Badehaus und einer Küche. Jeweils zwanzig Gefangene erhielten ein Zelt zugewiesen, das sie sich aufstellen mußten. Zwei Tage darauf erhielten wir Bretter zum Bau von Bettkästen. Wir erhielten keinerlei Bettzeug, sondern schliefen in unseren Sachen. Unablässig wurden wir von

Ungeziefer geplagt. Die Lagerverpflegung war schlecht. Morgens gab es Wassersuppe mit Mehlklüten oder Graupen. Das Mittagessen bestand aus sogenannter Gemüsesuppe, vergammeltem Sauerkohl mit fladigem Porree. Abends gab es dasselbe wie zum Frühstück. Manchmal gab es etwas Fisch, der häufig mit Rost von den Innenseiten der Dosen bedeckt war. Wir hatten täglich eine 400-Gramm-Ration Brot schlimmster Qualität. Die Leute erkrankten, vor allem die Deutschen. Es handelte sich größtenteils um Beschwerden der Leber und Ruhr. Täglich starben etwa fünfzehn bis zwanzig Mann.«[22]

A. K. Leniwow schreibt, daß die Sterblichkeit unter den Kosaken besonders im ersten Jahr der Gefangenschaft hoch war, als sie zur schwierigen, gefahrvollen Arbeit in den Kohlenbergwerken des Kusnetski-Bassins herangezogen wurden. Trotz der harten Arbeit erhielten sie keine besondere Arbeitskleidung, so daß innerhalb weniger Wochen ihre Kleidung nur noch in Fetzen herunterhing und viele barfuß gingen. Im November traf eine kleine Ladung neuer Sachen ein, aber nicht viel, und die Gefangenen waren für den sibirischen Winter überhaupt nicht gerüstet. Im Lager Nr 7525 setzte sich eine Art Dschungelgesetz durch. Die älteren Gefangenen wurden schwächer und konnten ihr Tagessoll nicht mehr erfüllen. Daraufhin beschnitt ihnen die Lagerverwaltung die Rationen zur Strafe für die Nichterfüllung der Norm, woraufhin die Gefangenen noch schwächer wurden. Diebe stahlen diesen Unglücklichen dann ihre Kleider und die Verpflegung. Leniwow schätzt, daß mehr als 7 000 Kosaken im ersten Jahr an den verschiedensten Auszehrungskrankheiten starben.[23]

Dies war der Hauptteil der Leiden, die die Kosaken ebenso wie mehrere Millionen anderer Nationalitäten erdulden mußten, welche sich gleichfalls den Zorn oder das Mißtrauen der sowjetischen Behörden zugezogen hatten. Sie mußten zehn Jahre in mörderischer Kälte und unter fürchterlichsten Hungerbedingungen verbringen, so daß nur die körperlich und geistig Stärksten überlebten – die anderen starben oder wurden in den Wahnsinn getrieben. Wie viele Gefangene überlebten, wird wohl nie bekanntwerden, aber von behördlicher Seite wird angegeben, daß es nicht mehr als die Hälfte gewesen sein kann.

Die Abdichtung der Sowjetunion nach außen durch Stalin war so erfolgreich, daß bis zu seinem Tode fast nichts über diese Greuel bekannt wurde; und die wenigen Nachrichten, die dennoch hinausgelangten, wurden von den vielen blinden Befürwortern der Sowjetunion in aller Welt stets rasch dementiert und entkräftet. Erst mit der Veröffentlichung des »Archipel Gulag« wurde ein detailliertes und genaues Bild der Schrecken vermittelt.

Im Laufe der beiden Jahre nach Stalins Tod, am 5. März 1953, wurden Amnestien erlassen, wodurch die meisten derjenigen befreit wurden, die wegen Verrat oder Zusammenarbeit mit dem Feind während des zweiten Weltkriegs verurteilt worden waren. Hierunter waren einige wenige, die keine Sowjetbürger waren, die von der Roten Armee gefangengenommen oder ihr durch die westlichen Alliierten in Verletzung des Abkommens von Jalta übergeben worden waren. Diese erhielten Mitte der 50er Jahre die Erlaubnis, die Sowjetunion zu verlassen und dorthin zurückzukehren, wo sie vor dem Kriege gelebt hatten.

Leniwow, einer von ihnen, schätzt, daß siebzig Kosakenoffiziere auf diese Weise freigelassen wurden. Die anderen 1 400 waren entweder gestorben oder zum Bleiben gezwungen.[24]

Über das Schicksal der höheren Kosakenoffiziere liegt das Zeugnis von Nikolai Krasnow vor, eines Großneffen von General Pjotr Nikolajewitsch Krasnow. Er war junger Offizier und hatte die »Ehre« der Gefangenschaft in der Lubjanka nur deshalb, weil er Verbindung mit der angesehenen Krasnow-Familie hatte. Eineinhalb Jahre verstrichen, ehe die Führer dieser anti-sowjetischen Bewegung vor Gericht gestellt wurden. Am 17. Januar 1947 meldete die »Prawda«, daß P. N. Krasnow, A. G. Schkuro, Sultan Klytsch Girej, der kaukasische Führer, S. N. Krasnow, T. I. Domanow und Helmut von Pannwitz sich schuldig bekannt hatten, »Abteilungen der Weißen Garde gebildet« und »Spionage, abweichlerische und terroristische Maßnahmen gegen die Sowjetunion betrieben« zu haben. Sie waren zum Tode durch den Strang verurteilt, die Urteile sind vollstreckt worden. Nikolai Krasnow war noch ein zu junger Offizier, als daß man ihn in diese ausgewählte Gruppe hätte einschließen können. Nach längeren Verhören wurde er in ein Arbeitslager geschickt, dann freigelassen und durfte Mitte der 50er Jahre die Sowjetunion verlassen. Er starb kurz darauf in Argentinien.

Von den sechs Männern, deren Hinrichtung öffentlich verkündet wurde, war nur einer, nämlich Domanow, gemäß dem Jaltaer Abkommen repatriierungspflichtig gewesen. Von Pannwitz war Deutscher, sprach Russisch im übrigen nur deshalb, weil er aus dem Baltikum stammte. Die anderen vier hatten seit Bestehen der Sowjetunion niemals dort gelebt. Nur eine hauchdünne gesetzliche Basis konnte ihre Auslieferung durch die Briten und ihre Hinrichtung durch die Sowjetunion stützen. Sie waren nicht wegen Kriegsverbrechen angeklagt, sondern wurden verurteilt, weil sie gegen die sowjetischen Truppen gekämpft hatten, womit automatisch verbunden wurde, daß dies ein Akt des Verrats gewesen sei. Aber nur einer von den sechs, wiederum Domanow, war Sowjetbürger und deshalb wegen Verrats anklagbar.

Vielleicht war im Zusammenhang mit den Millionen, die während des Zweiten Weltkriegs starben, die Hinrichtung von sechs Generalen, die Hitler bei seinem Aggressionskrieg unterstützt hatten, kaum eine Überraschung. Churchill wurde unterrichtet, daß die Kosaken »mit wildem, um nicht zu sagen barbarischem Eifer für die Deutschen gekämpft« hatten[25], und das stimmte, denn – wenngleich sie behaupteten, nicht für Hitler, sondern für die Befreiung ihres Landes von Stalin gekämpft zu haben – die Tatsache bleibt, daß sie von Hitler lediglich als Plangröße in seine Welteroberungsstrategie eingesetzt wurden.

In seinem Buch über die Kosaken schreibt Philip Longworth: »Ihr Schicksal war unausweichlich und nicht ungerecht. Obgleich nur ein Drittel der Offiziere Sowjetbürger waren, waren sie in den Augen jeglichen Gesetzes Verräter, und einige durften gesetzlich als Kriegsverbrecher eingestuft werden . . . Männer, die den Nazis Loyalität geschworen und den Schutz der SS in Anspruch genommen und für die SS gekämpft hatten, brauchten sich über den Mangel an Freundschaft seitens der Alliierten nicht zu wundern. Und ihre Freunde, die auf dem Boden der Humanität dagegen protestierten, vergaßen den Ruf der Bestialität, den sie sich im Bürgerkrieg zugezogen hatten, vergaßen, wie sie die Bolschewiken behandelt hätten, wären die Rollen vertauscht gewesen.«[26]

Aber ein solcher Standpunkt ignoriert die Ungerechtigkeit gegenüber jenen Kosaken, die sich keinerlei Verbrechen zuschulden kommen ließen, beispielsweise die Frauen und Kinder. Er ignoriert die Ungerechtigkeit gegenüber den Männern, die die Waffe gegen Stalin erhoben, ohne sich darüber klarzuwerden, daß sie einen ebensolchen, wenn nicht gar schlimmeren Tyrannen in der Person Hitlers unterstützten. Diese Männer waren vielleicht naiv, aber man kann angesichts der Verbrechen des sowjetischen Staates, deren ganzes Ausmaß jetzt durch Solschenizyn und andere enthüllt worden ist, schwerlich behaupten, daß sie eine Bestrafung wie gewöhnliche Verräter verdienten.

7 DIE POLITIK IM KREUZFEUER

Am 29. Juni 1945 ereignete sich etwas Schreckliches in Fort Dix (New Jersey) in einem Kriegsgefangenenlager mit 154 Sowjetbürgern, die alle in Europa gefangengenommen worden waren, als sie auf deutscher Seite kämpften. Da es sich bei ihnen um die einzigen derartigen Gefangenen handelte, die in den Vereinigten Staaten verblieben waren, rechnete man mit ihrem Widerstand gegen die Repatriierung, zumal sie sich bereits vorher bei Schiffstransporten von Häfen der Westküste aus heim nach Rußland widersetzt hatten. Eine Woche zuvor hatten sie erfahren, was sie erwartete: Sie sollten nach New York gebracht und dort auf ein amerikanisches Schiff verladen werden, das sie nach Deutschland bringen sollte. Die Übergabe an die sowjetischen Behörden würde sich anschließen. Die Gefangenen erklärten, daß sie unter keinen Umständen gehen wollten. Als um neun Uhr jenes Morgens die amerikanischen Wachen erschienen, waren die Gefangenen entschlossen, sich bis zum letzten Atemzuge zu widersetzen.

Ihre erste Widerstandshandlung bestand darin, sich innerhalb ihres Barackenviertels zu verbarrikadieren. Sie weigerten sich, herauszukommen. Der Lagerkommandant, Oberst G. M. Treisch, erließ mehrere Appelle mit der Aufforderung, ihre drei ranghöchsten Offiziere zu entsenden, mit denen die Angelegenheit besprochen werden sollte. Nach der Ablehnung seines Angebots ließ er seine Leute Gasmasken aufsetzen und Tränengasbomben in das Gebäude werfen, um die Russen ins Freie zu zwingen. Als Antwort öffnete sich die Hintertür des Blocks, und heraus stürzte eine große Anzahl von Gefangenen, bewaffnet mit Küchenmessern und Knüppeln, die sie aus dem Mobiliar herausgebrochen hatten.[1]

Zwei amerikanische Offiziere wurden leicht verletzt: der eine erhielt eine Schnittwunde an der Hand, der andere einen Schlag auf den Kopf. Die wilde Menge stürmte auf eine Gruppe von Wachleuten zu, die mit Karabinern und leichten Maschinengewehren ausgerüstet waren. Die Wachen eröffneten das Feuer und verwundeten sieben Russen. Schließlich gelang es den Soldaten, sie unter Kontrolle zu bringen; aber erst als die Gefangenen umzingelt und die Baracken in Augenschein genommen waren, machten die Amerikaner eine grauenvolle Entdeckung: Von den Dekkenbalken der Innenräume hingen Gürtel und Seile herab, und an dreien baumelten die Körper von Männern, die sich erhängt hatten.

Die drei Selbstmörder und der eine schwerverletzte Russe wurden in Fort Dix zurückgelassen, die übrigen in Busse und Ambulanzwagen verladen und noch am gleichen Abend nach Camp Shanks im Staate New York gebracht. Jeder Gefangene wurde einzeln von je einem Militärpolizisten bewacht, und in jedem Fahrzeug befanden sich Sonderwachen. Die 150 Gefangenen wurden insgesamt von 200 bewaffneten Amerikanern begleitet. Am darauffolgenden Morgen wurden die Russen von Camp Shanks an den Pier 51 am New Yorker North River gefahren. Dort sorgten die um weitere achtzig Militärpolizisten verstärkten Wachen mit leichten Maschinengewehren dafür, daß die Gefangenen das Schiff »Monticello« bestiegen, einen früheren Luxusdampfer der italienischen Handelsmarine.

Ob die Russen tatsächlich an Bord der »Monticello« gingen – darüber gehen die Berichte auseinander. In einigen Berichten heißt es, die Gefangenen hätten wild zu kämpfen begonnen, sobald sie an Bord waren, und hätten trotz Bewachung die Schiffsmaschinen beschädigt. Jedenfalls traf plötzlich ein Befehl ein, der die Repatriierung absagte, und um 15.00 Uhr an diesem 30. Juni wurden die Russen wieder in die Fahrzeuge verladen und nach Fort Dix zurückgebracht.[2]

Trotz dieses Gnadenakts schienen die Russen zu wissen, daß der Repatriierungsplan keineswegs aufgegeben, sondern lediglich aufgeschoben worden war. Kriegsminister Henry Stimson schrieb hierzu einen erklärenden Brief an das Außenministerium, in dem es hieß, »diese Gefangenen stemmten sich gegen ihre Repatriierung nach Rußland, weil jeder einzelne fürchtete, dies würde für ihn den Tod, für seine Verwandten und Freunde Leiden bedeuten«. In Wirklichkeit untertrieb Stimson noch, denn viele dieser Gefangenen waren zu dem Schluß gekommen, daß die Auslieferung an die sowjetischen Behörden noch *schlimmer* sei als der Tod. Der Grund für ihre Meuterei war nach ihren Aussagen nicht die Absicht, ihren Wächtern Schaden zuzufügen, sondern »sie wollten, daß die Amerikaner sie allesamt erschießen sollten«.[3]

Für die nächsten Wochen wurden sorgfältige Vorkehrungen in Fort Dix getroffen, um die Gefangenen von weiteren Selbstmordversuchen abzuhalten. Man brachte sie in sechs Baracken zu 25 Mann unter und ließ sie rund um die Uhr bewachen. Über diese Maßnahmen schrieb Brigade-General Madison Pearson in einem Bericht: »Die Gefangenen haben genügend Kleidung gegen die Witterungsunbilden, dürfen aber keinerlei Gegenstände besitzen, die unauffällig als Schlinge benutzt werden könnten wie etwa Schuhbänder, Gürtel, Hosenträger oder ähnliche Dinge. Jeder hat eine Matratze, eine Matratzendecke und eine Zudecke. In den Gebäuden gibt es keine Betten, da Teile der Betten als Waffen oder Hilfsmittel zur Selbstzerstörung verwendet werden könnten.«

Die Russen aßen von Papptellern und tranken aus Pappbechern. Als einziges Eßbesteck gab man ihnen Löffel, die nach jeder Mahlzeit eingesammelt und gezählt wurden. Jeweils nur einer durfte auf die Latrine. Auch das Rasieren war individuell geregelt: Ein Gefangener erhielt einen Sicherheitsrasierer. Wenn er fertig war, mußte er das Gerät an die Wache zurückgeben, die es erst nach Inaugenscheinnahme an den nächsten Gefangenen aushändigte. Eine Stunde täglich durften sie sich im Hof an der frischen Luft bewegen. Hierzu erhielten sie Tabak und Zigarettenpapier, aber keine Streichhölzer. Ein Wachhabender gab jeweils zwei oder drei

Gefangenen Feuer, die ihrerseits dann die anderen bedienen mußten.

Am 19. Juli erschien eine Abordnung von vier Sowjetoffizieren in Fort Dix, um die Gefangenen zu befragen und eine Untersuchung über die Meuterei anzustellen. Die Amerikaner willigten nur allzu bereitwillig ein. Sie wollten zeigen, daß nicht sie die Meuterei durch schlechte Behandlung hervorgerufen hatten. Und sie hatten auch noch die leise Hoffnung, daß einige der Gefangenen überredet werden könnten, den Widerstand aufzugeben und freiwillig in die Heimat zurückzukehren. Oberst Malkow, der oberste Sowjetoffizier, sagte den Amerikanern, »er würde ihnen (den Gefangenen) erklären, daß sie bei ihrer Rückkehr nach Rußland keiner Verfolgung ausgesetzt wären«.

Die Sowjetoffiziere befragten die Gefangenen einen nach dem anderen in Gegenwart von vier Amerikanern. Wie die anderen Repatriierungsoffiziere waren sie versöhnlich und sprachen keinerlei Drohungen gegenüber den Gefangenen aus. Aber der versöhnliche Ton machte wenig Eindruck. Die Gefangenen blieben skeptisch; ihrer Ansicht nach würde es mit der Freundlichkeit vorbei sein, sowie sie sicher in die Sowjetunion zurückgekehrt und den Augen der Amerikaner entschwunden seien. Mehrere Gefangene weigerten sich strikt, auch nur eine Frage zu beantworten, und gaben noch nicht einmal ihren Namen an. Oberst Horatio Rogers berichtete nach den Verhören:

»Diejenigen, die sich zum Gespräch bereit erklärten, äußerten, sie wollten nicht nach Rußland zurückkehren, weil sie wüßten, daß man sie dort erschießen würde. Gegenteiligen Versicherungen schenkten sie keinen Glauben, da der in den ersten Kriegstagen herausgegebene Befehl, daß ein Kriegsgefangener ein Verräter sei, ihres Wissens nie aufgehoben worden war. In einigen Fällen waren ihre Familien umgekommen oder verschleppt, und sie würden eher Selbstmord begehen als heimkehren. Sie stellten weiter fest, daß sie sich gegenüber den amerikanischen Behörden nicht zu beklagen hätten und die Meuterei einzig zu dem Zweck organisiert worden sei, die Wachen zu provozieren, sie zu erschießen.«

In hilfloser Verzweiflung berichteten die Gefangenen schreckliche Geschichten. Einer erzählte, seine Eltern seien 1941 beide von den Sowjetbürgern erschossen worden, ein anderer, daß russische Frauen wegen derart geringfügiger Kollaboration wie Wäschewaschen für die Deutschen hingerichtet worden seien. Wenn das tatsächlich der Fall war, welche Hoffnung konnte dann noch für diese 150 Mann bestehen, die wirklich mit der Waffe in der Hand gegen die Sowjetmacht gekämpft hatten? Malkow versuchte sie zu besänftigen. Einem Gefangenen täuschte er – wider besseres Wissen – vor, daß das Gesetz geändert worden sei und die zwei Millionen Russen aus Deutschland als freie Menschen in die Heimat zurückkehren dürften. Er fügte hinzu: »Ich möchte Ihnen allen eindringlich versichern, daß Ihnen kein Leid geschehen wird.« Die Gefangenen zeigten wenig Neigung, diesen Versprechungen zu glauben. Bei aller Überredungskunst der Amerikaner wie der Russen und trotz der naheliegenden Wahrscheinlichkeit, daß sie in jedem Falle heimkehren müßten und daß diejenigen, die freiwillig gingen, letztlich eine bessere Behandlung erfahren würden als die mit Gewalt repatriierten Gefangenen, gelang es weder Malkow noch seinen Offizieren, auch nur einen ihrer Landsleute zum Nachgeben zu überreden.

Mittlerweile hatte der Zwischenfall zu einer Untersuchung der amerikanischen Politik auf höchster Ebene geführt. Aber es war keine Änderung möglich – es sei denn, die Vereinigten Staaten wollten das von ihren Vertretern in Jalta unterzeichnete Abkommen brechen, dazu waren sie jedoch noch nicht bereit. Das Äußerste, was man entgegen den sowjetischen Wünschen getan hätte, war die Weigerung, Balten und Westukrainer zwangszurepatriieren; hierbei handelte es sich um Leute, die vor der Besetzung jener Gebiete durch die Rote Armee in den Jahren 1939 und 1940 keine Sowjetbürger gewesen waren. Im übrigen verpflichtete sich, wie Außenminister Byrnes in einem Schreiben vom 9. August bestätigte, »die Regierung der Vereinigten Staaten entsprechend den Abmachungen der Krim-Konferenz, alle Sowjetbürger in die Sowjetunion zurückzuschicken«.[4]

Die Russen in Fort Dix wurden nochmals sorgfältig daraufhin überprüft, ob man sie den Sowjetbehörden vorenthalten könnte; sieben von ihnen wurde die baltische oder polnische Herkunft zuerkannt. Die restlichen 146 Mann mußten schließlich am 31. August in New York an Bord gehen, bewacht von zwei Offizieren und fünfzig Mannschaften. In Europa wurden sie dann den sowjetischen Vertretern übergeben. Über diese letzte erfolgreiche Repatriierung liegen keine Berichte vor; man weiß nur, daß sie »ohne Zwischenfall« vonstatten ging. Aus einer Quelle verlautet lediglich, man hätte den Gefangenen ein starkes Schlafmittel in den Kaffee gegeben und die bewußtlosen Männer an Bord getragen.[5] Die merkwürdige Tatsache, daß die Operation ohne Schwierigkeiten vonstatten ging, während es bei vorausgehenden Versuchen extreme Gewaltanwendung gegeben hatte, verleiht dieser ernstgemeinten Behauptung einiges Gewicht; sie konnte aber bisher weder bestätigt noch widerlegt werden.

Es war die letzte Gruppe sowjetischer Bürger, die von den Vereinigten Staaten repatriiert wurde. In Deutschland und anderen amerikanisch besetzten Gebieten waren bis Ende August etwa zwei Millionen übergeben worden. In einem amerikanischen Bericht heißt es: »Das Prinzip der Zwangsrepatriierung« wurde während der ganzen Massenaktion »nicht in Frage gestellt«.[6] Ohne Rücksicht und wahllos wurden alle Methoden angewandt, die Unwilligen zur Heimkehr zu überreden; doch in dem Chaos jener frühen Friedenstage regte sich kein Widerspruch seitens der Presse oder der öffentlichen Meinung. Die Russentransporte vermischten sich mit normalen militärischen Ordnungsaktionen: der Gefangennahme deutscher Soldaten, der Zerschlagung jener versprengten Gruppen, die ihre Übergabe verweigert hatten, der Aussortierung von Angehörigen der SS aus den Einheiten der regulären Soldaten. Als dies vorüber und der Schein der Ordnung wiederhergestellt war, verblieben nicht mehr als 20 000 anerkannte Sowjetbürger in den amerikanisch besetzten Gebieten. Ungezählte andere – wie viele, weiß keiner – konnten durch das Netz schlüpfen und ihre Haut als Nicht-Sowjetbürger retten.

Das Problem bestand nun darin, daß diese den harten Kern des Widerstands gegen die Heimkehr bildeten. Die meisten von ihnen hatten gegen die Rote Armee mit der Waffe gekämpft, und sie wußten, daß sie von Stalin keinerlei Gnade zu erwarten hatten. Aber das internationale Abkommen war völlig klar. Sie mußten zurück. Viele britische und amerikanische Kommandeure sympathisierten mit diesen Männern. Nach wochenlangen vergeblichen Verhandlungen mit ihren Gegenspielern von der Roten Armee fingen sie an zu begreifen, warum so viele Leute einen derartigen Haß auf die sowjetische Regierung entwickelt hatten, daß sie auf deutscher Seite gekämpft hatten. Diese Kommandeure halfen tatsächlich vielen Russen bei der Flucht. Aber wie auch immer ihre persönlichen Gefühle waren: ihre Befehle waren eindeutig. Sie waren verpflichtet, sowjetischen Offizieren den Zugang zu Displaced Persons zu gewähren und zu den Kriegsgefangenenlagern in ihren Gebieten; sie mußten ihnen bei der Identifizierung sowjetischer Staatsbürger helfen und diese dann repatriieren, notfalls mit Gewalt.

Eine der ersten Operationen fand in einem Lager bei Kempten im Allgäu statt, einer kleinen Stadt südwestlich Münchens; hier wurden rund tausend russische und kosakische Gefangene festgehalten, die auf deutscher Seite gekämpft hatten, einige in der Russischen Befreiungsarmee des Generals Wlassow, die meisten aber im Kavalleriekorps der Kosaken unter von Pannwitz. Einige von ihnen, wie der Bürgerkriegsveteran General Wjatscheslaw Naumenko, waren Altemigranten und keine Sowjetbürger. Die Amerikaner hatten nicht die Absicht, sie zu repatriieren. Aber mehrere hundert waren erst ein oder zwei Jahre zuvor aus Rußland gekommen. Diese mußten nach dem Abkommen von Jalta zurück.

Die Gefangenen versuchten nach allen Regeln der Kunst, ihre Herkunft zu verbergen und Solidarität zu zeigen. Alte wie neue Emigranten verweigerten die Zusammenarbeit mit der gemischten sowjetisch-amerikanischen Kommission, die sich in den ersten beiden Friedensmonaten bemühte, die »Verdammten« von den übrigen zu scheiden. Immerhin wurde schließlich eine mehr oder weniger genaue Liste zusammengestellt. Es war den Sowjetoffizieren gelungen, hier und dort unter den Gefangenen Männer für ihre Zwecke zu dingen. Die gemischte Kommission konnte sogar den höchsten Offizier, General Danilow, zur Zusammenarbeit bewegen. So erfuhr sie Einzelheiten darüber, wer wo und wann geboren war. Weitere Daten erhielt die Kommission von der Hilfsorganisation UNRRA, mit der die Gefangenen hatten zusammenarbeiten müssen, um mit Kleidung und Verpflegung versorgt zu werden.

Am 22. Juni erhielten die neuen Emigranten den Befehl, marschfertig für die Übersiedelung in ein München näher gelegenes Lager anzutreten. Der Gedanke an eine Trennung von den übrigen erfüllte sie mit größtem Schrecken. Sie rechneten damit, daß es nur eine Sache von Tagen sein werde, bis sie der Roten Armee übergeben werden sollten. Sie trugen ihre Befürchtungen den amerikanischen Behörden vor und stellten klar, daß sie niemals nach Rußland heimkehren würden, daß sie statt dessen lieber auf der Stelle von den Amerikanern erschossen werden wollten. Ihrer Bitte wurde stattgegeben und auf lokaler Ebene der Beschluß gefaßt, den Transport nach München abzublasen. Die Erleichterung der Betroffenen kannte keine Grenzen.

Der kommandierende amerikanische Major Legrand wußte noch nichts vom Jaltaer Abkommen; aber sobald dieses bekannt war, wurden Anstalten für einen weiteren Transport zur sowjetischen Zone getroffen – diesmal im Bewußtsein, daß aller Wahrscheinlichkeit nach mit heftigem Widerstand zu rechnen sei. Hierbei sahen sich die amerikanischen Behörden allerdings einem ernsten Problem gegenüber: Viele Wachsoldaten waren inzwischen mit den Russen und Kosaken persönlich bekannt geworden. Es hatten sich freundschaftliche Bande und eine gewisse Sympathie für die Gefangenen entwickelt.

Am 11. August erfuhren die Gefangenen, was geschehen sollte. Einige ergaben sich in ihr Schicksal. Sie verhielten sich fortan wie Verurteilte vor dem Tage der Hinrichtung. Sie nahmen die Letzte Ölung und machten ihr Testament. Andere jedoch – etwa die Hälfte der 410 auf der »Liste der Verdammten« – entflohen in jener

Nacht aus dem Lager und versteckten sich entweder in den nahen Wäldern oder bei deutschen Familien. Wiederum andere entschlossen sich zum Widerstand. Gegen sieben Uhr am Morgen des 12. August gingen mehrere Hundert von ihnen zusammen mit einigen Altemigranten, die sie hinzugebeten hatten, zur Lagerkapelle hinüber und begannen die orthodoxe Liturgie zu singen.

Je länger der Gesang andauerte, desto mehr steigerten sich die Gefangenen in leidenschaftliche Religiosität. Schließlich beendeten sie den liturgischen Gesang und stellten sich in Reihen auf, um die Sakramente zu empfangen; viele glaubten, es sei zum letzten Male. Die Zeremonie wurde von dem eintretenden Dolmetscher gestört, der Wladimir Wostokow – einen der zelebrierenden Priester – fragte, wie lange es noch dauern werde. Zehn Minuten, war die Antwort. Kurz darauf erschien der höchste russische Offizier, General Danilow, in Begleitung eines amerikanischen Offiziers. Stille trat ein, als er die Namen der 410 »verdammten Männer« verlas, die zurückgeschickt werden sollten. Er forderte sie auf, die Kapelle zu verlassen und die draußen wartenden Lastwagen zu besteigen; er riet ihnen, keine Schwierigkeiten zu machen oder irgend etwas zu tun, was die amerikanischen Wachen zur Gewaltanwendung zwingen würde.

Ein weiterer Priester namens Wassili Boschtschanowski beschreibt, was dann geschah: »Kaum war der letzte Name verlesen, da brach ein unbeschreibliches Wehklagen und Weinen in der ganzen Gemeinde aus. Jedermann heulte, alt und jung, Männer und Frauen, ganz besonders die Kinder, als sie sahen, wie hilflos und untröstlich ihre Eltern waren.« Der amerikanische Offizier zog sich unverzüglich zurück und befahl den Wachen, außerhalb der Kapelle zu bleiben und weitere Anweisungen abzuwarten. Daraufhin begab er sich in das Büro von Major Legrand, um Bericht zu erstatten. Nach langem Telefonieren und Anfordern neuer Befehle ließ Legrand schließlich die Wachen wieder abziehen. Dieser Order folgten die Wachen, wie Kosaken bezeugten, mit Begeisterung, denn sie hatten die Gefangenen drei Monate bewachen müssen und sträubten sich dagegen, Gewalt anzuwenden.

Eine kurze Zeit lang war die Kapelle unbewacht und jeder, der gewollt hätte, hätte vermutlich fliehen können. Aber niemand entwich, entweder aus Furcht, die Gemeinschaft zu verlassen, außer der sie niemanden kannten, oder weil sie glaubten, die Gefahr sei vorüber, nachdem die Wachen abgezogen waren.

Nikolai Nasarenko, heute ein führender antikommunistischer Aktivist und Naumenkos Schwiegersohn, wohnte der Szene bei. Nach seinem Bericht erhoben, sobald sich die Wachen zurückgezogen hatten, sowjetische Repatriierungsoffiziere und Beauftragte bei der UNRRA-Organisation heftige Proteste beim Alliierten Hauptquartier und erwirkten schließlich den Befehl, daß die Operation mit anderen Mitteln wieder aufgenommen werden sollte. Nach übereinstimmenden Angaben traf innerhalb einer halben Stunde nach Abzug der Wachen ein Dutzend Lastwagen vor der Kapelle ein; ihnen entstieg Militärpolizei zwischen Zug- und Kompaniestärke.

Diese neue Truppe war natürlich darauf trainiert, mit Tumultszenen fertig zu werden. Diese Männer hatten keine Ahnung von den Gefangenen oder ihren Problemen und sahen keinen Grund, sich den amerikanischen Befehlen zu widersetzen. Ihr kommandierender Offizier betrat die Kirche, sprach mit Danilow und befahl den 410 auf der Liste verzeichneten Männern, die Kapelle zu verlassen. Das Ergebnis war dasselbe wie zuvor: ein Schreien und Wehklagen. Die Russen und Kosaken wichen vor dem amerikanischen Offizier zurück und drängten sich in der fernsten Ecke der Kapelle zusammen. Die Jüngeren stellten sich schützend vor die Menge und versuchten, einen Kordon um die Frauen und Kinder zu bilden.

Daraufhin befahl der amerikanische Offizier seine Leute in die Kapelle und wies sie an, die Gefangenen herauszuholen. Boschtschanowski schreibt: »Die Soldaten zogen uns an Armen und Beinen, rissen am Kopfhaar und an den Bärten. Man schlug wahllos mit Fäusten und Gewehrkolben auf uns ein. Auch Schüsse fielen. Wer zu Boden fiel, wurde geschlagen und gestoßen. Die Kapelle war erfüllt von Schmerzensschreien und verzweifelten Klagen.«[8] Der Altar wurde umgeworfen, Ikonen von den Wänden gerissen, der Fußboden war mit Kleidungsfetzen, Schuhen, Knöpfen, Kämmen und anderen Gegenständen übersät. In den Berichten der Emigranten wird gerade das Sakrileg am schärfsten verurteilt und noch eher als Ursache für die Wut der Gefangenen angesehen als die körperliche Gewalt.

Nachdem die Gefangenen aus der Kapelle geschleppt worden waren, wurden sie von den Militärpolizisten unter Beihilfe der sowjetischen Repatriierungsoffiziere und -beauftragten in zwei Gruppen geteilt. Anhand ihrer Papiere wurden sie identifiziert und entweder in einer nahe gelegenen Schule im ersten Stockwerk in Verwahrung genommen oder zu den Lastwagen geschickt. Wie Nasarenko schreibt, gelang es einigen der letzteren, zu einer Mauer zu rennen, hinter der ein anderes Lager mit Displaced Persons aus den Baltenländern lag, die keine Zwangsrepatriierung zu befürchten hatten. Die Balten kletterten von innen auf die Mauer und reichten den Russen und Kosaken die Hände, um sie in ihr Lager zu ziehen. Die herbeistürzenden Militärpolizisten schwangen ihre Gewehrkolben und verwundeten, wie Nasarenko berichtet, zwölf Männer, davon zwei schwer.

Von den ursprünglich 410 Verdammten waren in der Nacht zuvor oder während dieser Operation so viele entwichen, daß nur noch etwa neunzig tatsächlich verladen und zur Bahnstation Kempten gebracht wurden. Dort wurden sie mit weiteren neunzig Sowjetbürgern zusammengebracht, die aus anderen Lagern in der Nähe herausgeholt worden waren. Alle 180 Gefangenen mußten die nächste Nacht in einem Güterzug verbringen. Die aufgestellte Wache bestand aus Leuten vom Lager. Nasarenko berichtet, daß diese Männer »von Anfang an beide Augen zudrückten, als mit einsetzender Nacht die Kosaken einer nach dem anderen davonschlichen«.

Der Zug verließ Kempten am nächsten Morgen mit nur fünfzig Gefangenen, von denen auch noch einige entweichen konnten – »dank der verständnisvollen Haltung der amerikanischen Wachen«.

Die tatsächlich Repatriierten stellten nur noch eine symbolische

Anzahl von den ursprünglich 410 Gefangenen dar – ein Tropfen auf den heißen Stein der Sowjetoffiziere, die strikte Einhaltung des Abkommens verlangten. »Kempten war nur eine kleine Episode im Vergleich zu Lienz, wo sich eine Tragödie abspielte«, berichtet Naumenko. Immerhin wurden viele Gefangene zusammengeschlagen, und die wenigen Zurückgeschickten sahen einer möglichen Hinrichtung oder der Gewißheit zehnjährigen Arbeitslagers entgegen.

Diese Ereignisse überzeugten die höheren amerikanischen Offiziere in Europa, daß es gefährlich wäre, die eingeschlagene Politik fortzusetzen. Eine ganze Reihe amerikanischer Soldaten hatte die Befehle mißachtet und Russen fliehen lassen. Sie zu bestrafen, war schwierig, denn ihre Verteidigung in einem Disziplinarverfahren würde unweigerlich in heftiger Kritik am Abkommen bestehen, dessen Unmenschlichkeit damit offenbar würde. Es würde mit einem Schlage bekanntwerden, und die öffentliche Meinung würde überkochen. Im Endergebnis würde die Allianz mit der Sowjetunion noch stärker belastet werden. Am 25. August verlangte die Siebte US-Armee weitere Anweisungen vom Hauptquartier hinsichtlich der Zwangsrepatriierung. Die Angelegenheit wurde als wichtig genug erachtet, um nach Washington gemeldet zu werden, und in der Zwischenzeit erhielten die Feldtruppen Befehl, die Repatriierung vorerst einzustellen.[9]

In Großbritannien war die Kontroverse gleichermaßen im Gange. Den Zeitungen wurden zwar Nachrichten über die schrecklichen Lienzer Ereignisse vorenthalten, erreichten aber einige höhere Offiziere in Deutschland und Österreich sowie in Whitehall. Ende Juli befanden sich immer noch mehrere tausend Russen auf britisch besetztem Gebiet. Was sollte mit ihnen geschehen? Von Rechts wegen war die Antwort klar. Nach der Vereinbarung von Jalta mußten sie zurückgeschickt werden. Aber nach den Ereignissen in Österreich dachten diejenigen Männer, die mit der Durchführung der Repatriierung beauftragt waren, nur mit Schaudern an ihre Aufgabe. Seit zwei Monaten gab es Frieden in Europa, und die Soldaten waren zu Gewalttaten nicht mehr ohne weiteres bereit. Viele Einheiten standen am Rande des Ungehorsams, als die Repatriierung der Kosaken betrieben wurde. Es mußte ernsthaft mit der Möglichkeit gerechnet werden, daß gegen die Durchführung einer ähnlichen Operation aufbegehrt würde.

Cyril Gepp, der leitende Kommissar für Kriegsgefangene, erhielt einen Brief von einem höheren Offizier im Alliierten Hauptquartier, in dem es hieß, dies sei »ein sehr ernstes Problem und britische Soldaten würden nicht dafür eingesetzt werden, 2000 Menschen in Waggons zu stoßen, die nicht in ihr Heimatland zurückkehren wollen, weil sie dort ihre Hinrichtung befürchten müssen«.[10] Es wurde beschlossen, die Angelegenheit mit dem Außenministerium zu erörtern. Am 6. Juli äußerte Oberst V. M. Hammer aus Gepps Behörde gegenüber John Galsworthy im Außenamt, seiner Meinung nach sei damit zu rechnen, daß britische Soldaten bei einer derartigen Aufgabe den Befehl verweigern würden. Das Außenamt sah eine Lösungsmöglichkeit darin, die Rote Armee aufzufordern, eigene Vertreter zu entsenden, die die Repatriierung notfalls mit Gewalt durchführen sollten. Im Außenministerium war man der Meinung, daß man das Problem so am besten aus der Welt schaffen könnte. Auf diese Weise hoffte man, das Jaltaer Abkommen einhalten zu können, ohne britische Soldaten zu Handlungen zu zwingen, die sie verabscheuten, und ohne eine Meuterei zu riskieren. Man würde Vorkehrungen treffen, daß Sowjetsoldaten und nicht Briten die Aufgabe durchführten, und wenn es zur Gewaltanwendung käme, wäre das nicht Sache Großbritanniens.

Hammer sah praktische Schwierigkeiten bei diesem Plan. Die Die Rote Armee verfügte in der Nähe der fraglichen Lager über keine ausgebildeten Soldaten. Galsworthy erwiderte, daß sie »in diesem Falle Noteinheiten aus Ordonnanzen und Fahrern zusammenstellen« müßten. Er war der Meinung, »je schwieriger es ihnen gemacht wird, desto eher besteht Hoffnung, daß sie nicht in der Lage sein werden, sich dieser armseligen Menschen zu bemächtigen«. Hammer äußerte daraufhin, er sei der Ansicht, daß das Hauptquartier der alliierten Streitkräfte »im Prinzip« den Einsatz sowjetischer Wachen auf ihrem Gebiet nicht wünsche. Galsworthy antwortete, man müßte dieses Prinzip gegen das Bewußtsein des britischen Soldaten abwägen.[11]

Am 28. Juli schrieb Christopher Warner an Hammer und erläuterte die Ansichten des Außenamtes im einzelnen. Nach Meinung des Rechtsberaters, schrieb Warner, müßten die britischen Truppen »die notwendigen Zwangsmaßnahmen als Teil des Repatriierungsverfahrens ergreifen. Obwohl gelegentlich Gewalt angewandt wurde, um Sowjetbürger auf Schiffe in britischen Häfen zu verladen«, fügte er hinzu, »ist dies im allgemeinen unnötig gewesen, weil allein schon der Anblick ihrer (d. h. der britischen Soldaten) Stärke genügt hat, die meisten Widerspenstigen zu veranlassen, an Bord zu gehen.«[12]

Er stimmte zu, daß alles getan werden müsse, um in Deutschland die Anwendung von Gewalt zu vermeiden, und wiederholte seinen Vorschlag, die Rote Armee aufzufordern, mit eigenen bewaffneten Truppen die Gefangenen aus britisch besetztem Gebiet herauszuholen.

Inzwischen hatten die »armseligen Menschen« einen starken Fürsprecher in Feldmarschall Alexander gefunden, dem Oberkommandierenden auf dem Mittelmeerschauplatz. Im Juni schickte er ein Telegramm ans Kriegsministerium, in dem er von fünfundfünfzig Sowjetbürgern – einschließlich siebenundzwanzig Frauen und Kindern – berichtete, die sich weigerten, von Italien nach Hause zurückzukehren. Die sowjetische Botschaft in Italien hatte speziell deren Heimführung gefordert. Wörtlich hieß es in dem Kabel: »Dies würde bedeuten, daß wir Gewalt anwenden müßten einschließlich Handfesselung und bewachten Transports in geschlossenen Kastenwagen. Wir glauben, daß die Übergabe dieser Personen höchstwahrscheinlich ihren Tod bedeuten wird. Vermutlich gibt es noch viel mehr derartiger Fälle.« Er bat das Kriegsministerium um weitere Anweisungen.

Alexander war im Jahre 1919 als junger Offizier an der Organisierung von Streitkräften zum Widerstand gegen die Bolschewisten in Polen und den Baltenstaaten beteiligt gewesen. Es mag sehr wohl sein, daß seine Sympathie für Menschen, die die Rache der Sowjetregierung fürchteten, aus dieser Periode seines Lebens stammte. In jedem Falle nahm er bei der Abfassung seiner Note einen festen Standpunkt ein, da er bereits seine Befehle hatte – daß sämtliche Sowjetbürger zu repatriieren seien –, und unter seinem Befehl und nach seinen Anordnungen waren die Operationen im Drautal und an anderen Stellen abgelaufen. Das Kriegsministerium zeigte Verständnis für seine Proteste, war aber am Zustandekommen des Jalta-Abkommens nicht beteiligt gewesen. Das Äußerste, was sie tun konnten, war, die Angelegenheit an das Außenministerium weiterzureichen, um eine Richtschnur für die Vertragsauslegung zu erhalten; hierbei wurde empfohlen, keine Gewalt mehr gegen Russen anzuwenden, die unter normalen Bedingungen als politische Flüchtlinge anerkannt wären. Wenn dies akzeptiert würde, könnte Großbritannien zu seiner traditionellen Politik des politischen Asylrechts zurückkehren.

Das Außenministerium bereitete eine Denkschrift für den neuen Außenminister Ernest Bevin vor, worin die gesetzliche Situation betont und wenig Rücksicht auf die veränderten Umstände genommen wurde. In diesem Memorandum hieß es, daß eine Abweichung vom Abkommen »von der sowjetischen Regierung als Bruch des gegebenen Wortes betrachtet und möglicherweise als Anzeichen einer allgemeinen Änderung der Politik gewertet werden könnte«. Nach Meinung der Diplomaten bezog sich die britische Tradition der politischen Asylgewährung auf Personen, die ihren Fuß auf Territorien des Vereinigten Königreiches oder Großbritanniens gesetzt hatten, nicht aber auf solche, die durch militärische Operationen in die Hand der Briten gefallen waren. Das Dokument schloß mit der Feststellung, daß »es ziemlich irreführend ist, sie als politische Flüchtlinge zu bezeichnen«, da sie aus der Sowjetunion nicht geflohen, sondern – sei es freiwillig oder unfreiwillig – von den Deutschen nach Westen verbracht worden seien. Ihre Weigerung, zurückzukehren, liege an »ihrer Verbindung mit den Deutschen«.

Durch diese moralische Haarspalterei erwies sich Großbritanniens traditionelle Politik letztlich als immer noch intakt. Aber natürlich war man allenthalben der Meinung, daß Moralität nicht das Entscheidende war. Es zählte das Abkommen. Erwägungen der Menschlichkeit vernebelten nur das Ganze. »Ich meine, daß ist ohne Zweifel die einwandfreie rechtliche Interpretation«, schrieb Alexander Cadogan. Er hoffte allerdings, Großbritannien werde lediglich ein Minimum an Gewalt anwenden, um seine Verpflichtungen einzuhalten. Ernest Bevin war derselben Meinung. Am 14. August kritzelte er auf das Memorandum nur einen einzigen kurzen Satz: »Laßt sie gehen.«[13] Das war ein sibyllinischer Spruch, aber jedermann schien zu wissen, daß die Sowjetunion gemeint war, wo sie hin sollten, nicht die Freiheit.

Christopher Warner schrieb an Generalmajor A. V. Anderson, seinen Kollegen vom Kriegsministerium, und teilte ihm seine Entscheidung mit: »Angesichts dieses ministeriellen Erlasses nehmen wir an . . . , daß Sie jetzt in der Lage sein werden, die Übergabe dieser Leute fortzusetzen.« Er wies Anderson darauf hin, daß Großbritannien nicht verpflichtet war, größere Truppenkontingente zur Bewachung widerspenstiger Russen zu stellen, und daß britische Soldaten »das äußerste Minimum an Gewalt« anwenden sollten. In einer sehr ernsten Situation, so schlug er vor, sollten die britischen kommandierenden Offiziere »die örtlichen Sowjetbehörden auffordern, die notwendigen Vorkehrungen für deren Abtransport unter Bewachung zu treffen«.

Auf diese Weise kam es zu Spannungen zwischen dem Außenamt und dem Kriegsministerium: Im ersteren fürchtete man eine Verschlechterung der britisch-sowjetischen Beziehungen, wenn das Abkommen einseitig gebrochen würde, im letzteren fand man keinen Gefallen an der abscheulichen Aufgabe, gegen unbewaffnete Gefangene – einschließlich Frauen und Kinder – Gewalt anzuwenden.

Auch nach Bevins Entscheidung setzte Alexander seine Versuche fort, einen Kurswechsel der Politik zu erreichen. Am 18. August, vier Tage nach dem Beschluß und einen Tag nach der Absendung von Warners Brief, traf Alexander mit Generalmajor

J. D. Basilow zusammen, der gerade in einer Sondermission aus Moskau nach London gekommen war, um über die Repatriierung zu verhandeln. Er erklärte Basilow, daß seine Anweisungen über den Einsatz von Gewalt unklar seien: »Die gegenwärtige Situation war, daß von den im Gebiet befindlichen russischen Bürgern die einen heimzukehren wünschten, die anderen aber nicht. Er war zu dem Zeitpunkt aber nicht ermächtigt, Menschen gegen ihren Willen nach Rußland zurückzuschicken.«[14]

Basilow protestierte und wies darauf hin, daß Artikel eins des Abkommens von Jalta stets so interpretiert worden sei, daß die Repatriierung ungeachtet der individuellen Wünsche durchzuführen sei. Hierauf antwortete Alexander vorsichtig ausweichend: Wenn er einen Befehl dazu hätte, würde er Gewalt anwenden, um die Repatriierung durchzuführen. Zum gegenwärtigen Zeitpunkt habe er jedoch in dieser Hinsicht keinerlei Befehl erhalten. Basilow bat ihn daraufhin, von seinen Vorgesetzten telegraphisch weitere Anweisungen anzufordern, was der Feldmarschall versprach.

Alexander beschrieb das Treffen in einem interessanten Brief an Alan Brooke, damals Chef des Imperial General Staff, der mit dem Premierminister in ständigem Kontakt stand:

»Es war eine sehr korrekte und formelle Angelegenheit, die jegliche Vertraulichkeit vermissen ließ. Ich mußte sehr entschieden hinsichtlich ihrer Forderungen auftreten, die in meinen Augen empörend waren. Beispielsweise wollten sie meine sämtlichen Gefangenenlager besuchen, um ihre Staatsbürger herauszufinden, als ob wir das nicht selbst tun könnten. Selbstverständlich habe ich das eindeutig zurückgewiesen, denn unsere Ansichten darüber, wer Sowjetbürger war, unterschieden sich von den ihrigen. Ihr Verlangen, polnische Einheiten zu besichtigen, war eine Unverschämtheit, und das habe ich ihnen auf verschiedene Weise klargemacht. Ihre Forderung nach einem Besuch auf Kreta ist lediglich ein weiterer Vorwand gewesen, um etwas spionieren zu können und Gelegenheit zur Sowjetpropaganda zu erhalten. Ich schlage – mit Ihrem Einvernehmen – vor, bei den Verhandlungen mit diesen Leuten absolute Festigkeit an den Tag zu legen und ihnen nichts zuzugestehen, wozu sie nicht ausdrücklich ermächtigt sind.«[15]

Er schloß seinen Brief mit einem erstaunlichen Eingeständnis: »Bisher habe ich mich geweigert, bei der Repatriierung sowjetischer Staatsbürger Gewalt anzuwenden, obwohl ich genau genommen sicher nicht berechtigt bin, eine solche Haltung einzunehmen.« Seine Korrespondenz mit Brooke war vertraulich, und er meinte, bekennen zu können, daß er zwar nicht den Gehorsam verweigert, aber zumindest doch seine Befehle umgangen hatte. Es waren ja bereits Anweisungen für die Anwendung von Gewalt ergangen, und er war dabei, Basilow absichtlich durch die Behauptung irrezuführen, daß die Situation sich anders verhielte. Er hatte in der Tat die Absicht, über die Angelegenheit zu schreiben, wenn auch in anderem Sinne als Basilow gegenüber angedeutet. Er hatte die Absicht, heftigen Protest gegen das ganze Prinzip der Zwangsrepatriierung zu erheben. Am 23. August schrieb er an das Kriegsministerium: »Ein großer Teil dieser Russen ist repatriiert worden; es bleibt aber eine bestimmte Anzahl von Gefangenen, die aus Furcht vor dem Schicksal, welches sie nach der Heimkehr in Rußland erwartet, die Repatriierung verweigern. Wollte man sie zur Repatriierung zwingen, so ginge dies sicherlich nicht ohne Gewaltanwendung oder ohne sie mit aufgepflanztem Bajonett in die Eisenbahnwaggons zu treiben und anschließend einzuschließen, wobei möglicherweise einige von ihnen Handfesseln erhalten müßten.

Eine derartige Behandlung – verbunden mit dem Wissen darum, daß diese Personen ihrem fast sicheren Tod entgegengeschickt werden – liegt völlig außerhalb der Grundsätze der Demokratie und Gerechtigkeit, wie wir sie kennen. Im übrigen ist es höchst unwahrscheinlich, daß der britische Soldat, der das Schicksal kennt, welchem diese Leute überantwortet werden, sich willfährig an den Maßnahmen beteiligen wird, die zur Erzwingung ihrer Abreise erforderlich wären . . . Angesichts dieser Lage der Dinge empfehle ich, eine Modifizierung des Abkommens anzustreben, wodurch es möglich sein wird, diese Leute zur Zeit als staatenlose Personen zu behandeln. Die Angelegenheit eilt.«[16]

Einige Tage darauf erschien im »Manchester Guardian« der Bericht eines Sonderkorrespondenten zum gleichen Problem, und in einem Leitartikel derselben Ausgabe tauchten erste versteckte Hinweise auf das immer noch geheimgehaltene Abkommen von Jalta auf, bei denen Besorgnis durchschimmerte: »Hier liegt sicherlich ein Fall vor, der der Labour-Regierung das Recht zur Forderung nach Revision geben könnte. Wenn diese Unglücklichen nicht definitiv eines Verbrechens gegen die Sowjetunion angeklagt sind, sollte ihnen dieselbe freie Wahl zugestanden werden, wie den anderen Displaced Persons.«[17]

Diese Berichte wurden im Außenamt sorgfältig vermerkt; hier war man inzwischen längst beunruhigt, daß die Sache in der Presse bekannt wurde, und mehr noch darüber, daß das Kriegsministerium eine Entscheidung angriff, die von höchster Stelle des Außenministeriums gefällt worden war. Nach Ansicht des Außenministeriums hatte das Kriegsministerium kein Recht, sich in eine Angelegenheit einzumischen, die im wesentlichen diplomatischer und politischer Natur war.

In der amerikanischen Presse wurde die Sache offener diskutiert. Am 9. September zitierte die »New York Herald Tribune« Äußerungen höherer alliierter Offiziere, wonach Großbritannien und die Vereinigten Staaten demnächst auf Aussetzung des Abkommens drängen würden. In dem Artikel wurde geltend gemacht, daß britische Soldaten meutern könnten, wenn man von ihnen verlangen würde, Gewalt gegen russische Gefangene anzuwenden; es heißt darin, »amerikanisches Blut könnte beim Handgemenge mit repatriierungsunwilligen Gefangenen vergossen werden«, und »ein britischer Offizier hat bereits vor dem Militärgericht gestanden, weil er sich einem Befehl widersetzte, russischen Handlangern Hilfestellung zu geben«. Auch der »Christian Science Monitor« äußerte sich besorgt bei dem Gedanken, Offiziere der Roten Armee würden sich auf britischem und amerikanischem Gebiet bewegen: »Fünfzig Sonderbeauftragte wurden in die amerikanische Besatzungszone geschickt, um zögernde Russen aufzubringen, und es bestehen mannigfache Befürchtungen über die dabei eingesetzten Leute und deren Taktiken.« Bisher, hieß es weiter, war jeder Gedanke an Differenzen oder Spannungen zwischen der Sowjetunion und ihren Alliierten stets reine Nazi-Erfindung gewesen, aber in dieser Angelegenheit »waren grundlegende Unterschiede der Auffassungen von Leben und Gesellschaft im Spiel«.[18]

Während aber britische und amerikanische Offiziere in Europa sich über die ethische Seite der Angelegenheit Gedanken machten, hatte im State Department und im britischen Außenamt etwas anderes Vorrang: die Notwendigkeit, gute Beziehungen zur Sowjetunion und die Respektierung internationaler Vereinbarungen zu bewahren. Vor allem das britische Außenministerium war in besonderer Verlegenheit, weil es am 26. August in Beantwortung einer Beschwerde der Sowjetbotschaft zugesichert hatte, daß Anweisungen zum Abtransport sowjetischer Gefangener nach Italien ergehen sollten. Das geschah auf der Grundlage des Beschlusses von Ernest Bevin vom 14. August, während man andererseits erfuhr, daß Alexander gegenüber Basilow erneut geäußert hatte, daß »er keine Genehmigung hatte, zur Durchführung der Repatriierung Gewalt anzuwenden«.[19] Jetzt befand sich das britische Außenministerium unter dem Beschuß der sowjetischen Diplomaten, die ihm nicht nur Verletzung des Abkommens vorwarfen, sondern auch die Erteilung verwirrender und widersprüchlicher Informationen. Am 2. September drahtete die britische Botschaft in Moskau nach London in gleichem Tenor: »Die sowjetische Regierung würde unweigerlich mit äußerstem Befremden auf jeglichen Versuch reagieren, zwischen Sowjetbürgern, die heimkehrwillig sind, und solchen, die nicht heimkehren wollen, eine Unterscheidung zu treffen; und so unangenehm es mir auch ist, kann ich keinen Grund erkennen, in Italien von der einmal gebilligten Politik in irgendeiner Weise abzuweichen.«[20]

Der seiner Sache sichere sowjetische Botschafter M. Gussew händigte Cadogan am 2. September eine Note aus, in der dagegen protestiert wurde, daß »faschistische Organisationen . . . unter Sowjetbürgern mit dem Ziel agitierten, daß diese nicht in ihr Heimatland zurückkehren«.

Er verlangte die unverzügliche Einstellung solch »flagranter Verletzungen des Abkommens von Jalta«.[21] Cadogan rügte zwar den Ton der Note, konnte aber gegen ihren Inhalt keine stichhaltigen Argumente vorbringen. Es stimmte, daß die Briten im Begriff waren, das Abkommen zu brechen. In Briefen nach London hatte Alexander insoweit Eingeständnisse gemacht. Er hatte die Gewaltanwendung gegenüber sowjetischen Gefangenen verweigert, und er hatte es abgelehnt, Offizieren der Roten Armee den Besuch seiner Lager zu gestatten. All das war völlig illegal, wie Christopher Warner in einem Schreiben an das Kriegsministerium peinlich berührt hervorhob. Es bestand jetzt noch ein weiterer Grund, warum er und seine Kollegen die Angelegenheit aus der Welt geschafft wissen wollten. Ende September sollte im Londoner Lancaster House eine Konferenz der drei wichtigsten alliierten Außenminister stattfinden – Bevin, Molotow und James Byrnes. Von seiten der Sowjetunion verlautete, man wolle das Thema Repatriierung zur Sprache bringen. Es war also zu erwarten, daß das Foreign Office schließlich als jemand dastehen würde, der einen internationalen Vertrag gebrochen hat.

Die Londoner Konferenz war kein Erfolg. Charles Bohlen, seinerzeit Mitarbeiter des US-Außenministeriums, später amerikanischer Botschafter in Moskau, schrieb: »Es war unsere erste Erfahrung mit der außerordentlichen Fähigkeit Molotows, andere zu enttäuschen und hinzuhalten.«[22] Im Laufe der Diskussion über das Repatriierungsproblem am 24./25. September erinnerte Bevin Molotow an die »traditionelle britische Abneigung dagegen, Ausländer gegen ihren Willen wieder in ihr Heimatland zurückzuschicken«. Während der letzten Jahre des zaristischen Rußlands, erklärte er, hätte Großbritannien vielen prominenten Bolschewisten – einschließlich Lenin – Asyl gewährt.[23] Dieses Argument konnte Molotow nicht überzeugen, und in gewissem Sinne war es nicht stichhaltig, da das Abkommen völlig klar war. Molotow »drängte nachdrücklich auf die Repatriierung sämtlicher Wlassow-Leute« über die der US-Außenminister bemerkte: »Wenn sich solche in amerikanischen Händen befänden, würden sie keine Sympathie finden.«

Das Problem bestand nun darin, daß Bevin nicht in der Lage war, Alexander zum Einschwenken auf die sowjetische Linie zu zwingen. Der Mittelmeer-Schauplatz stand immer noch unter gemeinsamem britisch-amerikanischem Kommando, und alle Befehle an Alexander mußten von den Vereinigten Befehlsstäben ausgehen, die aus Amerikanern und Briten zusammengesetzt waren. Die britische Regierung befand sich deshalb in der außergewöhnlichen Situation, die amerikanische Zustimmung einholen zu müssen, ehe sie ihren eigenen Generälen einen Befehl erteilen durfte. Deshalb informierte Bevin bei der zweiten Sitzung die britische Botschaft in Washington durch ein Telegramm, daß »Molotow die Zurückhaltung einer großen Zahl von Wlassow-Leuten vor den Sowjetbehörden groß hochgespielt« habe. Er verlangte die Erteilung »unverzüglicher Anweisungen« an Alexander, um die Spannungen zu beseitigen.

Inzwischen, so erklärte er, »verursacht die Verzögerung in der Befehlserteilung der Regierung Seiner Majestät erhebliche Schwierigkeiten und schwächt die starke Position, die wir sonst den Russen gegenüber hätten«. Bevin schrieb auch persönlich an Byrnes, um ihn an seine Versicherung gegenüber Molotow zu erinnern, daß gegenüber den Wlassow-Leuten »keine Sympathie« gezeigt würde; er schloß sein Schreiben mit dem Hinweis auf die Wichtigkeit, »diese Leute so bald wie möglich loszuwerden . . . unter Anwendung der für diesen Zweck notwendigen Gewalt«.[24]

Man kann sich deshalb die Verärgerung Bevins und seiner Untergebenen vorstellen, als sie am 4. Oktober, wenige Tage nach Absendung des Schreibens, erfuhren, daß General Eisenhower die Zwangsrepatriierung sowjetischer Bürger ausgesetzt hatte. Ein amerikanischer Sprecher erklärte vor der Presse, man befürchtete, daß einige russische Gefangene verborgene Waffen hätten, und »wir sind nicht begierig darauf, das Leben amerikanischer Soldaten zu riskieren, wenn wir versuchen, sie zur Heimreise zu zwingen«. Der Befehl wurde bezeichnet als »zeitweilige Aussetzung des Abkommens von Jalta«.[25] Thomas Brimelow schrieb an Oberst Hammer: »Wir sind durch diese Erklärung sowohl verunsichert als auch beunruhigt, weil sie in völligem Gegensatz zur Politik der Regierung Seiner Majestät steht.«[26]

Die Zwangsrepatriierungsmaßnahmen hatten Ende August aufgehört, und erst gegen Ende 1945 wurde eine neue Politik in dem Wirrwarr erkennbar. Monatelang tobte ein Behördenkrieg zwischen Amerikanern und Briten einerseits, zwischen dem britischen Außen- und Kriegsministerium andererseits. Schließlich wurde – hauptsächlich auf amerikanische Initiative hin – eine Kompromißlösung ausgearbeitet. Es wurde jetzt vorgeschlagen, mit Gewalt nur diejenigen Sowjetbürger heimzuschicken, die einmal in der Roten Armee gestanden oder mit Nazi-Deutschland aktiv zusammengearbeitet hatten. Gewöhnliche zivile Flüchtlinge sollten die Erlaubnis erhalten, im Westen zu bleiben, wenn sie wollten.

Die britische Botschaft in Washington sandte Bevin eine erste Reaktion der USA auf seinen Brief an den amerikanischen Außenminister Byrnes: »Man ist über den allgemeinen Grundsatz der Repatriierung sowjetischer Zivilisten an die sowjetische Regierung sehr beunruhigt; allein in der amerikanischen Besatzungszone Deutschlands werden 15 000 Personen dieser Kategorie festgehalten. Das Außenministerum sieht keine Schwierigkeiten, der Sowjetregierung Zivilisten zurückzugeben, die zu irgendeiner Zeit Mitglieder der sowjetischen Armee gewesen sind. Man befürchtet aber starke Kritik der Öffentlichkeit und des Kongresses auf der Grundlage der Humanität und der traditionellen amerikanischen Ansichten über das Asylrecht, wenn die Regierung der Vereinigten Staaten andere gegen ihren Willen mit Gewalt repatriiert. Es hat bereits Fälle von Selbstmord gegeben.«[27]

Das britische Außenministerium maß dieser Argumentation wenig Bedeutung bei. Ihr wichtigstes Gegenargument war, daß es sich immer noch um einen klaren Bruch des Abkommens handelte, das für »alle Sowjetbürger« galt und keine Unterscheidung zwischen irgendwelchen Kategorien kannte. »Wir erwarten von ihnen, daß sie ihre Handlungsweise rechtfertigen können«, drahtete Bevin an seine Washingtoner Botschaft zurück. Seiner Meinung nach diente der Vorschlag »einzig dem Zweck, die bestehenden

Schwierigkeiten noch zu verschlimmern«. Sein anderes Gegenargument hatte praktische Gründe. Wie sollten die westlichen Alliierten jemals in der Lage sein, herauszufinden, wer »Verräter« und wer bloßer Flüchtling war?

Das Telegramm nach Washington endete mit den Worten: »Wir glauben, es wird schwierig sein, in der Praxis eine Trennungslinie zwischen Verrätern und politischen Flüchtlingen zu ziehen. Die Kosaken sind anerkanntermaßen Verräter. Aber unter den Zivilisten dürften sich viele befinden, deren Verhalten nicht weniger angreifbar ist. Unseres Erachtens wäre es unlogisch, daß derartige Personen Immunität genießen sollten, während andere, die offen Farbe bekannt haben, zur Bestrafung heimgeschickt werden. Im übrigen würde jeder Versuch, zwischen Verrätern und Flüchtlingen zu unterscheiden, zu endlosen Querelen mit den Sowjetbehörden führen. Wir sind deshalb dafür, jegliche Unterscheidung zu vermeiden.«[28]

Hinsichtlich der rechtlichen und der praktischen Gesichtspunkte hatte das britische Außenamt recht. Das Abkommen und die ihm vorausgegangenen Verhandlungen waren klar. Jeder Versuch zur Unterscheidung wäre ein Abkommensbruch gewesen. Darüber konnte kein Zweifel bestehen. Ebensowenig ist zu erkennen, wie Briten und Amerikaner die Aufgabe anpacken sollten, die von ihnen festgehaltenen sowjetischen Bürger zu differenzieren, also die »Verräter« von den Flüchtlingen zu scheiden. Es handelte sich dabei um eine große Zahl von Personen, die größtenteils nichts als Russisch sprachen und hinsichtlich der Absichten ihrer augenblicklichen Herren verwirrt und voller Argwohn waren, so daß sie bei den Verhören jeden Hinweis vermieden und über ihre Vergangenheit Einzelheiten verschwiegen. Während der Verhöre, die wegen der Knappheit an verläßlichen Dolmetschern nur gelegentlich durchgeführt werden konnten, änderten sie ihre Erzählungen und mitunter sogar ihren Namen. Einer der amtlichen britischen Vertreter, der hauptsächlich im Rahmen des Abkommens zu tun hatte und direkt mit den praktischen Problemen seiner Anwendung befaßt war, hatte ganz klar festgestellt, daß jeder Gedanke an eine

Aussortierung der Kriegsverbrecher von den unschuldigen Opfern »einfach nicht drin« war. Das hätte Jahre beansprucht.

Mit diesen beiden gewichtigen Argumenten für seinen Standpunkt war das Außenministerium noch nicht zufrieden; es fühlte sich verpflichtet, auch noch eine moralische Rechtfertigung dafür zu suchen, daß ausnahmslos alle Gefangenen nach Hause geschickt werden sollten. »Unter den Zivilisten«, so hieß es, »können viele Personen sein, deren Verhalten nicht weniger angreifbar« sei als das von anerkannten Verrätern. Sie könnten aber gleichermaßen geltend machen, daß viele kein Verbrechen begangen hatten, aber unter Stalins Polizei fürchterlichen Verfolgungen ausgesetzt gewesen waren und trotzdem der Versuchung widerstanden hatten, für Nazi-Deutschland zu kämpfen. Nun, da der Krieg vorüber war, wollten sie im Westen bleiben, wollten einige der Freiheiten genießen, für die die Alliierten vorgeblich gekämpft hatten. Großbritannien und die Vereinigten Staaten glaubten, daß – würden diese Leute die Freiheit erhalten – die Beziehungen zur sowjetischen Regierung getrübt werden könnten, und das wäre gegen das nationale Interesse. Beiden Regierungen fiel offenbar nicht auf, daß sich die Beziehungen ohnehin verschlechterten – ganz gleich, was man im Westen auch unternahm. Man wollte also den russischen Zivilisten Freiheit und Grundrechte vorenthalten, und – nicht zufrieden mit dieser Handlungsweise, die vielleicht unvermeidlich und vielleicht aus politischen Gründen einwandfrei gewesen sein mag – versuchte man auch noch, sie moralisch zu rechtfertigen.

Am 13. Dezember erfuhr das britische Außenministerium aus Wien, daß noch mehrere hundert Sowjetbürger auf ihre Repatriierung warteten. Brimelow schrieb am gleichen Tage an Hammer und beklagte sich bitter darüber, daß »seit vergangenem September kein Fortschritt« in ihrer Rückführung gemacht worden sei. In wenigen Tagen sollte ein weiteres Treffen zwischen Bevin, Byrnes und Molotow stattfinden – diesmal in Moskau. Brimelow war der Meinung, es sei »sehr wahrscheinlich, daß diese Frage auf die Tagesordnung kommt, und in diesem Falle würde unser Außenminister bestimmt in eine extrem unangenehme Lage geraten«. Das

Kriegsministerium wurde erneut aufgefordert, die Angelegenheit »mit äußerster Dringlichkeit« zu behandeln.[29]

Feldmarschall Alexander hatte sein Kommando im Mittelmeergebiet abgegeben und sollte in Kürze als Generalgouverneur nach Kanada gehen. Aber andere höhere Offiziere setzten ihre Proteste gegen die zwangsweise Repatriierung fort. General Richard McCreery, der kommandierende General der britischen Streitkräfte in Österreich, schickte am 16. Dezember ein langes und bewegendes Telegramm an das Kriegsministerium. Er bestätigte die Tatsache, die dem Außenamt schon im Oktober bekanntgeworden war: daß das Alliierte Hauptquartier die Aussetzung der Zwangsrepatriierung bereits im August angeordnet hatte. Er enthüllte, daß vom Standpunkt des Außenministeriums aus die Situation noch schlimmer war, als man sich vorgestellt hatte, da die Menge der sowjetischen Bürger in Österreich nicht nach Hunderten, sondern nach Tausenden zählte. Etwa 3100 befanden sich in Lagern, 2500 kampierten außerhalb der Lager, und schätzungsweise 1500 waren in die Berge geflohen.

McCreery erklärte seine Gründe gegen die britische Politik im einzelnen wie folgt: »Ein großer Teil der sowjetischen Displaced Persons besteht aus Frauen und Kindern, gegen die Gewalt anzuwenden nicht der normalen Praxis britischer Truppen entspräche ... Außerdem gibt es keine Mannschaften, um diese insgesamt etwa 1 500 (oder 1 800) Sowjetbürger aufzubringen. Der Oberkommandierende, General Eisenhower, ist der Meinung, daß die Praxis der Zwangsrepatriierung sowjetischer Bürger aus Displaced Persons Deserteure machen wird, die höchstwahrscheinlich zu Banditen würden, statt Hungers zu sterben. Es besteht weiterhin die Gefahr, daß eine Politik wie diese ebenfalls zu Desertationen anderer Displaced Persons wie Polen, Jugoslawen und Ungarn führen kann.«

Diese Gefahr wurde nicht zum ersten Mal erwähnt. Am 4. Dezember hatte die »New York Herald Tribune« unter der alarmierenden Überschrift »Desertierte Rote streichen durch Balkanländer und verbreiten Terror« einen Artikel veröffentlicht, aus dem hervorging, daß Überreste der Wlassow-Armee in Österreich an den Grenzen nach Ungarn, Jugoslawien und der Tschechoslowakei »vollständig bewaffnet und in Auflösung« ihr Unwesen trieben. Es handele sich anscheinend um mehrere tausend Mann, die in Güterwagen reisten und »nicht gezögert haben, Bauern umzubringen, um Lebensmittel zu stehlen«. Eisenhower war der Meinung, daß nicht allzuviel dazu gehörte, die 5 600 Sowjetbürger unter britischer Kontrolle zur Flucht und zum Anschluß an die Banditen zu veranlassen. McCreery mußte dem Kriegsministerium mitteilen, daß 100 Gefangene aus einem seiner Lager über Nacht weggelaufen waren, nachdem die sowjetische Militärmission es besichtigt hatte. Zwei Tage später durchsuchten die britischen Behörden das Lager nach Waffen. Die sowjetischen Gefangenen nahmen dies als Vorspiel zur Repatriierung, und weitere zwei- bis dreihundert Mann machten sich auf und davon in die nahen Berge.

Am 19. Dezember schrieb Brimelow an Oberst Hammer: »Die von General McCreery gegen die Zwangsrepatriierung vorgebrachten Argumente erscheinen uns alles andere als überzeugend.« Er wiederholte das juristische Argument, daß politisches Asyl normalerweise den Flüchtlingen gewährt werde, die britisches Gebiet (von sich aus) erreichen, nicht aber solchen Leuten, die den britischen Streitkräften in die Hände fallen. Er sah keinerlei Durchschlagskraft in dem Argument, daß die Gewaltanwendung gegen Frauen und Kinder »der normalen britischen Praxis« entgegenstünde. Dies dürfe nicht gelten, erklärte er, weil »die Situation, die zum Jaltaer Abkommen geführt hat, in der britischen Geschichte ohne Beispiel ist«.

Inzwischen waren die Außenminister in Moskau zu Verhandlungen über Frankreich, die Balkanstaaten und die Kernspaltung zusammengetreten. Charles Bohlen schreibt: »Die Konferenz war in aller Hast improvisiert und gründlich desorganisiert. Die Gesprächsthemen wurden ohne richtige Vorbereitung auf die Tagesordnung gesetzt.«[30] Brimelow schloß seinen Brief: »Angesichts der Möglichkeit, daß diese Angelegenheit während der laufenden Diskussionen in Moskau zur Sprache kommen kann, müßten wir unseren Außenminister baldmöglichst unterrichten, daß er sichergehen würde, wenn er erklärt, daß dringende Maßnahmen zur Repatriierung dieser Leute in Angriff genommen werden.« Das Außenamt schickte ein Telegramm nach Wien: »Ich schätze, die Aufgabe ist schwierig und unangenehm ... Ich bin mir der Kompliziertheit des Problems sehr bewußt. Aber die Sache muß bewältigt werden.«[31]

Die Moskauer Konferenz war ebenso wie die vorausgegangene in London ein Fehlschlag. Seit der Konferenz von Jalta waren nur zehn Monate vergangen, aber die Herzlichkeit war aus der Großen Allianz gewichen. Der Sieg schien nichts weiter als Probleme zwischen der Sowjetunion und den Westmächten hervorgerufen zu haben. Die meisten Menschen erkannten jetzt, daß die Welt im Begriff war, sich ernstlich zu spalten, sich in ein ideologisches Schlachtfeld zu verwandeln, und daß die Sowjetunion bei ihrer zielbewußten Handhabung interner und internationaler Angelegenheiten in keinem Falle eine Schlappe erlitten hatte. Einige wenige Monate hatte Hoffnung bestanden, aber jetzt sahen die meisten ein, daß diese Hoffnungen sich nicht erfüllen würden.

Natürlich waren die Diplomaten – jene Männer, deren Aufgabe es gewesen war, gute Beziehungen herzustellen und auszubauen – die letzten und unwilligsten, zuzugeben, daß ihr berufliches Geschick nicht ausgereicht hatte, eine Antwort zu finden. Noch monatelang, nachdem alle anderen schon resigniert hatten, ließen sie nicht von ihren beharrlichen Versuchen ab, die sowjetische Regierung zu hofieren, die sowjetischen Führer wie Gentlemen zu behandeln und ihrem Ehrenwort zu trauen.

Der Bruch des Abkommens würde in ihren Augen einen schrecklichen Präzedenzfall schaffen. Die Sowjetregierung würde dadurch ermuntert werden, andere Teile des Jalta-Abkommens zu brechen – beispielsweise die Vereinbarung über Polen –, die politisch gesehen viel wichtiger waren. Sie kamen nicht auf die Idee, daß Stalin längst plante, eine Reihe dieser Vertragsklauseln in jedem Falle zu brechen, und daß dies nicht verhindert werden konnte – wie behutsam und umsichtig man auch vorging –, indem man ihm seine Bürger heimsandte. Sie glaubten, ihn durch Ehrerbietung dazu bringen zu können, seine Untertanen und die besetzten Länder in zivilisierter Weise zu behandeln. Aufgrund dieses fatalen, falschen Glaubens an ihre Fähigkeit, das wilde Tier zu zähmen, drängten die Diplomaten die britischen und amerikanischen Soldaten dazu, Taten zu begehen, die – nach den Worten Feldmarschall Alexanders – »überhaupt nicht den Grundsätzen der Demokratie und Gerechtigkeit entsprachen, wie wir sie kennen«.

8 DIE LETZTEN OPERATIONEN – DACHAU, PLATTLING, KEELHAUL, EASTWIND

Am 15. November legte ein Ausschuß aus Vertretern der drei US-Ministerien des Heeres, der Marine und des Auswärtigen einen Änderungsentwurf für die Politik der Zwangsrepatriierung vor. »Die Vereinigten Staaten haben lange Zeit eine feste Politik gegen die Repatriierung unwilliger Personen lediglich auf Verlangen ihres Herkunftslandes geübt«, hieß es in dem Entwurf. Der Ausschuß erinnerte daran, daß sowjetische Seeleute, die vor dem Kriege in amerikanischen Häfen von Bord gesprungen waren, stets den Schutz der USA genossen hatten, und zog die Schlußfolgerung, daß es falsch sei, eine große Anzahl von Personen nur deshalb zu übergeben, weil sie Sowjetbürger seien.

Es sollte jetzt nur noch drei Personenkategorien geben, die die amerikanischen Streitkräfte weiter an die Sowjetunion ausliefern würden. Zunächst handelte es sich um »Sowjetbürger, die in deutscher Uniform gefangengenommen wurden«; denn sie waren »auf den ersten Blick Verräter ihrer Regierung«. Zweitens wurden ehemalige Mitglieder der sowjetischen Streitkräfte genannt; denn »sie können als Deserteure einer verbündeten Streitmacht angesehen werden«. Zur dritten Kategorie gehörten diejenigen Personen, die zwar nicht in deutscher Uniform gefangengenommen wurden, aber »dem Feind freiwillig Hilfe und Unterkunft gewährt haben«. Hinsichtlich dieser letzten Kategorie müßten die Sowjetbehörden ihren Auslieferungsantrag mit Einzelheiten zur Untermauerung der Anschuldigung begründen, und »jeder Einzelfall sollte anhand der jeweils vorliegenden Fakten entschieden werden«.

Diese politische Richtlinie Washingtons traf am 20. Dezember in Europa ein; bis zu diesem Zeitpunkt waren die meisten Sowjetbürger durch das Netz geschlüpft, und oft hatten sie ihre Staatsbürgerschaft mit Hilfe britischer oder amerikanischer Soldaten vertuscht. Von den 20 000 anerkannten Sowjetbürgern, die in amerikanischer Hand verblieben, waren nicht mehr als 4000 in deutscher Uniform gefangengenommen worden; doch bestand Einigkeit darüber, daß sie alle ausgeliefert werden mußten. In den deutschen Lagern, wo diese »Verräter« gehalten wurden, traf man deshalb Anstalten für eine Reihe von Maßnahmen. Wie es in einem amerikanischen Bericht heißt, war es »natürlich, daß der hartnäckigste Widerstand gegen die Repatriierung aus den Reihen dieser Gruppe erwuchs . . . , denn diese Personen hatten die schlimmsten Vergeltungsmaßnahmen zu befürchten«.[1] Es war mit weiteren beunruhigenden, gewaltsamen Ereignissen zu rechnen.

Die erste Operation lief in Dachau ab – jenem Ort des Grauens, an dem eines der schrecklichsten Konzentrationslager der Nationalsozialisten bestanden hatte. In den ersten Januartagen des Jahres 1946 – kurz nach Inkrafttreten der neuen politischen Richtlinien – erschienen sowjetische Offiziere in Dachau und sprachen zu den Gefangenen. »Das Vaterland hat euch eure Verbrechen vergeben«, lautete ihre Rede; doch sie blieben skeptisch und weigerten sich allesamt, freiwillig in die Sowjetunion heimzukehren. Am 17. Januar mußten die Gefangenen antreten. Sie erhielten den Befehl, ihre Habe zusammenzupacken und sich für den Transport in sowjetisch besetztes Gebiet fertig zu machen. Sie weigerten sich, dem Befehl nachzukommen, und selbst die Drohung eines amerikanischen Offiziers mit gezogener Pistole nutzte nichts. Nachdem die Gefangenen mehrere Stunden lang in der Kälte gestanden hatten, durften sie am Abend wegtreten und ihre Unterkünfte aufsuchen. Einige der russischen Gefangenen schlossen daraus, daß die Bedrohung vorüber war, daß die Amerikaner nicht mehr auf ihrer Heimkehr bestehen würden. Schließlich waren schon fünf Monate vergangen, seit das letztemal Gewalt gegen eine größere Anzahl russischer Gefangener angewandt worden war, und in der Zwischenzeit hatten ihnen amerikanische Offiziere immer wieder – zweifellos in gutem Glauben – versichert, daß das Abkommen von Jalta über die Repatriierung nur noch totes Papier sei.

Sechsunddreißig Stunden lang wurde keinerlei Versuch unternommen, die Gefangenen abzutransportieren; aber viele von ihnen blieben argwöhnisch und furchterfüllt. Einer von ihnen hat beschrieben, was sie inzwischen taten: »Sie spürten, daß der entscheidende Augenblick ihres Lebens gekommen war. Sie stellten mitten in einem der Räume einen Tisch auf und bedeckten ihn mit einem weißen Tuch. Sie legten ein Kreuz darauf und Ikonen an beide Seiten. Die ganze Nacht über und den ganzen nächsten Tag kamen Leute an den Tisch, um zu beten. Sie sangen Choräle und setzten ihre letzten Hoffnungen auf Gott. Mehrere Offiziere und Mannschaften schworen Eide, daß sie im Falle der Gewaltanwendung gegen sie Selbstmord verüben würden, um durch das Vergießen ihres Blutes zu demonstrieren, daß ihre Sache gerecht war, und um weitere Zwangsrepatriierungen zu verhindern.«[2]

Am Morgen des 19. Januar trafen mehrere Trupps Militärpolizei aus dem nahe gelegenen München im Lager ein. Sie umstellten den Block und forderten die Russen auf, herauszukommen. Niemand rührte sich, so daß die Polizisten in die Baracke einbrachen und begannen, die Gefangenen herauszuzerren. Es half ihnen nichts, daß sie mit Absicht ihre Sachen nicht zusammengepackt hatten und daß viele sich in Unterzeug befanden, weil sie gehofft hatten, die Amerikaner würden sie in diesem Aufzug nicht ins Freie bringen – sie wurden zur Bahnlinie geschleppt oder getragen und auf Lastwagen verladen. Bei einem der Räume hatte die Polizei allerdings Mühe, hineinzukommen. Die Russen hatten die Tür verbarrikadiert. Schließlich gelang es, die Tür aufzubrechen, und als die Militärpolizisten eindrangen, bot sich ihnen ein Bild unbeschreiblichen Grauens.

Die amerikanische Armeezeitung »Stars und Stripes« schilderte unter der Schlagzeile »Selbstmord Roter Verräter in Dachau – eine Orgie der Unmenschlichkeit« nach Augenzeugenberichten, was sich dort abgespielt hatte. Wie der Reporter von Soldaten erfuhr, hatten die Russen »wie wilde Tiere gewütet, um sich selbst zu vernichten«. Sobald die Amerikaner in den mit Tränengas gefüllten Raum eingedrungen waren, versuchten zwei Gefangene, sich mit Glasscherben umzubringen. Andere versuchten sich gegenseitig mit Glasstücken die Kehle durchzuschneiden. Es war offenbar leichter, die Kehle eines anderen zu durchschneiden als die eigene. Ein anderer Gefangener rammte seinen Kopf durch eine Glasscheibe und drehte den Kopf in dem verzweifelten Bemühen hin und her, sich die Kehle an den im Fensterrahmen verbliebenen Glaszacken aufzuritzen. Sowohl amerikanische als auch russische Augenzeugen berichteten übereinstimmend, daß der ganze Raum mit Blut bespritzt war.

Eine der Wachen erzählte einem Reporter: »Was sich dort abspielte, war nicht mehr menschlich. Das waren keine Menschen in den Baracken, als wir ankamen – das waren Tiere! Die GI's schnitten rasch die meisten von denen ab, die sich an den Deckenbalken aufgehängt hatten. Die noch bei Bewußtsein Befindlichen schrien irgend etwas auf russisch, wobei sie erst auf die Gewehrmündungen der Wachen, dann auf sich selbst deuteten: sie baten uns, sie zu erschießen.«[3]

Russische Emigranten haben gegen den Ton dieser Erzählung protestiert. Es sei nichts Tierisches an dem gewesen, was die unglücklichen Opfer taten, meinen sie. Es sei im Gegenteil das Ergebnis logischen und edlen Nachdenkens über ihre Bestimmung gewesen; sie wollten nicht wie Schafe ihrem Schlächter überantwortet werden. Und es sei zugleich eine Demonstration gewesen, die auf die öffentliche Meinung der USA zielte. Je mehr russische Gefangene sich mit Erfolg umbrächten, desto größer das Aufsehen, das die Angelegenheit in der amerikanischen Presse und in offiziellen Verlautbarungen finden würde, und um so geringer die Wahrscheinlichkeit, daß in Zukunft noch ähnliche Operationen stattfänden. Viele Russen, die der Zwangsrepatriierung entgingen, waren später ganz fest der Ansicht, daß sie ihr Leben ausschließlich jenen Männern verdankten, die sich in Dachau umbrachten.

Die aus ihren Schnittwunden blutenden Russen wehrten sich verbissen, als die Amerikaner versuchten, die Verletzungen abzubinden. Die Wachen beschränkten sich darauf, mit ihren Stöcken so lange auf die Gefangenen einzuschlagen, bis sie bewußtlos waren. Das war die einzige Möglichkeit, sie zu beruhigen und dann ihre Schnitte zu nähen. Die Opfer wurden auf Bahren zu den Lastwagen geschleppt; einige erlangten unterwegs das Bewußtsein wieder, sprangen auf und rissen im Davonlaufen ihre Wunden wieder auf, so daß der Boden mit Blut bespritzt wurde.

Die Zahl der Selbstmorde wurde in der US-Presse mit zehn angegeben, wobei einundzwanzig schwer verletzt waren; doch wird die Zahl der Toten höher gelegen haben, da Verletzte teilweise in sehr ernstem Zustand in den Zug getragen wurden und die Reise in das sowjetisch besetzte Gebiet nicht überstanden haben dürften. Einer der Verletzten starb später in einem amerikanischen Krankenhaus. Von seinem Tod berichtete die »New York Times« nur in einer kleinen Meldung unter der Überschrift »Russischer Verräter an seinen Verletzungen gestorben«.[4]

Von den 271 Dachauer Gefangenen wurden an jenem Tage etwa 155 an die Rote Armee übergeben; bei den Zurückgebliebenen handelte es sich um Alt-Emigranten, die nicht unter das Repatriierungsabkommen fielen. Einige Tage nach den Ereignissen des 19. Januar wurden die Überlebenden in das Hauptlager für russische Kriegsgefangene in Plattling gebracht, eine Kleinstadt 150 Kilometer nordöstlich von München bzw. Dachau. Ihre Erzählungen verbreiteten sich mit Windeseile unter den 3 000 Landsleuten im Lager. Monatelang war ihr Dasein öde und langweilig gewesen, aber scheinbar sicher. Sie hatten sich die Zeit mit Spielen vertrieben oder sich mit Sprachstudien beschäftigt – der typische Zeitvertreib von Kriegsgefangenen.

Die Berichte der Überlebenden von Dachau versetzten alle Russen des Lagers in helle Aufregung. Einige von ihnen begaben sich zum amerikanischen Lagerkommandanten, Oberst Thomas Gillies. In einem von einer Emigrantenzeitung nachgedruckten Brief vom 10. Februar, den der Oberst offenbar unterschrieben hatte, wurde den Russen versichert, daß sie nichts zu befürchten hätten; außerdem wurde darin der unbefugte Auftritt eines Sowjetoffiziers an jenem Tage im Lager heruntergespielt und dafür fast um Entschuldigung gebeten.[5] Einige Gefangene ließen sich dadurch beruhigen, andere aber fürchteten das Schlimmste, insbesondere als sie von den amerikanischen Wachen aufgefordert wurden, Fragebogen über ihre Vergangenheit in der Roten Armee und in Rußland auszufüllen.

Die Russen waren ratlos, wie sie diese Fragen beantworten sollten. Viele von ihnen hatten unter der sowjetischen Polizei zu leiden gehabt und sich deshalb entschlossen, auf deutscher Seite zu kämpfen. Sollten sie diese Dinge aber den Amerikanern offenbaren? Viele Gefangene taten es nicht, aus Furcht, daß diese Antworten den Sowjets zur Kenntnis gelangen könnten; in einem solchen Falle hätten ihre Angehörigen daheim zu leiden, und sie selbst auch, falls das Schicksal es wollte, daß sie doch noch ausgeliefert werden sollten. In dieser äußerst mißlichen und gefahrvollen Lage waren sie nicht bereit, irgendwelche biographischen Einzelheiten preiszugeben, obwohl ihnen die Amerikaner ihren Schutz zugesagt hatten. Tatsächlich aber wäre es das beste gewesen, sie hätten die ärgsten Leiden, die man sich vorstellen kann, berichtet; denn nach damaliger amerikanischer Politik wurden diejenigen mit den größten Leidenserfahrungen aus der Sowjetunion verschont.

Einige Wochen lang blieb alles ruhig in Plattling, bis einige Dinge geschahen, die den Argwohn der Russen steigerten. Etwa 10 000 Gefangene anderer Nationalitäten wurden auf Laster verladen und abtransportiert; zurück blieben nur die 3 000 Russen. Statt der bis dahin wachhabenden Gefangenen wurde eine amerikanische Wache aufgezogen. Alle Männer wurden in ihren Baracken von sieben Uhr abends bis morgens sechs Uhr eingeschlossen. Es erschienen Armeephotographen und photographierten die Hütten samt Gefangenen von allen Seiten. Der griechisch-orthodoxe Metropolit von Bayern stattete dem Lager Plattling einen Besuch ab und richtete einen beschwörenden Appell an die Behörden unter Hinweis auf die völlige Verzweiflung, in der sich die meisten russischen Gefangenen befanden. Nach seinen Angaben hatten die Russen das Recht gefordert, ihre Fälle vor Gerichten der Vereinigten Staaten verhandeln zu lassen. Viele von ihnen, die sich mit der Übergabe schon abgefunden hatten, baten ihn um die Sterbesakramente.

Am 20. Februar hielt Papst Pius XII. eine öffentliche Ansprache, in der er gegen »die Repatriierung von Menschen gegen ihren Willen und gegen die Verweigerung des Asylrechts« protestierte. Höhere Beamte des Vatikans berichteten amerikanischen Reportern, man halte die Jalta-Politik für »einen Verrat der Moralität und der Ideale, für die die Alliierten gekämpft hatten«, sie verstoße »gegen Humanität und Gerechtigkeit«. Der Vatikan behauptete, über Informationen zu verfügen, daß Russen nach ihrer Heimkehr »nur allzuoft in Sibirien enden«. Viele dieser Russen hätten zwar für die Deutschen gekämpft, räumte der Vatikan ein, aber »ob sie das getan hatten oder nicht – sie wurden alle so behandelt, als hätten sie«.[6] Und das stimmte tatsächlich.

Am 22. Februar schickte ein Vertreter des US-Außenministeriums namens Murphy ein ergreifendes Telegramm aus Deutschland an den amerikanischen Außenminister Byrnes nach Washington. Von den 3 000 Russen, die man gerade überprüft hatte, so hieß es in dem Kabel, kamen 1 800 für die Zwangsrepatriierung in Frage. Dies war das größte jemals zu repatriierende Kontingent; angesichts der »Vielzahl von Selbstmorden oder versuchten Selbstmorden, die bei vorausgegangenen Zwangsauslieferungen stattgefunden hatten, und der Reaktion der amerikanischen Soldaten hierauf sind die amerikanischen Armeebehörden hinsichtlich der bevorstehenden Auslieferung von düsteren Vorahnungen erfüllt«.

Die Operation begann am 24. Februar um 5.45 Uhr früh. Amerikanische Militärpolizei drang, zusätzlich mit Stöcken bewaffnet, in die Baracken ein, während die Russen noch im Schlaf lagen, und trieb sie ins Freie hinaus. Ein russischer Zeuge hat aufgezeichnet, was dann geschah: »Viele von uns waren barfuß und hatten nur Unterwäsche an, obgleich einige sich in aller Eile noch eine Decke umwickeln konnten. Wer nicht schnell genug war, erhielt Stockschläge von den Soldaten. Viele von uns mußten von sechs Uhr früh bis vier Uhr nachmittags bei sechs Grad Kälte draußen stehen. Die Wachen, von denen je zwei Mann für einen Gefangenen zugeteilt waren, teilten uns dann unter lautem Ausrufen unserer Namen in zwei Gruppen ein. Jeder Gruppe wurde dasselbe erzählt: ›Keine Bange, ihr sollt nur in einen anderen Lagerteil umziehen. In die Sowjetunion wird die andere Gruppe geschickt.‹«[7]

Die Russen wurden zu je zwölf oder fünfzehn Mann in Lastwagen verladen, in denen sie von je sechs Militärpolizisten bewacht wurden. In dem Bericht heißt es weiter: »Die auf dem Boden sitzenden oder liegenden Gefangenen konnten nicht sehen, wohin sie gebracht wurden. Nur an der Länge der Reise konnten sie erkennen, daß sie das Lager verlassen hatten. Erst an der Bahnstation, wo sie die Gitterstäbe an den Fenstern erblickten, wurde ihnen klar, daß sie zu den Verdammten gehörten. In diesem Augenblick versuchten mehrere Männer, sich umzubringen.« Nach einem amerikanischen Bericht gelang es »trotz umfangreicher Vorsichtsmaßnahmen während dieses Transports fünf der Gefangenen, sich zu töten; eine Reihe weiterer Gefangener beging Selbstmordversuche«.[8] Insgesamt wurden 1590 Russen an jenem Tage bei Schönberg nördlich München an die Sowjetoffiziere übergeben. Ein weiterer Selbstmord ereignete sich am 13. Mai, als weitere 222 Russen aus dem Lager Plattling zwangsrepatriiert wurden.

Inzwischen hatten sich die Beziehungen zwischen der Sowjetunion und den Westmächten ständig verschlechtert. Am 5. März des Jahres 1946 hielt Winston Churchill seine berühmte Rede in Fulton (Missouri), in der er das Wort vom »Eisernen Vorhang« prägte. In Berlin und in Jugoslawien wuchs die Spannung, als im Westen klar wurde, daß die kommunistischen Regierungen in Osteuropa sich auf die sowjetische Linie einstellten und keinerlei Opposition mehr im eigenen Lande duldeten. In Polen herrschte die nackte Gewalt, die fast die Ausmaße eines Bürgerkrieges erreichte, und die in Jalta versprochenen freien Wahlen hatten immer noch nicht stattgefunden.

Aber immer noch fühlten sich Großbritannien und die Vereinigten Staaten verpflichtet, in gewisser Weise ihre Bereitschaft zur Erfüllung des Abkommens von Jalta zur Repatriierung zu demonstrieren. Zwar nahm die Zahl der Offiziere immer mehr zu, die ihre Befehle umgingen und Russen durch die Maschen schlüpfen ließen. Dies war den höheren Stellen offenbar bekannt und wurde stillschweigend geduldet. Aber solange der Westen sich nicht durchringen konnte, das Abkommen gänzlich zu widerrufen, mußten die Offiziere der beiden Armeen als Zeichen des »guten Willens« zumindest immer einige wenige Gefangene ausliefern. Es mußten weiter Verhöre angestellt und einige Unglückliche ausgesucht werden, um der sowjetischen Regierung zu zeigen, daß das Abkommen wenigstens noch in gewissem Maße beachtet wurde.

Die Repatriierungen des Jahres 1946 waren von amerikanischen Truppen durchgeführt worden – nicht von Briten –, doch am 6. Juni faßte das britische Kabinett den Beschluß, das geänderte amerikanische Modell nachzuahmen und nur noch die drei Kategorien Sowjetbürger auszuliefern, wie sie in Washington definiert worden waren. Fast alle Sowjetbürger im Westen hatten jetzt mit dem einen oder anderen Vorwand die Möglichkeit, ihre Freilassung oder Umsiedlung zu erwirken. Es blieben jedoch noch etwa 1000 Menschen in italienischen Lagern, die noch nicht überprüft und abgefertigt waren. Die meisten dieser Gefangenen waren Sowjetbürger, einige von ihnen jugoslawische Kroaten, und bei allen bestand der Verdacht, in der deutschen Armee gekämpft zu haben. Die sowjetischen und titoistischen jugoslawischen Behörden wußten von ihrer Existenz und drängten beständig auf Auslieferung.

Vom 11. bis 14. August wurden diese Gefangenen aus zwei Lagern bei Aversa und Bagnoli in der Nähe von Neapel in Züge verladen. Einige sollten in ein amerikanisches Lager bei Pisa gebracht werden, andere zu einem britischen Lager bei Riccione südlich von Rimini. In den folgenden Monaten wurden sie aufmerksam bewacht; sie waren jetzt eine besondere Kategorie von Gefangenen, die höchstwahrscheinlich zur Übergabe an die Kommunisten ausersehen waren und deren Transporte jeweils bis in alle Einzelheiten und von höchster Stelle aus geplant wurden. Ein Mann mit Phantasie hatte den Plan ausgearbeitet. Der Gefangenentransport nach Pisa und Rimini lief unter dem Decknamen »Operation Keelhaul« (»Kielholen«).[9] Die Auslieferung der Sowjetbürger erfolgte unter der Bezeichnung »Operation Eastwind« (»Ostwind«), die der Kroaten unter »Operation Highjump« (»Hochsprung«).

Das britische Lager war ein riesiger Komplex, der sich über mehrere Quadratkilometer erstreckte und Verschleppte verschiedenster Herkunft beherbergte. Es war nur mäßig bewacht. Die Insassen erhielten oft Erlaubnis, außerhalb des Lagers zu arbeiten, so daß sie in solchen Fällen frei kommen und gehen konnten, wie sie wollten. Viele Russen hatten Frau und Kinder dabei. Die Familien waren in großen Barackenräumen untergebracht, wobei jede Gruppe von der anderen durch über Wäscheleinen gehängte Dekken getrennt war. Obwohl sie zunächst der Gedanke an einen Abtransport von Neapel beunruhigt hatte, waren sie nach der Ankunft in Pisa bzw. Riccione rasch wieder zuversichtlich. Die britischen und amerikanischen Offiziere hatten ihnen wiederholt erklärt, daß eine Zwangsrepatriierung in die Sowjetunion überhaupt nicht in Frage käme. Die Russen wußten, daß frühere Versprechen dieser Art nicht immer eingehalten worden waren, aber diesmal waren sie durch die lockere Haltung der Wachen völlig überzeugt.

Ein britischer Offizier schrieb einen Bericht über die Ereignisse in Riccione, der schließlich an die Öffentlichkeit gelangte und 1973 anonym in einer amerikanischen Zeitung veröffentlicht wurde.[10] Captain A, wie er genannt werden wollte, war mit dem Überprüfungsverfahren befaßt und hatte ein äußerst schlechtes Gewissen bei der Täuschung, die er und seine Kollegen praktizieren mußten, um ihre Opfer in einen Zustand falscher Sicherheit zu wiegen: »Die Russen vertrauten den Briten derart blindlings, daß sie gar nicht auf die Idee kamen, man könnte sie den Wölfen zum Fraß vorwerfen, und von der beabsichtigten Repatriierung erst etwas merkten, als es für sie zum Widerstand zu spät war.«

Kurz nach der Ankunft verschwanden einige Russen, aber die meisten blieben und beantworteten die Fragen des britischen Geheimdienstes. Sie wurden zu dieser Zusammenarbeit durch ihren höchsten Offizier ermuntert: »Die Taktik Major Iwanows gründete sich auf den Glauben, die ihm unterstehenden Russen würden dadurch, daß sie sich mustergültig verhielten und auf ihre Wächter einen guten Eindruck machten, letztlich bessere Aussichten haben, als Dauer-Immigranten anerkannt zu werden, deren gute staatsbürgerliche Eigenschaften erwiesen seien. Aber die Rechnung des Majors ging nicht auf; er hat durch diese Politik den Sowjets in die Hände gearbeitet.«

Die Aufgabe der »Musterungsoffiziere« bestand darin, ausführlich mit den russischen Offizieren zu sprechen, ihr Vertrauen zu gewinnen und dann dieses Vertrauen dahingehend zu nutzen, daß die Russen ihre sowjetische Staatsbürgerschaft sowie die Kollaboration mit den Deutschen zugaben. Sobald dies erreicht war, wurden die Männer für die Zwangsrepatriierung vorgemerkt. Es war, wie Captain A schrieb, eine höchst abscheuliche Sache: »In vollem Bewußtsein dessen, was die Zukunft für sie bereithielt, war man buchstäblich eine lebende Lüge, während man sich um ihr Wohlbefinden und ihre Leidensprobleme kümmerte . . . Das Gros dieser Männer waren keine Kriegsverbrecher . . . Sie waren in der Hauptsache einfache Bauern mit tiefsitzendem persönlichem Haß gegenüber den Bolschewisten.« Einige von ihnen hatten in Nazi-Lagern die schlimmsten Erlebnisse gehabt. Andere wiederum hatten in der Sowjetunion die häßlichste Verfolgung durchgemacht. Dies waren die zwingenden Gründe gewesen, die dazu geführt hatten, daß sie der deutschen Armee beitraten. Captain A hielt es für eine »Anmaßung sondergleichen, wenn sich ein Außenstehender leichtfertig aufs hohe Roß setzte und die Handlungsweise jener Gefangenen während des Krieges verurteilte«.

Die Untersuchungen wurden in den Wintermonaten 1946 – 47 fortgesetzt, bis eine Anzahl Unglücklicher zur Auslieferung an die Sowjetbehörden ausersehen war: 75 aus dem amerikanischen Lager bei Pisa, 180 aus dem britischen bei Riccione. Natürlich wurde diese Entscheidung den Gefangenen selbst nicht mitgeteilt. Sie hatten immer noch keine Ahnung, was ihnen bevorstand. Aus der Befragung schlossen einige, daß man sie von den übrigen trennen wollte; aber viele glaubten, diese Aussortierung diene lediglich der Einteilung für die verschiedenen Bestimmungsländer, in denen sie Asyl erhalten würden. Die ungezwungene Haltung der Wachen dauerte fort und ließ die Gefangenen weiter in dem irrigen Glauben, daß ihnen nichts Ernstliches geschehen werde.

Diesmal mußte jede Einzelheit des Transports sorgfältig vorausgeplant werden. Der Transport der Gefangenen nach St. Valentin, wenige Kilometer von Lienz an der Grenze der sowjetischen Besatzungszone Österreichs, sollte per Eisenbahn vonstatten gehen. Es sollten diesmal keine Tumult- und Gewaltszenen, wie bei früheren Repatriierungsaktionen, vorkommen. Diesmal sollte der Transport nur nach sorgfältigster Vorbereitung abgewickelt werden, um sicherzustellen, daß niemand Selbstmord beginge. Was mit ihnen nach der Auslieferung geschehen würde, war natürlich nicht mehr Sache Großbritanniens oder der Vereinigten Staaten.

Immerhin wurde nicht verkannt, daß es vermutlich doch Selbstmordversuche geben würde. Am 26. März 1947 erhielt das britische Hauptquartier in Rom eine besorgte Meldung. Alles Erdenkliche würde getan werden, um zu gewährleisten, daß die Gefangenen sowjetisches Gebiet gesund und sicher erreichten, aber es war unbedingt wichtig, daß die sowjetischen Behörden bereit waren, die Leichen von Selbstmördern, die sich unterwegs umgebracht hätten, anzunehmen und den Namen auf der Liste abzuhaken. Am 31. März bestätigte Oberst Pawel Jakowlew, ein sowjetischer Verbindungsoffizier in Rom, daß die Sowjetbehörden Leichen annehmen und als ausgelieferte Gefangene werten würden.

Zwei Sonderzüge wurden für den Transport der Gefangenen ab Riccione präpariert. Schwadronen der Royal Engineers richteten eine Anzahl offener Personenwaggons speziell für diese Reise her. Sämtliche Metallteile, wie Haken und Gepäcknetzrahmen, wurden von den Wänden abgeschraubt, da sie als Waffen benutzt werden konnten. Sämtliche Fenster wurden mit schweren Gittern aus

Streckmetall (in der Armee als »XPM« bekannt) versehen, damit kein Gefangener hinausspringen konnte. Eine vollständige Kompanie von etwa hundert Mann stand für die Begleitung jedes Zuges über die Zonengrenze bereit. Ein ganzer Waggon war mit reichhaltiger Verpflegung gefüllt, die für zwei oder drei Wochen reichte, und verfügte über mehrere Kochherde. Schließlich war für mögliche Fälle von Selbstmord ein Leichenwaggon angehängt.

Die den Begleitoffizieren erteilten Anweisungen stellten klar, daß die zurückzutransportierenden Männer Verräter waren, die erst nach sorgfältigster Prüfung des Einzelfalles ausgewählt worden seien. Zur Verhinderung von Selbstmorden waren Handfesseln, Zwangsjacken, Tränengas und Gummiknüppel bereitgestellt; im äußersten Notfall sollte bei Fluchtversuchen von der Schußwaffe Gebrauch gemacht werden. In jedem Fall des Widerstands sollten die Begleitoffiziere entschlossen und unverzüglich handeln. Auf diese Weise werde man jede Störung im Keim ersticken können. Das wichtigste aber war, daß für jeden Gefangenen – werde er tot oder lebendig ausgeliefert – eine persönliche Unterschrift eines Sowjetoffiziers in St. Valentin geleistet würde.

Mit der Durchführung der Auslieferung wurde das 1. Bataillon des Royal Sussex Regiment betraut. Ben Dalton, einer ihrer Kompaniechefs, berichtet dazu: »Vermutlich wurde unser Bataillon für die Auslieferung ausgesucht, weil diese Russen im Kriege im Kampfgebiet Orsogna unsere direkten Gegner gewesen waren. Diese Russen hatten äußerst verbissen auf seiten der Deutschen gekämpft. Und diese Tatsache habe ich unter anderem an meine Kompanie weitererzählt, weil es sich hier um eine Aufgabe handelte, die ein Frontbataillon ganz und gar nicht schätzt. Die Tatsache aber, daß sie gegen uns gekämpft hatten, ließ die Operation nicht mehr ganz so schändlich erscheinen, wie es sonst der Fall gewesen wäre. Die Mannschaften akzeptierten einfach, daß es sich um Leute handelte, die die Seiten gewechselt hatten und jetzt an ihre Eigentümer zurückgegeben wurden.« Dalton empfand die Aufgabe immerhin als »das Unangenehmste, was ich während oder nach dem Kriege zu tun hatte«.

Das Bataillon war von außerhalb Ricciones herangeschafft worden und hatte mit den Russen vorher niemals persönliche Berührung gehabt. Die Briten wußten nichts von den persönlichen Problemen der ihnen unterstellten Gefangenen und hatten keine Ahnung von der Motivation ihres Kampfes auf deutscher Seite. Es war also kaum zu befürchten, daß sie für die Russen Sympathie zeigen würden. Die britischen und amerikanischen Behörden wußten aus Erfahrung, daß Soldaten, die mit den russischen Gefangenen persönlich bekannt geworden waren, ihnen vielleicht die Flucht gestatten könnten. Es waren also auch Vorsichtsmaßnahmen getroffen, um während dieser Operation derartige Vorkommnisse auszuschließen.

Der erste Zug sollte Riccione am 8. Mai verlassen. Trotz striktester Geheimhaltung des Abtransports hatten die Befragungen viele Gefangene mit Argwohn erfüllt. Nicht alle waren bereit, bedingungslos Iwanows Rat zu folgen und den Befehlen der Briten aufs Wort zu gehorchen. John Stanton, ein anderer Kompaniekommandant desselben Bataillons, kann sich an Gewaltszenen erinnern, die sich abspielten, als seine Leute die Gefangenen zum Zug bringen wollten: »Die Frauen waren die schlimmsten. Sie wurden wütend und gar hysterisch. Mehrere von unseren Leuten wurden von den Frauen mit Messern verletzt; bei dem Gedanken, daß man ihnen ihre Männer wegnehmen wollte, wurden sie zu rasenden Furien.«

Man hielt eine Demonstration der Stärke für die beste Methode, Selbstmord- oder Fluchtversuche von vornherein zu unterbinden. Deshalb standen am Morgen des 8. Mai mehrere hundert britische Soldaten bereit, als die 180 »verurteilten« Männer vom Lager zur Bahnstation Riccione gebracht wurden. Zunächst wurden alle von der Militärpolizei einer Leibesvisitation unterzogen – nicht allzu gründlich, wie sich später zeigen sollte. Major Dalton war derjenige Offizier, dem der Zug unterstand. Er berichtet: »Meine Gefangenen hatten ganz sicher keinen Hinweis erhalten, daß sie nach Rußland zurück müßten. Man hatte ihnen gesagt, es ginge jetzt in ein anderes Lager.« Nach allen vorausgegangenen Ereignissen waren die Gefangenen durch und durch mißtrauisch, vor allem, als man ihnen befahl, sämtliche persönliche Habe zurückzulassen; andererseits konnten sie nicht ganz sicher sein, daß man sie belog, denn schließlich hatten sie im vergangenen August während der Operation Keelhaul geargwöhnt, ihre Wächter würden sie ins sowjetisch besetzte Gebiet bringen, und ihre Vermutungen hatten sich dann doch nicht bestätigt.

Kompliziert wurde die morgendliche Aktion durch die neue politische Richtschnur der westlichen Alliierten, niemanden mehr mit Gewalt zu repatriieren – außer den Sowjetbürgern, die auf seiten der deutschen Armee gekämpft hatten oder aus der Roten Armee desertiert waren. Daraus ergab sich die Frage, was mit den Ehefrauen und Kindern der Gefangenen geschehen sollte? Wenn der Zug nur zu einem anderen Lager fuhr, war kein Grund ersichtlich, warum sie nicht mitkommen sollten. Die Frauen und Kinder aber zur Rückkehr in die Sowjetunion zusammen mit ihren Männern zu überlisten, widersprach den Anweisungen. Man beschloß deshalb an jenem Morgen, alle neun verheirateten Männer zusammen mit ihren Frauen und den insgesamt sieben Kindern wieder aus dem Zug herauszuholen. Nachdem der Zug den Bahnhof verlassen hatte, sagte man den zurückgebliebenen Ehemännern die Wahrheit: Die Männer müßten nach Rußland zurückkehren! Man gab ihnen vierundzwanzig Stunden Zeit zur Entscheidung, ob sie ihre Frauen und Kinder mitnehmen wollten oder nicht.

Für eine Ehefrau und Mutter kann man sich kaum ein schrecklicheres Dilemma vorstellen. Captain A schrieb in sinem Bericht: »Sobald ihnen diese makabre Wahl gestellt worden war, wurde sofort klar, daß die Ehegatten vor einer Entscheidung von so schicksalhafter Bedeutung sich in einer unerträglichen Lage befanden. Der Ehemann konnte nicht guten Gewissens Frau und Kinder auffordern, ihn in die Verdammung zu begleiten. Wenn andererseits die Ehefrau freiwillig ihrem Mann folgen würde, würde ihr eigenes Blut und das ihrer Kinder an den Händen des Gatten kleben. Würde sie es andererseits ablehnen, ihm zu folgen, würde sie sich moralisch in eine unhaltbare Position begeben, die mit den Geboten ihrer Religion und ihrem ehelichen Treuegelöbnis nicht in Einklang zu bringen war. In diesen vierundzwanzig Stunden gab es schmerzerfüllte Szenen wahrer Agonie.«

Der erste Zug verließ Riccione am 8. Mai kurz nach Mittag. Die Fahrgäste waren Major Dalton, fünf Infanterieoffiziere, ein Sanitätsoffizier mit drei Helfern, zwei Dolmetscher, 151 andere britische Soldaten und 171 russische Gefangene. Der Zug passierte Ravenna und Ferrara und überquerte dann den Po. Im Laufe des späten Nachmittags wurde den Gefangenen, die linker Hand die Sonne tiefer sinken sahen, bewußt, daß sie gen Norden fuhren. Als dann der Zug in die Dolomiten hinaufkletterte, schlossen sie auf einmal, daß die Reise ins sowjetisch besetzte Gebiet ging. Dalton berichtet: »Plötzlich zogen sie irgendwoher Messer heraus und fingen an, sich Verletzungen beizubringen. Sie schnitten sich die Pulsadern auf, ein junger Bursche schnitt sich in die Kehle. Mehrere forderten mich auf, sie zu erschießen. Es war fürchterlich – dieser Lärm und das Schreien.«

Aber Dalton verfügte über eine ganze Kompanie und war durchaus in der Lage, die hysterisch gewordenen Männer in seine Gewalt zu bekommen, ehe jemand wirklich ernsthaft verletzt wurde. Er meint hierzu: »Ich will nicht sagen, daß meine Leute überhaupt keine Schläge ausgeteilt haben. Sicher haben sie das.« Nach Wiederherstellung der Ruhe ließ er einige der sich am heftigsten wehrenden Gefangenen mit Handschellen an die Metallstreben ihrer Sitze ketten. Sodann befahl er eine erneute Leibesvisitation. Er ärgerte sich darüber, daß er das tun mußte, weil man ihm versichert hatte, daß die Gefangenen vor dem Abtransport gründlich gefilzt worden und mithin »sauber« seien. Seine Leute fanden eine Menge gefährlicher Gegenstände: Rasierklingen, Rasiermesser, Küchenmesser und Tablettenröhrchen. Die Militärpolizei hatte offenbar schlechte Arbeit geleistet; entsprechend erstattete er Bericht.

Nach dieser Phase des Geschehens wurde den Gefangenen klar, daß Selbstmord wie auch Flucht unmöglich war. Sie fielen in einen Zustand der Apathie. Dalton und seine Männer sprachen mit den Russen, und wenngleich sie politische Dinge gänzlich übergingen, regte sich in den Briten so etwas wie Sympathie mit dem Geschick dieser armen Teufel. Dalton war besonders von dem höchsten Offizier der Russen beeindruckt – es muß sich um den von Captain A erwähnten Major Iwanow gehandelt haben, der etwas Englisch sprach und Dalton als »ein Mann von edlem Benehmen, ein guter Offizierstyp« beeindruckte. Es lag jetzt auf der Hand, daß die Gefangenen kein wilder Haufen nichtsnutziger Verräter waren, wie Dalton zuerst angenommen hatte, sondern Soldaten, die einen tiefen Grund dafür gehabt haben mußten, daß sie sich gegen ihr eigenes Heimatland gestellt hatten.

Die Russen begannen dann, ihre Wertsachen an die britischen Bewacher auszuhändigen. Dalton berichtet: »Sie gaben nach und nach alles ab, was Wert hatte: Uhren, Geld, sonstige Wertsachen. Sie sagten uns dazu: ›Die Sowjetsoldaten werden sie uns sowieso wegnehmen, dann können Sie sie auch haben.‹ Und wir schieden in gutem Einvernehmen, wenn man das unter diesen Umständen so nennen kann. Ich glaube kaum, daß sie uns gegenüber persönlichen Groll hegten, obgleich sie im allgemeinen offenbar gemeint haben, daß man sie schlecht behandelt hatte.«

Die Dunkelheit brach herein, als der Zug durch Padua und Udine Richtung österreichische Grenze fuhr. Die Waggontüren wurden verschlossen, die Lampen blieben an, und vor jeder Tür wurden Wachen postiert. Der Rest der Begleitmannschaft versuchte, etwas zu schlafen. Einige Minuten nach dem Grenzübergang hielt der Zug, um am Hauptbahnhof Villach im südlichen Kärnten Wasser zu tanken.

Leutnant G. F. Hope Hall, ein in der Stadt stationierter britischer Offizier, hatte Befehl erhalten, mitten in der Nacht zum Bahnhof zu kommen: »Meine Anweisungen lauteten auf Sicherstellung, daß niemand den Zug während des Aufenthaltes in Villach verließ und daß niemand außer dem befugten österreichischen Eisenbahnpersonal sich dem Zug näherte; im Falle einer Zugverspätung sollte ich Verbindung mit meinem kommandierenden Offizier aufnehmen. Normalerweise wußte man gewisse Einzelheiten über die Militärtransporte, die durch das eigene Gebiet führten – Herkunftsstation,

Bestimmungsort, Begleitpersonal. Dieser Zug jedoch schien in ein Geheimnis gehüllt zu sein.«

Hall erinnert sich, wie er auf dem Bahnsteig stand und den geheimnisvollen Zug betrachtete. Niemand stieg ein oder aus. Aber er konnte aus dem Innern der versperrten Waggons Menschen rufen hören. Er konnte keine einzelnen Worte unterscheiden, aber die Rufe schienen ihm wie »Schreie der Angst oder der Verzweiflung« zu klingen und paßten so recht zu dem, was man ihm vertraulich erzählt hatte, daß es sich nämlich um Russen handelte, die für die Deutschen gekämpft hatten und jetzt in die Sowjetunion zurückgeschickt wurden. Nach seiner Erinnerung wandte er sich an den nächststehenden Mann und sagte: »Arme Bastarde!«

Die Zugladung schreiender Männer verließ Villach und erreichte St. Valentin während der Morgenstunden des 9. Mai. Zum Empfang war ein sowjetischer Oberst zugegen, und nach einigen Fragen bewegte sich der Zug weiter zu einem Lager einige Kilometer innerhalb der sowjetischen Zone. Der Zug wurde entladen, Waggon für Waggon. Dalton berichtet: »Die Russen waren höflich und bestimmt. Sie registrierten genau jeden Offizier und Unteroffizier anhand der ihnen übergebenen Gefangenenliste. Als die anderen Ränge an die Reihe kamen, zeigten sie kein Interesse mehr, sondern hakten sie in Zehnergruppen ab. Die Offiziere wurden von den anderen abgesondert und in eine extra Einfriedung gewiesen. Ich hatte den Eindruck, daß sie alle ziemlich summarisch abgefertigt werden sollten.«

Nicht weniger als fünfzig Sowjetsoldaten sowie ein Reporter von Tass, der sowjetischen Nachrichtenagentur, wohnten der Entladung bei. Der Oberst und sein Dolmetscher nahmen dann die Einladung zu einer Tasse Tee im Zug mit Dalton an. Sie luden ihn ein, ein nahe gelegenes Konzentrationslager der Nationalsozialisten zu besichtigen, das sie als Gedenkstätte unverändert gelassen hatten. Dalton argwöhnte etwas bei dieser Einladung. Er hatte gehört, daß sowjetische Soldaten den britischen und amerikanischen Zügen die Zugmaschinen entführt hatten. Er erklärte: »Ich warf einen Blick zur Zugmaschine und überschlug kurz, daß mich ihr Verlust 30 000 Pfund kosten würde. Also beschloß ich die Heimfahrt.« Die Lok wurde unter Dampf gesetzt, und ab ging die Fahrt zurück nach Italien, noch am gleichen Nachmittag.

Inzwischen befand sich ein weiterer Zug aus Riccione unterwegs nach St. Valentin. Am 9. Mai, morgens um neun Uhr, wurde den neun Ehefrauen die Schicksalsfrage gestellt: Wollten sie mit ihren Ehemännern in das sowjetisch besetzte Gebiet fahren? Sie lehnten allesamt ab, eine Tatsache, die – wie Captain A schrieb – »ausreichender Beweis des Terrors ist, dem sie ins Auge sahen, wenn man sie den sowjetischen Behörden übergeben würde«. Die Männer erhielten noch eine letzte Frist, um sich von ihren Familien zu verabschieden – vermutlich für immer. Um 11 Uhr vormittags wurden die neun Frauen und sieben Kinder unter Begleitung durch Soldaten zu einem Lager nach Reggio Emilia weggeführt. Fünfzehn Minuten später brachte man die Männer zur Bahnstation, wo sie durchsucht und in den Zug gesetzt wurden. Major John Stanton verfügte über eine vierzig Mann starke Begleittruppe, um die neun Gefangenen zu bewachen; es war klar, daß Flucht nicht in Frage kam. Die Demonstration der Stärke war zu eindrucksvoll.

Der Zug verließ Riccione um 12.30 Uhr. Stanton erinnert sich, daß seine Gefangenen »von Anfang an sehr bedrückt« waren. Sie erhielten mehrmals Tee aus Pappbechern und Mahlzeiten, die sie mit Löffeln von Papptellern aßen. Es gab nur einen Zwischenfall: »Einer der Burschen fing an zu schreien und rief laut aus, daß man sie alle umbringen würde. Er brachte damit die anderen in Bewegung.« Stanton hatte alle Gefangenen mit Handschellen an ihre Sitze fesseln lassen und ließ dem hysterischen Gefangenen durch einen Dolmetscher ausrichten: »Passen Sie auf, wenn Sie nicht aufhören mit dem Schreien, bleiben sie allesamt gefesselt.« Er sagte dies, weil er damit erreichen wollte, daß ihn die anderen Gefangenen zur Ruhe bringen sollten. Das gelang. Es trat wieder Ordnung ein, und nach etwa einer Stunde konnte Stanton die Handfesseln abnehmen lassen. Es war zwar ein geringfügiger Zwischenfall, aber »die ganze Angelegenheit« wurde dadurch nach Stantons Meinung »nur um so unangenehmer«.

Die beiden Züge begegneten sich in der Nacht nicht weit von der italienisch-österreichischen Grenze, und Stantons Zug kam am Morgen des 10. Mai in St. Valentin an. Ein Sowjet-Leutnant empfing den Zug und begleitete ihn bis zu einer Stelle im offenen Land nicht weit entfernt, wo man vor einer Reihe von sowjetischen Soldaten hielt, die im Halbkreis aufgestellt waren. Stanton war sehr beeindruckt: »Sie sahen alle recht jung aus und hartgesotten.« Etwa ein Dutzend sowjetischer Offiziere waren ebenfalls zugegen, und Stanton erinnert sich, daß sie böse waren, als nichts weiter als neun Männer ausstiegen und keine einzige Frau und kein Kind. »Wo sind die Familien?« wollten sie wissen.

Stanton erklärte, daß sich keine von den Ehefrauen für die Heimkehr mit ihrem Mann entschieden hatte; aber die sowjetischen Offiziere wollten das nicht glauben, und erst nachdem sie einen Zivilisten um Rat gefragt hatten – »einen großen fetten Mann wie aus einen James-Bond-Film« –, wurde die Angelegenheit bereinigt und die Erlaubnis gegeben, mit dem Zug die Rückfahrt anzutreten. Das Mißfallen auf seiten der Sowjets war nur zu offenkundig, und eine Weile war Stanton sogar froh darüber, daß sie für drei Wochen Verpflegung und Wasser im Zug hatten. Auf dem Trittbrett der Lokomotive hatte er bewaffnete Männer postiert und war für eine ernste Konfrontation gerüstet.

Die Situation verschlechterte sich, als einer der Gefangenen sich darüber beklagte, daß die Briten sich geweigert hätten, seine Frau mitkommen zu lassen, und sie mit Stöcken verprügelt hätten. Stanton versuchte klarzustellen, daß das Unsinn war, daß die Frauen sämtlich die Möglichkeit gehabt hätten, mit dem Zug mitzufahren; doch der Mann wollte sich offenbar bei seinen neuen Wärtern einschmeicheln und die Briten denunzieren, die ihn betrogen hätten. Diese Behauptung war ganz gewiß falsch, führte aber zu einer offiziellen Beschwerde der Sowjets, die den Briten erheblichen Ärger bereitete. Daher war die Erleichterung groß, als Stanton schließlich die Erlaubnis erhielt, das sowjetisch besetzte Gebiet wieder zu verlassen. Er erinnert sich noch lebhaft an die Atmosphäre gekünstelter Fröhlichkeit, als man nach all diesen Spannungen wieder Richtung Italien rollte: »Wir fühlten uns alle ein wenig wie jemand, der von einem Begräbnis zurückkehrte – und wir kamen tatsächlich von einem Begräbnis.«

Im Gegensatz zu den vorherigen Operationen wurde dieser letzte Akt der Zwangsrepatriierung kurz in der britischen und amerikanischen Presse erwähnt. Dabei wurde als positiv hervorgehoben, daß durch die Auslieferung dieser geringen Anzahl von Männern – 180 durch die Briten und 75 durch die Amerikaner – die Freilassung und Umsiedlung von mehreren tausend anderen russischen Gefangenen ermöglicht wurde, die die Offiziere der Untersuchungskommission nicht ausgewählt hatten. Es war klar, daß die 255 Opfer der Operationen Keelhaul und Eastwind bei der Auslieferung nur ein Tropfen auf den heißen Stein der Sowjetregierung waren. Die Regierungen der Vereinigten Staaten und Großbritanniens hatten das Abkommen freiwillig unterzeichnet, und noch Ende Mai 1947 fühlten sie sich daran gebunden.

Aber es gab kritische Stimmen, die das kaltblütige Opfer von 255 Menschen einzig zu dem Zweck, den Schein eines leeren Vertrages zu wahren, scharf kritisierten. Schließlich hatte Stalin bis zum Frühjahr 1947 mehrere wichtige Punkte des Jalta-Abkommens mißachtet. Er hatte in Polen Wahlen inszeniert, die mit den von ihm ursprünglich versprochenen »freien und geheimen Wahlen« keinerlei Ähnlichkeit hatten. Im Januar 1947 hatten sowohl die britische als auch die amerikanische Regierung gegen die gewaltsamen und unehrlichen Methoden protestiert, die die Kommunisten Polens angewandt hatten, um diesen ungleichen Wahlkampf zu gewinnen. Aber trotz dieser undemokratischen Handlungsweise der sowjetischen Regierung, die von mehreren Zeugen überzeugend als Verletzung der Vereinbarungen von Jalta belegt wurde, fühlten sich Briten und Amerikaner immer noch verpflichtet, vier Monate später die Operation Eastwind durchzuführen. Obwohl die sowjetische Regierung das Abkommen gebrochen hatte, hielt der Westen es weiterhin ein.

Am 21. Mai brachte Richard Stokes im Unterhaus eine Anfrage zur Operation Eastwind ein. Wie viele Selbstmordversuche es gegeben hatte, wollte er wissen. Christopher Mayhew, seinerzeit stellvertretender Außenminister, antwortete, es habe überhaupt keine Selbstmordversuche gegeben – eine Antwort, die nicht der Wahrheit entsprach, wie Daltons Bericht bewies. Das war das zweite Mal, daß man Stokes über diese Angelegenheit im Unterhaus falsche Informationen gab. Er hatte am 7. Juni 1945 gefragt, ob in Jalta und Teheran Abmachungen getroffen worden seien, die bisher der Öffentlichkeit nicht bekanntgegeben worden seien. Winston Churchill hatte unzutreffenderweise erwidert, daß »keinerlei Geheimabkommen« bestünden.

Am 11. Juni 1947 kam Stokes auf die Sache zurück und erhielt Unterstützung durch ein anderes Unterhausmitglied namens Godfrey Nicholson, der die Ansicht vertrat, daß »der ganze Gedanke an die Repatriierung von Leuten in irgendein Land gegen ihren Willen diesem Lande fremd ist«. Diesmal gab Ernest Bevin, der Außenminister, die Antwort: »Das ist mit den Grundsätzen unseres Landes nicht vereinbar. Andererseits kann ich nicht zulassen, daß diese Tatsache von solchen Leuten ausgeschlachtet wird. Wir tragen in der Tat eine sehr schwere Bürde. Ich bin bereit, den allermeisten Asyl zu gewähren; aber ich kann keine Leute dulden, die dies auf unserem Rücken immer wieder ausschlachten . . . Auf der Basis des Abkommens von Jalta ist meine Pflicht völlig klar.«

Bevins Stellungnahme zu diesem letzten Akt der Zwangsrepatriierung unter dem Jalta-Abkommen gab im großen und ganzen die offizielle Haltung wieder. Die Regierungen Großbritanniens und der Vereinigten Staaten hatten fast drei Jahre lang eine Politik betrieben, die der Tradition und den moralischen Werten ihrer Völker zuwiderlief. Aber sie hatten sich zum Durchhalten verpflichtet gefühlt, weil ein formeller Vertrag dies verlangte. Zur Unterzeichnung des Vertrages hatten wichtige praktische Gründe geführt: die Notwendigkeit des Schutzes für britische und amerikanische Soldaten, die als Kriegsgefangene in sowjetischer Hand waren; die Befürchtung, die Sowjetregierung könnte Verdacht schöpfen und die Früchte der Kriegsanstrengungen zunichte machen; schließlich die Furcht vor Schwierigkeiten bei der Aufnahme und Umsiedlung großer Mengen von Sowjetbürgern im Westen.

Heute würden nur wenige leugnen, daß das Abkommen für diejenigen Sowjetbürger eine schwere Ungerechtigkeit heraufbeschwor, die repatriiert wurden, obwohl sie mit den Nationalsozialisten in keiner Beziehung zusammengearbeitet hatten. Es liegen Beweise dafür vor, daß viele von diesen Unglücklichen, die selbst nach Stalins hartem Strafrecht sich keinerlei Verbrechen schuldig gemacht hatten, jetzt von Schnellgerichten abgeurteilt wurden und dann zehn Jahre in Besserungs-Arbeitslagern verbrachten. Vielleicht noch erschütternder ist das Schicksal der übrigen – mehreren Millionen – Menschen, die ohne Gerichtsverfahren viele Jahre lang in sogenannten »Filtrierungslagern« festgehalten wurden. Diese Lager unterschieden sich insoweit von den Arbeitslagern, als die Gefangenen zu ihren Wächtern »Genosse« sagen durften – worin sich der Unterschied auch schon erschöpfte. Die Filtrierungslager waren zunächst nur für einen kurzen Aufenthalt gedacht, während dessen die Kollaborateure von den loyalen Leuten geschieden werden sollten; aber in Wirklichkeit bestanden sie jahrelang, in denen keinerlei Bemühungen unternommen wurden, Gerichtsverfahren einzuleiten und die unschuldig Einsitzenden freizulassen. Inzwischen erlitten sie das gleiche Schicksal wie die Verurteilten: Kälte, Hunger und auszehrende harte Arbeit. Ihre Sterberate war ebenso hoch wie in den Arbeitslagern.

Im Falle derer, die mit den Nationalsozialisten zusammengearbeitet hatten, ist die Sachlage ungleich schwieriger. Es kann kein Zweifel bestehen, daß sie nach sowjetischem Recht des Verrats schuldig waren; das wäre nach dem Recht jedes anderen Landes nicht anders gewesen. Da gibt es jene, die glauben, daß damit die Angelegenheit zu Ende ist, daß sie eben Verräter waren, die kein besseres Schicksal verdienten als das ihnen auferlegte: entweder Hinrichtung oder Jahre der Qual in den Lagern. Aber da gibt es auch jene, die meinen, daß die sowjetischen Richter moralisch, wenn nicht gar juristisch kein Recht hatten, diese Leute zu verurteilen. Rebecca West hat in ihrem Buch »The Meaning of

Treason« die – auch von vielen Juristen unterstützte – Ansicht vertreten, daß ein Bürger demjenigen Lande Loyalität schuldet, das ihm Schutz gewährt, und daß ein Bürger folgerichtig keinen Verrat an einem Land begehen kann, daß ihm den Schutz seiner Gesetze vorenthalten hat. Hiernach hätte es gewiß viele Millionen Sowjetbürger gegeben, die der Sowjetunion unter Stalin keinerlei Loyalität schuldeten. Die Repressionen, Enteignungen und Verschleppungen fanden in jenem Land während der dreißiger Jahre in so ungeheurem Ausmaß statt, daß man mit Fug und Recht sagen kann, die sowjetische Regierung habe die Loyalität eines großen Teils ihrer Bürger geopfert. Bei tatsächlichen Kriegsverbrechern, also Sowjetbürgern, die Greuel- oder Mordtaten an ihrem eigenen Volk verübt hatten, war die moralische Seite klar: hier war Vergeltung am Platze. Aber viele Juristen würden jene freisprechen, die sich dem nazistischen Deutschland einzig deshalb anschlossen, um gegen das Sowjetsystem zu kämpfen. Die Sowjetunion hatte ihnen keinen Schutz gewährt. Sie hatte deshalb auch keinen Anspruch auf ihre Loyalität.

Diese Leute sahen sich einem fürchterlichen moralischen Zwiespalt gegenüber, denn den verhaßten Stalin bekämpfen war nicht möglich, ohne gleichzeitig gegen das Sowjetvolk zu kämpfen, dem sie trotz allem angehörten. Und obwohl mehr als eine Million diese Wahl trafen und gegen ihren Feind kämpften, handelte es sich immer noch um eine Minderheit. Die Mehrheit – und gegen Kriegsende fast das gesamte Sowjetvolk – kämpfte tapfer gegen den Nazi-Aggressor, und zwar selbst viele Leute, die Stalin haßten und alles, was er verkörperte. Der Gedanke daran mag die Überlebenden der Wlassow-Armee und des Kosakenkorps, die heute im Ausland in trauriger Desillusionierung leben, sehr wohl irritieren.

Nur wer vertraut ist mit der prosowjetischen Atmosphäre jener Jahre und der Realität des Weltkriegs, kann ermessen, ob die unter den Briten und Amerikanern erduldeten Gewalttätigkeiten und Leiden unvermeidbar waren, ob man jene kaltblütige Entscheidung rechtfertigen kann, das Leben von Russen zu opfern – ursprünglich im Hinblick auf die Rettung britischen Lebens, dann aber mit Rücksicht auf die amerikanische und britische Außenpolitik. »Wenn die Wahl besteht zwischen Härten für unsere Leute und Tod für Russen, ist doch die Wahl klar«, schrieb P. J. Grigg an Eden – eine Äußerung, die heute viele Leute schockierend finden mögen, die aber inmitten der Schlächtereien des Krieges völlig verständlich war. Es waren rauhe Zeiten, und mehr noch als ein Anflug von Unbarmherzigkeit haftet jenen Worten des damaligen Außenministers Anthony Eden an, der das Abkommen seinen Kabinettskollegen empfahl, indem er zwar zugab, daß damit die Überantwortung von Russen an ihre Henker gemeint war, aber schlußfolgerte, daß »es nicht unsere Sache sei, welche Maßnahmen irgendeine alliierte Regierung – einschließlich der Sowjetregierung – ergreifen wird hinsichtlich der eigenen Staatsbürger«, daß »wir sie hier nicht haben wollen« und daß »wir es uns nicht leisten können, deshalb sentimental zu werden«.

Sobald diese Politik einmal festgelegt war, konnten die dann folgenden Selbstmorde und Gewalttaten nur durch wachsenden Ungehorsam der Truppe vermieden werden – eine unwahrscheinliche Möglichkeit in jener Zeit. Man muß immerhin annehmen, daß die amerikanischen und britischen Führer, die die Entscheidung fällten, sich nicht klar darüber waren, daß die Gewalt solche Ausmaße annehmen werde. Sie stellten sich lediglich vor, man würde Russen der harten Gerechtigkeit und möglichen Hinrichtung überantworten, wußten aber nicht, daß der Haß auf die Bolschewiken in dem harten Kern der Widerspenstigen derart tief saß. Sie konnten nicht vorhersehen, daß Tausende sich der Repatriierung in regelrechten Schlachten widersetzen würden, daß viele Selbstmord begehen, daß ein Mann sogar seine Frau und Kinder umbringen und Mütter ihre Babys ertränken würden, statt mit ihnen in die Sowjetunion zurückzukehren.

Wäre das vorherzusehen gewesen, hätte man hoffentlich ein so hartes Abkommen nicht unterzeichnet. Aber sobald es unterzeichnet war, sobald sie verpflichtet waren, »alle Sowjetbürger« zurückzuschicken, bestand für sie nur wenig Spielraum mehr. Sie mußten entweder vertragsbrüchig werden – eine erschreckende

Aussicht – oder ihre Offiziere und Mannschaften im Feld anweisen, die vertraglich vereinbarte Politik in die Tat umzusetzen. Die Angelegenheit war somit in die Hände einzelner Soldaten gegeben, die theoretisch noch weniger Ermessensfreiheit hatten, da sie unter militärischer Disziplin standen, die sie zwang, Befehle ohne Gegenfrage auszuführen.

Für viele der beteiligten Soldaten, vor allem die höheren und die Berufsoffiziere, war dies die ausschlaggebende Überlegung. General Keightley schreibt, daß seine Befehle zur Repatriierung der Kosaken direkt von Churchill stammten und deshalb seine eigenen Gedanken über die Sache keinen Einfluß hatten. Der ihm untergebene General Musson, der seinerzeit als Brigadekommandeur den größten Teil an der Hauptoperation hatte, teilt diese Ansicht: »Ich kann mir keinen Fall vorstellen, in dem ein Offizier einen Befehl mißachtet. Ein Soldat ist Ausführender der Regierungspolitik. Er kann nicht beurteilen, was richtig oder falsch ist. Er ist nicht ausreichend informiert. Er kann seine Ansichten darstellen, das haben wir auch gemacht: wir haben völlig klar geäußert, wie gräßlich die Aufgabe war. Aber die letzte Entscheidung mußte bei den politischen Führern liegen. Ich sehe keine Möglichkeit, eine Armee oder irgend etwas anderes aufrechtzuerhalten, wenn sich die Soldaten weigern, die Befehle auszuführen.«

Dieser Standpunkt ist von Berufssoldaten derart bestimmt vertreten worden, daß es sich anscheinend um eine Art Ethik handeln muß. Solche Leute würden sich einem Befehl mit derselben geringen Wahrscheinlichkeit widersetzen, wie ein Arzt die Geheimnisse der Krankheit seines Patienten preisgeben oder ein Priester das Beichtgeheimnis verraten würde. Gehorsam ist einer der Grundpfeiler des Soldatentums und in modernen Armeen unangefochten geblieben – bis zu den Nürnberger Prozessen. Hier haben Juristen erstmals den Freispruch für Angeklagte abgelehnt, die Greueltaten verübt und sich damit verteidigt hatten, sie hätten nur den Befehlen gehorcht. Diese Verteidigung wurde nicht als ausreichend für eine Entlastung angesehen. Sie wurden verurteilt, und viele erhielten die Todesstrafe.

Als 1956 die westdeutsche Bundeswehr ins Leben gerufen wurde, hatten die Nürnberger Urteile bereits ihre Wirkung auf das neue Militärstrafrecht. In der Bundeswehr braucht ein Soldat keinen Befehlen zu gehorchen, die von ihm Handlungen verlangen, die ein Verbrechen gegen deutsches Gesetz bedeuten. Auch braucht er keinen Befehl zu erfüllen, der darauf hinausläuft, die »Menschenrechte zu verletzen«. Das ist allerdings ein vager Begriff, und es bleibt abzuwarten, wie die Juristen das Entscheidungsproblem handhaben, was denn »Menschenrechte« eigentlich sind. Es bedeutet aber sicherlich, daß die alte Soldatenethik ins Wanken gerät und vermutlich über kurz oder lang auch in anderen Armeen geändert wird. Bei den Soldaten des Jahres 1945 in Lienz und Kempten stand es noch auf der Kippe zum Ungehorsam; heutzutage gäbe es unter gleichen Umständen wahrscheinlich die offene Meuterei.

Natürlich waren die meisten britischen und amerikanischen Soldaten beruflich weniger gebunden als Keightley oder Musson. Im allgemeinen gehorchten sie den ganzen Krieg über den Befehlen; aber sie mißbilligten Befehle zur Gewaltanwendung gegen unbewaffnete Männer, Frauen und Kinder. Viele äußerten, sie hätten zunächst wenig Sympathie für Leute gehabt, die die Sowjetunion verraten hatten. Jahrelang waren ihre Zeitungen voll prostalinistischer Propaganda gewesen. So hatte sich die Meinung gebildet, daß eine Opposition gegen Stalin einer Opposition gegen die Alliierten als Ganzes gleichkomme. Sie konnten sich nicht vorstellen, daß jemand gleichzeitig heftiger Stalin-Gegner und trotzdem weder für Hitler noch gegen die westliche Demokratie eingestellt sein konnte. Sie wußten nichts über die inneren Verhältnisse der Sowjetunion – woher sollten sie auch?

Die meisten Soldaten haben klar zum Ausdruck gebracht, daß sie bei Empfang des ersten Befehls zur Verladung von Russen in Züge oder Lastwagen zwecks Repatriierung nur allzu willig an die Aufgabe herangingen, ohne sich jedoch voll darüber klar zu werden, was mit diesem Befehl alles verbunden war. In einigen Fällen aber hatten sie dann Zeit, mit ihren Opfern zu sprechen und sie kennenzulernen. In der zweiten Hälfte des Jahres 1945 wuchs zudem die Desillusionierung über die Rote Armee ständig. Die Soldaten der Westarmeen wurden mit einem Mal empfänglich für Berichte, die ihnen über die Greuel des stalinistischen Regimes zu Ohren kamen. In einigen Fällen kam es zum Ungehorsam gegenüber den Befehlen: entweder sie beschwerten sich bei ihren Vorgesetzten oder ließen ihre Opfer fliehen.

Der echte Berufssoldat hätte solche Handlungsweise mißbilligt. Diese Befehlsverweigerer ließen sich letztlich von ihren persönlichen Gefühlen leiten, ließen ihr Herz über ihren Verstand triumphieren – ohne den größeren Rahmen richtig zu kennen, ohne Ahnung von den politischen Notwendigkeiten, die ursprünglich den Befehl bewirkt hatten. Andere aber werden Bewunderung für jene Männer hegen, die ihre Befehlshaber herausforderten – nicht ohne Risiko für ihre eigene Person –, um Russen und Kosaken vor Stalins Zorn zu bewahren. Ihre Handlungsweise hat auf kurze Sicht nur wenig genützt; nur wenige wurden dadurch gerettet, daß die Wachen »ein Auge zudrückten«. Und bei denjenigen, die sich beschwerten, dauerte eine Operation kaum länger als ein paar Tage, in denen keine Zeit mehr war, um mit der Beschwerde die ganze Befehlskette bis nach oben zu klettern, um eine Absetzung der ganzen Operation zu erreichen. Die Politik war dafür auf viel zu hoher Ebene beschlossen worden. Aber der von britischen und amerikanischen Soldaten für derartige Aufgaben empfundene Abscheu wurde bald zu einem Faktor, der bei den Entscheidungen von London und Washington Berücksichtigung fand. Er beeinflußte die Politiker auf höchster Ebene und bewirkte schließlich die Änderung der Politik, wodurch künftig ein größerer Teil der Betroffenen die Möglichkeit erhielt, durch die Maschen zu schlüpfen.

Solschenizyn schreibt im »Archipel Gulag«: »Und welche militärische oder politische Räson mag wohl für sie darin gelegen haben, diese Hunderttausende von Sowjetbürgern auszuliefern, die unter Stalin den Tod zu erwarten hatten?« Da er sich jetzt im Westen befindet und die Archive einsehen kann, wird er in der Lage sein, festzustellen, daß die Entscheidung erst nach reiflicher Überlegung und der Abwägung von Gut und Böse getroffen wurde. Es mag eine falsche Entscheidung gewesen sein – nach Meinung des Verfassers war sie falsch –; sie war auf jeden Fall umstritten und in keiner Weise leicht. Solschenizyn schreibt im übrigen: »Die Übergabe selbst entsprach in ihrer heimtückischen Art ganz dem Stil der traditionellen britischen Diplomatie.« Das ist eine grobe Verallgemeinerung; aber es trifft immerhin zu, daß viele von der Art und Weise schockiert waren, in der westliche Diplomaten auf die Opferung menschlichen Lebens drangen, um gute Beziehungen zur Sowjetunion zu bewahren – und das war Monate nach Kriegsende.

Man könnte den Diplomaten vielleicht zubilligen, daß sie einfach überfordert waren. Sie waren es gewohnt, Angelegenheiten der Außenpolitik zu handhaben, und betrachteten es als ihre Pflicht, Nationen durch Verhandlungen zusammenzuführen. Sie waren den Problemen nicht gewachsen, bei denen es um Leben oder Tod von Menschen ging, und allein der Gedanke, einen formellen Vertrag zu brechen, um Menschen zu schützen, war ihnen ein Greuel. Doch ist nicht zu leugnen – und hier hat Solschenizyn teilweise recht –, daß die entscheidenden Politiker von Diplomaten beraten wurden, daß viele der Operationen mit Hinterlist und Gewalt, mit Täuschungsmanövern und Schlägen verbunden waren.

Solschenizyns Ansichten sind darauf zurückzuführen, daß seine Hauptinformationsquelle in dieser Angelegenheit die Opfer der Zwangsrepatriierung waren, die er im Laufe seiner achtjährigen Haft in den Lagern kennenlernte. Ihre Verbitterung über die Briten in erster Linie und die Amerikaner sitzt immer noch tief. Durch die Grausamkeiten der sowjetischen Vorkriegsherrschaft hatten viele Russen ein idealisiertes Bild von Großbritannien und den Vereinigten Staaten entwickelt. Sie hatten gehört, daß das Wort eines Engländers etwas galt; sie hatten gehört, daß die Vereinigten Staaten der Himmel der Armen und Unterdrückten war. Sie nahmen es als absolute Gewißheit, daß die Angelsachsen keiner Lüge fähig wären und den geheiligten Grundsatz des politischen Asyls niemals verletzen würden.

Sie konnten nicht ermessen, welchen Makel sie sich dadurch eingehandelt hatten, daß sie auf seiten Hitlers gekämpft hatten. Sie hielten das für unwichtig; sie dachten, man würde das vergessen, sobald sie ihre Bereitschaft erklärten, in der kommenden Auseinandersetzung mit der Sowjetunion dem Westen treu zu dienen. Dieser Optimismus nährte sich aus der freundlichen Haltung, die ihnen die amerikanischen und britischen Soldaten bezeugten, denen sie sich ergeben hatten. Sie deuteten freundliche Behandlung als Sympathie oder Einverständnis. Als dann Gewalt gegen sie angewandt wurde, verstanden sie nicht, daß selbst gute Menschen sich gnadenlos verhalten, wenn sie unter Druck stehen, und daß selbst liberale Regierungen unbarmherzig durchgreifen, wenn sie glauben, daß lebenswichtige Interessen oder das Leben ihrer Bürger bedroht sind. Sie fühlten sich – und fühlen sich nach wie vor – schändlich hintergangen.

Aber auch der Westen hat sich böse verrechnet. Hier hoffte man, daß die Beziehungen zur Sowjetunion gut bleiben und die Allianz der Kriegszeit sich halten würde. Tatsächlich haben sich 1947 und 1948, als es zu spät war, die Mehrzahl der Opfer vor der Zwangsrepatriierung zu bewahren, die Beziehungen sehr ernstlich verschlechtert. Am 12. März 1947 erklärte Präsident Truman angesichts des drohenden Sturzes der griechischen Regierung durch die Kommunisten vor dem amerikanischen Kongreß, er würde in Zukunft eine Politik verfolgen, die freie Völker unterstützt, deren Bestand durch »bewaffnete Minderheiten oder Druck von außen« bedroht sei. Im Juni 1947 trat der Marshall-Plan in Kraft, und drei Monate später reagierte Stalin mit der Gründung des »Kominform« der kommunistischen Parteien.

Im Februar 1948 wurde durch einen von der Sowjetunion inszenierten Staatsstreich die kommunistische Regierung der Tschechoslowakei in den Sattel gehoben. Der einen harten Kurs vertretende Schriftsteller Sergej Michalkow errang 1949 mit seinem Theaterstück »Ich möchte nach Hause« in Moskau einen gewaltigen Erfolg. In diesem Stück wurde die Geschichte sowjetischer Bürger in den Vereinigten Staaten erzählt, die nichts weiter wollten, als in ihr geliebtes Vaterland zurückzukehren, aber in Amerika von Kapitalisten gefangengehalten wurden, die sie für die große antisowjetische Verschwörung gewinnen wollten.

Die Große Allianz war beendet. Es herrschte jetzt der Kalte Krieg, und von nun an wurde jeder sowjetische Abtrünnige oder Deserteuer nicht mehr zwangsrepatriiert, sondern mit offenen Armen empfangen und in die rasch anwachsende antikommunistische Propaganda-Industrie intregiert. Der Traum der Anti-Bolschewiken war jetzt beinahe wahr geworden. Im Augenblick gab es nur ideologische Scharmützel und diplomatische Konfrontationen; aber nicht wenige waren der Meinung, daß sich der kalte demnächst in einen offenen Krieg verwandeln würde. Erneut wurden die Hoffnungen genährt, daß eine Invasion freier Russen das Sowjetsystem hinwegfegen würde. Die damit verbundenen Exzesse waren symptomatisch für den Extremismus, der Rußlands politisches Erbe darstellte, für den Fanatismus, mit dem der interne Haß geschürt wurde. In diesem Zusammenhang ist es vielleicht nicht überraschend, daß einige wenige Jahre lang das edle Prinzip des politischen Asyls aufgehoben war und liberale Regierungen sich gezwungen sahen, mit einer Grausamkeit zu handeln, die normalerweise nur Diktatoren zugeschrieben wird.

General William Morgan, damals Feldmarschall Alexanders Stabschef, erlebte die Zwangsrepatriierung in der Praxis und verabscheute sie von ganzem Herzen. Für ihn gibt es »nichts, was wir hätten tun können, um diesen armen Teufeln zu helfen; aber wir können zumindest etwas aus ihrem Schicksal lernen«. Tatsächlich erhielten Großbritannien und die Vereinigten Staaten hierdurch eine Lektion. Im Mai 1952 drängten die Kommunisten nach jahrelangem Korea-Krieg die Vereinten Nationen während der Friedensgespräche auf Rücksendung aller chinesischen und nordkoreanischen Gefangenen, ungeachtet ihrer persönlichen Wünsche, notfalls mit Gewalt. Die amerikanischen Unterhändler lehnten dieses Verlangen strikt ab, und infolgedessen wurde das Schlußabkommen beträchtlich verzögert. »The Times« schrieb in einem Leitartikel: »Was auch immer 1945 und 1946 geschah – für ein liberales und christliches Gemüt ist es unannehmbar, jemanden gegen seinen Willen in ein Land zurückzuschicken.«

Anthony Eden erklärte am 7. Mai 1952 vor dem Unterhaus: »Ich bin sicher, daß das Hohe Haus mit mir einer Meinung sein wird: Das UN-Kommando hat keine Alternative, es muß sich der zwangsweisen Repatriierung kommunistischer Kriegsgefangener widersetzen, die derart fest entschlossen sind, in der freien Welt zu bleiben. Das beruht nicht allein auf den praktischen Schwierigkeiten, mehr als 62 000 Mann zwangsweise zu repatriieren, von denen unterwegs vermutlich viele Selbstmord begehen würden. Das würde meiner Meinung nach vor allem den Werten der freien Welt widersprechen, wenn man diese Menschen mit Gewalt nach Hause schickte.«

Es wäre erschütternd, sich vorzustellen, daß gerade seine eigene Erfahrung als Architekt jener Zwangsrepatriierung von 1944 Eden zu dieser noblen Schlußfolgerung führte und daß insoweit diese unglückliche Geschichte zumindest einen glücklicheren Abschluß gefunden hat.

DANKSAGUNG

Mein Dank gebührt in erster Linie den vielen Menschen, die mir ihre persönlichen Erlebnisse bei der Zwangsrepatriierung berichtet haben. Ihre Namen erscheinen im Text, und sie sollen wissen, wie sehr ich die Rückhaltlosigkeit anerkenne, mit der sie über diese umstrittene Angelegenheit sprachen, deren Erwähnung sie nicht selten innerlich stark aufwühlte. Ich kann nur hoffen, daß mein Buch ein wenig dazu beiträgt, die seelischen Wunden zu heilen, die diese Opfer davongetragen haben, und ebenso auch die Sorgen und Selbstvorwürfe der Soldaten zu beschwichtigen, die an den Operationen teilnahmen.

Eine nicht minder wichtige Quelle für dieses Buch bildeten die jetzt im Londoner Public Record Office und in den Washingtoner National Archives befindlichen Dokumente. Das Personal der National Archives, sowohl in Washington, D.C., wie in Suitland, Maryland, hat mir durch schnelle und sachverständige Beantwortung all meiner mündlichen und schriftlichen Fragen sehr geholfen. Zu danken habe ich ferner James Boyle, der mir bei der Auswertung dieser amerikanischen Akten zur Hand ging. Bezüglich des Londoner Materials bin ich dem gesamten Mitarbeiterstab des Public Record Office für die geleistete Unterstützung beim Auffinden und Fotokopieren von Dokumenten sowie James Lucas vom Imperial War Museum für seine Mitarbeit beim Zusammentragen der Bilder sehr verpflichtet.

Zu meiner Überraschung erwies sich auch der Chefarchivar des Verteidigungsministeriums in London, Edward Greenland, als überaus hilfsbereit. Ich hatte befürchtet, er und seine Abteilung könnten gegen ein Buch mit so heiklem Thema Vorbehalte haben. Tatsächlich aber war man im Verteidigungsministerium besonders bemüht, mir nach Kräften zu helfen. Sehr entgegenkommend zeigten sich auch Clifton Child, Oberarchivar im Cabinet Office, der mich auf die Spur mehrerer Schriftstücke führte, die mir sonst vielleicht entgangen wären, sowie Harry Harcombe, Chefarchivar im Foreign Office, der das Manuskript gelesen und mir viele nützliche Hinweise gegeben hat.

ANMERKUNGEN

In den Quellenverweisen benutzte Abkürzungen für die Archive der Londoner Ministerien: FO = Foreign Office, WO = War Office, CAB = Cabinet Office, PREM = Prime Minister's Office. Das Urheberrecht an diesen Dokumenten liegt bei der englischen Krone, der ich für die Genehmigung, daraus zu zitieren, danke.

1 Die Entscheidung zur Anwendung von Zwang

1 FO 371 43382
2 WO 32 11137
3 Ebenda
4 FO 371 40444
5 Ebenda
6 WO 32 11137
7 CAB 65/43
8 WO 32 11137
9 FO 371 50606
10 WO 32 11119
11 WO 11137
12 WO 32 11119
13 WO 32 11137
14 Harold Nicolson, *Diaries and Letters,* London 1967, 20. Dezember 1944.
15 WO 32 11137
16 *Foreign Relations of the United States, Diplomatic Papers, 1944,* Bd. IV: *Europa,* S. 1264
17 FO 371 43382
18 *Foreign Relations of the United States* . . ., S. 1258
19 Ebenda, S. 1262
20 Ebenda, S. 1272
21 National Archives, Washington, G-1 383.6, Section 6
22 FO 371 47899
23 *Foreign Relations of the United States* . . ., S. 1273
24 Ebenda, S. 1264

25 *The Conferences at Malta and Yalta 1945,* Washington D.C. 1955, S. 424
26 FO 371 43382
27 CAB 88/30

2 *Die ersten Unannehmlichkeiten*

1 *The Conferences at Malta and Yalta 1945*, S. 691
2 PREM 4 78/1
3 FO 371 50839
4 FO 371 50607
5 FO 371 50839
6 *The Conferences at Malta and Yalta 1945*, S. 946
7 FO 371 50607
8 Winston S. Churchill, *Der Zweite Weltkrieg*. Stuttgart 1954, Bd. VI, 2, S. 69f.
9 PREM 4 78/1. Auch in: Manfred Rexin (Hrsg.): *Die unheilige Allianz. Stalins Briefwechsel mit Churchill 1941–1945*. Reinbek 1964, S. 358
10 *The Diaries of Sir Alexander Cadogan,* New York 1972, 11. Februar 1945
11 PREM 4 77/1B
12 WO 32 11139
13 Ebenda
14 WO 204 897
15 PREM 3 364/9
16 Ebenda. Auch in: Rexin (Hrsg.): *Die unheilige Allianz*. a.a.O., S. 371
17 WO 32 11119
18 FO 371 47898
19 FO 371 47897

3 *Tod am Kai*

1 FO 371 47897
2 FO 371 47901
3 Ebenda
4 FO 371 47907
5 *The New York Times*, 6. Mai 1945
6 *The New York Times*, 5. Oktober 1945
7 *The Chicago Daily News*, 19. Juni 1945
8 *The New York Times*, 14. Mai 1945
9 Laut dem sogenannten »Wiley-Report«, den US-Senator Alexander Wiley am 20. November 1952 telegrafisch von Verteidigungsminister Robert A. Lovett anforderte. Zugänglich in den Washingtoner National Archives unter G-1 383.6, Record Group 218.
10 *The Times*, 6. Juli 1945
11 *The Daily Herald* (London), 6. September 1945
12 *The New York Times*, 10. Juni 1945

13 *Andrej Andrejewitsch Wlassow. Kratkaja biografia (Kurze Biographie).* Dabendorf 1944
14 B. Dwinow, *Wlassowskoje dwishenije w swetje dokumentow* (Die Wlassow-Bewegung im Lichte von Dokumenten). New York 1950, S. 78ff.
15 *Trial of Major War Criminals*, Bd. XXXVIII, S. 88
16 George Fisher, *Soviet Opposition to Stalin.* Harvard University Press 1952, S. 45
17 *Nazi Conspiracy and Aggression*, Bd. IV, S. 559. Deutsch in: Heinrich Fraenkel und Roger Manvell: Himmler. Kleinbürger und Massenmörder. Berlin 1965, S. 131
18 Wilfried Strik-Strikfeldt, *Gegen Hitler und Stalin. General Wlassow und die russische Freiheitsbewegung.* Mainz 1970, S. 233f.
19 Alexander Solschenizyn, *Der Archipel Gulag.* Bern 1973, S. 247
20 Der diesen Brief enthaltene Ordner sollte zur Zeit der Drucklegung dieses Buches im Londoner Public Record Office in die Rubrik WO 32 eingereiht werden. Sein Aktenzeichen im Ministry of Defence ist 0103/8571.

4 Kroaten und Kosaken

1 Nikolai Krasnow, *Nesabywajemoje* (Das Unvergessene), San Francisco 1957, S. 18
2 WO 170 4461. Dieser die Kriegstagebücher der 36. Infantery Brigade enthaltende Ordner bildet die Hauptgrundlage für die Zitate dieses und der beiden nächsten Kapitel. Wo nicht ausdrücklich auf andere Quellen verwiesen wird, darf angenommen werden, daß aus dieser Akte zitiert wird.
3 WO 170 4988
4 WO 170 5045
5 WO 204 7211
6 WO 170 4465
7 *Faugh-a-Ballagh* (Regimentszeitschrift der Royal Irish Fusiliers), Juli 1946
8 Joseph Hecomovic, *Tito's Death Marches and Extermination Camps.* New York 1962, S. 23
9 FO 371 47902
10 WO 170 4241
11 Wjatscheslaw Naumenko, *Welikoje predatelstwo,* (Der große Verrat). New York 1970, Bd. I, S. 161
12 Ebenda, S. 122
13 Erwein Karl Graf zu Eltz, *Mit den Kosaken. Kriegstagebuch 1943–1945.* Donaueschingen 1970, S. 222; das folgende Zitat S. 227f.
14 WO 204 7211

5 Die Konferenz, die niemals stattfand

1 Naumenko, op. cit., Bd. I, S. 141
2 *Tschassowoi* (Der Wachtposten), April 1949

3 A. K. Leniwow, *Pod kasatschjem snamenjem w 1943–45 godach* (Unterm Kosakenbanner 1943–45). München 1970, S. 307
4 *Obschtschekakasatschi shurnal* (Gesamtkosakische Zeitschrift), New York, August 1953
5 Krasnow, op. cit., S. 27
6 Ebenda
7 Naumenko, op. cit., Bd. I, S. 13
8 Krasnow, op. cit., S. 30
9 Naumenko, op. cit., Bd I, S. 164
10 WO 170 5025
11 Leniwow, op. cit., S. 241
12 Krasnow, op. cit. S. 33
13 Leniwow, op. cit., 242
14 Ebenda, S. 243
15 Ebenda, S. 244
16 Naumenko, op. cit., Bd. I, S. 123
17 WO 170 5025

6 *Massendeportation aus dem Drautal*

1 Naumenko, op. cit., Bd. I, S. 181
2 Ebenda, S. 123
3 Ebenda, S. 185
4 Ebenda, S. 124
5 Ebenda, S. 184
6 Ebenda, S. 187
7 Ebenda, S. 159
8 *Rossija,* New York, 12. Juni 1957
9 Naumenko, op. cit., Bd. I, S. 11
10 Ebenda, Bd. II, S. 112
11 Ebenda, Bd. II, S. 111
12 WO 170 4241
13 Ebenda
14 Krasnow, op. cit., S. 45
15 Naumenko, op. cit., Bd. II, S. 281
16 Krasnow, op. cit., S. 47
17 Leniwow, op. cit., S. 257
18 Ebenda, S. 262
19 Ebenda, S. 267
20 Naumenko, op. cit., Bd. II, S. 258
21 Ebenda, S. 260
22 Ebenda, S. 304
23 Leniwow, op. cit., S. 281
24 Ebenda, S. 283
25 F. S. V. Donnison, *Civil Affairs and Military Government North-West Europe*

1944 – 46. London 1961, S. 289. Siehe auch Winston S. Churchill, *Der Zweite Weltkrieg*. Stuttgart 1954, Bd. VI, 2, S. 48
26 Philip Longworth, *The Cossacks*. London 1969, S. 338

7 *Die Politik im Kreuzfeuer*

1 *The New York Times,* 30. Juni 1945
2 Ebenda, 1. Juli 1945
3 G-1 383.6, Record Group 319
4 Ebenda
5 Julius Epstein, *Operation Keelhaul,* Devin-Adair, Conn., 1973, S. 104
6 Wiley-Report
7 B. M. Kusnezow, *W ugodu Stalinu 1945 – 46* (Im Interesse Stalins 1945 – 46). New York, Bd. II, S. 8
8 Ebenda, Bd. II, S. 9
9 Wiley-Report
10 WO 32 11119
11 FO 371 47901
12 FO 371 47903
13 Ebenda
14 WO 204 440
15 WO 214 63A
16 WO 204 359
17 *The Manchester Guardian,* 31. August 1945
18 *The Christian Science Monitor,* 11. September 1945
19 FO 371 47906
20 FO 371 47905
21 Ebenda
22 Charles Bohlen, *Witness to History*. London 1974, S. 245
23 FO 371 47906
24 Ebenda
25 *The New York Times,* 5. Oktober 1945
26 FO 371 47910
27 FO 371 47907
28 Ebenda
29 FO 371 37910
30 Bohlen, op. cit., S. 248
31 FO 371 37910

8 *Die letzten Operationen: Dachau, Plattling, Keelhaul, Eastwind*

1 Wiley-Report
2 Kusnezow, op. cit., Bd. II, S. 32
3 *Stars and Stripes* (Darmstadt), 23. Januar 1946

4 *The New York Times,* 22. Januar 1946
5 Kusnezow, op. cit., Bd. I, S. 103
6 *The New York Times,* 25. Februar 1946
7 Kusnezow, op. cit., Bd. I, S. 36
8 Wiley-Report
9 WO 204 1593. Dies ist die Akte über die »Operation Keelhaul« – welche Bezeichnung ihres makabren, aber bildhaften Charakters wegen oft fälschlich für die gesamte Politik der Zwangsrepatriierung verwendet wird. In Wirklichkeit bezieht sich der Name nur auf die im August 1946 erfolgte Verlegung von ein paar hundert Leuten nach Lagern in Pisa und Riccione zwecks Selektion und eventueller Repatriierung.
10 *The Sunday Oklahoman,* 21. Januar 1973. Dieses Dokument wurde der Zeitung von Julius Epstein überreicht, dem Autor von *Operation Keelhaul* und anderen Arbeiten über die Zwangsrepatriierung. Daß der Bericht anonym war sowie die ungewöhnlichen Umstände, unter denen Epstein ihn in die Hand bekommen hatte, führten zwangsläufig zu Zweifeln an seiner Authentizität, zumal der Presseartikel unter der Überschrift erschien: »Dokument belegt alliierte Mittäterschaft an der Ermordung Tausender« – was bei »Eastwind« eine phantasievolle Übertreibung war. Die Anzeichen sprechen jedoch dafür, daß das Dokument auf Tatsachen fußt und im wesentlichen echt ist. Es werden darin das Lager Riccione als »218 Sub Area« und die russischen Kriegsgefangenen als »PW/SEP« bezeichnet, und diese Namen waren nur Eingeweihten bekannt. Und mehrere der wichtigsten in dem Bericht erwähnten Tatsachen (zum Beispiel, daß den Frauen der Opfer 24 Stunden Zeit gegeben wurde, sich zu entscheiden, ob sie mitfahren wollten oder nicht) werden von englischen Offizieren, die an dieser Operation beteiligt waren, bestätigt.
11 Solschenizyn, op. cit., S. 251f.

PERSONENREGISTER

Kursiv gesetzte Ziffern verweisen auf Abbildungen gegenüber Textseiten

Alexander, Harold 13, 112f., 130f., 150, *208*, 256, 258–264, 268, 271
Anderson, A. V. 258
Arbuthnott, Robert 122, 198
Atkinson, Edwin 126ff.
Attlee, Clement 84

Bailey, E. Tomlin 52
Baker, J. V. 219f.
Bannister (Kpt. der »Almanzora«) 91
Basilow, J. D. 259f, 262
Bates, Jack 120–123
Belcham, Ronald 134
Benes, Mrs. 138
Bevin, Ernest 12, 257f., 262–265, 267, 294
Birse, Arthur 60
Bohlen, Charles 263, 269
Boschtschanowski, Wassili 251f.
Boyle, Colonel 91
Boyle, James 305
Bracken, Brendan 62
Bradley, Omar 106
Bredin, H. E. N. 121, 222ff.
Bridgeman, Viscount 36
Bridges, Edward 63
Brimelow, Thomas 62, 77, 82f., 264, 267, 269
Brooke, Alan (Viscount Alanbrooke) 259f.
Bryan, B. M. 49ff.
Bryar, B. L. 171, 173, 175–178
Bunjatschenko, Sergej 110
Burn, C. H. 215
Burrows, A. G. 38
Butlerow, M. K. 136, 145ff., 161, 165, 191
Byrnes, James Francis 247, 263ff., 267, 279

Cadogan, Alexander 28, 63, 66, 83, 258, 262f.
–, Thelma 63
Campbell, Captain 197
Charters, D. 180
Child, Clifton 306
Christie, Ethel 14, 73, 76f., 81f., *224*
Churchill, Winston S. 9, 28ff., 34, 43f., 46, 59f., 62f., 66, 77, 84, 113, 140, 146, 165, 173, 182, 200, 241, 280, 294, 298
Cockell, P. C. 156, 158
Cregeen, S. J. 47
Cunnigham, Andrew 112

Dalton, Ben 285f., 288ff., 294
Danilow, General 250ff.
D'Astier, Emmanuel 25
Datschenko, Soldat 92f.
Davidson, James 168, 170, 232
Davies, »Rusty« 136ff., 143–146, 161, 183, 188f., 191f., 194, 201–205, 207f., *208*, 210–215, 217, 220
Dean, Patrick 21f., 26, 60, 74, 80, 82f., 89f.
Deane, John R. 60f.

De Gaulle, Charles 25
Dennis, T. C. 137f., 172–175
Domanow, T. I. 117, 119, 122, 124, 139, 147ff., 159–162, 165, 170–173, 176f., 182, 224, 235f., 240f.
Donskow, Pjotr 118, 160
Douglas-Home, Alexander 83

Eden, Anthony (Earl of Avon) 23, 26, 28f., 31–34, 39, 43–46, 48, 55, 59f., 62ff., 67, 83, 86, 168, 298, 304
Einetter, Gertraud 229
Eisenhower, Dwight D. 15, 48, 56, 98, 113, 264, 268f.
Eltz, Erwein Karl Graf zu 149ff.
English, V. B. 155ff., 180
Epstein, Julius 312

Fairfield, Letitia 87f.
Firebrace, R. 67–71, 73f., 89, 97
Frampton, Owen 223f.
Franklin, Benjamin 111
Frolow, Dmitri 120, 122, 142, 145f., 148, 161f., 165, 183f., 205f., 210f.
–, Wolodja 205

Galsworthy, John 37, 74f., 80f., 255f.
Georg VI., König von England 62, 173
Gepp, E. C. 41f., 49, 255
Gill, Robert J. 106
Gillies, Thomas 277
Girej, Klytsch 147, 178, 240
Goess, Leopold 127f., 151, 153ff.
Goode, Thomas 179–182, 185
Gorsky, Oberst 39
Greenland, Edward 305
Gregorjew, Wassili 201f.
Greig, John 163f.
Grigg, P. James 30f., 297
Gromyko, Andrej Andrejewitsch 48, 51
Gryslow, Anatoli Alexandrejewitsch 61
Gubbins, Colin 27
Gufler, Bernard 48
Gussew, M. 30, 37ff., 43–46, 48

Hall, G. F. Hope 289f.
Hammer, V. M. 255, 264, 267, 269
Harbord, Colonel 40
Harcombe, Harry 306
Harriman, William Averell 54, 65
Haydon, W. T. 82, 85
Heather, C. J. 229f.
Hemming, Dennis 184f.
Henry, S. G. 51
Hetherington, E. B. 196
Himmighoffen, Herbert 153, 236
Himmler, Heinrich *49*, 109f.
Hitler, Adolf 15, *49*, 97, 107, 111f., 116, 118, 139f., *145*, 161, 167, 207, 225, 241f., 302
Hodgson, Robert 78
Howard, R. S. V. 135
Hünersdorff, Generalmajor von *145*

Ismay, Hastings Lionel 113
Iwanow, Major 283, 286, 289

Jackson, Robert H. 52f.
Jakowlew, Pawel 284
Jesman, Czeslaw 41, 90f.

Keightley, Charles 129, 138ff., 147f., 178, 182, *208*, 224, 298f.
Kennan, George F. 54
Kennedy, A. 230
Kerr, Archibald Clark 16, 19
Kononow, Oberst 152
Korolkow, Sergej G. 207, *225*
Kotsowski, M. I. 238
Krasnow, Nikolai 118, 147, 160, 165, 169, 225f., 240f.
–, Pjotr Nikolajewitsch 117, 119, 147, 173, 178, 181, 225, 240
–, S. N. 240
Krotow, Konsul 68
Kubanski, Fjodor 211

Lavers, G. A. 171
Leahy, William D. 49
Legrand, Major 250f.
Lenin, Wladimir Iljitsch 212, 263

Leniwow, A. K. 173ff., 177, 180, 239f.
Leontijewa, M. N. 182, 188, 191
Longhworth, Philip 241
Lovett, Robert A. 308
Lowe, J. Ş. 199f.
Lucas, James 305
Ludwig XIV., König von Frankreich 12

Machiavelli, Niccolò 125
Malcolm, Alec 120f., 124, 136, 143, 145, 182, 190, 201, 204, 207ff., 213, 217f., 221
Malkow, Oberst 246f.
Manderstam, L. H. 24–27
Martin, James 91–95
Martinenko, Iwan 203
Marx, Karl 212
Mayhew, Christopher 294
McCreery, Richard 268f.
McDermott, Geoffrey 113
McGrath, B. 195f.
McMillan, Duncan 205, 208, 231f.
Melby 47
Michalkow, Sergej 302
Mihajlović, Draža 134
Miroschnitschenko, Oberst 91ff.
Molotow, Wjatscheslaw Michailowitsch 16, 19, 43, 45f., 48, 55, 60, 63f., 263f., 267
Mordowkin, Irina 213
–, Pjotr 213
Morgan, William 303
Morozoff, George 218
Murphy 279
Musson, Geoffrey 120–123, 144ff., 148, 166f., 182, 214, 218, 233, 298f.

Nasarenko, Nikolai 252f.
Naumenko, Wjatscheslaw 116f., *145*, 160, 200, 206, 212f., 249, 254
Nicholson, Godfrey 294
Nicolson, Harold 45
Nowikow, Kyrill 60

Orwell, George 9
Ossokin, W. 107

Page, Edward Jr. 60
Pannwitz, Helmuth von 118, 124, 129, 147, 149, 151f., 154–158, 178, 182, 236, 240f., 249
Pantelejmon, Geistlicher 205
Paravicini, Vincent 102
Pastrjulin, Unteroffizier 205
Pavelić, Ante 130, 134
Pawlow, Alaman 118, 160
–, Wladimir Nikolajewitsch 60
Pearson, Madison 245
Peterman, Ivan 110
Petrie, J. T. 182
Phillimore, Henry 60
Pickard, Geoffrey 179
Pinching, John 208, 214
Pius XII., Papst 279
Polaneska, Zoe 123, 188, 206, 209f., 215f., 218
Poljatschenko, Major 93f., 96
Polunin, Kusma 190
Price, Cedric 113
Pugatschow, Jemeljan Iwanowitsch 115

Rasin, Stepan 115
Ratow, General 67–70, 73f., 81
Rayner, Charles 64, 66
Reid, Archie 168, 202f., 205
Renteln, Oberst von 150
Rogers, Horatio 246
Roosevelt, Franklin Delano 9, 44
Rosenberg, Alfred 118
Rotowaja, Olga 187, 191f., 209f.
Rowlette, K. 178
Rundstedt, Gerd von 55

Salm-Horstmar, Prinz Karl zu 125f., 154f.
Sargent, Moley 80, 90
Schelest, Gregori 189, 226f.
Scherschun, Major 91
Schkuro, Andrej Gregorjewitsch 138, 147, 172, 178, 181, 235f., 240
Schparengo, Alexander 142, 169f.
Scott, T. P. 125f., 128–133
Selborne, Lord 23, 25–31, 34

Shaw, David 197f.
Shields, R. 197f.
Shilenkow, General *128*
Sidorow, Iwan (Pseudonym) 71–74, 76, 78ff., 84–87, 97
–, Natalja (Pseudonym) 71f., 74, 76ff., 80, 82, 84–87, 97
Silkin, Generalmajor 148, 174
Smith, Donald 215f.
Solomachin, General 148
Solschenizyn, Alexander 9f., 112, 242, 300f.
Stalin, Josef Wissarionowitsch 8, 12, 15, 17ff., 21, 25, 28, 32f., 43ff., 48, 55f., 59f., 62ff., 66, 79, 84, 96, 103, 105, 107–113, 116, 122f., 139f., 146, 168, 189, 212, 237, 240f., 249, 270, 293, 296, 299f., 302
Stanton, John 100f., 286, 291f.
Stettinius, Edward Reilly 48f., 51, 59
Stimson, Henry 52f., 245
Stokes, Richerd 293f.
Strachey, John 14, 87
–, Mrs, John 88
Strik-Strikfeldt, Wilfried 110f.
Swinjew, Oberst 160

Tamplin, C. H. 64, 89
Thorp, J. S. 49
Tito, Josip Broz 113, 118, 130, 134ff., 139
Treisch, G. M. 243
Truman, Harry S. 302
Tyson, Kenneth 208, 211, 214, 220f., 227f.

Usher, Clive 199

Warner, Christopher 26f., 37, 68, 83, 256, 258, 263
Washington, George 111
Wassilenko, Prokofi 190
Wassiljew, General 40ff., 49, 148
West, Rebecca 87, 295
Wiley, Alexander 308
Wilhelm III., König von England 12
Wilson, Geoffrey 47, 74
Wlassow, Andrej Andrejewitsch *49*, 71, 106–112, *128*, 249
Wood, George 228
Wostokow, Wladimir 251

Youmatoff, George 36f., 81, 91–96

Klaus Epstein

Vom Kaiserreich zum Dritten Reich

Geschichte und Geschichtswissenschaft im 20. Jahrhundert

Ullstein Buch 2949

ein Ullstein Buch

Der Kunsthistoriker Klaus Epstein galt als eine der großen Hoffnungen der deutschen und der amerikanischen Geschichtsschreibung. Nach seinem tragischen Tode 1967 wurden seine bisher weit verstreuten kritischen und interpretierenden Rezensionsarbeiten in einer repräsentativen Auswahl zusammengestellt. So entstand dieser Band, der eine einzigartige Einführung in die jüngste deutsche Geschichte darstellt und das widersprüchliche Bild, das die Historiker gezeichnet haben, überschaubar macht.

Otto-Ernst Schüddekopf

National-bolschewismus in Deutschland 1918-1933

Ullstein Buch 2996

ein Ullstein Buch

Diese Studie über die mannigfachen Kontakte des revolutionären Nationalismus mit dem Kommunismus in der Epoche der Weimarer Republik gibt einen Beitrag zur Geschichte der Entstehung der Krisen und der Auflösung dieses deutschen Staates. Potsdam und Moskau als die Antipoden Weimars: auf diese Formel kann man das Thema dieser Untersuchung bringen. Die selbständige, in sich ruhende Kraft der Ideen von Weimar reichte nicht aus, um sich gegen zwei so kraftvolle und aggressive Ideen behaupten zu können. Die Ideen des Sozialismus und der Nation, »das Völkische«: »das sind die beiden Bindungen zwischen denen wir heute die Wahl haben«.
(Thomas Mann)

Jean François
Revel

Die totalitäre Versuchung

Ullstein Buch 655

ein Ullstein Buch

Sensationelles Interesse nicht nur in Europa erregte die Streitschrift des Sozialisten Revel, der zu den führenden Köpfen der französischen Linken gehört. Der geheime Wunsch, totalitär regiert zu werden, die Versuchung, gewaltsam zu herrschen, sind die Fundamente, von denen dieses leidenschaftliche Plädoyer gegen eine Allianz der Sozialisten mit den Kommunisten ausgeht: »Denn einen Kommunismus mit menschlichem Gesicht gibt es nicht.«

Martin Middlebrook

Die Nacht, in der die Bomber starben

Ullstein Buch 3296

ein Ullstein Buch

Die Nacht, in der die Bomber starben, war die Nacht vom 30. bis 31. Mai 1944. Ein historisches Datum. Denn Bomber-Harris, der britische Luftmarschall, hatte es versprochen: Bis dahin sollte das Reich verwüstet, sollte Hitler zur Kapitulation gezwungen sein. 800 viermotorige Bomber drangen kurz nach Mitternacht ins Reichsgebiet ein. Die Stadt der Reichsparteitage sollte dem Erdboden gleichgemacht werden. Aber bald säumten Brandfackeln die Straße der Bomber. Deutsche Nachtjäger erwarteten den Feind und bereiteten ihm einen höllischen Empfang. Weshalb war die deutsche Nachtjagd bereits alarmiert? Und wie erlebten Bomberpiloten, Bodenpersonal und Zivilisten diese größte Luftschlacht der Geschichte?

»Eines der eindringlichsten Werke über den Luftkrieg.«
DER TAGESSPIEGEL